KB129598

孔子語錄文篇

공자어록문편㊥

上海博物館藏戰國楚竹書
상해박물관장전국초죽서

孔子語錄文篇

공자어록문편 ㊥

마승원 馬承源 주편 · 최남규 崔南圭 역주

⑥ ≪相邦之道≫상방지도
⑦ ≪季康子問於孔子≫계강자문어공자
⑧ ≪君子爲禮≫군자위례
⑨ ≪弟子問≫제자문

學古房

머리말

≪상해박물관장전국초죽서上海博物館藏戰國楚竹書≫(≪상박초간上博楚簡≫)의 '공자언론문孔子語錄文'이란 제 1권에서 9권 중 '공자왈孔子曰'·'자왈子曰'·'부자왈夫子曰'·'중니왈仲尼曰'의 문장 구조 형식으로 되어 있으며, 공자가 자신의 사상을 다른 사람에게 대답해주는 내용을 말한다. 모두 14편이 있다. 공자의 언행과 사상을 엿볼 수 있는 가장 초기적인 유학 자료이다. 전통적으로 공자 어록문은 ≪예기禮記≫·≪논어論語≫·≪공자가어孔子家語≫나 ≪공총자孔叢子≫ 등을 통해서 공자의 사상을 연구해 왔다. 그런데 20세기 후반에 들어서 정주한간定州漢簡·부양한간阜陽漢簡·≪곽점초간郭店楚簡≫과 ≪상박초간上博楚簡≫·≪청화대학장전국죽서清華大學藏戰國竹書≫ 등 지하 출토 자료가 발견됨으로써 선진 사상 연구에 새로운 방향을 제시해 주었다. 그 중에서도 ≪상박초간上博楚簡≫의 풍부한 수량과 내용은 공자의 사상, 유가儒家의 도덕관과 인생관을 전면적으로 이해할 수 있다는 중요한 자료라 할 수 있다.

≪상박초간上博楚簡≫의 공자언론문의 14편 중 ≪상박초간上博楚簡(一)≫의 ≪공자시론孔子詩論≫과 ≪치의紂衣≫는 소명출판사(최남규 역주, 2012)에서 이미 출간이 되었기 때문에, 이 두 편의 내용은 본 책 마지막 부분 '석문 및 우리말 해석'에서 석문과 우리말 해석만 첨부하기로 하고, 나머지 12편을 주석 정리하기로 한다.

≪上博楚簡(一)≫(2001):[1] ❶≪孔子詩論≫(총29간, 마승원馬承源 정리), ❷≪치의紂衣≫(총24간, 진패분陳佩芬 정리)

≪上博楚簡(二)≫(2002, 上海古籍出版社): ①≪民之父母≫(총14간, 복모좌濮茅左 정리), ②≪子羔≫(총14간, 마승원馬承源 정리), ③≪魯邦大旱≫(총6간, 마승원馬承源 정리), ④≪從政(甲)(乙)≫(《甲篇》총19간 《乙篇》총6간, 장광유張光裕 정리)

---

1) '2001'은 馬承源 主編의 ≪上海博物館藏戰國楚竹書≫ 제1권 上海古籍出版社 출판연도를 가리킨다. '정리'는 해당하는 각 편의 책임 정리 주석한 학자를 가리킨다. 이하 같음.

≪上博楚簡(三)≫(2003, 上海古籍出版社): ⑤≪仲弓≫(총28간, 이조원李朝遠 정리)

≪上博楚簡(四)≫(2004): ⑥≪相邦之道≫(총4간, 장광유張光裕 정리)

≪上博楚簡(五)≫(2005): ⑦≪季康子問於孔子≫(총23간, 복모좌濮茅左 정리), ⑧≪君子爲禮≫(총41간, 장광유張光裕 정리), ⑨≪弟子問≫(총25간, 장광유張光裕 정리)

≪上博楚簡(六)≫(2007): ⑩≪孔子見季桓子≫(총27간, 복모좌濮茅左 정리)

≪上博楚簡(八)≫(2009): ⑪≪顔淵問於孔子≫(총14간, 복모좌濮茅左 정리)

≪上博楚簡(九)≫(2012): ⑫≪史蒥問於夫子≫(총12간, 복모좌濮茅左 정리)

≪민지부모民之父母≫는 자하子夏가 공자孔子에게 「民之父母」와 관련된 다섯 가지 문제를 물어보는 내용으로 ≪예기禮記·공자한거孔子閒居≫, ≪공자가어孔子家語·논례論禮≫에 이와 관련된 내용이 보이나 다른 점도 있어 ≪民之父母≫를 통하여 그동안 전해 내려오는 판본과 그 변화들을 이해할 수 있다.

≪자고子羔≫는 子羔가 공자에게 요堯·순舜·우禹·설契과 후직后稷에 대하여 묻는 내용이다. ≪노방대한魯邦大旱≫은 노魯 나라 애공哀公 15년에 심한 가뭄이 들자, 哀公이 공자에게 가뭄을 극복할 수 있는 방법을 묻는 내용이다. 공자는 규벽圭璧과 폐백幣帛을 매장하는 제사는 물론, 더 중요한 것은 백성에게 형법刑法과 덕치德治로 다스려야 한다는 것을 강조하였다. 공자의 천재天災에 대한 사상을 이해할 수 있는 내용이다.

≪종정從政≫은 공자에게 들은 내용을 적은 것으로, '문지왈聞之曰'의 형식으로 되어 있으며, 《甲篇》과 《乙篇》으로 나누어져 있다. 「종정從政」과 도덕道德적 수양에 대한 공자의 사상을 이해할 수 있는 내용이다. 이외에도 '정교政教'·'법치法治' 및 공손恭遜과 충경忠敬의 덕목에 대해서도 언급하고 있어, 선진 유가의 정치사상을 이해할 수 있는 중요한 자료이다.

≪중궁中弓≫은 중궁仲弓(염옹冉雍)이 계환자季桓子의 가신이 되자, 공자에게 정치는 무엇부터 해야 하는지를 자문하는 내용이다. 공자의 제자 중궁은 공자보다 약 29살 쯤 어리다.

≪상방지도相邦之道≫는 공자와 자공子貢이 나라를 보좌하여 다스리는 도리인 '상방지도相邦之道'에 대해서 서로 토론하는 내용이다. 선진시기 군주의 왕도王道 개념을 이해할 수 있는 내용이다.

≪계강자문어공자季康子問於孔子≫ 중의 계강자季康子(계경자季庚子, 환자桓子. ?-BC 477)는 춘추春秋시기 노魯나라 대부大夫이다. 계강자季康子가 공자에게 나라를 구하는 방법을 상의하자, 나라를 다스리는데 '인의 실천을 덕으로써 하라.(인지이덕仁之以德)'을 가장 먼저 실행하도록 권유하였다.

≪군지위례君子爲禮≫와 ≪제자문弟子問≫은 유사한 내용으로 공자와 제자 혹은 공문孔門 제자들이 서로 대화하는 문답 형식으로 되어 있다. 공자와 재아宰我 혹은 안회顔回의 대화, 안연顔淵과 자유子由, 자우子羽와 자공子貢의 대화 등 다양하다. ≪군자위례君子爲禮≫는 주로 예禮와 인仁의 관계, 혹은 '독지獨智'·'독귀獨貴'와 '독부獨富' 즉 '홀로 지식을 누리는 것'·'홀로 귀함을 누리는 것'·'홀로 부유함을 누리는 것'은 사람들이 싫어하는 것이라고 공자가 제자들을 가르치고 있다.

≪공자견계환자孔子見季桓子≫는 공자와 계환자가 「이도二道」와 노나라를 부흥시킬 방법에 대하여 논하는 내용이다. 시기는 대략 노魯나라 정공定公 5년(BC 505年)에서 정공定公 14년(BC 496년) 사이의 약 10년간의 기록이다. 계환자의 나라를 다스리는 개념을 이해할 수 있는 자료이다.

≪안연문어공자顔淵問於孔子≫는 안연顔淵이 공자에게 「내사內事(벼슬자리에 나아가는 길)」·「내교內敎(내적인 교양)」·「지명至明(지극히 밝음)」의 도道에 관하여 가르침을 청하는 내용이다.

≪사류문어공자史蒥問於孔子≫는 제齊나라 관리의 아들 사유史蒥가 나라를 다스리는 방법과 관련된 「세습世襲」·「팔八」·「경敬」 등에 관하여 공자에게 가르침을 구하는 내용이다.

이러한 내용은 전래본(현행본)의 공자의 어록에 보이지 않기 때문에 고대의 유가 경전 사상을 이해하고 보충할 수 중요한 자료이다. 또한 이러한 어록문은 문답체로 이루어져 있기 때문에 공자나 공자 후학자의 사상, 고대 산문散文의 형식과 내용, 고대 언어 현상을 이해할 수는 값진 자료임에 틀림없다.

본 책이 나오기까지 도와주신 분의 이름을 일일이 나열하지는 않지만, 이 자리를 빌어 감사의 말씀을 전한다. 아울러 미미점이 많을 것이다. 많은 지도편달 부탁드린다.

全州 訓詁樓에서

2018년 12월

일러두기

- 【상박초간원주上博楚簡原註】란 ≪上海博物館藏戰國楚竹書(一)~(九)≫(馬承源主編, 上海古籍出版社, 2002-2012年, 이하 ≪上博楚簡≫으로 간칭함)의 각 편의 정리주해整理註解 중의 설명을 가리키며, 이를 '정리본'이라 칭하기로 한다. 【原註】의 '각주'는 정리본 설명 중의 일부이다.(예: 참고 문헌 등의 표기)
- 【역주譯註】는 본문의 역주를 가리킨다. '上博楚簡原註'는 '①'·'②' 등 원 부호를 사용하고, 본문의 역주는 '1'·'2' 등으로 표시하기로 한다.
  그러나 【譯註】의 분량이 많은 경우는 예를 들어, ≪從政≫ 등은 【上博楚簡原註】 아래 바로 번호 없이 역주를 붙이기로 한다.
- 간문簡文 중에 보이는 구두句讀와 중문重文 등의 부호는 원문에 따라 표시하며, 동시에 괄호 안에 직접 해당되는 문자로 표기하기로 한다.
- 통가자通假字나 고금자古今字는 ( )로 표시하며, 부가적 설명이 필요한 경우를 제외하고는 별도로 주석하지 않기로 한다.
- 내용 등을 고려하여 잘못 누락한 자는 보충할 수 있는 자는 [ ]로 표시한다.
- 다른 경서와 문맥 전후를 살펴 죽간문에 오자誤字가 있는 경우에는 〈 〉로 표시한다.
- 문맥을 고려하여 보충할 수 있는 경우의 자는 '□'이나 혹은 '……'로 표시한다. 초간楚簡 중 결문缺文된 문자의 수는 알 수 있으나, 해당하는 자를 모르는 경우에는 □로 표시하며, 문자의 흔적이 있어 추정할 수 있는 문자가 있을 경우에는 □ 안에 문자를 표기하며, 확실한 자수字數를 모르는 경우에는 '……'로 표시한다.
- 연문衍文(잘못 추가된 문자)은 { }로 표시한다.
- 죽간의 배열 순서에 대해서는 각 학자마다 의견이 분분하다. 죽간배열은 정리본整理本을 기본 순서로 하나, 학자의 주장을 참고하여 필요한 곳에서는 추가설명하기로 한다.
- 한자는 우리말 음을 표시하는 것을 원칙으로 하나, 한자 자체를 한자로 풀이하는 경우가 많기 때문에 이러한 경우엔 원 문장은 그대로 남겨 놓고 주해注解에서 우리말로 해석하기로 한다. 또한 서명이나 전문용어가 중복되는 경우엔 앞 부분에서 우리말 음으로 표기하고 뒤 부분에서는 한자를 그대로 쓰기로 한다. 또한 한문 원문과 우리말 번역을 함께 놓으면 번잡하기 때문에 이 중 하나를 선택하여 주해부

분에 위치하도록 한다. 주해 부분에 한문 원문을 넣을 것인가 혹은 우리말 해석을 놓을 것인가 문장 내용 상황에 따르기로 한다.

- 각종 문자 자형의 자료는 아래의 각종 임모본臨摹本 문자편文字編과 자전을 참고하기로 한다.

李守奎 編著, ≪楚文字編≫, 華東師範大學出版社, 2003年

__________, ≪上海博物館藏戰國楚竹書(一)-(五)文字編≫, 作家出版社, 2007年

張守中 選集, ≪郭店楚竹簡文字篇≫, 文物出版社, 2000年

__________, ≪包山楚竹簡文字篇≫, 文物出版社, 1996年

__________, ≪郭店楚竹簡文字篇≫, 文物出版社, 2000年

__________, ≪睡虎地秦竹簡文字篇≫, 文物出版社, 1994年

滕壬生 者, ≪楚系簡帛文字篇(增訂本)≫, 湖北敎育出版社, 2008年

湯餘惠 主編, ≪戰國文字編≫, 福建人民出版社, 2001年

陳松長 編著, ≪馬王堆簡帛文字篇≫, 文物出版社, 2001年

駢宇騫 編著, ≪銀雀山漢竹簡文字篇≫, 文物出版社, 2001年

陸錫興 編著, ≪漢代簡牘草字編≫, 上海書畵出版社, 1989年

容庚 編著, 張振林·馬國權 摹補, ≪金文編≫, 中華書局, 1985年

漢語大字典字形組 編, ≪秦漢魏晉篆隷字形表≫, 四川辭書出版社, 1985年

徐中舒 主編, ≪漢語古文字字形表≫, 四川人民出版社, 1981年

高明 編著, ≪古文字類編≫, 臺灣大通書局印行, 1986年

中國科學院考古研究所 編輯, ≪甲骨文編≫, 中華書局, 1965年

漢語大字典編輯委員會, ≪漢語大字典≫, 四川辭書出版社, 1993年

湯可敬, ≪說文解字今釋≫, 岳麓書社, 2001.

- 컴퓨터 주요 참고 사이트는 아래와 같다.

殷周金文暨青銅器資料庫: http://app.sinica.edu.tw/bronze/qry_bronze.php

小學堂: 臺灣小學堂文字學資料庫, http://xiaoxue.iis.sinica.edu.tw/.

中國古代簡帛字形辭例數據庫, http://www.bsm-whu.org/zxcl/index.php.

簡帛硏究: 山東大學文史哲院, http//www.jianbo.org. http//www.bamboosilk.org

簡帛: 武學大學簡帛硏究中心, http//www.bsm.org.

孔子2000: 清華大學簡帛硏究, http//http://www.confucius2000.com/

復旦大學出土文獻與古文字硏究中心: http://www.gwz.fudan.edu.cn/http://www.guweni.com/

- '부록: 공자 어록문 석문과 우리말 해석'은 본문이 이해하는 통가자, 죽간의 순서(편련), 우리말 해석 부분이다.

목 차

孔子語錄文篇
공자어록문편㊥

6

相邦之道

장광유張光裕 정리整理

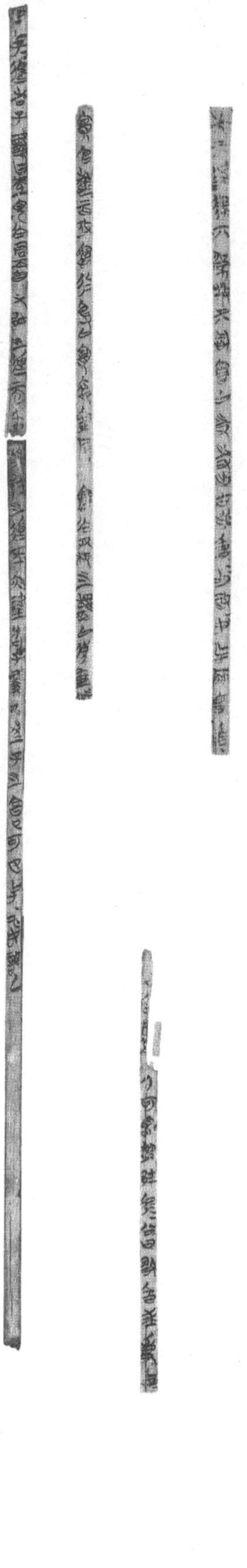

【설명】(장광유張光裕)

≪상방지도相邦之道≫는 파손되어 4 간만 있다. 제 4 간 마지막 부분에 종결부호가 있고, 종결 부호 아래는 여백으로 남아있는 것으로 보아, 가장 마지막 죽간에 해당되는 것으로 보인다. 이 간 이외에 나머지 세 간簡은 또한 파손된 상태이다.

문자는 총 107자이고, 그 중 합문合文이 5자, 중문重文이 1자이다. 네 죽간의 자형字形은 서로 같고, 내용 역시 서로 같기 때문에 한 편으로 보았다. 본래 제목이 없었으나, 마지막 죽간 중에 공자孔子와 자공子貢이 서로 '상방지도相邦之道'에 대해 언급하고 있기 때문에 ≪相邦之道≫라는 편명을 취한 것이다.

제 1간 중「害(靜)㠯(以)寺(待), 寺=(待時)出.」[1]라는 구절이 있는데, 상하 문장 내용으로 보아, 상방자相邦者가 되려 한다면 개인적인 수양뿐만 아니라, 이와 관련된 모든 상황에 대하여 먼저 적절하게 준비를 해야 하고, 기회를 보아 국가에 충성을 다해야 한다는 것이다. 또한「위국상방爲國相邦.」[2]을 하고자 한다면, 역시「민사民事(백성의 일)」를 중시하여야 한다하였다. ≪맹자孟子·등문공상滕文公上≫은「民事不可後也.」[3]라 하였고, ≪한비자韓非子·해노解老≫ 역시 "도를 체득한 군주는 밖으로는 인접한 적에게 해를 끼치지 않고, 안으로는 인민에게 은덕을 베푼다. ……제후와의 교제에서 예의를 지킨다면 전쟁이 거의 일어나지 않으며, '백성을 다스리는 일'에서 근본적인 일에 우선 힘쓰게 한다면 사치가 그치게 된다."[4]라 하였듯이, 명군明君이란 응당히 나라를 위하여 이렇게 해야 하는 것이다.

본편 제 4 간에서 언급하고 있는 군주가 당연히 "나라를 가지는 도道에 대해 묻지 않고, 나라를 다스리는 도에 대해 묻는다."[5]는 바로 "백성은 임금을 마음으로 삼고, 임금은 백성을 몸으로 삼는다."[6]의 내용과 같다. 나라를 다스리는 자가 이 말을 하는 것을 공자는 자공子贛(貢)에게 진심으로 "탄복할 만한 일이 아닌가?"[7]라 하여 마음 속 깊이 감명하여 감탄을 하였다.

---

1) "일은 신중하고 조용하게 기다렸다가 시기적절하게 행동으로 실천해야한다."
2) "국가를 위해 나라를 돕다."
3) "민사民事가 뒤가 되어서는 안 된다."
4) ≪韓非子·解老≫:「有道之君, 外無怨讎於鄰敵, 而內有德澤於人民……遇諸侯有禮義則役希起, 治民事務本則淫奢止.」
5)「不問有邦之道, 而問相邦之道.」
6) ≪禮記·緇衣≫:「民以君爲心, 君以民爲體.」
7)「不亦𢽍(欽)虐(乎).」

본 편은 비록 많은 부분이 손상되어 있으나, 당시의 군주의 애국애민하는 마음과 인과 덕을 구비해야한다는 사상을 표현하고 있어 유가가 왕도관념을 중시하고 있음을 보여주고 있다. ≪상해박물관장전국초죽서上海博物館藏戰國楚竹書·종정從政≫편과 기본적인 관념이 같다.

第 1 篇

先其欲備其㚑牧其惓青㠯寺寺=出古此事=出政=毋忘所司□

第 1 簡

……先其欲, 備其㢈(强), 牧其惓(倦)①, 寈(靜)㠯(以)寺(待), 寺=(待時)出②, 古(故)此事=(事使)出政=(政, 政)毋忘所司(治), □(?) ……

【해석】

"…… 상방자相邦者는 먼저 강한 의욕을 갖추어야 하며, 강한 실력을 갖추고 있어야 하며, 근심과 우환을 조절하고, 일은 신중하고 차분하게 기다렸다가 시기적절하게 행동 실천해야 한다. 그래야 일을 처리할 때 그 정령政令을 성실하게 실행할 수 있고, 나라를 다스리는 도리를 잃지 않는다.[8]

【上博楚簡原註】

본 죽간은 상단과 하단이 모두 파손되었다. 길이는 24cm이고, 문자는 모두 27자며, 그 중 합문合文이 2개, 중문重文이 1자이다.

① '先其欲, 備其㢈, 牧其惓': 본 죽간은 상방자相邦者가 갖추어야 할 개인적 수양과 노력에 대하여 언급하고 있다. 순차에 따라 논리적으로 전개하고 있다. 무릇 어떤 일을 하고자 하면, 먼저 하고자 하는 일이 어떤 것인지 목적 의식이 뚜렷해야 하고, 이에 그에 따라 하고자 하는 바를 실천으로 옮겨야 한다. 그래서 먼저 「先其欲」, 즉 '먼저 하고자 하는 욕망이 선행되어야 한다.'라 했다.

「備(갖출 비, bèi)」자에 대하여 ≪설문해자說文解字≫는 "'備'는 '갖추다'의 의미이다."[9]라고, ≪광아廣雅 · 석고삼釋詁三≫은 "'전詮', '록錄' ……'비備', '찬饌'은 '갖추다'의 뜻."[10]이라 하였

8) 정리본에 따르면 "…… 상방자相邦者는 먼저 강한 의욕을 갖추어야 하며, 강한 실력을 갖추고 있어야 하며, 근심과 우환을 조절하고, 일은 신중하고 차분하게 기다렸다가 시기적절하게 행동 실천해야 한다. 그래야 일을 처리할 때 그 정령을 성실하게 실행할 수 있고, 나라를 다스리는 도리를 잃지 않는다."로 해석할 수 있으나, "古(故)此" 구절 앞까지는 고석규裘錫圭〈上博簡相邦之道1號簡考釋〉의 주장에 따라 해석하기로 한다. 季旭昇은 본 문장의 '相邦之道'는 "是指已爲相邦之人, 補助國君治國之道, 而不是未爲相邦之人, 儲備相邦之能力.(이미 상방相邦을 하는 사람이 군주를 도와 나라를 다스리고자 하는 법도에 관한 내용이지, 아직 상방相邦을 하지 않은 사람이 상방相邦의 능력을 구비하고자 하는 것을 말하는 것이다"라 하였다.(≪上博楚簡(四)讀本≫, 127 쪽)(부록 참고)

9) ≪說文解字 · 用部≫: 「備, 具也.」

다. ≪국어國語·주어하周語下≫「財以備器.」[11]에 대해, 위소韋昭는 "'備'는 갖추는 것이다."[12]라 하였다.「비기강備其强」은 '강한 실력을 갖추는 것'으로, 이는 또한 "음과 양이 갖추어 지면 사물은 이내 변하여 생겨나게 된다."[13]는 뜻을 내포하고 있다. "군자가 힘써 행하면서 그 이름이 널리 이르기를 기다린다."[14]는 뜻과도 비슷하다.

「牧(칠 목, mù)」자는 '인솔하다'·'보호하고 다스리다'의 뜻이다. ≪주역周易·겸괘謙卦≫는「謙謙君子, 卑以自牧也.」[15]라 했다.「자목自牧」은 즉 수양과 관련이 있다.

「惓(惓, 삼갈 권, quán,juàn)」자는 ≪상박초간上博楚簡(一)·공자시론孔子詩論≫(제4간)의「民之又罷惓也.」[16], ≪성정론性情論≫(제31간)의「凡憂惓(惓)之事欲任, 樂事欲後.」[17] 구절에도 보인다.「凡憂惓(惓)之事」의 구절을 ≪郭店楚簡·性自命出≫(제62간)에서는「凡憂患之事」로 쓴다.「우환憂患」은 또한 '우려하다'의 의미로 쓰인다. ≪논어論語·계씨季氏≫의「不患寡而患不均, 不患貧而患不安.」[18]이란 내용과 같다.

≪옥편玉篇≫은 "'惓'은 '번민하다(悶)'의 의미."[19]라고, ≪說文解字≫는 '悶(번민할 민, mēn,mèn)'자에 대하여 "'悶'은 '번민하다(懣)'의 의미."[20]라 하였다.「懣(번민할 만, mèn,mán,měn)」자를 ≪설문해자說文解字≫에서는 "'괴로워하다'의 의미"[21]라 하였고. 이에 대하여 단옥재段玉裁는 "'煩'은 원래 '머리가 열이 나고 아프다'의 뜻인데, '심적으로 번민하다'는 의미로 확대되었다."[22]라 하였다. 따라서「권惓」자는「번민煩悶」과「우환憂患」의 의미를 가지고 있다. ≪일주서逸周書·명훈明訓≫의 "옛 성인들은 이 여섯 가지를 잘 섬겨 만민을 이끌고, 백성을 이를 사용함에 잃는 것이 없었다."[23]란 내용과 같이, 본 죽간의「牧其惓(惓)」은 '고민이나 우환이 있

10) ≪廣雅·釋詁三≫:「詮, 錄 ……備, 饌, 具也.」
11) "재물로써 악기를 구비하다."
12)「備, 具也.」
13) 馬王堆漢墓帛書≪十六經·果童≫:「陰陽備, 物化變乃生.」
14) ≪上海博物館藏戰國楚竹書(二)·從政乙≫:「君子强行, 以待名之至也.」(第5簡)
15) "극히 겸손한 군자는 스스로를 낮추고 다스린다."
16) "백성에게 슬픔과 우환이 있는 것."
17) "천하의 우환을 자신의 제일 우선 임무로 삼고, 향락의 일은 뒤로 미루어 나중에 하다."
18) "적음은 걱정하지 않고 고르지 않음을 걱정하며, 가난함은 걱정하지 않고 편안하지 않음을 걱정한다."
19) ≪玉篇≫:「惓, 悶也.」
20) ≪說文解字≫:「悶, 懣也.」
21) ≪說文解字≫:「煩也.」
22)「煩者, 熱頭痛也, 引申之凡心悶皆爲煩.」
23) ≪逸周書·明訓≫:「古之明王, 奉此六者以牧萬民, 民用而不失.」

으면 조정하고 해결해 줄 수 있어야 한다'는 뜻이다.

② '青曰寺, 寺=出': 「青」은 「靜(고요할 정, jìng)」으로 읽는다. ≪郭店楚簡·性自命出≫(第62簡)은 「身谷青(靜)而毋款.」[24]이라 하였다.[25] 「정靜」은 더욱 더 내공을 쌓기 위한 일종의 수양이다. 「정이대靜以待」[26]는 어떤 계획을 수립하고 난 다음에 행동으로 옮기기 위한 전 단계에 해당된다.

합문 「寺=」는 「대시待時」의 합문으로, 「寺=出」은 즉 「待時出」[27]의 뜻이 아닌가 한다. ≪관자管子·우합宙合≫의 「多內則富, 時出則當.」[28]이나 ≪관자管子·산지수山至數≫의 「天子以客行, 令以時出.」[29] 중의 「시출時出」의 의미와 같다. 마왕퇴한묘백서馬王堆漢墓帛書 ≪십육경十六經·정난正亂≫에서는 "태산계[太]山稽가 대답하였다. '그대는 잠시 무슨 도움을 준다는 말을 하지 마라. 지금 우리가 필요한 것은 서로 마음을 모아 잘 준비하는 것이 필요하다. 그가 하고자 하는 대로 그의 욕망을 만족시켜 주고, 그가 한 나쁜 행위를 더욱 더 하도록 격려하고, 더욱더 나쁜 심성을 가지도록 도와주자. 그대는 아무 말도 하지 말라.' 지위가 높은 사람은 마음을 단정히 하고, 아래에 있는 사람은 마음을 안정시켜야 한다. 마음을 단정히 가다듬고 하늘이 정한 시기를 기다리고, 마음을 안정시키고 일이 잘 되도록 도와주어야 한다."[30]라 했고, ≪전도前道≫는 "그들은 마땅히 관료로 나서, 군주가 그대를 임용하여 나라와 온 천하의 만 백성에게 큰 도움이 되어야 한다. ……이른바 군자란 자기를 낮추고 천도天道를 따르고, 자신의 지혜로 도道를 인식하여야 하고, 이 도로써 자신의 행위를 반성하고 세상과 함께 도를 추구하며, 겸허한 마음으로 천시天時를 기다려야 한다. 만약에 한 나라의 군주君主가 이러한 성인을 만나게 된다면 그 나라는 행운이다."[31]라 했다. 이 내용은 본 죽간의 주석이라 할 수 있겠다. 「待時出」은 「窮達以時」[32]의 이치를 더욱 분명하게 풀이한 것으로, 이는 또한 군주가 상방자相邦者가 되고자하는 진실어린 외침이기도 하다.

---

24) "몸이 淸靜하고자 하면 조급함을 없애야 한다."
25) ≪上海博物館藏戰國楚竹書(一)·性情論≫의 제 27간에 해당된다.
26) "청정淸靜한 마음으로 기다리다."
27) "적절한 시기에 행동으로 옮기다."
28) "받아들이는 것이 많으면 풍부하고, 때에 맞으면 적절하다."
29) "천자天子는 오히려 객客이 되고, 대부大夫는 때에 맞추어 출현하게 된다."
30) 馬王堆漢墓帛書 ≪十六經·正亂≫:「[太]山之稽曰:『子勿言佑, 交爲之備, □將因其事, 盈其寺, 軵其力, 而投之代, 子勿言也.』上人正一, 下人静之, 正以待天, 靜以須人.」
31) ≪前道≫:「身載于前, 主上用之, 長利國家社稷, 世利萬夫百姓. ……是故君子卑身以從道, 知以辯之, 强以行之, 責道以弁世, 柔身以寺之時. 王公若知之, 國家之幸也.」
32) "곤궁에 처하거나 이룰 수 있는 것은 천시天時에 의하여 결정된다."

【譯註】

'[illegible]'자를 정리본은 알지 못하는 자라 하였는데, 형태로 보아, '事'자가 아닌가 한다.

구석규裘錫圭는 〈상박간상방지도1호간고석上博簡相邦之道1號簡考釋〉에서 ≪相邦之道≫의 네 개의 죽간 모두 연계되는 내용이 아니고, 다만 제 2간과 4간에 '孔子'가 있는 것으로 보아 내용상 같은 편篇이고, 제 1간과 제 3간은 이들과는 다른 한 편篇이라고 하였다. 또한 제 1간은 ≪管子≫와 밀접한 관련이 있으며, 제 1간을 아래와 같이 석문釋文하였다.[33]

> 釋文:
>
> 先丌(其)欲, 備(服)丌(其)強(强), 牧丌(其)惓, 靑(靜)㠯(以)寺(待)寺=(時. 時)出古此〈古=(故, 故)出〉事=(事, 事)出政=(政. 政)母(毋)忘所始(始), 事[□]
>
> 釋讀:
>
> 先其欲,[34] 服其强,[35] 牧其惓,[36] 靜以待時. 時出故, 故出事, 事出政.[37] 政毋忘所始, 事……[38]

구석규裘錫圭의 견해에 따라 우리말로 해석하면 아래와 같다.

> 먼저 신민臣民이 원하는 바를 고려하고, 신민으로 하여금 위에서 내려준 일에 아주 열심히 봉사하도록 하고, 우환으로 신민이 걱정하게 될 때 이를 위로하여야 한다. 또한 조용히 안정되게 생활하다가, 때가 되면 시기적절하게 실행한다. 일체의 만물은 시기에 따라 그 규칙이 형성되면, 이 규칙은 따라 일이 발생하게 되며, 위정자는 일의 순리에 따라 정치를 하는 것이다. 그런 고로 위정爲政은 반드시 그 이른바 시작의 근원을 잊지 말아야 한다.

---

33) 裘錫圭, 〈上博簡相邦之道1號簡考釋〉, 中國文字學報.

34) 裘錫圭는 '先其欲'의 뜻은 "意謂施政應先考慮到臣民之所欲"이라 하였다.

35) 裘錫圭는 '服其强'의 뜻은 "意謂使臣民出其强力以服上事"라 하였다. 그러나 季旭昇은 〈相邦之道譯釋〉에서 "人民(以及豪族)的强者, 要讓他們悅服"으로 해석하였다.(≪上博楚簡(四)讀本≫, 127 쪽) 相邦을 하는 자가 해야 할 일 중의 하나이기 때문에 季旭昇의 주장에 따라 해석할 수 있다.

36) 裘錫圭는 '惓'를 '倦'자로 해석하고 "牧其倦意謂臣民勞倦之時加以養撫. ……一說, 此簡'惓'字當釋爲'患'."라 하였다. 季旭昇은 "謂人民的戚患要仔細察知"라 하였다.(≪上博楚簡(四)讀本≫, 128 쪽)

37) 裘錫圭는 '時出故, 故出事, 事出政' 구절에 대하여 "'故'有成例·常規·事理之類意義. ……一切事物都應服從四時的規律, ……人們必須按照'時'所決定的'故'來行'事'. 例如五穀春生秋熟, 人們就必須春種秋收. 而爲了按排好各種'事', 就需要有在上者來施'事'."라 하였다.(71 쪽)

38) 그러나 裘錫圭의 이러한 讀解는 ≪管子≫의 내용에 따라 문장을 재편집하고 있기 때문에 오히려 본 내용과 거리가 있을 수 있다. 따라서 본문은 정리본의 이해에 따라 해석하기로 한다.

계욱승李旭昇은 "古(故)此事=(事使)出政=(政, 政)毋忘所司(治), □(?)"을 "古(故)此事=(事事)出政=(政, 政)毋忘所司(治)事"로 읽고, '고차故此'는 '인차因此'의 뜻이고, '事事出政' 중 앞 '사事'자는 '근勤(근면하게 실행하다)'의 의미이고, 뒤의 '事'는 '직수職守(직분에 충실하다)'의 의미로, "자신의 임무에 성실하고 정령을 실행하며, 나라를 다스리는 근본 도리를 잃지 않는다."[39]라 하였다.[40]

본문은 문장 전체의 내용을 고려하여 「靑㠯寺寺=出」의 구절을 정리본과 같이 "靑(靜)㠯(以)寺(待), 寺=(待時)出"로 읽기로 하고, "일은 신중하고 차분하게 기다렸다가 시기적절하게 행동 실천해야 한다."로 해석하며, '古(故)此' 다음 구절은 계욱승의 주장에 따라 해석하기로 한다.

39) 「勤於職守而出政令, 政毋忘所治理之事.」
40) 李旭昇 主編, ≪上博楚簡(四)讀本·相邦之道譯釋≫, 129 쪽.

第 2 篇

□□□□人可胃㥷邦矣▪公曰敢昏民事孔=

第 2 簡

□□□□人, 可胃(謂)𢼸(相)邦①矣.」公曰:「敢昏(問)民事②?」孔=(孔子)……

【해석】

□□□□ 사람은, 상방相邦(보좌하여 나라를 다스리는 것)이라 할 수 있습니다. 공이 물었다. "감히 민사를 여쭈어도 되겠습니까?" 공자……

【上博楚簡原註】

본 죽간은 상단은 파손되었지만 하단은 편평한 모양의 완전한 상태이다. 길이는 17.1cm이며, 문자는 14자가 있고, 이 중 합문合文이 1자이다.

① '𢼸邦':「상방𢼸(相)邦」이란 단어는 선진先秦 문헌 중에 보이지 않는다. 그러나 금문 중에는 보인다. 예를 들어, ≪중산왕석방호中山王譽方壺≫에「隹十四年, 中山王譽命相邦貫, 斁郾吉金, 鼾(鑄)爲彝.」41)라는 구절이 있다. 이외에 전국청동기戰國靑銅 병기兵器 ≪사년상방여불위과四年相邦呂不韋戈≫·≪사년상방여불위모四年相邦呂不韋矛≫·≪이년상방춘평후검二年相邦春平侯劍≫·≪십삼년상방의과十三年相邦義戈≫·≪팔년상방건군피八年相邦建君鈹≫ 등에도 보인다. 모두가 명사名詞로 사용되고 있다.

본 편 마지막 죽간에「吾見於君, 不問有邦之道, 而問相邦之道.」42)란 내용으로 보아, 당시의 군주君主는 상당히 애국 애민하는 마음이 있고,「상방지도相邦之道」를 매우 중시하고 있음을 알 수 있다. ≪곽점초간郭店楚簡·오행五行≫(제29간)은 "화합和合하면 즐겁게 되고, 즐거우면 덕이 있게 되고, 덕이 있으면 국가는 흥하게 된다. 문왕이 이렇게 했다."43)라 했다.「상방相邦」하고자 하는 자는 기꺼이 화합和合하고 즐겁고 덕을 갖춰야 한다는 것을 알 수 있다.

41) "중산왕석中山王譽이 왕으로 재위된 십사년十四年에, 왕은 상방相邦 주賙에게 연국燕國의 전리품 중 길금吉金을 택하여 제사드릴 때 사용할 호壺를 만들도록 하였다."

42) "내가 군주를 만나는데, 나라를 가지는 도를 묻지 않고, 나라를 다스리는 도를 묻었다."

43) ≪郭店楚簡·五行≫:「和則樂, 樂則有德, 有德則邦家譽, 文王之見也如此.」

【譯註】

본문에서는 '상방相邦'과 '유방有邦'이 대립적인 개념으로 쓰이고 있다. '相邦'과 '有邦'은 모두 동사+목적어 구조構造로 '相'은 '보좌輔佐하다'의 뜻이며, '相邦'은 '보좌하여 나라를 다스리다'의 뜻이다.

일본 천야유일淺野裕一은 〈상박초간≪상방지도≫적정체결구上博楚簡≪相邦之道≫的整體結構〉에서 "「相邦」이 보필하여 담당하여야 할 중요한 임무는 ≪論語·學而≫에서 말한 「使民以時」[44]와 같이 군주가 때에 맞추어 정령을 발포하도록 지도하는데 중점을 맞추고 있는 것 같다."[45]라 하였다.[46]

② '民事':「민사民事(백성들의 일)」는 명군明君이 중시해야 할 것 중의 하나이다. ≪맹자孟子·등문공상滕文公上≫은 "등나라 문공이 나라를 다스리는 것에 대해 물었다. 맹자가 대답하길, 백성들의 일에 적극적인 관심을 가져야 합니다. 시경에 '낮에는 띠 풀을 베고, 밤에는 새끼를 꼬아 서둘러 지붕을 덮고 나서 비로소 백곡을 파종한다'고 했습니다."[47]라 하고, ≪좌전左傳·양공사년襄公四年≫은 "백성들의 농사일을 존중하며, 사냥은 적시에 하기로 했다."라고[48], ≪관자管子·국축國蓄≫은 "선왕先王은 재물財物을 보호해 주고 백성의 일을 돌봐주고 천하를 평안하게 하였다."[49]라 하고, ≪한비자韓非子·해노解老≫는 "도를 체득한 군주는 밖으로 인접한 적에게 해를 끼치지 않고 안으로 인민에게 은덕을 베푼다. ……제후와의 교제에서 예의를 지킨다면 전쟁이 거의 일어나지 않으며, 백성을 다스리는 일 중 농사를 우선으로 힘쓰게 한다면 사치가 그치게 된다."[50]라 하였다.

---

44) "子曰: '道千乘之國, 敬事而信, 節用而愛人, 使民以時.'"(공자는 말하였다. "천승千乘의 나라를 다스리는 데는 매사를 조심해서 해나가고, (국민들에게) 신용 있게 하며, 비용을 절약하고, 사람을 아끼며, 적절한 시기를 택해서 국민을 동원해 쓸 일이다.")

45) 「'相邦'輔弼脚色之任務, 如同≪論語·學而≫'使民以時'般, 似乎是將重點置於指導君主何種時點上發布政令.」

46) 淺野裕一, 〈上博楚簡≪相邦之道≫的整體結構〉, 287 쪽.

47) 「滕文公問爲國. 孟子曰: 『民事不可緩也. 詩云: 晝爾于茅, 宵爾索綯. 亟其乘屋, 其始播百穀.』」

48) 「修民事, 田以時.」

49) 「先王以守財物, 以御民事, 而平天下也.」

50) 「有道之君, 外無怨讎於鄰敵, 而內有德澤於人民. ……遇諸侯有禮義則役希起, 治民事務本則淫奢止.」

第 3 簡

實官蒼百攻穸於事㠯實寶庫冢□穸於四枳之𢑚㠯備軍伇

第 3 簡

……實官蒼(倉), 百攻(工)纏(勸)於事①, 㠯(以)實賓(府)庫②, 庶(庶)□(?)③纏(觀)於四枳(肢)④之埶(藝), 㠯(以)備軍伇(?)……

【해석】

……농민들은 농경에 힘써 관창官倉이 풍족하게 하고, 백공百工들은 근면 성실하게 일에 종사하여 부고府庫가 풍족하게 될 수 있도록 하고, 서민들은 기예 수련을 통해 강한 신체로 강성한 군대가 될 수 있도록 준비해야 한다.

【上博楚簡原註】

본 죽간은 상단과 하단이 모두 파손되었다. 길이는 22.8cm이며, 모두 23자가 있다.

① '百攻纏於事': ≪주예周禮·동관冬官·고공기考工記≫는 "나라에는 여섯 가지 직종이 있는데, 그 중에 하나가 '백공百工'이다. ……사물의 곡직曲直이나 형세를 잘 살피고 오재五材를 정비하여 기구를 만드는 관리를 '백공百工'이라 한다."[51]·"지예로운 사람이 물건을 만들어 내면, 손재주가 뛰어난 자는 제작 방법에 따라 정교하게 만들어 낸다. 이를 세상 사람들은 '공장工匠'이라 한다. 백공이 만들어낸 물건은 모두 성인聖人이 창조해 낸 것이다."[52]라 하여「百工」를 설명하였다.

「纏」은「勸(권할 권, quàn)」으로 읽어야 한다.「百工勸於事」는 '百工이 온 힘을 다하여 일에 종사하는 것'을 말한다. ≪논어論語·자장子張≫은 "子夏曰: "百工居肆以成其事, 君子學以致其道.(자하가 말하였다. 여러 공인(백공百工)들은 일터에서 그들의 일을 이룩하고 군자는 배움으로써 그들의 도에 이르게 되는 것이다.)"라 했다.

② '㠯實賓庫': ≪史記·孫子吳起列傳≫「起曰: 治百官, 親萬民, 實府庫, 子孰與起?」[53] 구절

51) ≪周禮·冬官·考工記≫:「國有六職, 百工與居一焉. ……審曲面埶, 以飭五材, 以辨民器, 謂之百工.」

52)「知者創物, 巧者述之守之, 世謂之工, 百工之事, 皆聖人之作也.」

53) "오기가 말하였다. 백관을 다스리고, 백성들의 신뢰를 받으며, 나라의 재정을 튼튼히 하는 점에서는 누가 낫겠소?"

중「실부고實府庫」는「㠯(以)實實(府)庫」와 같은 의미다.「부고府庫」란 '세금을 거두어 이곳에 보관하는 곳'이기 때문에 국가재정과 깊은 관련이 있다. "백성의 세금으로 부고府庫에 재정을 마련한 다음"[54]에, 천자가 덕정을 세상에 펴고 은혜로운 구호 활동을 행하고자 할 때, "유사有司에 명하여 창고의 곡식을 풀어서 빈궁한 자에게 하사하여 결핍한 자를 구하고 부고府庫를 열고 폐백弊帛을 풀어서 널리 세상을 구했다."[55]라 하였다.

③ '㝩□': '㝩□' 중 앞 글자는 파손되었으나,「㝩(庶)」자가 아닌가 한다. 두 번째 글자는「民」자로 추측된다.「서민㝩(庶)民」 두 자의 자형은 ≪상박초간上海楚簡(二)·노방대한魯邦大旱≫의 제 2 간과 제 6 간의 자형과 참고 대조하여 알 수 있다.[56]「서민庶民」과 위의「백공百工(攻)」과 서로 대조하여 보면 의미적으로 문제점이 없다.

④ '四枳':「四枳」는「사지四肢」의 의미이다. ≪곽점초간郭店楚簡·당우지도唐虞之道≫(제26간)는「四枳〈枝(肢)〉倦惰.」[57]라 했다.「사지지예四肢之藝」는 강한 신체의 기예로, 이는 군사와 밀접한 관계가 있기 때문에 아래에서「以備軍……」[58]라 했다.

【譯註】

범창희范常喜는 〈독상박사찰기사칙讀≪上博四≫札記四則〉에서 제일 마지막 자는 '㑗'자가 아니라 '旅(군사 여{려}, lǚ)'자이고, '𡪢'자는 모두 '근면하다勤勉하다'의 의미인 '勸(권할 권, quàn)'으로 읽어야 한다고 하였다.

제일 마지막 자를 정리본은 '㑗'자로 예정하고 의미를 설명하지 않았다. 이 자는 실질적으로 '旅(군사 려{여}, lǚ)'자이다. ≪포산초간包山楚簡≫ 중의 '旅'자와 윗부분이 같다.

[illegible](포산초간) [illegible]≪相邦之道≫제3간

'군려軍旅'라는 단어는 선진 전적에 자주 보인다. ≪한비자韓非子·현학顯學≫은 "세금과 곡식을 거둬들여 창고를 충실하게 하고, 기근을 구제하고 군대를 정비하는데, 이를 두고 위에서는 탐한다."[59]라 하였다. 정리본은 이외에도 '사지지예四肢之藝'은 '강건 한 신체의 기예'의 의미

---

54) ≪周禮·天官冢宰·大府≫:「凡萬民之貢, 以充府庫.」
55) ≪禮記·月令≫:「命有司發倉, 廩貧窮, 根乏絶, 開府庫, 出弊帛, 周天下.」
56) ≪上海博物館藏戰國楚竹書(二)·魯邦大旱≫은 '庶'자를 '[illegible]'·'[illegible]'로 쓴다.
57) "신체가 권태해지고, 귀와 눈의 총명함이 쇠퇴해지다."
58) "강한 군대가 될 수 있도록 준비하다."
59) ≪韓非子·顯學≫:「徵賦錢粟以實倉庫, 且以救饑饉備軍旅也, 而以上爲貪.」

이고, 이 단어는 또한 군사軍事와 관련이 있기 때문에 "以備軍……"라 하였다. 그러나 ≪한비자韓非子≫ 중 구절을 참고해 볼 때, '사지지예四肢之藝'은 일반적인 농사일을 가리킨다. '藝(심을 예, yì)'는 선진시기에 농사일로 심는 것을 의미한다. 예를 들어, ≪상서尙書·우공禹貢≫ "淮沂其乂, 蒙羽其藝."[60] 구절에 대하여, 공안국孔安國 ≪전傳≫은 "두 강을 다스리니, 두 산에서도 농사를 지을 수 있다."[61]라 하였고, ≪詩經·唐風·鴇羽≫은 또한 "王事靡盬, 不能蓺稷黍."[62]라 하였다. 따라서 두 번째 '寷'자 역시 '권勸'자로 읽어야 한다. 모두 '근면勤勉 성실하다'의 뜻이다.[63]

범상희范常喜가 마지막 자를 '여旅'로 해석하고, '寷'자는 모두를 '근면勤勉하다'의 의미로 해석하는 것은 옳은 것 같으나, '사지지예四肢之藝'가 반드시 농사 일 만을 가리키는 것이 아닌 것 같다. 이미 농사일에 관해서는 앞에서 언급하고, 뒤 구절에서는 군대에 대한 언급이기 때문에 군비軍備에 관한 내용으로 볼 수 있다.[64]

60) "회수와 기수를 다스리니, 몽산과 우산 지방에도 농사를 지을 수 있다."

61) 「二水已治, 二山已可種藝.」

62) "나라일로 쉴 새 없어 메기장 차기장 못 심었네."

63) 范常喜, 〈讀≪上博四≫札記四則〉, 簡帛硏究, 2005-03-31. 「此簡最後一字殘損, 整理者擬隷作'𠈌', 意不可解. 此字實應爲'旅'字. 包山楚簡中'旅'字上部同此殘字相同, 試比較: 𣃦(包4) ≪相邦之道≫(簡3). '軍旅'一詞見于先秦, 如≪韓非子·顯學≫: "征賦錢粟以實倉庫, 且以救饑饉備軍旅也, 而以上爲貪." 另外, 整理者指出: "四肢之藝"所應爲强身健體之技藝, 且與軍事攸關, 故下文云: "以備軍……". 但如果從≪韓非子≫中的例句來看, "四肢之藝"也可能是泛指農事而言. '藝'在先秦多指農業種植, 如≪尙書·禹貢≫: "淮沂其乂, 蒙羽其藝." 孔傳: "二水已治, 二山已可種藝."≪詩經·唐風·鴇羽≫: "王事靡盬, 不能蓺稷黍." 由此也可知, 簡文中第二處寷字, 可能也應讀爲'勸', 同前一處一樣都應是'勤勉'的意思.」

64) 季旭昇 主編, ≪上博楚簡(四)讀本·相邦之道譯釋≫, 131 쪽 참고.

第 4 篇

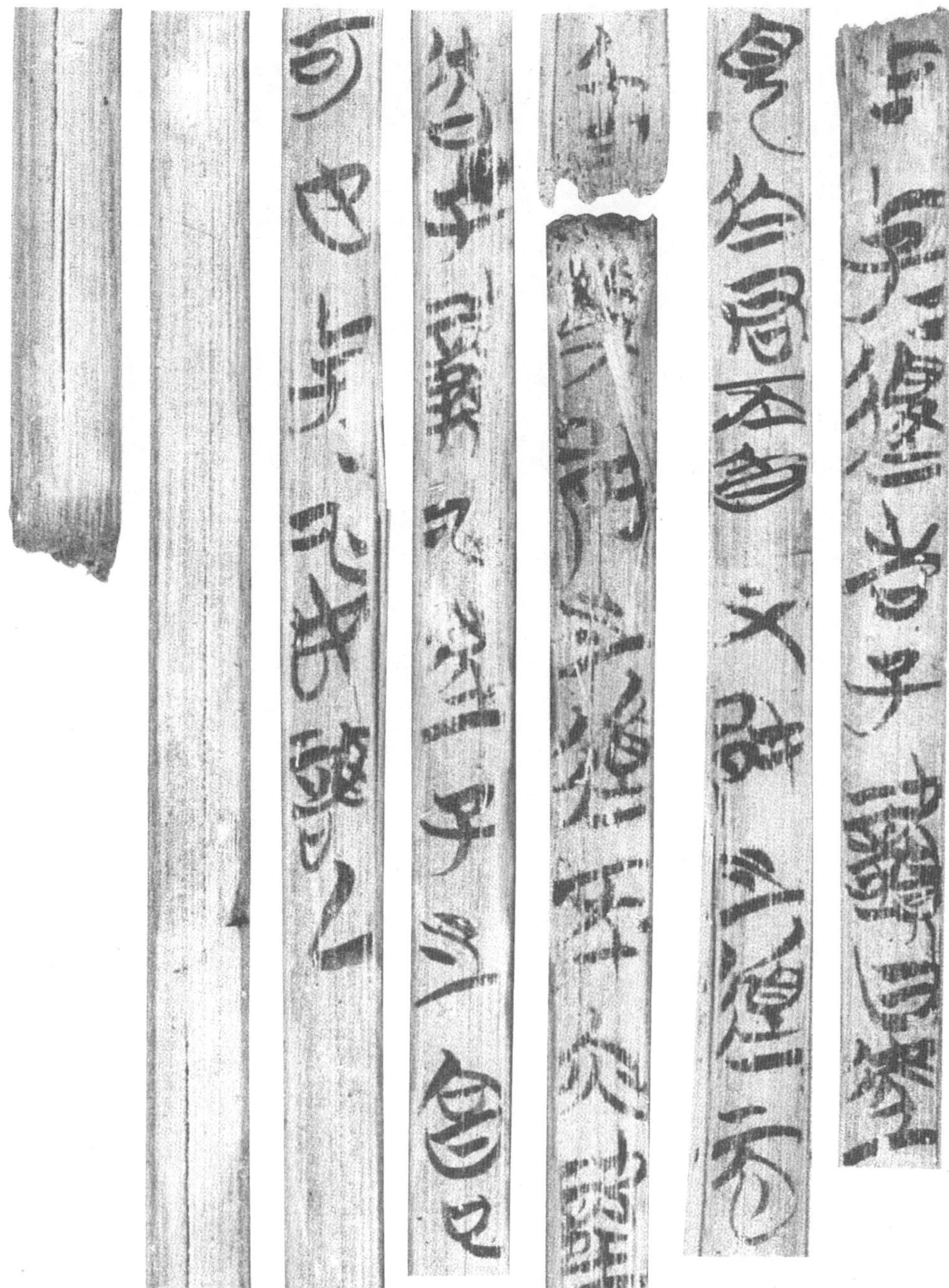

者孔=退告子贛曰虗見於君不昏又邦之道而昏㝃邦之道不亦塹唇子贛曰虗子之答也可女孔=曰女訵乚

第 4 簡

者. 孔=(孔子)退, 告子贛(貢)曰:「虛(吾)見於君①, 不昏(問)又(有)邦之道, 而昏(問)𡡉(相)邦之道, 不亦𢼄(欽)唇(乎)②?」子贛(貢)曰:「虛(吾)子之答也可(何)女(如)?」孔=(孔子)曰:「女(如)迺(斯)③1𠃊.」

【해설】

공자가 퇴각하여 나온 후 자공에게 말했다.『내가 군주를 대면했을 때, 나라를 세우는 도리에 대하여 물어보지 않고, 나라 백성들을 도와주는 도리에 대하여 물어 보았다. 훌륭한 생각이 아닌가?』자공이 말하였다.『스승님 당신께서는 어떻게 대답하셨습니까?』공자가 말하였다.『대체로 네가 아는 바와 같을 따름이다.』[65]

【上博楚簡原註】

본 죽간은 부러진 두 개의 죽간을 짝 맞추기 한 것이다. 상단은 16.6cm 이고, 하단은 길이가 35cm이다. 문자는 모두 43자가 있고 그중 합문合文은 2개이다. 마지막 부분에 종결부호가 있다.

① '虛(吾)見於君':「君(임금 군, jūn)」은 어느 군주君主인지는 확실치 않으나, 선진 문헌 중에 노魯나라 애공哀公이 공자에게 묻는 기록에 많으며, 문답問答 중 공자는「애공哀公」을「君」으로 칭하는 경우가 있다. ≪순자荀子·애공哀公≫은 "노나라 애공이 공자에게 말하였다. '과인은 깊은 궁중에서 태어나, 부인의 손에서 자랐으니, 과인은 슬픔을 알지 못하고, 걱정을 알지 못하고 수고로움을 알지 못하고 두려움을 알지 못하고 위험을 알지 못하네.' 공자가 말하였다. '군께서 물으신 것은 성군의 물음이옵니다.'"[66]라 했다. 따라서 본편 중의「공公」과「군君」은 노나라 애공哀公을 칭하는 것으로 보인다.

② '不亦𢼄唇':「𢼄」자는 소리부가「歆(받을 흠; xīn)」으로「欽(공경할 흠, qīn)」으로 읽을 수

65) 정리본의 이해에 따르지 않고 부정적인 의미로 해석한다면 "공자가 퇴각하여 나온 후 자공에게 말했다. '내가 군주를 대면했을 때, 나라를 다스리는 도에 대하여 물어보지 않고, 나라를 보좌하는 도에 대하여 물어 보았다. 이는 또한 잘못된 물음이 아니던가?' 자공은 '스승님 당신께서는 어떻게 대답하셨습니까?'라 물었다. 공자는 '너 스스로 생각해 보아라.'라 하였다."로 해석할 수 있다.

66)「魯哀公問於孔子曰:『寡人生於深宮之中, 長於婦人之手, 寡人未嘗知哀也, 未嘗之憂也, 未嘗知勞也, 未嘗知懼也, 未嘗知危也.』孔子曰:『君之所問, 聖君之問也.』」

있다. 「不亦欽乎?」의 구절은 고대 문헌 중에서는 「不亦」 다음에 「가可」·「의宜」·「이異」·「선善」 등의 글자를 쓰는 경우가 많은데, 이러한 구조와 같다. 「不亦欽乎?」[67]는 훌륭함을 칭송한 말이다.

【譯註】

정리본은 ‘不亦䜊虐’를 훌륭한 대답이라는 칭송의 말로 이해하고 있다. 그러나 ‘䜊’를 ‘愆(허물 건, qiān)’으로 해석하여 ‘잘못된 물음’으로 이해하기도 한다.

[1] 欽
[2] 謙[68]-‘신분에 맞지 않은 질문’의 뜻
[3] 愆[69]-‘잘못되다’의 뜻.
[4] 戇[70]-‘어리석다’의 뜻

하유조何有祖는 〈상박초간시독삼칙上博楚簡試讀三則〉에서 본 ‘’자를 소리부가 ‘欠’인 ‘䜊’으로 예정하고, 간문에서는 ‘戇(어리석을 당, zhuàng,gàng)’으로 읽고, ≪설문해자說文解字≫를 인용하여 ‘愚(어리석을 우, yú)’의 뜻이라 하였다. 문자 형태로 보아 하유조何有祖의 예정이 옳다. 그러나 ‘어리석다’는 ‘愚’의 해석은 실질적인 상황과 맞지 않는 것 같다.

‘䜊’자는 소리부가 ‘欠’이기 때문에 ‘欽(공경할 흠, qīn)’자와 통한다. ≪순자荀子·애공哀公≫과 ≪예기禮記·애공문哀公問≫ 등에서 哀公이 공자에게 자문하는 내용으로 볼 때, 哀公이 공자에게 거만하게 굴거나 잘못된 질문을 했을 가능성은 적어 보인다. 또한 제 2간 ‘人, 可胃(謂)㪅

67) “또한 훌륭한 생각이 아니던가?”

68) 孟蓬生, 〈上博四閑詁〉, 簡帛硏究, 2005-02-05. “歆字古音在侵部, 謙字古音在談部, 且兩者皆爲喉牙音, 故得相通. 問話者爲一國之君, 不問有國(統治國家)的道術, 卻問幫助治理國家的道術, 有降低身份的意思, 故孔子稱之爲‘謙’.”

69) 董珊, 〈讀≪上博藏戰國楚竹書(四)≫雜記〉, 簡帛硏究, 2005-02-16. “‘不亦’之下的字從整體結構來看, 可相當於曾侯乙編鐘所見之‘遣’字. 我們認爲, 孔子說‘吾見於君, 不問有邦之道, 而問相邦之道’含有責備之意, 據此, 該字可讀爲‘愆’, 訓爲‘失’. ‘不亦愆乎’的意思是說: 哀公他不向我詢問有邦之君道, 卻跟我問做相邦這種臣道, 這不是失問了麼？孔子實際是在跟子贛說魯哀公詢問不當.” 季旭昇은 ‘愆’의 주장에 찬성하고 “以義理而言, 孔子評哀公失問, 謂之愆, 卽過失, 尙稱合理”라 하였다.(≪上博楚簡(四)讀本·相邦之道譯釋≫, 133 쪽.)

70) 何有祖, 〈上博楚簡試讀三則〉, 武大簡帛, 2006-09-20. “簡文‘䜊’疑讀作‘戇’. ≪說文解字≫: ‘戇, 愚也.’ ≪史記·汲黯列傳≫: ‘上退, 謂左右曰: 甚矣, 汲黯之戇也.’≪漢書·高帝紀≫: ‘問其次, 曰: 王陵可, 然少戇, 陳平可以助之.’≪後漢書·董卓傳≫: ‘卓謂長史劉艾曰: 關東諸將數敗矣, 無能爲也. 唯孫堅小戇.’ ‘吾見于君, 不問有邦之道, 而問相邦之道, 不亦戇乎？’, 大意是哀公他不向我詢問有邦之君道, 却跟我問做相邦這種臣道, 不是很戇愚麼？”

(相)邦矣'이란 내용으로 보아 이 앞 내용은 공자가 哀公에게 '상방相邦'에 대하여 상세하게 설명한 것으로 보인다. '相邦'에 대한 가르침을 공자에게서 듣고, 이어서 '민사民事'에 대하여 계속해서 묻고 있는데, 이는 아마도 공자가 '相邦'을 언급하면서 이와 버금가게 중요한 '民事'에 대해서도 언급했을 것이다. 그래서 哀公이 이어서 '相邦'만큼 중요한 '民事'에 대하여 묻고 있는 것이다. 따라서 본문은 정리본의 주장에 따라 '欽'의 의미로 해석하기로 한다.

≪예기禮記·애공哀公≫ 중의 '종정從政'과 관련된 내용은 아래와 같다.

> 공자가 애공哀公을 모시고 앉아 있었다. 哀公이 물었다. "감히 묻습니다. 인도人道란 무엇을 크게 여깁니까?" 공자가 송구스러운 듯 낯빛을 고치고 대답했다. "임금의 말씀이 여기에 이른 것은 백성들은 참으로 은덕을 입은 것입니다! 신臣은 사양하지 않고 대답하겠습니다. 人道는 정치政治를 크게 여깁니다." 哀公이 물었다. "감히 묻겠습니다. 政治란 무엇입니까?" 공자가 대답했다. "政治란 바르게 하는 것입니다. 군주가 바르면 백성은 정치를 따를 것이고, 군주가 하는 바는 백성이 따르는 것이니 군주가 하지 않는 것을 백성이 어찌 따르겠습니까?" 애공이 물었다. "감히 묻습니다. 정치를 하려면 어떻게 해야 합니까?" 공자가 말하였다. "부부夫婦가 유별하고, 부자父子가 친親하고, 군신君臣의 엄격함에 있습니다. 이 세 가지가 바르면 모든 것이 이에 따를 것입니다." 애공이 물었다. "과인寡人이 비록 무능하지만 이 세 가지를 행하는 도리를 들을 수 있겠습니까?" 공자가 대답하였다. "옛날에 정치하는 자들은 남을 사랑하는 것을 크게 여겼으며, 사람을 사랑하는 것으로 다스릴 때는 예禮를 큰 것으로 여겼고, 禮로 다스릴 때는 공경함을 크게 여겼습니다. 공경恭敬의 지극한 것으로는 큰 혼례를 크게 여겼습니다. 대혼大婚은 지극한 것입니다! 大婚이 이미 지극한 것이니 면복冕服으로 남을 친히 맞이하는 것이고, 이를 친하다고 하는 것입니다. 그래서 君子는 공경하는 마음으로 친해지려고 하는 것입니다. 공경하는 마음을 버리면 친함을 버리는 것이니, 사랑하지 않으며 친하지 않고, 공경하지 않으며 바르지 못하는 것입니다. 따라서 사랑과 공경은 정치의 근본입니다."[71]

'유방有邦'은 나라를 세우는 원칙 혹은 나라를 다스리는 행정적인 법도와 같은 것을 말한다면, '상방相邦'은 백성을 다스리는 근본적인 원칙이나 군주가 백성을 대하는 연민같은 것을 가리키

71) 「孔子侍坐于哀公, 哀公曰: "敢問人道誰爲大." 孔子愀然作色而對曰: "君之及此言也, 百姓之德也! 固臣敢無辭而對? 人道, 政爲大." 公曰: "敢問何謂爲政?" 孔子對曰: "政者正也. 君爲正, 則百姓從政矣. 君之所爲, 百姓之所從也. 君所不爲, 百姓何從?" 公曰: "敢問爲政如之何?" 孔子對曰: "夫婦別, 父子親, 君臣嚴. 三者正, 則庶物從之矣." 公曰: "寡人雖無似也, 願聞所以行三言之道, 可得聞乎?" 孔子對曰: "古之爲政, 愛人爲大. 所以治愛人, 禮爲大. 所以治禮, 敬爲大. 敬之至矣, 大昏爲大. 大昏至矣! 大昏既至, 冕而親迎, 親人也. 親之也者, 親之也. 是故, 君子興敬爲親, 舍敬, 是遺親也. 弗愛不親; 弗敬不正. 愛與敬, 其政之本與."」

는 것으로 보인다.

천야유일淺野裕一은 〈上博楚簡≪相邦之道≫的整體結構〉에서 '有邦'을 묻지 않고 '相邦'을 언급한 것에 대하여 찬양을 한 것은 "공자는 위정爲政에 매우 강한 의욕을 가지고 있었을 뿐만 아니라, 또한 공자는 스스로 '만약에 나를 써 주는 자가 있다면 한 달만이라도 괜찮을 것이니, 삼년이면 완성됨이 있을 것이다.'(≪자로子路≫)라 하였고, 혹은 '나를 써 주는 자가 있다면 나는 동쪽의 주 나라를 만들 수 있을 것이다.'(≪양화陽貨≫)라 하였다. 이와 같이 공자는 爲政의 방책을 지도할 수 있는 능력이 있다고 매우 자신감을 자기고 있었다."라 하였다.[72]

그러나 '有邦'과 '相邦' 두 개념을 대립적으로 언급한 것으로 보아 개념의 차이이지 공자의 자신감을 나타내고자 하는 것이 아닌 것으로 보인다.

③ '女詘': 「詘」자는 '言'과 '卤'로 이루어진 자이다. 字形 '卤'는 ≪說文解字≫ 중 「西(서녘 서, xī)」자의 고문과 유사하다. 따라서 이 자를 「詘」자로 예정할 수 있다. 「詘」는 자서에는 보이지 않지만, 자부가 '言'인 것으로 보아 어조사와 관련이 있는 것으로 보인다. 「女詘」는 「여사如斯」의 의미가 아닌가 한다. 「西」의 고음古音은 '심心'뉴紐'지脂'부部이고, 「斯」자는 '심心'紐'지支'부部이기 때문에 서로 통한다. 「如斯」이라는 말은 유가 전적에 공자와 제자 사이의 문답에서 자주 보인다. ≪논어論語 · 헌문憲問≫은 「子路問君子. 子曰: 『修己以敬』曰: 『如斯而已乎?』曰: 『修己以安人.』 曰: 『如斯而已乎!』」[73]라 하고, ≪논어論語 · 자한子罕≫은 「子在川上曰: 『逝者如斯夫, 不舍晝夜.』」[74]라 했다. ≪정주한묘죽간定州漢墓竹簡 · 논어論語≫는 「逝者如此乎」로 쓴다.

「여사如斯」는 또한 「何(어찌 하, hé)」와 함께 쓰여 의문문으로 사용된다. ≪論語 · 堯曰≫은 「子張問於孔子曰: 『何如斯可以從政矣!』 子曰: 『尊五美, 屛四惡, 斯可以從政矣.』」[75]라 하고, ≪論語 · 子路≫에는 「子路問曰: 『何如斯可謂之士矣?』」[76]라 하고, ≪禮記 · 孔子閒居≫에는 「子夏

72) 淺野裕一, 〈上博楚簡≪相邦之道≫的整體結構〉, 291 쪽. 「孔子不但對於爲政顯露出强烈的執着意欲, 而且還說: 「子曰: 苟有用我者, 其月而已可也. 三年有成」(≪子路≫), 或「如有用我者, 吾其爲東周乎」(≪陽貨≫), 對於自己指導爲政方策的能力也極爲自負.」

73) "자로가 군자에 대하여 묻자, 공자가 말하였다. '자기 수양을 하고 공경스러워야 한다.' 자로가 물었다. '그렇게만 하면 됩니까?' 공자가 말하였다. '자기 수양을 하여 남을 편안케 해 주어야 한다.' 자로가 물었다. '그렇게만 하면 됩니까?'"

74) "공자가 냇가에서 말씀하셨다. '지나가고 있는 것들은 이와 같아서 밤낮을 쉬지 않는다.'"

75) "자장이 공자에게 여쭈었다. '어떻게 하여야 정치에 종사할 수가 있겠습니까?' 공자가 말하였다. '다섯 가지 미덕을 존중하고 네 가지 악덕을 버린다면 정치에 종사한다 할 수가 있을 것이다.'"

76) "자로가 묻기를 어떠하면 곧 선비라 할 수 있겠습니까?"

曰:『三王之德, 參於天地, 敢問何如斯可謂參於天地矣!』」77)라는 구절이 있다. 그러나 「如斯」와 같이 동사+목적어로 답문형식에 단독으로 출현하는 경우는 다른 문헌에 보이지 않는다. 「如斯」는 아마 「如斯(此)而已」78) 혹은 「如斯(此)乎」79)의 의미로 「庶幾」80)라는 의미를 내포하고 있다.81)

【譯註】

≪설문해자說文解字≫는 '西'자의 고문을 '[illegible]'로, 주문籒文은 '[illegible]'로 쓴다.

'女訵'를 장광유張光裕의 정리본은 '如斯'의 의미로 해석하고, 이러한 문장구조는 "이러한 형식으로 단독적으로 출현하는 경우는 이곳 한 곳 뿐이다."82)라 하였듯이 문제점이 있다. '女訵'자는 일반적으로 아래와 같이 해석한다.

[1] 如斯
[2] 如訊83)
[2] 如察84)
[3] 如思85)

'訵'자와 '思(생각할 사, sī,sāi)'자와 음성적으로 통하고, 공자가 "답답해 하여 괴로워하지 않으

77) "자하가 말했다. '삼왕의 덕은 천지와 가지런하다고 했습니다. 감히 묻자옵건대 어떠해야만 천지에 가지런하다고 말할 수 있습니까?'"

78) "그와 같을 뿐이다."

79) "그와 같으니라."

80) "대체로 그와 같다."

81) 〈上博楚簡≪相邦之道≫的整體結構〉, ≪淸華學報≫, 新三十五卷第二期(2005.12), 283-294 쪽. '女訵'를 張光裕의 정리본은 '如斯'의 의미로 해석하고 있다. 그러나 앞의 내용을 子貢이 알아 듣지 못하기 때문에 淺野裕一은 「스스로 생각해 보도록 하여라」라는 뜻인 「汝察」의 의미로 해석해야 한다고 주장하고 있다. http://www.airitilibrary.com/Publication/.
"≪相邦之道≫的整體結構, 因篇末「女訵」二字之隸定而呈現不同的形貌. 張光裕先生隸定爲「如斯」, 依此無法理解孔子回答哀公之內容, 且在整體結構上亦不可能以此爲總結. 作者認爲應當隸定爲「汝察」, 將「訵」視爲形聲文字, 因聲符「西」與「察」在古韻中發音相近而產生通用假借."

82) 「單獨出現者, 則僅此一見.」

83) 孟蓬生, 〈上博竹書(四)閒詁〉, 簡帛硏究, 2005-02-15. ". "'如訵(訊)'的意思是說, 君問我以相邦之道, 我即以相邦之道來回答他."

84) 淺野裕一, 〈上博楚簡≪相邦之道≫的整體結構〉, ≪淸華學報≫, 新三十五卷第二期(2005.12), 283-294 쪽.

85) 陳思婷, 〈試釋≪上博(四)·相邦之道≫之「女訵」, 簡帛硏究.

면 계도해 주지 않고, 표현해내지 못하여 더듬거리는 상태가 되지 않으면 일깨워 주지 않으며, 한 방면을 가르쳐 주면 나머지 세 방면을 스스로 알아서 반응을 보여야지 그렇지 않으면 반복해서 그를 가르쳐 주지 않는다."[86]라 하여, 스스로 생각하고 자각하는 학습방면을 선호하였기 때문에 '思'로 해석하는 것이 옳을 것 같다.[87] 천야유일淺野裕一은 "가장 가능성 있는 「女訵」의 의미는 아마도 '你察(네 스스로 생각해 보라)'와 관련된 발언이었을 것이다."[88]라 하였는데, 결국 이는 의미적으로 '如思'와 같다.[89]

86) 「不憤不啓, 不悱不發. 擧一隅不以三隅反, 則不復也.」

87) 何有祖, 〈上博楚簡試讀三則〉, 武大簡帛, 2006-09-20. "孔子只是簡短回答: '汝思'即是要子貢從孔子平日的言論去思索理解. 而不作立即之回應, 正如≪論語·子罕篇第九≫: '子曰: 吾有知乎哉? 無知也! 有鄙夫問于我, 空空如也, 我扣其兩端而竭焉.', 啓發學生主動反省的能力與精神, 即是一位良師所能給學生的最佳教育."

88) 「'女訵'最可能的意涵, 恐怕是「你察(讓你想吧)」之類的發言.」

89) 淺野裕一, 〈上博楚簡≪相邦之道≫的整體結構〉, 285 쪽.

부록

≪상방지도相邦之道≫와 관련이 있는 고전적 자료

(1) ≪相邦之道≫와 관련이 있는 ≪논어論語≫의 내용

1. 哀公問曰: 何爲則民服? 孔子對曰: 擧直錯諸枉, 則民服, 擧枉錯諸直, 則民不服.(≪爲政≫02.19)

애공이 물었다. 어떻게 하면 백성이 복종합니까?

공자는 대답했다. 정직한 사람을 등용하여 정직하지 않은 사람 위에 놓으면 백성들이 복종하고, 정직하지 않은 사람을 정직한 사람 위에 놓으면 백성들이 복종하지 않는다.

2. 季康子問: 使民敬忠以勸, 如之何? 子曰: 臨之以莊則敬, 孝慈則忠, 擧善而教不能則勸.(≪爲政≫02.20)

계강자가 물었다. 백성들로 하여금 공경스럽고 충성스러우면서도 일에 힘쓰도록 하려면 어떻게 해야 합니까?

공자가 말했다. 백성들에게 정책을 실행할 때 일관성 있고 장엄하게 해야 공경하게 되고, 효도와 사랑을 베풀면 충성하게 되고, 우수한 사람을 등용하여 잘 못하는 자를 가르치면 백성들은 일에 힘쓴다.

3. 子貢問政. 子曰: 足食, 足兵, 民信之矣. 子貢曰: 必不得已而去, 於斯三者何先? 曰: 去兵. 子貢曰: 必不得已而去, 於斯二者何先? 曰: 去食. 自古皆有死, 民無信不立.(≪顔淵≫12.07)

자공이 정치에 대하여 묻자 공자가 말했다. 먹을 것을 풍족하게 하고, 兵을 충족하게 하고 백성들을 신뢰하게하는 것이다.

자공이 물었다. 부득이하게 버릴 것이 있다면, 이 세 중 무엇을 먼저 버려야 합니까?

공자가 말했다. '兵'을 먼저 버려라.

자공이 물었다. 나머지 둘 중 부득이 버려야 한다면 어떤 것을 버려야 합니까?

공자가 말했다. 먹을 것을 버려라. 자고로 사람은 죽기 마련이다. 그러나 이 죽음보다 더 중요한 신뢰를 백성에게서 잃게 된다면 서지 못하는 것이다.

4. 子路問政. 子曰: 先之勞之. 請益. 曰: 無倦.(≪子路≫13.01)

자로가 정치에 대하여 묻자 공자가 대답했다. 먼저 솔선수범하고 위로하는 것이다.

더 말씀해 주십시오.

게을리 함이 없어야 한다.

5. 定公問: 一言而可以興邦, 有諸? 孔子對曰: 言不可以若是其幾也. 人之言曰, 爲君難, 爲臣不易. 如知爲君之難也, 不幾乎一言而興邦乎? 曰: 一言而喪邦, 有諸? 孔子對曰: 言不可以若是其幾也. 人之言曰: 予無樂乎爲君, 唯其言而莫予違也. 如其善而莫之違也, 不亦善乎? 如不善而莫之違也, 不幾乎一言而喪邦乎?(≪子路≫13.15)

정공이 물었다. 나라를 흥하게 할 수 있는 말이 있습니까?

공자가 말하였다. 말은 아주 쉽게 기계적으로 하는 것이 아니다. 하지만 사람들이 '임금 노릇하기 어려우며, 신하 노릇하기도 쉽지 않다'라고 하는데, 만약에 임금 노릇하기 어렵다는 것을 안다면, 이 말 한마디가 나라를 흥하게 하는 말이 아닐까요?

定公이 물었다. 나라를 망하게 할 수 있는 말이 있습니까?

공자가 말했다. 말은 쉽게 기계적으로 하는 것이 아니다. 하지만 사람들이 '나는 임금 노릇하기 특별히 즐기지 않고, 단지 다른 사람이 내가 하는 말을 어기지만 않으면 된다'라 했는데, 좋은 말을 하여 다른 사람이 이의異議를 달지 않는다면 얼마나 좋겠는가? 가령 좋지 않은 말을 했으나, 다른 사람이 이의異議 제기를 하지 않는다면 이것이 나라를 망하게 하는 말이 아니겠는가?

6. 顔淵問爲邦. 子曰: 行夏之時, 乘殷之輅, 服周之冕, 樂則韶舞. 放鄭聲, 遠佞人. 鄭聲淫, 佞人殆.(≪衛靈公≫15.11)

안연이 나라를 다스리는 것에 대하여 묻자 공자가 대답하였다. 하의 책력을 행하며, 은 나라의 수레를 타며, 주나라의 면류관을 쓰며, 음악은 소무韶舞를 하고, 정나라 음악을 추방하고, 말재주 있는 사람을 멀리할 것이나, 정나라 음악은 음탕하고 말재주 있는 사람은 위태롭다.

7. 子張問於孔子曰: 何如斯可以從政矣? 子曰: 尊五美, 屛四惡, 斯可以從政矣. 子張曰: 何謂五美? 子曰: 君子惠而不費, 勞而不怨, 欲而不貪, 泰而不驕, 威而不猛. 子張曰: 何謂惠而不費? 子曰: 因民之所利而利之, 斯不亦惠而不費乎? 擇可勞而勞之, 又誰怨? 欲仁而得仁, 又焉貪? 君子無衆寡, 無小大, 無敢慢, 斯不亦泰而不驕乎? 君子正其衣冠, 尊其瞻視, 儼然人望而畏之, 斯不亦威而不猛乎? 子張曰: 何謂四惡? 子曰, 不敎而殺謂之虐, 不戒視成謂之暴, 慢令致期謂之賊, 猶之與人也, 出納之吝謂之有司.(20.02)

자장이 공자에게 물었다. 어떻게 해야 政事를 행할 수 있다하겠습니까?

공자가 말하였다. 오미五美를 높이고, 사악四惡을 없애면 곧 정사를 행했다할 수 있다. 자장이 말하였다. 그렇다면 五美란 무엇입니까?

공자는 대답했다. 군子는 은혜스러우면서 낭비하지는 않고, 힘드는 일을 시키면서도 원망을 사지는 않고, 원하기는 하나 탐내지는 않고, 태연하나 교만하지는 않고, 위엄이 있으나 사납지는 않다.

자장이 물었다. 무엇이 은혜스러우나 낭비하지는 않는 것입니까?

공자라 말하였다. 백성에게 이익되는 것에 따라서 그들을 이롭게 하여 주면, 이 또한 은혜스러우면서 낭비하지는 않는 것이 아니겠느냐? 노동을 시킬만한 조건에 따라 노동을 시킨다면 또 누가 원망하겠느냐? 인자함을 원해서 인자함을 얻는다면 또 어찌 탐내겠느냐? 군자는 사람이 많건 적건 크건 작건 감히 소홀하게 다루는 일이 없으니, 이 또한 태연하나 교만하지는 않은 것이 아니냐? 君子는 자기의 의관을 바로 착용하고 자기 보는 것을 위엄있게 하여 엄연한 것이, 남이 바라보면 그를 두려워하게 되니 이 또한 위엄이 있으나 사납지는 않은 것이 아니냐?"

자장이 말하였다. 그렇다면 오악五惡은 무엇입니까?

공자가 말하였다. 가르치지 않고서 죽이는 것을 잔학殘虐하다고 한다. 미리 경계해 놓지 않고서 일의 완성을 재촉하는 것을 난폭하다고 한다. 명령을 소홀하게 해 놓고 시기를 꼭 대도록 독촉하는 것을 괴롭히는 짓이라고 한다. 고루 사람들에게 나누어주는 데 있어, 지출이 인색하게 하는 것을 유사有司라고 한다.

8. 子曰: 道千乘之國, 敬事而信, 節用而愛人, 使民以時.(≪學而≫01.05)

공자가 말하였다. 천승의 나라를 다스리되 일을 경건하게 처리하고 미덥게 하며, 쓰는 것을 절약하고 사람을 사랑하며, 백성을 부리기를 알맞은 시기에 행하라.

9. 子曰: 道之以政, 齊之以刑, 民免而無恥, 道之以德, 齊之以禮, 有恥且格.(≪爲政≫02.03)

공자는 말했다. 백성을 정령政令으로 다스리고 형벌로써 가지런히 하면 백성들은 면하려고만 하고 부끄러움을 모른다. 인도하기를 덕으로 하고 가지런히 하기를 예로써 하면 백성들은 부끄러움을 알고 마음을 바로 잡을 것이다.

10. 子曰: 善人敎民七年, 亦可以卽戎矣.(≪子路≫13.29)

공자가 말했다. 선인善人이 7년 동안 백성을 가르치면 전쟁을 나아가게 할 수 있다.

11. 仲弓爲季氏宰, 問政. 子曰: 先有司, 赦小過, 擧賢才. 曰: 焉知賢才而擧之? 曰: 擧爾所知. 爾所不知, 人其舍諸?(≪子路≫13.02)

중궁이 계씨의 가신이 되어 정치에 대하여 묻자 공자가 답했다. 有司를 앞세우고 작은 허물을 용서해 주며 어진 이와 재주 있는 사람을 등용해야 한다. 중궁이 물었다. 어떻게 어진 이와 재주 있는 사람을 알아서 등용합니까? 공자가 말했다. 내가 아는 바의 사람을 등용하면 네가 알지 못하는 사람을 남들이 놓아두겠느냐?

12. 子路曰: 衛君待子而爲政, 子將奚先? 子曰: 必也正名乎! 子路曰: 有是哉, 子之迂也! 奚其正? 子曰: 野哉, 由也! 君子於其所不知, 蓋闕如也. 名不正, 則言不順, 言不順, 則事不成, 事不成, 則禮樂不興, 禮樂不興, 則刑罰不中, 刑罰不中, 則民無所錯手足. 故君子名之必可言也, 言之必可行也. 君子於其言, 無所苟而已矣.(≪子路≫13.03)

자로가 말하였다. 위衛나라 임금이 선생님을 기다려 정치를 한다면 선생님께서는 앞으로 무엇을 먼저 하실 겁니까?

공자가 말했다. 반드시 명분을 바로 세우겠다.

자로가 말하였다. 그러한 생각을 가지고 계십니까? 선생님께서는 현실에 어두우십니다. 이름을 바로잡아서 무엇하시겠습니까?

공자가 말하였다. 야비하구나, 유由는. 군자는 자기가 모르는 것에 관해서는 保留하여 두는 법이다. 이름이 바르지 않으면 말이 맞지 않고, 말이 맞지 않으면 일이 제대로 되어지지 않는다. 일이 제대로 되어지지 않으면 예禮와 악樂이 성행盛行하지 않는다. 예와 악이 성행하지 않으면 형벌이 바로 가해지지 않는다. 형벌이 바로 가해지지 않으면 국민들은 손발을 둘 데가 없어진다. 그러므로 君子는 이름을 붙이게 되면 반드시 그것에 관해서 말할 수 있게 되고, 말하면 반드시 그것을 실행할 수 있게 되는 것이다. 군자는 자기의 말에 구차한 점이 없을 따름이다.

13. 子路問事君. 子曰: 勿欺也, 而犯之.(≪憲問≫14.22)

자로가 임금을 섬기는 것에 묻자 공자가 말했다. 속이지 말고 공격하여야 한다.

14. 季氏將伐顓臾. 冉有季路見於孔子曰: 季氏將有事於顓臾. 孔子曰: 求! 無乃爾是過與? 夫顓臾, 昔者先王以爲東蒙主, 且在邦域之中矣, 是社稷之臣也. 何以伐爲? 冉有曰: 夫子欲之, 吾二臣者皆不欲也. 孔子曰: 求! 周任有言曰, 陳力就列, 不能者止. 危而不持, 顚而不扶, 則將焉用彼相矣? 且爾言過矣, 虎兕出於柙, 龜玉毁於櫝中, 是誰之過與? 冉有曰: 今夫顓臾, 固而近於費. 今不取, 後世必爲子孫憂. 孔子曰: 求! 君子疾夫舍曰欲之而必爲之辭. 丘也聞有國有家者, 不患寡而患不均, 不患貧而患不安. 蓋均無貧, 和無寡, 安無傾. 夫如是, 故遠人不服, 則脩文德以來之. 旣來之, 則安之. 今由與求也, 相夫子, 遠人不服, 而不能來也, 邦分崩離析, 而不能守也, 而謀動干戈於邦內. 吾恐季孫之憂, 不在顓臾, 而在蕭牆之內也.(≪季氏≫16.01)

계씨가 전유顓臾를 정벌征伐하려고 하자 염유와 계로가 공자를 뵙고 말하였다. 계씨가 전유와 사단을 일으키려고 합니다.

공자가 말하였다.

求야, 네가 잘못을 저지른 것이 아니냐? 전유로 말하면 옛날에 선왕이 그를 동몽산의 제주로 삼으셨고, 또 그의 봉지가 노나라의 역내에 있다. 그러니 그는 사릉지신社稷之臣이다. 무슨 이유로 그를 정벌하려는 거냐?

염유가 말하였다. 그 분이 그렇게 하시려는 것이지 저희들 두 가신은 다 원하지 않는 것입니다.

공자가 말하였다. 구求야, 주임周任이 한 말이 있거니와 '자기 힘을 발휘하게 되면 벼슬자리에 나아가고 그렇게 할 수 없는 사람은 그만둔다'고 하였다. 위험해졌는데도 잡아주지 않고 엎어지는데도 붙잡아주지 않는다면 그러한 도와주는 사람을 어디다 쓰겠느냐? 그리고 또 네 말은 잘못이다. 범이나 외뿔소가 우리에서 나오고 귀갑龜甲이나 옥玉이 궤 안에서 깨진다면 그것은 누구의 잘못이냐?

염유가 말하였다. 전유는 단단한데다가 비읍費邑에 가까이 있어서, 지금 빼앗아두지 않으면 후세에 반드시 자손들의 우환거리가 될 것입니다.

공자가 말하였다. 구求야, 원한다고 말하기를 거부하면서도 꼭 그 일을 말하려는 것을 君子는 미워한다. 내가 듣건대, 나라나 가문을 지니고 있는 사람은 (백성이) 적은 것을 근심하지 않고 (수입이) 고르지 않은 것을 근심하며, 가난한 것을 근심하지 않고 불안한 것을 근심한다는 것이다. 대체로 수입이 고르면 가난함이 없을 것이고, 화평和平하면 백성이 적을 일이 없을 것이고, 안정하면 나라가 기울어지는 일이 없을 것이다. 그렇기 때문에 먼 곳의 사람들이 복종하지 않으면 문화의 힘을 발휘하여서 그들을 따라오도록 하고 그들을 따라오게 하였으면 그들을 안정시켜주는 것이다. 이제 유由하고 구求는 그 분을 도와주면서 먼 곳의 사람들이 복종하지 않아도 따라오게 하지 못하고, 나라가 갈라져 무너지고 흩어져 쪼개지는데 지켜내지 못하고, 나라 안에서 군대를 움직여 싸울 준비를 하니, 내 생각으로는 아마도 계손季孫의 근심은 전유顓臾에 있는 것이 아니고 그의 담장 안에 있는 성싶다.

15. 冉子退朝. 子曰: 何晏也? 對曰: 有政. 子曰: 其事也. 如有政, 雖不吾以, 吾其與聞之.(≪子路≫13.14)

염자가 조정에서 물러 나왔을 때 공자가 말했다. 어찌 늦었는가?

염자가 대답했다. 정사에 관한 일이 있었습니다.

공자가 말하였다. 일반 사무이었겠지. 만약 정사에 관한 일이었다면 비록 나를 써주지 않았으나 내가 참여하여 들었을 것이다.

16. 子禽問於子貢曰: 夫子至於是邦也, 必聞其政, 求之與? 抑與之與? 子貢曰: 夫子溫良恭儉讓以得之. 夫子之求之也, 其諸異乎人之求之與?(≪學而≫01.10)

자금이 자공에게 물었다. 夫子부자께서 이 나라에 이르시면 반드시 그 정사를 듣게 되는데 그 쪽에서 원한 것입니까 아니면 말씀해 주신 것입니까?

자공이 말했다. 부자夫子는 온순하고 어질고 공손하고 검소하고 겸양함으로써 얻으신 것이니 부자夫子의 구하심은 다른 사람의 구하는 것과는 다를 것이다.

17. 陳成子弑簡公. 孔子沐浴而朝, 告於哀公曰, 陳恒弑其君, 請討之. 公曰: 告夫三子! 孔子曰: 以吾從大夫之後, 不敢不告也. 君曰告夫三子者! 之三子告, 不可. 孔子曰: 以吾從大夫之後, 不敢不告也.(≪憲問≫14.21)

진성자가 간공을 시해하자 공자께서 목욕하고 조회하시어 애공哀公에게 아뢰었다. 진항이 그 임금을 시해하였으니 토벌하소서.

애공이 말했다. 저 삼자三子에게 말하세요.

공자가 말했다. 나를 대부의 뒤를 따르게 했기 때문에 감히 아뢰지 않을 수 없었는데, 임금께서는 저 三子에게 말하라고 하시는구나.

삼자에게 가서 말은 하였으나 통하지 아니하였다.

공자가 말하였다. 나를 대부의 뒤를 따르게 했기 때문에 감히 말하지 않을 수 없었다.

18. 子貢問曰: 何如斯可謂之士矣? 子曰: 行己有恥, 使於四方, 不辱君命, 可謂士矣. 曰: 敢問其次. 曰: 宗族稱孝焉, 鄕黨稱弟焉. 曰: 敢問其次. 曰: 言必信, 行必果, 硜硜然小人哉! 抑亦可以爲次矣. 曰: 今之從政者何如? 子曰: 噫! 斗筲之人, 何足算也?(≪子路≫13.20)

자공이 물었다. 어떤 사람을 선비라 할 수 있습니까?

공자가 말했다. 자기의 몸을 실천하는데 부끄러움이 있고, 사방에 사신으로 가서 임금의 명命을 욕되게 하지 않으면 선비라 할 수 있다.

감히 그 다음 수준을 묻겠습니다. 종족들이 효성스럽다고 칭찬하며 향당에서 공손하다고 칭찬하는 사람이다.

감히 그 다음 수준을 묻겠습니다. 말하는 것에서는 반드시 신용을 지키고 행하는 것에 있어서는 반드시 결과가 있게 하는 것은 빡빡한 소인이지만 그 다음 수준이 될 수 있다.

지금 정사政事에 종사하는 사람들은 어떻습니까?

공자가 말했다. 아아! 한 말이나 한 말 두 되 정도의 국량을 가진 사람들이니 어찌 헤아릴 정도가 되겠는가?

(2) ≪논어論語≫ 중 자공子貢[90]에 관한 구절

1. 子禽問於子貢曰: 夫子至於是邦也, 必聞其政, 求之與? 抑與之與? 子貢曰: 夫子溫良恭儉讓以得之. 夫子之求之也, 其諸異乎人之求之與?(≪學而≫01.10)

자금이 자공에게 물었다. 부자夫子께서 이 나라에 이르시면 반드시 그 정사를 듣게 되는데 그 쪽에서 원한 것입니까 아니면 말씀해 주신 것입니까?

자공이 말했다. 부자夫子는 온순하고 어질고 공손하고 검소하고 겸양함으로써 얻으신 것이니 부자夫子의 구하심은 다른 사람의 구하는 것과는 다를 것이다.

2. 子貢曰: "貧而無諂, 富而無驕, 何如?" 子曰: "可也; 未若貧而樂, 富而好禮者也." 子貢曰: "≪詩≫云: '如切如磋, 如琢如磨' 其斯之謂與 ?" 子曰: "賜也, 始可與言詩已矣, 告諸往而知來者.(1.15)

자공이 말하였다. 가난하면서도 아첨함이 없고, 부유하면서도 교만함이 없다면 어떠하겠습니까?

공자가 말하였다. 괜찮기는 하나 가난하면서도 도道를 즐기고, 부유하면서도 예禮를 좋아하는 것만은 못하다.

자공이 말하였다. 시詩에 '끊은 것 같고 간 것 같고 쪼은 것 같고 닦은 것 같다'고 한 것은 이 말씀을 두고 한 것이리이다.

공자가 말하였다. 사賜야말로 함께 시詩를 논할 만하다. 지난날의 일을 일러주었는데 앞으로 할 일을 이해하는구나.

---

90) 자공은 이름이 '단목사端木賜(BC520 - BC446)로 성이 단목端木이고, 자字 자공子貢(贑)이다.

3. 子貢問君子. 子曰: "先行其言而後從之.(2.13)
자공이 군자에 관해서 묻자, 공자가 말하였다.
그는 할 말을 먼저 실행하고나서 그것을 말하느니라.

4. 子貢欲去告朔之餼羊. 子曰: "賜也! 爾愛其羊, 我愛其禮.(3.17)
자공이 새 달을 고하는데 바치는 희생용 양을 없애려 하였다. 공자가 말하였다.
너는 그 양을 아끼지만 나는 그 예禮를 아낀다.

5. 子貢問曰: "賜也何如?"子曰: "汝器也.曰: "何器也?"曰: "瑚璉也.(5.4)
자공이 물었다. 저를 어떻게 생각하십니까?
공자가 말하였다. 너는 그릇이다.
무슨 그릇입니까?
호련이다.

6. 子謂子貢曰: "汝與回也孰愈?" 對曰: "賜也何敢望回. 回也聞一以知十, 賜也聞一以知二. 子曰: "弗如也. 吾與汝弗如也.(5.9)
공자가 자공에게 물었다. 너와 회回는 어느 쪽이 우수하냐?
제가 어떻게 감히 회回를 바라볼 수 있겠습니까? 회는 하나를 듣고서 열을 아는데 저는 하나를 듣고서 둘을 압니다.
공자가 말하였다. 그만 못하다. 나와 너는 그만 못하다.

7. 子貢曰: "我不欲人之加諸我也, 吾亦欲無加諸人. 子曰: "賜也, 非爾所及也.(5.12)
자공이 말하였다. 내가 남이 나에게 하는 것을 원치 않는다면, 나도 남에게 그것을 하지 않고 싶습니다.
공자가 말하였다. 사賜야, 네가 해낼 수 있는 일이 아니다.

8. 子貢曰: "夫子之文章, 可得而聞也, 夫子之言性與天道, 不可得而聞也.(5.13)
자공이 말하였다. 선생님의 문장에 관한 견해는 들어볼 수 있었으나 선생님께서 인간의 본성과 하늘의 이치를 말씀하시는 것은 들어볼 수 없었다.

9. 子貢問曰: "孔文子何以謂之文也?"子曰: "敏而好學, 不恥下問, 是以謂之文也.(5.15)
자공이 물었다. 공문자는 무엇 때문에 文이라 부르게 되었습니까?
공자가 말하였다. 아는 것이 빠르고 배우기를 좋아하여, 아랫사람에게 묻기를 두려워하지 않았기 때문에 문文이라고 부른 것이다.

10. 子貢曰: "如有博施於民, 而能濟衆, 何如? 可謂仁乎?" 子曰: "何事於仁, 必也聖乎! 堯

舜其猶病諸！夫仁者已欲立而立人，已欲達而達人. 能近取譬，可謂仁之方也已.(6.30)

자공이 말하였다. 만약에 국민들에게 널리 은혜를 베풀어 주고 많은 사람을 환난患難에서 건져내줄 수 있는 사람이 있다면 어떠하겠습니까? 인자仁慈하다고 할 수 있겠습니까?

공자가 말하였다. 어찌 인자仁慈한 데서 그치겠느냐. 틀림없이 聖人일 게다. 堯舜도 그렇게 하기에는 부족함을 느꼈을 것이다. 인자한 사람은 자기가 나서고 싶으면 남을 내세워 주고 자기가 발전하고 싶으면 남을 발전시켜 준다. 가까운 자기를 가지고 남의 입장에 비겨 볼 수 있다면 그것이 인仁의 올바른 방향이라 하겠다.

11. 冉有曰: "夫子爲衛君乎？"子貢曰: "諾，吾將問之. 入曰: "伯夷叔齊，何人也？"曰: "古之賢人也.曰: "怨乎？"曰: "求仁而得仁，又何怨？"出曰: "夫子不爲也.(7.15)

염유가 말하였다. 선생님께서 衛나라의 임금을 도와주실까?

자공이 말하였다. 그래, 내가 여쭈어 볼께.

들어가서 말을 꺼냈다. 백이와 숙제는 어떠한 사람입니까?

옛날의 현인이다.

원망하고 있었습니까?

인자함을 추구하여 인자함을 얻었는데 또 무엇을 원망하였겠느냐?

염유가 나와서 말했다. 선생님께서는 위衛나라 임금을 도우시지 않으셔.[91]

12. 太宰問於子貢曰: "夫子聖者與？何其多能也. 子貢曰: "固天縱之將聖，又多能也.子聞之，曰: "太宰知我乎. 吾少也賤，故多能鄙事. 君子多乎哉？不多也. 牢曰: "子云: 吾不試，故藝.(9.6)

태재가 자공에게 물었다. 당신의 선생님이 성인이시오? 그렇다면 어찌 그리할 줄 아는 것이 많으시오?

자공이 말하였다. 정말 하늘이 내놓은 큰 聖人이시고 또 할 줄 아는 것이 많으십니다.

공자가 이 말을 듣고 말했다. 태재가 나를 바로 아는가보다. 내가 젊었을 때에 미천微賤하였으므로 대단치 않은 일을 많이 할 수 있게 된 것이다. 君子야 할 줄 아는 일이 많겠느냐, 많지

91) 염유冉有와 자공子貢은 두 살 차이의 동년배였다. 위衛 영공靈公의 태자太子 괴외蒯聵는 靈公의 부인 남자南子를 제거하려다 뜻을 이루지 못하고 송宋나라로 망명하였다. 영공靈公은 공자公子 영郢을 太子로 세우려 하였으나 郢이 이를 거절하였다. 그러다가 靈公이 죽었다(493 B·C·). 南子가 靈公의 뜻이라 하여 郢에게 계위繼位하기를 명하였으나 郢은 역시 이를 거절하고 적손嫡孫인 괴외蒯聵의 아들 첩輒에게 繼位시키도록 일깨워 주었다. 이리하여 첩輒이 위공衛公의 위位를 계승하였는데 이것이 곧 出公이다. 염유冉有가 말한 위군衛君은 바로 靈公의 손자 출공出公이다. 공자는 이때 위衛나라에 가 있었다. 자공이 왕위王位를 사양하여 주周 나라로 도망 와버린 고죽군孤竹君의 두 아들 백이伯夷와 숙제叔齊의 예를 가지고 물어본 것은 자기 부친을 불러다 계위繼位시키기 위해 물러나버리는 일을 하지 않고 자기가 위位에 오른 出公의 경우와 대조가 되기 때문이다. 공자가 백이·숙제의 겸양하는 덕德을 높이 평가하고 위군衛君이 부자 간에 서로 다투는 것을 천시賤視하고 있음을 안 자공은 공자가 위군衛君을 도와주지 않을 것을 확신하게 된 것이다. 과연 괴외蒯聵가 위衛로 돌아오자 첩輒은 衛君의 자리를 버리고 노魯나라로 망명해버리고 蒯聵가 위位에 올랐다.

않느니라.

금뢰琴牢가 말하였다. 선생님께선 '내가 登用되지 않았기 때문에 (여가가 많아서) 잔재주가 많아지게 된 것이다'라고 말씀하셨다.

13. 子貢曰: "有美玉於斯, 韞匵而藏諸? 求善賈而沽諸?"子曰: "沽之哉, 沽之哉! 我待賈者也.(9.13)

자공이 말하였다. 이제 아름다운 옥玉이 여기에 있다면, 궤 속에 넣어서 감춰둘 것입니까? 값을 잘 아는 사람을 찾아서 팔 것입니까?

공자가 말하였다. 팔아야 하구 말구, 팔아야 하구 말구. 나는 값을 아는 사람을 기다리는 사람이다.

14. 子曰: "從我於陳蔡者, 皆不及門也. 德行: 顔淵·閔子騫·冉伯牛·仲弓; 言語: 宰我·子貢; 政事: 冉有·季路; 文學: 子游·子夏.(11.3)

공자가 말하였다. 진陳나라와 채蔡나라에서 나를 따라다니던 사람들은 다 벼슬자리를 얻지 못했던 사람들이었다.

덕행德行으로 뛰어났던 제자들은 안연顔淵·민자건閔子騫·염백우冉伯牛 및 중궁仲弓이었고, 언어言語로 뛰어났던 제자들은 재아宰我와 자공子貢이었고, 정사政事로 뛰어났던 제자들은 염유冉有와 계로季路였고, 문학으로 뛰어났던 제자들은 자유子游와 자하子夏였다.

15. 閔子侍側, 誾誾如也, 子路, 行行如也, 冉有子貢, 侃侃如也. 子樂. "若由也, 不得其死然."(11.13)

민자건이 선생님 곁에 모시고 있을 적에는 그 태도가 공손하였고, 자로는 강직하였고, 염유와 자공은 화락和樂하였다. 선생님께서는 즐거워하셨다.

유由 같은 사람은 제 죽음을 면치 못할 것이다.

16. 子貢問: "師與商也孰賢?"子曰: "師也過, 商也不及. 曰: "然則師愈與?"子曰: "過猶不及.(11.16)

자공이 물었다. 사師와 상商 어느 쪽이 더 똑똑한가요?

공자가 말하였다. 사는 지나치고 상은 모자란다.

그러면 사가 낫습니까?

지나친 것은 모자라는 거나 마찬가지다.

17. 子貢問政, 子曰: "足食, 足兵, 民信之矣.子貢曰: "必不得已而去, 於斯三者何先?" 曰: "去兵". 子貢曰: "必不得已而去, 於斯二者何先?" 曰: "去食. 自古皆有死, 民無信不立."(12.7)

자공이 정치에 관해서 여쭈어 보았다. 공자가 말하였다.

"식량을 충분하게 마련하고, 무기를 충분하게 마련하고, 백성이 위정자爲政者를 믿게 하는 것이다."
자공이 말하였다.
"반드시 한 가지를 버리지 않으면 안 된다면 세 가지 가운데에서 무엇을 먼저 버려야 합니까?"
"무기를 버려라."
자공이 말하였다.
"반드시 한 가지를 버리지 않으면 안 된다면 남은 두 가지 가운데에서 무엇을 먼저 버려야 합니까?"
"식량을 버려라. 옛날부터 죽음이란 모든 사람에게 다 있어 왔다. 백성들이 위정자爲政者를 믿지 않으면 정치를 해나갈 수 없는 것이다."

18. 棘子成曰: "君子質而已矣, 何以文爲?" 子貢曰: "惜乎, 夫子之說君子也. 駟不及舌. 文, 猶質也; 質, 猶文也. 虎豹之椁, 猶犬羊之椁.(12.8)
극자성이 물었다. 君子는 質이면 되었지 文은 해서 무엇하오?
자공이 말하였다. 안타깝습니다. 선생님의 말씀은 군자의 말씀입니다. 네 필 말의 수레로도 혀는 따라가 내지 못합니다. 문文도 질質같이 중요하고 질質도 문文같이 중요합니다. 범이나 표범의 털 뽑은 가죽이라면 개나 양의 털 뽑은 가죽이나 마찬가지입니다.

19. 子貢問友. 子曰: "忠告而善道之, 不可則止, 無自辱焉.(12.23)
자공이 벗에 관해서 물었다. 공자가 말하였다. 성실하게 일러주어서 잘 이끌어 주되, 그것이 잘 안 될 것 같으면 그만두고 자기가 욕을 보도록까지는 하지 말 것이다.

20. 子貢問曰: "何如斯可謂之士矣?" 子曰: "行己有恥, 使於四方, 不辱君命, 可謂士矣." 曰: "敢問其次." 曰: "宗族稱孝焉, 鄉黨稱弟焉." 曰: "敢問其次." 曰: "言必信, 行必果, 硜硜然小人哉! 抑亦可以爲次矣." 曰: "今之從政者何如?" 子曰: "噫! 斗筲之人, 何足算也?"(13.20)
자공이 "어떻게 해야 선비라고 할 수 있습니까?"하고 여쭈어 보았다.
공자는 말하였다.
"자기 자신의 행동에 있어 수치스러운 짓을 하지 않고 외국에 사신使臣으로 파견되어 임금이 준 사명을 욕되게 하지 않는다면 선비라고 할 수 있다."
"감히 그 다음가는 것을 여쭈어 볼까요?"하자,
"친척들이 효성 있다고 칭찬하고, 한 마을 사람들이 우애스럽다고 칭찬하는 것이다."라고 말씀하셨다.
"감히 그 다음가는 것을 여쭈어 볼까요?"
"말에는 반드시 신용이 있고, 행하는 일은 반드시 다 해치우는 것은 완고한 小人이기는 하나 그래도 역시 그 다음은 될 수 있다."
"지금 정치에 종사하고 있는 사람들은 어떠합니까?"하자, 공자는 말하였다.

"아아, 째째한 인간들이니 축에 끼울 것도 못된다."

21. 子貢問曰: "鄉人皆好之, 何如?" 子曰: "未可也. "鄉人皆惡之, 何如?"子曰: "未可也. 不如鄉人之善者好之, 其不善者惡之.(13.24)

자공이 물었다. 동네 사람들이 어떤 사람을 다 좋아한다면 어떻겠습니까?

공자가 말하였다. 그래서는 안 된다.

동네 사람들이 다 그를 미워한다면 어떻겠습니까?

공자가 말하였다. 그래서는 안 된다. 동네 사람들 중의 선善한 사람들은 그를 좋아하고 나쁜 사람들은 그를 미워하느니만 못하다.

22. 子貢曰: "管仲非仁者與? 桓公殺公子糾, 不能死, 又相之. 子曰: "管仲相桓公, 霸諸侯, 一匡天下, 民到于今受其賜. 微管仲, 吾其披發左衽矣. 豈若匹夫匹婦之爲諒也, 自經于溝瀆, 而莫之知也.(14.17)

자공이 말하였다. 관중은 인자한 사람은 아닐 것입니다. 환공이 공자 규를 죽였는데 규를 위해 죽지 못하고 또 환공의 재상 노릇을 하였습니다.

공자가 말하였다. 관중이 환공의 재상이 되어 환공은 제후를 거느려 천하를 통일하고 바로잡아 놓아서 사람들은 지금까지도 그 혜택을 입고 있다. 관중이 없었다면 나는 머리를 풀고 옷섶을 왼쪽으로 여미고 살 뻔했다. 어찌 필부필부匹夫匹婦가 자잘한 신의信義를 지키는 것과 같겠느냐? 개천에서 제 손으로 목매어 죽어도 알아줄 사람은 없다.

23. 子曰: "君子道者三, 我無能焉. 仁者不憂, 知者不惑, 勇者不懼. 子貢曰: "夫子自道也.(14.28)

공자는 말하였다.

"군자의 도는 셋인데, 내가 해낼 수 있는 것은 하나도 없다. 인자한 사람은 근심하지 않고, 지혜로운 사람은 의혹에 빠지지 않고, 용감한 사람은 두려워하지 않는다."

자공이 말하였다.

"선생님께서 자겸自謙하신 말씀이시다."

24. 子貢方人, 子曰: "賜也賢乎哉, 夫我則不暇.(14.29)

자공이 남을 비교 논평했다.

공자가 말하였다. 사賜는 (나보다) 나은가 보다. 대체로 나는 (그런 일을 하고 있을) 여가가 없었다.

25. 子曰: "莫我知也夫!"子貢曰: "何爲其莫知子也?"子曰: "不怨天, 不尤人, 下學而上達, 知我者其天乎!"(14.35)

공자가 말하였다. 나를 아는 사람은 없구나.

子貢이 말하였다. 무엇 때문에 선생님을 아는 사람이 없다는 것입니까?

공자가 말하였다. 하늘을 원망하지 않고, 남을 허물하지 않고, 밑에서부터 배워서 위로 통달하거니와, (이러한) 나를 아는 것은 하늘일 것이다.

26. 子曰: "賜也, 女以予爲多學而識之者與?"對曰: "然, 非與?"曰: "非也, 予一以貫之."(15.3)

공자가 말하였다. 사賜야, 너는 내가 많이 배워가지고 그것들을 기억하는 사람이라고 생각하느냐?

그렇습니다. 그렇지 않으십니까?

공자가 말하였다. 그렇지 않다. 나는 하나로써 관철하고 있다.

27. 子貢問爲仁. 子曰: "工欲善其事, 必先利其器. 居是邦也, 事其大夫之賢者, 友其士之仁者.(15.10)

자공이 인에 관해서 물었다.

공자가 말하였다. 공인工人이 그 일을 잘 하려고 하면 먼저 그 연장을 날카롭게 해야 한다. 한 나라에 사는 데는 그 나라의 대부 중의 현량한 사람을 섬기고 그 나라의 士 중의 인자한 사람을 벗으로 삼아라.

28. 子貢問曰: "有一言而可以終身行之者乎?" 子曰: "其恕乎! 己所不欲, 勿施於人.(15.24)

자공이 말하였다. "한 마디로 평생토록 행할 만한 것이 있습니까?"

공자는 말하였다. "용서일 게다. 자기가 원하지 않는 것을 남에게 베풀지 말아라."

29. 子曰: "予欲無言.子貢曰: "子如不言, 則小子何述焉?"子曰: "天何言哉. 四時行焉, 百物生焉. 天何言哉!"(17.19)

공자가 말하였다. 나는 말하는 일이 없기를 바란다.

자공이 말하였다. 선생님께서 말씀하시지 않으신다면 저희들이 무엇을 전하겠습니까?

하늘이 무엇을 말하느냐? 그래도 사시절이 운행運行하고 모든 것이 생겨난다. 하늘이 무엇을 말하느냐?

30. 子貢曰: "君子亦有惡乎?"子曰: "有惡. 惡稱人之惡者, 惡居下流而訕上者, 惡勇而無禮者, 惡果敢而窒者.曰: "賜也亦有惡乎. 惡敫以爲知者, 惡不孫以爲勇者, 惡訐以爲直者.(17.24)

자공이 말하였다. 군자도 미워하는 것이 있습니까?

공자가 말하였다. 미워하는 것이 있다. 남의 惡을 말하는 사람을 미워하고, 용맹스러우면서 무례無禮한 사람을 미워하고, 과감하면서 맥힌 사람을 미워한다.

자공이 말하였다. 저도 미워하는 것이 있읍니다.(비판이) 가혹한 것을 가지고 지혜롭다고 여기는 사람을 미워하고, 불손不遜한 것을 가지고 용맹하다고 생각하는 사람을 미워하고, (남의 비밀을) 파내어 공격하는 것을 가지고 곧다고 여기는 사람을 미워합니다.

31. 子貢曰: "紂之不善, 不如是之甚也. 是以君子惡居下流, 天下之惡皆歸焉.(19.20)
자공이 말하였다. 주가 나쁜 것은 그토록 까지 심하지는 않았던 것이다. 그래서 군자는 하류에 처해 있기를 싫어하는 것이다. 온 천하의 악이 다 그에게로 돌아가게 되기 때문이다.

32. 子貢曰: "君子之過也, 如日月之食焉. 過也, 人皆見之; 更也, 人皆仰之.(19.21)
자공이 말하였다. 군자가 과오를 저지르는 것은 일식日蝕이나 월식月蝕 같다. 과오過誤를 저지르면 아무나 다 그것을 알고, 그것을 고치면 아무나 다 그를 우러러본다.

33. 衛公孫朝問于子貢曰: "仲尼焉學?" 子貢曰: "文武之道, 未墮于地, 在人. 賢者識其大者, 不賢者識其小者, 莫不有文武之道焉, 夫子焉不學, 而亦何常師之有!"(19.22)
위衛나라의 공손조公孫朝가 子貢에게 물었다. 중니仲尼는 어디서 배웠나요?
자공이 말하였다. 문왕과 무왕의 도道가 아직 땅에 떨어지지 않았으므로, 사람들 가운데에는 잘난 사람은 그 큰 것을 기억하고 있고, 잘나지 못한 사람은 그 작은 것을 기억하고 있으니, 문왕과 무왕의 도를 지니고 있지 않은 사람이라고는 없는 것입니다. 저의 선생님께서야 어디에서든 배우시지 않은 데가 있겠습니까? 그리고 또 어찌 일정한 스승을 가지고 계시겠습니까?

34. 叔孫武叔語大夫于朝曰: "子貢賢于仲尼. 子服景伯以告子貢, 子貢曰: "譬之宮墻. 賜之墻也及肩, 窺見室家之好. 夫子之墻數仞, 不得其門而入, 不見宗廟之美, 百官之富. 得其門者或寡矣. 夫子之云, 不亦宜乎?"(19.22)
숙손무숙이 조정에서 한 大夫에게 말하기를 '子貢이 孔子보다 잘났다.'
자복경백이 이 이야기를 子貢에게 일러주었더니, 子貢이 말하였다. 집의 담에다 비유한다면, 저의 담은 어깨까지 닿아서 집의 좋은 것을 들여다보게 됩니다. 우리 선생님의 담은 여러 길이나 되어서 그 문을 찾아내서 들어가지 않는다면 그 안에 있는 종묘宗廟의 아름다움과 온갖 관원들의 수효가 많은 것이 보이지 않습니다. 그 문을 찾아낸 사람이 어떻게 된 노릇인지 적습니다. 그러니 그 분이 그렇게 말씀하시는 것도 그럴법한 일이 아니겠습니까?

35. 叔孫武叔毁仲尼, 子貢曰: "無以爲也. 仲尼, 不可毁也. 他人之賢者, 丘陵也, 猶可逾也. 仲尼, 日月也, 無得而逾焉. 人雖欲自絶, 其何傷于日月乎? 多見其不知量也.(19.24)
숙손무숙이 중니를 헐뜯어서 말했다. 그러자 자공이 말하였다.
"그렇게 해 보아도 소용이 없다. 중니는 헐뜯어낼 수 없다. 다른 사람의 잘난 것은 언덕 같아서 그래도 넘어갈 수 있다. 중니는 해와 달 같아서 넘어가낼 수 없다. 사람이 스스로 그것들과의 관계를 끊으려 든다 하더라도 그렇게 하는 것이 해와 달에 무슨 손상이 있겠는가? 단지 자기가 스스로를 헤아릴 줄 모르는 것을 나타낼 뿐이다."

36. 陳子禽謂子貢曰: "子爲恭也, 仲尼豈賢於子乎?" 子貢曰: "君子一言以爲知, 一言以爲不知, 言不可不愼也. 夫子之不可及也, 猶天之不可階而升也. 夫子之得邦家者, 所謂立之斯立, 道之斯行, 綏之斯來, 動之斯和. 其生也榮, 其死也哀, 如之何其可及也?"(19.25)

진자금이 자공에게 말하였다. 선생이 겸손한 것이지요. 중니仲尼가 어찌 선생보다 잘났겠습니까?

자공이 말하였다. 군자는 한 마디로 지혜로와지고, 한 마디로 지혜롭지 않게 되는 것이니, 말은 조심하지 않을 수 없습니다. 우리 선생님을 따라가 낼 수 없는 것은 층계를 밟고 하늘에 올라가 낼 수 없는 것과도 같습니다. 우리 선생님께서 제후국이나 큰 가문家門을 맡아서 다스리셨다면야 그야말로 '그것을 세우면 서고, 그것을 이끌면 따라가고, 그것을 안정시키면 따라오고, 그것을 움직이면 조화를 이루니, 그의 생애는 영광스럽고, 그의 죽음은 슬프다'는 것입니다. 어떻게 그 분을 따라가내겠습니까?

37. 子曰: "回也其庶乎, 屢空. 賜不受命, 而貨殖焉, 臆則屢中."(≪先進≫11.19)

공자가 말하였다. 회回는 거의 도道에 통달하였다고 하겠는데 끼니를 못 잇는 일이 많다. 사賜는 운명을 감수하지 않고 재물을 늘렸는데 그가 억측하는 것이 자주 적중한다.

38. 季康子問: "仲由可使從政也與?"子曰: "由也果, 於從政乎何有?"曰: "賜也可使從政也與?"曰: "賜也達, 於從政乎何有?"曰: "求也可使從政也與?"曰: "求也藝, 於從政乎何有?" "由(子路)也果"·"賜(子貢)也達"·"求(冉求)也藝".(≪雍也≫6.8)

계강자가 말하였다. 중유仲由는 정치에 종사할 수 있겠습니까?

공자가 말하였다. 유由는 과감합니다. 정치에 종사하는 데 안 될 일이 무엇이 있겠습니까?

사賜는 정치에 종사할 수 있겠습니까?

사賜는 사리事理에 통달합니다. 정치에 종사하는 데 안 될 일이 무엇이 있겠습니까?

구求는 정치에 종사할 수 있겠습니까?

구求는 재능이 많습니다. 정치에 종사해서 안 될 일이 무엇이 있겠습니까?

유는 과감하고 사는 사리에 통달하고 구는 재능이 많습니다.

(3) ≪순자荀子·애공哀公≫

노나라 애공이 공자에게 물었다. "나는 우리나라의 선비들을 골라서 그들과 더불어 나라를 다스리고자 하는데, 어떻게 이들을 임용하면 되는가 가히 여쭙니다." 공자가 대답했다. "지금 세상에 살면서 옛날의 도에 뜻을 두고, 지금 세상의 풍속을 따라 살면서 옛날의 옷을 입고 있다면, 옛것을 버리고 그릇된 일을 할 사람은 매우 드물지 않겠습니까?" 애공이 말하였다. "그러면 은나라 때의 장보章甫의 관을 쓰고 발 끝에 굽은 장식이 있는 신을 신고, 넓은 띠를 매고 거기에 홀을 꽂고 있다면 그는 현명한 사람입니까?" 공자가 대답하였다. "반드시 그렇지는 않을 것입니다. 그러나 단의端衣에 현상玄裳을 입고 면류관을 쓰고 큰 수레를 타고 제사를 지내러 가는 사람은 파나 부추 같은 것을 먹을 생각은 하지 않을 것이고, 상복에 짚신을 신고 지팡이를 짚으며 죽을 먹는 사람은 술이나 고기를 먹을 생각은 하지 않을 것입니다. 지금 세상에 살면서 옛날의 옷을 입고 있다면, 옛것을 버리고 그릇된 짓을 할 사람은 비록 있다해도 드물지 않겠습니까?" 애공이 말하였다. "그렇습니다."

공자가 말하였다. "사람에게는 다섯 등급이 있습니다. 보통 사람이 있고, 선비가 있고, 군자가 있고, 현명한 사람이 있고, 위대한 성인이 있습니다." 애공이 물었다. "어떤 사람을 보통 사람이라 할 수 있는 것인지 감히 여쭙니다." 공자가 대답하였다. "이른바 보통 사람이란 입으로는 훌륭한 말을 하지 못하며, 마음으로는 긴장할 줄 모릅니다. 또 현명한 사람과 훌륭한 선비를 골라 그 자신을 그에게 의탁함으로써 자신의 근심을 해결할 줄 모릅니다. 움직이고 행동하는데 힘써야 할 일을 알지 못하고 멈춰 서 있을 때도 안정되는 것을 알지 못합니다. 매일 사물에 자신이 이끌려 귀중한 것이 무엇인지 알지 못하고, 사물을 따라 물이 흐르듯 따라가기만 해 귀착될 곳을 알지 못합니다. 그의 귀눈코입과 심장의 다섯 가지 욕망 때문에 올바른 마음은 그것을 따라 무너져 버립니다. 이와 같다면 그는 보통 사람이라 할 수 있을 것입니다." 애공이 말하였다. "훌륭한 말씀이십니다. 어떤 사람을 선비라 할 수 있는 것인지 감히 여쭙니다." 공자가 대답하였다. "이른바 선비란 비록 올바른 도술을 다 행하지는 못하지만 반드시 따르는 법도가 있고, 비록 아름답고 훌륭한 것을 다 행할 수는 없지만 반드시 목표는 있습니다. 그러므로 지식은 많이 알기에 힘쓰지 않고 그가 말해야 할 것이 무엇인가를 잘 살피며, 행동은 많이 하기에 힘쓰지 않고 그가 행해야 할 것이 무엇인가를 잘 살핍니다. 그러므로 지식 중에 이미 알고 있는 것과 말 중에 이미 말한 것과 행동 중에 이미 행한 것들은 마치 생명과 살갗이 이미 주어져 다른 것과는 바꿀 수가 없는 것처럼 됩니다. 그러므로 그는 부귀해진다고 해서 지식과 말과 행동이 더 늘어날 수가 없고, 비천해진다고 해서 그것들이 더 줄어들 수도 없습니다. 이와 같다면 그는 선비라 할 수 있을 것입니다." 애공이 말하였다. "훌륭한 말씀입니다. 어떤 사람을 군자라 할 수 있는 것인지 감히 여쭙고자 합니다." 공자가 대답하였다. "이른바 군자란 말은 충실하고 신의가 있지만 마음속으로 그것이 자기의 덕이라 여기지 않고, 인의를 몸으로 실천하고 있지만 얼굴에 뽐내는 빛이 없습니다. 사려는 밝고 통달해 있으되 말로 남들과 다투지는 않습니다. 그러므로 평범한 듯해 누구든 그처럼 될 수가 있는 듯한 사람이 바로 군자입니다." 애공이 말하였다. "훌륭한 말씀이십니다. 어떤 사람을 현명한 사람이라 할 수 있는 것인지 여쭙니다." 공자가 말하였다. "이른바 현명한 사람은 행동이 규범에 들어맞아 근본을 손상시키지 않으며, 말은 천하의 법도로 삼을 만해 그 자신을 손상시키지 않습니다. 천하에서 으뜸갈 정도로 부유하다 하더라도 사재를 축적하지 않고 온 천하에 널리 베풀면서도 가난해질까 걱정하지 않습니다. 이러하면 현명한 사람이라 할 수 있습니다." 애공이 말하였다. "훌륭한 말씀입니다. 어떤 사람을 위대한 성인이라 할 수 있는 것인지 감히 묻습니다." 공자가 말하였다. "이른바 위대한 성인이란 지혜가 위대한 도에 통해 여러 가지 변화에 호응하여 궁해지는 법이 없고, 만물의 실상과 본성을 잘 분별합니다. 위대한 도란 만물을 변화시키고 생성케 하는 근원이며, 실상과 본성이란 그러하거나 그렇지 않은 것과 취하고 버릴 것을 정리하는 근거입니다. 그러므로 그러한 성인이 하는 일은 하늘과 땅에 크게 펼쳐지게 됩니다. 성인의 명철함은 해와 달처럼 밝고, 만물을 아울러 다스리는 것은 비바람의 영향과 같습니다. 조화롭고 아름다운 것과 정세하고 빈틈없는 성인의 일은 아무도 따를 수가 없습니다. 마치 하늘이 그런 일을 하는 것과 같아서 사람으로서는 잘 알 수가 없으며, 백성들은 가까이 늘 보고 있으면서도 그것이 직접 자신을 지배하고자 있음을 알지 못합니다. 이와 같다면 위대한 성인이라 할 수 있을 것입니다." 애공이 말하였다. "훌륭한 말씀입니다.

노나라 애공이 공자에게 순임금의 관冠 에 대해 물었으나 공자는 대답하지 않았다. 세 번 물어도 대답하지 않자 애공이 말하였다. "내가 선생님께 순임금의 관에 대해 물었는데 어찌하여 말하지 않소?" 공자가 말하였다. "옛날 왕자 중에 허술한 옷을 입었던 분이 있었으나, 그분은 살리기는 좋아하면서 죽이기는 싫어하는 정치를 하였습니다. 그리하여 늘어선 나무에는 봉황새가 날아들고, 교외의 들에는 기린이 뛰어 놀았으며 까마귀와 까치의 둥지도 몸을 굽혀 들여다볼 수 있는 곳에 만들었습니다. 임금께선 이런 것은 묻지 않고 순임금의 관에 대해서만 묻기에 대답하지 않았습니다."

노나라 애공이 공자에게 물었다. "나는 깊은 궁전 안에서 태어나 부인들 손에 자랐습니다. 나는 슬픔에 대해서도 전혀 모르고, 걱정에 대해서도 전혀 모르고 수고로움에 대해서도 전혀 모르고 두려움에 대해서도 전혀 모르고 위험에 대해서도 전혀 모릅니다." 공자가 말하였다. "임금의 질문은 성군의 질문이십니다. 저는 소인인데 어찌 그런 것에 대해 말 할 수 있겠습니까?" "선생께서는 들어보지 못한 일이란 없지 않습니까?" 공자가 말하였다. "임금은 종묘의 문으로 들어가서는 오른편으로 나아가 주인이 오르는 조계阼階를 통해 당으로 오르고, 몸을 젖혀서는 서까래와 들보를 바라보고, 몸을 굽혀서는 안석과 자리를 굽어봅니다. 이때 조상들의 물건은 그대로 있는데 그분들은 안 계십니다. 임금께서 이를 바탕으로 슬픔을 생각하신다면 어찌 슬픔을 느끼지 않겠습니까? 임금께서는 새벽에 일어나 머리를 빗고 관을 쓰고 이른 아침에 조회에 나가시는데, 한 가지 사물이라도 적절히 호응하지 않는다면 그것은 혼란의 단서가 됩니다. 임금께서 이를 바탕으로 걱정을 하신다면 어찌 걱정을 하지 않겠습니까? 임금께서는 이른 아침에 조회에 나가셨다가 해질 무렵에 물러 나오시는데, 제후의 자손들 중에 틀림없이 망명해 조정의 말석에서 일하고 있는 이가 있습니다. 임금께서 이를 바탕으로 수고로움을 생각하신다면 어찌 수고로움을 느끼지 않겠습니까? 임금께서 노나라의 사방 문밖으로 나가 노나라 사방의 교외를 바라보신다면, 망한 나라의 폐허가 줄지어 반드시 여러 구획에 있을 것입니다. 임금께서 이를 바탕으로 두려움을 생각하신다면 어찌 두려움이 느껴지지 않겠습니까? 또한 제가 듣건대 임금이 배라면 백성들은 물이라 하였습니다. 물은 배를 띄우기도 하지만 배를 둘러엎기도 합니다. 임금께서 이를 바탕으로 위험을 생각하신다면 어찌 위험이 느껴지지 않겠습니까?"

노나라 애공이 공자에게 물었다. "넓은 띠를 매고 주나라 관이나 은나라 관을 쓰는 것이 인의 덕에 도움이 됩니까?" 공자가 얼굴빛을 바꾸면서 말하였다. "임금께서는 어찌하여 그런 말을 하십니까? 상복을 입고 대지팡이를 짚고 상을 치르는 사람이 음악을 듣지 않는 것은 그의 귀가 듣지 못하기 때문이 아니라 그의 옷이 그렇게 만드는 것입니다. 보무늬의 윗옷에 불무늬 아래옷을 입고 제사지내는 사람이 파나 부추를 않는 것은 그의 입이 맛을 모르기 때문이 아니라 그의 옷이 그렇게 만드는 것입니다. 또한 제가 듣건대, 장사를 좋아하는 사람은 계속 흥정하려 하며, 덕망 있는 사람은 장사를 하지 않는다하였습니다. 그들에게 이익이 있는 것과 이익이 없는 것을 잘 살펴보면 임금께서도 그 까닭을 아실 것입니다."

노나라 애공이 공자에게 물었다. "사람을 임용하는 방법에 대해 여쭙고자 합니다." 공자가 대답하였다. "욕망이 넘치는 자는 임용하지 마십시오. 억지를 쓰는 자는 임용하지 마십시오. 말이 많은 자는 임용하지 마십시오. 욕망이 넘치는 자는 탐욕스럽고, 억지를 쓰는 자는 어지럽히고, 말이 많은 자는 거짓말을 하게 됩니다. 그러므로 활은 잘 조절된 다음에 강한 것을 구해야 하고, 말은 잘 훈련된 다음에 훌륭한 것을 구해야 하며, 선비는 신의가 있고 성실한 다음에 지혜와 능력 있는 사람을 구해야 합니다. 선비가 신의가 없고 성실하지 않으면서도 많은 지혜와 능력을 가지고 있다면 그는 마치 승냥이나 이리와 같아서 몸을 가까이해서는 안 됩니다. 옛말에도 '제나라 환공은 그의 적이었던 사람을 임용하고 晉나라 문공은 도둑을 등용하였다. 그처럼 명철한 임금은 계책을 따르지 노여움을 좇지 않으며 어리석은 임금은 노여움을 좇아 계책을 따르지 않는다. 계책이 노여움을 이기면 강하고 노여움이 계책을 이기면 망한다'고 하였습니다.

정공이 안연에게 물었다. "선생께서도 동야자가 훌륭한 수레몰이라는 말은 들었겠지요?" 안연이 대답하였다. "훌륭하기는 합니다. 그러나 그의 말은 도망칠 것입니다." 정공은 불쾌하게 생각해 방안으로 들어와 곁에 있는 사람들에게 말하였다. "군자도 본디 남을 모함한단 말인가?" 그런데 사흘 만에 말을 관장하는 校人이 찾아와 말하였다. "동야필의 말이 도망쳤습니다. 두 참마는 말베띠를 물어뜯고 도망쳤고 두 복마는 마구간으로 되돌아갔습니다." 정공은 자리에서 벌떡 일어나 말하였다. "수레를 몰고 가서 안연을 불러오라." 안연이 오자 정공이 말하였다. "전날 제가 선생께 질문하자 선생께선 동야필이 수레 모는 솜씨는 훌륭하기는 합니다. 그러나 그의 말은 도망치게 될 것입니다라고 말하였소. 선생께선 어떻게 그것을 아셨습니까?" 안연이 말하였다. "저는 정치를 통해서 그것을 알았습니다. 옛날에 순임금은 백성들을 매우 잘 부렸고, 조보는 말을 매우 잘 부려 순임금은 그의 백성들을 곤경에 빠뜨리지 않았고, 조보는 그의 말을 곤경에 빠뜨리지 않았습니다. 그래서 순임금에게는 도망치는 백성이 없었고 조보에게는 도망치는 말이 없었습니다. 지금 동야필이 수레를 모는 것을 보면, 수레에 올라가 말고삐를 잡으면 말 재갈과 말의 몸이 바르게 되고, 걷는 것과 빨리 걷는 것과 달리는 것의 조련이 예에 잘 들어맞습니다. 그러나 험난한 길을 지나 먼 곳을 달려왔다면 말의 힘이 다하였을 터인데도 여전히 끊임없이 말에게 올바로 수레를 끌 것을 요구하고 있으니 그것으로 알았던 것입니다." 정공이 말하였다. "훌륭한 말씀이오. 좀 더 말씀해 주실 수 있겠소." 안연이 대답하였다. "제가 듣건대, 새는 궁지에 몰리면 주둥이로 쪼고, 짐승은 궁지에 몰리면 발로 할퀴며, 사람은 궁지에 몰리면 거짓말을 한다 했습니다. 예로부터 지금까지 그의 백성들을 궁지에 몰아넣고도 위험하지 않았던 임금이란 없었습니다."

魯哀公問于孔子曰: "吾欲論吾國之士, 與之治國, 敢問何如取之邪?" 孔子對曰: "生今之世, 志古之道, 居今之俗, 服古之服, 舍此而爲非者, 不亦鮮乎?" 哀公曰: "然則夫章甫·絇·紳帶而搢者, 此賢乎?" 孔子對曰: "不必然, 夫端衣·玄裳, 絻而乘路者, 志不在于食葷; 斬衰·菅屨·杖而啜粥者, 志不在于酒肉. 生今之世, 志古之道, 居今之俗, 服古之服, 舍此而爲非者, 雖有, 不亦鮮乎!"哀公曰: "善!"

孔子曰: "人有五儀: 有庸人, 有士, 有君子, 有賢人, 有大聖.哀公曰: "敢問何如斯可謂庸人矣?"孔子對曰: "所謂庸人者, 口不能道善言, 心不知邑邑, 不知選賢人善士托其身焉以爲己憂, 勤行不知所務, 止交不知所定, 日選擇于物, 不知所貴, 從物如流, 不知所歸, 五鑿爲正, 心從而壞, 如此則可謂庸人矣.哀公曰: "善! 敢問何如斯可謂士矣?"孔子對曰: "所謂士者, 雖不能盡道術, 必有率也; 雖不能遍美善, 必有处也. 是故知不務多, 務審其所知; 言不務多, 務審其所謂; 行不務多, 務審其所由, 故知既已知之矣, 言既已謂之矣, 行既已由之矣, 則若性命肌膚之不可易也. 故富貴不足以益也, 卑賤不足以損也, 如此則可謂士矣.哀公曰: "善!敢問何如斯可謂之君子矣?" 孔子對曰: "所謂君子者, 言忠信而心不德. 仁義在身而色不伐, 思慮明通而辭不爭, 故猶然如將可及者, 君子也.哀公曰: "善!敢問何如斯可謂賢人矣?" 孔子對曰: "所謂賢人者, 行中規繩而不傷于本, 言足法于天下而不傷于身, 富有天下而無怨財, 布施天下而不病貧, 如此則可謂賢人矣.哀公曰: "善!敢問何如斯可謂大聖矣?" 孔子對曰: "所謂大聖者, 知通乎大道, 應變而不窮, 辨乎萬物之情性者也. 大道者, 所以變化遂成萬物也; 情性者, 所以理然不·取舍也. 是故其事大辨乎天地, 明察乎日月, 總要萬物于風雨, 繆繆肫肫, 其事不可循, 若天之嗣, 其事不可識, 百姓淺然不識其隣, 若此則可謂大聖矣.哀公曰: "善!"

魯哀公問舜冠于孔子, 孔子不對. 三問, 不對. 哀公曰: "寡人問舜冠于子, 何以不言也?"孔子對曰: "古之王者, 有務而拘領者矣, 其政好生而惡殺焉. 是以凤在列樹, 麟在郊野, 鳥鵲之巢可俯而窺也. 君不此問而問舜冠, 所以不對也.

魯哀公問于孔子曰: "寡人生于深宮之中, 長于婦人之手, 寡人未嘗知哀也, 未嘗知憂也, 未嘗知勞也, 未嘗知懼也, 未嘗知危也.孔子曰: "君之所問, 聖君之問也. 丘, 小人也, 何足以知之?" 曰: "非吾子無所聞之也.孔子曰: "君入廟門而右, 登自胙階, 仰視榱棟, 俯見几筵, 其器存, 其人亡, 君以思哀, 則哀將焉而不至矣! 君昧爽而栉冠, 平明而聽朝, 一物不應, 亂之端也, 君以思憂, 則憂將焉而不至矣! 君平明而聽朝, 日昃而退, 諸侯之子孫必有在君之末庭者, 君以此思勞, 則勞將焉而不至矣! 君出魯之四門以望魯四郊, 亡國之虛則必有數盖焉, 君以此思懼, 則懼將焉而不至矣! 且丘聞之, 君者, 舟也: 庶人者, 水也. 水則載舟, 水則覆舟, 君以此思危, 則危將焉而不至矣!"

魯哀公問于孔子曰: "紳·委·章甫有益于仁乎?" 孔子蹴然曰: "君號然也!資衰·苴杖者不

聽樂, 非耳不能聞也, 服使然也. 黼衣黻裳者不茹葷, 非口不能味也, 服使然也. 且丘聞之, 好肆不守折, 長者不爲市, 竊其有益與其無益, 君其知之矣.

魯哀公問于孔子曰: "請問取人.孔子對曰: "無取健, 無取詌, 無取口啍. 健, 貪也; 詌, 亂也; 口啍, 誕也. 故弓調而後求勁焉, 馬服而後求良焉, 士信慤而後求知能焉. 士不信慤而有多知能, 譬之其豺狼也, 不可以身爾也. 語曰: 桓公用其賊, 文公用其盜. 故明主任計不信怒, 暗主信怒不任計. 計勝怒則强, 怒勝計則亡.

定公問于顔淵曰: "東野子之善馭乎?"顔淵對曰: "善則善矣! 雖然, 其馬將失.定公不悅, 入謂左右曰: "君子固讒人乎!"三日而校來謁, 曰: "東野畢之馬失, 兩驂列, 兩服入廐.定公越席而起曰: "趨駕召顔淵!"顔淵至. 定公曰: "前日寡人問吾子, 吾子曰: '東野畢之馭, 善則善矣! 雖然, 其馬將失.不識吾子何以知之?" 顔淵對曰: "臣以政知之. 昔舜巧于使民, 而造父巧于使馬. 舜不窮其民, 造父不窮其馬, 是以舜無失民, 造父無失馬也. 今東野畢之馭, 上車執轡, 銜體正矣; 步驟馳騁, 朝禮畢矣; 歷險致遠, 馬力盡矣. 然猶求馬不已, 是以知之也.定公曰: "善! 可得少進乎?"顔淵對曰: "臣聞之, 鳥窮則啄, 獸窮則攫, 人窮則詐. 自古及今, 未有窮其下而能無危者也.

(4) 관자管子의 사상思想과[92] ≪관자管子≫

1) 정치사상

≪관자≫의 정치사상은 유교의 왕도정치론과도 다르고, 법가의 법치주의와도 차이가 있다. ≪관자≫는 법을 정치의 기본 원리로 중시하면서 도덕과 예의의 중요성도 아울러 강조한다. 그리고 무엇보다 백성들의 삶과 관련된 경제를 중시한다. 정치란 백성들이 경제적으로 안정되고 풍요롭게 살 수 있도록 하는 것이 우선이라고 인식한다. 군주 집중제를 기본으로 하면서도 바람직한 정치는 백성들의 민심에 따라야 한다고 주장한다. "정치가 흥하는 것은 민심을 따르는 데 있고, 정치가 피폐해지는 것은 민심을 거스르는 데 있다."[93]

백성들이 본성적으로 바라는 것은 '일락佚樂'·'부귀富貴'·'존안存安'·'생육生育'이고, 반대로 백성들이 싫어하는 것은 '우로憂勞'·'빈천貧賤'·'위추危墜'·'멸절滅絶'이다. 정치는 백성들이 욕망하는 것을 충족시켜 주어야 한다고 보았다. 또한 시대의 변화와 흐름에 따른 기민한 대응을 중시한다. 따라서 매우 개방적이고 개혁 지향적 성격을 지닌다.

92) ≪管子≫ 사상의 전반적인 내용은 컴퓨터 사이트 'www.krpia.co.kr'를 참고하기로 한다.
93) "政之所興, 在順民心; 政之所廢, 在逆民心."(<牧民>)

2) 경제사상

국가의 부를 중시하느냐 아니면 백성의 부를 중시하느냐 하는 부국富國·부민富民의 문제는 유가와 법가 사이의 중요한 논점이다. 대체로 법가에서는 부국을 유가에서는 부민을 우선시 한다. 그러나 ≪관자≫는 양자를 모순 관계로 보지 않고 부민을 통한 부국을 추구한다.

관자는 사농공상에 종사하는 사람들을 직업별로 각기 다른 구역에 나누어 살게 하였다. 그리하여 같은 업종에 종사하는 사람들끼리 함께 모여 살면서 서로 돕는 가운데 전문성을 강화하고 정보를 교환하여 경쟁력을 높이고자 하였다. 그리고 관자는 농업을 중시하여 여러 가지 농업 진흥 정책을 구사하였지만, 수공업과 상업의 중요성도 충분히 인식하고 있었다. 국가가 시장에 개입하여 수요와 공급을 조절하고, 가격 조절 기능을 수행하여 전체적으로 국가경제를 안정시키고 세수를 증대시키고자 하였다.

또한 국가가 자연 자원을 관리하고, 특히 소금과 철에 대한 국영 관리를 실시함으로써 안정적으로 국가의 재원을 확보하고자 하였다. 그리고 경제에 있어서 대외 개방정책을 실시하여 외국과 무역을 통해 국부를 증진시키고자 하였다.

3) 철학 사상

≪관자≫ 가운데 〈심술상心術上〉·〈심술하心術下〉·〈백심白心〉·〈내업內業〉, 이 네 편은 특히 철학적 내용을 많이 담고 있다. 이 네 편에 나타난 사상은 일면 노자老子의 도가 사상과 유사하지만, 다른 한편으로는 그것과 다른 점도 많다. ≪관자≫의 철학 사상은 후에 순자와 한비자의 철학에 큰 영향을 끼친다.

관자 철학 사상의 중심 관념은 '도'다. 도는 비어 있고 형상이 없다고 하였다. "허무와 무형을 도라 한다."[94]

도는 공간적으로 무한히 크기도 하고 동시에 무한히 작기도 하다. "도가 천지의 사이에 있으면 그보다 큰 것이 없고, 그보다 작은 것이 없다."[95]

도는 천지 사이에 없는 곳이 없지만 형상이 있는 것은 아니므로 인식하기가 쉽지 않다. 그리고 덕이란 만물을 화육하는 것이며,[96] 덕은 도가 머무는 곳이다.[97] 그러므로 도와 덕은 서로 다른

---

94) "虛無·無形, 謂之道."(〈心術上〉)
95) "道在天地之間也, 其大無外, 其小無內."(〈心術上〉)
96) "化育萬物謂之德."(≪心術上≫)
97) "德者道之舍."(≪心術上≫)

별개의 것이 아니라고 인식하였다.

의義는 각기 그 마땅함에 처하는 것이며, 예禮란 사람의 情과 의로운 이치에 기초하여 만든 구체적 규범이다. 理는 본분을 명확히 함으로써 의義의 뜻을 밝힌 것이다. 그러므로 예는 의에서 나오고, 의는 이理에서 나오고, 理는 마땅함에 근거한다고 하였다. 또한 일은 법의 감독을 받아야 하고, 법은 권權에서 나오지만, 권은 또한 도道에서 나와야 한다고 하였다.[98]

≪관자≫에는 인식에 대한 문제도 제시되어 있다. 인식의 주관과 대상을 구별하고, 사람들이 인식 대상에 대해 알고자 한다면 어떻게 하여야 인식할 수 있는지에 대해서 논하고 있다. ≪관자≫는 인因을 강조한다. 여기서 인因이란 인식 대상의 현상 그대로에 의거하여 사물을 인식하는 것을 말한다. 그러기 위해서는 인식 주관이 자기 마음의 선입견을 비우고 마음을 텅 비워야(허虛) 하며, 또한 마음이 어느 한쪽으로 기울지 않고 바르며(정正), 그리고 마음이 무엇에 의해 흔들리지 않고 고요하여야(정靜) 한다고 한다. 마음이 텅 비고 바르고 고요하여야 비로소 사물에 대해 있는 그대로 정확하게 인식할 수 있다고 보았다. 이와 같은 인식 주체의 마음 수양과 관련된 문제는 순자와 한비자에 의해서 계승 발전된다.

중국 철학의 핵심 사상 가운데 하나인 음양 사상과 오행 사상이 상호 결합되어 이루어진 음양오행 사상이 최초로 나타나는 곳이 바로 ≪관자≫다. ≪관자≫에서 음양오행은 사시와 오방五方을 설명하는 체계로 확립된다. 음양오행 사상은 지학·생물학·농학·의학 등 자연과학과 결합하여 토양·기후·동식물·인체 등 자연 현상을 설명하는 데 광범위하게 적용되었다. ≪관자≫에서 대두된 음양오행 사상은 ≪여씨춘추呂氏春秋≫·≪황제내경黃帝內經≫·≪춘추번로春秋繁露≫ 등의 저작을 통해 지속적으로 발전하게 된다.

> ≪관자管子·형세해形勢解≫
>
> 군주가 명령하면 행하고 금하면 그치는 까닭은 반드시 백성이 좋아하는 것을 명령하고, 백성이 싫어하는 것을 금하기 때문이다. 백성의 인정은 삶을 좋아하고 죽음을 싫어하지 않는 사람이 없고, 이익을 좋아하고 해로움을 싫어하지 않는 사람이 없다. 그러므로 군주가 백성을 살리고 이롭게 하는 것을 명령하면 행하고, 백성을 죽이고 해로움을 주는 것을 금하면 그친다. 정령을 실행하는 방법은 반드시 백성이 그 정령을 즐겁게 받아들여야 정령이 실행된다. 그러므로 "존귀한 사람이 정령을 베풂에는 이유가 있다"고 한다.
>
> 人主之所以令則行·禁則止者, 必令於民之所好, 而禁於民之所惡也. 民之情莫不欲生而惡死, 莫不欲利而惡害. 故上令於生·利人, 則令行; 禁於殺·害人, 則禁止. 令之所以行者, 必民樂其政

98) "事督乎法, 法出乎權, 權出乎道."(≪心術上≫)

也, 而令乃行. 故曰: "貴有以行令也."

≪관자管子·치미侈靡≫

"신하를 부리는 사람은, 주기도 하고 뺏기도 하고, 일을 시키기도 하고 쉬게도 합니다. 사람을 부유하게 하기도 하고 도끼와 밧줄로 복종시키기도 합니다.(실제 역할이 없는) 빈 벼슬을 주어서 그들을 진작하고, 봄·가을에 거두어 이자를 삭감하고, 복잡한 예의 제도를 두어서 절도 있게 거처하게 하고, 때로는 강한 사람을 천거하여 명예롭게 합니다. 강해도 복종하고 섬기게 하는데, 능숙한 말재주로 변론하고, 지혜로 초청하고, 청렴함으로 사람에게 모범을 보입니다. 굳건하고 강함으로 아랫사람을 능멸하고, 덕 없이 상사를 경시하는 사람은 부릴 수 없어서 멀리 보내야 하는데, 이를 나라를 망하게 하는 틈이라고 합니다. 그러므로 법을 고수하고 떳떳함을 지키며, 예를 높이고 풍속을 바꾸며, 믿음을 숭상하고 文彩 꾸미는 것을 천하게 여기며, 유순함을 좋아하고 폭력을 제지하는데, 이를 나라를 완성시키는 법이라고 합니다. 나라를 다스리는 사람은 백성의 성품을 변화시킨 뒤에야 백성과 친해질 수 있습니다. 백성이 안일하고자 하면 수고하도록 가르치고, 백성이 살고자 하면 감히 죽음을 무릅쓰도록 가르칩니다. 노동을 중시하는 교육이 확립되면 나라가 부유하고, 죽음을 무릅씀을 중시하는 교육이 확립되면 군주의 위령威令이 시행됩니다.

"用其臣者, 予而奪之, 使而輟之; 徒以而富之, 父繫而伏之; 予虛爵而驕之, 收其春秋之時而消之; 有雜禮義而居之, 時擧其强者以譽之. 强而可使服事: 辯以辯辭, 智以招請, 廉以摽人. 堅强以乘下, 廣其德以輕上位, 不能使之而流徙: 此謂國亡之郄. 故法而守常, 尊禮而變俗, 上信而賤文, 好緣而奸駔: 此謂成國之法也. 爲國者, 反民性, 然後可以與民戚. 民欲佚而敎以勞, 民欲生而敎以死. 勞敎定而國富, 死敎定而威行?

≪관자管子·주합宙合≫

"봄에는 새로 나온 채소를 먹고, 가을에는 잘 익은 과실을 먹으며, 여름에는 서늘한 곳에 살고, 겨울에는 따뜻한 곳에 머문다." 이것은 성인의 움직임과 고요함, 열고 닫음, 굽힘과 폄, 차고 수축됨, 주고받는 것은 반드시 때에 따른다는 말이다. 때가 맞으면 움직이고, 때가 맞지 않으면 고요히 머문다. 이 때문에 옛날 선비들은 뜻을 두어도 바깥으로 드러내지 않았다(양陽). 그러므로 말을 거두어(수愁) 마음 깊이 간직하며 감추는 것이다. 현명한 사람은 난세에 처하여 도가 행해질 수 없음을 잘 알아서 숨고, 겸손히 낮추는 방법으로 형벌을 피하고, 고요히 침묵하는 방식으로 화를 면한다. 그것을 피하는 것이 마치 여름에 그늘에 나아가는 것과 같으며, 겨울에 따뜻한 곳에 나아가는 것과 같아, 추위와 더위의 재난이 미치지 않는다. 이는 죽음이 두렵거나 불충하려고 해서가 아니다. 억지로 말해서 죽임을 당하는 것은 공훈이나 은택이 미치지 못할 뿐만 아니라, 나아가서는 존엄의 의리를 상하게 하고, 물러나서는 신하 개인의 목숨도 상하게 하여 불이익이 더욱 크다. 그러므로 몸을 물려도 바름을 버리지 않고(불사단不舍端), 업을 닦아 끊임없이 연구하며(불시판不息版), 맑고 깨끗해지기를 기다린다(청명淸明). 그러므로 미자微子는 주왕紂王의 난에 참여하지 않고, 송宋 땅에 봉해져 은나라 유민遺民의 군주가 되었다. 그리하여 선조의 종묘가 훼손되지 않아 후세까지 끊이지 않았다. 그러므로 "위대한 현인의 덕은 오래가는 것이다" 했다.

"春采生, 秋采蓏, 夏處陰, 冬處陽." 此言聖人之動靜·開闔·詘信·浧儒, 取與之必因於時也. 時則動, 不時則靜. 是以古之士有意而未可陽也. 故愁其治言, 含愁而藏之也. 賢人之處亂世也, 知道之不可行, 則沈抑以辟罰, 靜默以侔免. 辟之也, 猶夏之就淸, 冬之就溫焉, 可以無及於寒暑之菑矣; 非爲畏死而不忠也. 夫强言以爲僇, 而功澤不加, 進傷爲人君嚴之義, 退害爲人臣者之生, 其爲不利彌甚. 故退身不舍端, 修業不息版, 以待淸明. 故微子不與於紂之難, 而封於宋, 以爲殷主; 先祖不滅, 後世不絶. 故曰: 大賢之德長.

≪관자管子 · 사시四時≫

관자가 말했다.

"정령政令을 반포하여 시행할 때는 時令에 맞추어야 한다. 시령에 맞추지 않으면 반드시 천시天時가 오는 까닭을 관찰하고 순응해도, 오관五官이 어지럽고 육부六府가 어두우니, 누가 그것을 알겠는가? 오직 성인만이 사시四時를 안다. 사시를 알지 못하면 나라의 기틀을 상실한다. 오곡이 자라는 법칙을 알지 못하면 나라가 쇠약해진다. 그러므로 (성인은) 천도天道를 정확히 알고 지도地道를 정확히 깨달아, 사시를 정확히 인식한다. 군주가 (천도를) 정확히 알고 (지도를) 정확히 깨달으면, 그 신하들이 사시를 정확히 인식한다."

"어떻게 군주가 (천도를) 정확히 알고 (지도를) 정확히 깨달았는지 알 수 있는가?" 말하기를, "능력 있는 사람을 쓰는 데 신중하고 진실을 살피며 잘 듣는다. 능력 있는 사람을 쓰는 것을 안다고 하고, 진실을 듣는 것을 깨달았다고 한다. 정확히 알고 깨달은 사람은 모두 하늘의 상을 받는다. 능력 없는 사람을 쓰는 것을 어둡다고 하니, 어둡고 어지러운 사람은 모두 하늘의 벌을 받는다. 이 때문에 군주가 일을 이룬 것을 보아서 공을 귀하게 여기면, 백성은 일하는 데 빨리하도록 노력하고 꾀를 부리지 않는다. 군주가 공을 보고서 하찮게 여기면, 아랫사람은 불만에 차고, 군주는 교만해진다. 이 때문에 음양이란 천지의 근본 원리다. 사시란 음양의 근본 법칙이다. 형刑과 덕德이란 사시의 운행에 적합해야 한다. 형과 덕이 사시의 운행에 적합하면 복을 낳고, 어기면 화를 낳는다."

管子曰: 令有時. 無時則必視順天之所以來, 五漫漫, 六惛惛, 孰知之哉? 唯聖人知四時. 不知四時, 乃失國之基. 不知五穀之故, 國家乃路. 故天曰信明, 地曰信聖, 四時曰正. 其王信明聖, 其臣乃正. 何以知其王之信明信聖也? 曰: 愼使能而善聽信. 使能之謂明, 聽信之謂聖, 信明聖者, 皆受天賞. 使不能爲惛, 惛而忘也者, 皆受天禍. 是故上見成事而貴功, 則民事接勞而不謀. 上見功而賤, 則爲人下者直, 爲人上者驕. 是故陰陽者, 天地之大理也; 四時者, 陰陽之大經也; 刑德者, 四時之合也. 刑德合於時則生福, 詭則生禍.

≪相邦之道≫ 主要參考文獻

裘錫圭, 〈上博簡相邦之道1號簡考釋〉, 中國文字學報.
範常喜, 〈讀上博四札記四則〉, 簡帛研究, 2005-03-31.
孟蓬生, 〈上博竹書(四)閑詁〉, 簡帛研究, 2005-02-15.
季旭昇 主編, ≪上海博物館藏戰國楚竹書(一)-(四)讀本≫, 臺灣萬卷樓, 2004-2007年.
淺野裕一(Asano Yuichi), 〈上博楚簡≪相邦之道≫的整體結構〉, ≪清華學報≫, 2005.
陳思婷, 〈試釋≪上博(四)·相邦之道≫之「女訵」, 簡帛研究, 2005-04-03.
孟蓬生, 〈上博竹書(四)閒詁〉, 簡帛研究, 2005-02-15.
董珊, 〈讀≪上博藏戰國楚竹書(四)≫雜記〉, 簡帛研究, 2005-02-16.
何有祖, 〈上博簡試讀四則, 武大簡帛研究, 2006-9-20
≪荀子≫, 김학주 역 옮김, 을유문화사, 2001.
≪管子≫, 김필수 등 옮김, 소나무, 2006.
程樹德, ≪論語集解≫, 中華书局, 1990年.
劉寶楠, ≪論語正義≫, 中華書局, 1990年.
楊伯峻, ≪論語譯註≫, 中華書局, 1980年.
錢穆, ≪論語新解≫, 三聯書店, 2002年.
오규 소라이 지음, 이기동 등 옮김, ≪논어징≫, 소명출판, 2010年.
許世瑛, ≪論語二十篇句法硏究≫, 臺灣開明書店, 1994年.
유종목, ≪논어의 문법적 이해≫, 문학과지성사, 2000年.
이민수 옮김, ≪공자가어≫, 을유문화사, 2003.

7

季康子問於孔子

복모좌濮茅左 정리整理

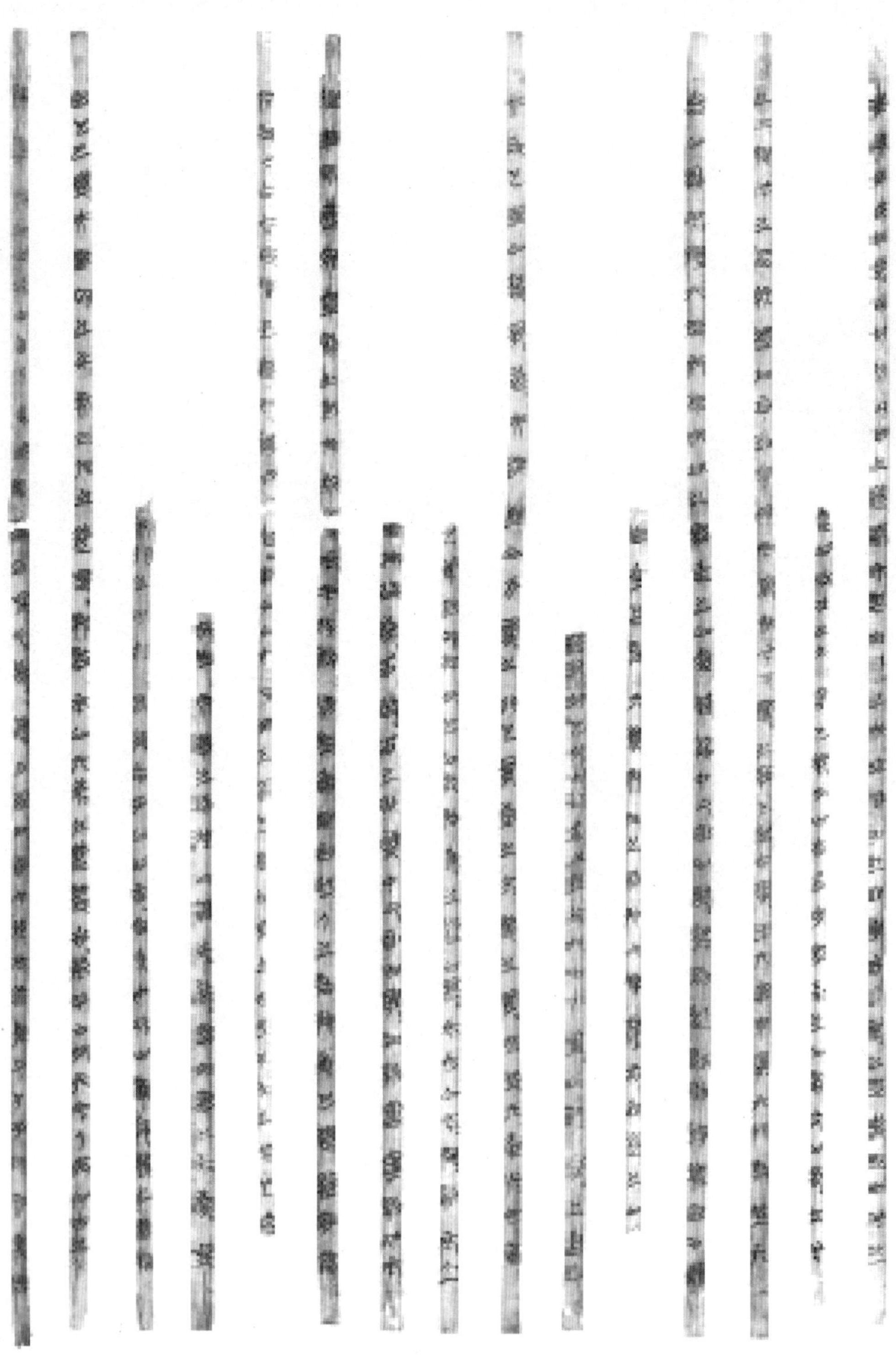

제15간 ← 제1간

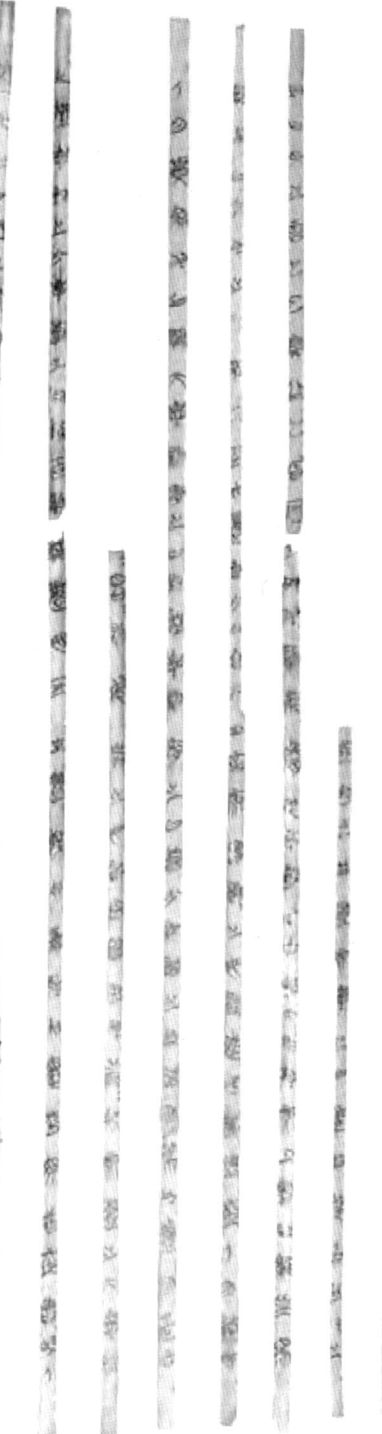

제23간 ← 제16간

【說明】 (복모좌濮茅左)

≪계강자문어공자季庚(康)子問於孔子≫는 원래 제목이 없었는데, 문장의 첫 구절 내용 중에서 제목을 취했다.

죽간은 사람들의 손을 걸치면서, 진흙으로 쌓여 있던 외부 벽이 약간 헐리면서 중간 부분이 압력을 받아 일부의 죽간은 약 20cm 되는 곳에서 부러져 손상되었다.

본편 죽간은 총 23간이다.

죽간의 양쪽 끝은 평평한 모양으로 다듬어져 있다.

완전한 죽간의 길이는 약 39cm이고, 넓이는 0.6cm이며, 두께는 0.12cm이다.

편선(編線, 편승編繩) 자국은 세 곳에 있다. 상단에서 첫 번째 편선까지는 거리(천두天頭)는 약 1.2cm이고, 첫 번째 편선에서 두 번째 편선까지는 약 18cm이며, 두 번째 편선에서 제일 밑에 있는 편선(지각地脚)까지는 약 1.3cm이다. 편선 홈(계구契口)은 죽간의 오른쪽에 있다.

제1, 3, 4, 7, 14, 19, 20, 23 간은 완전한 형태의 죽간이고, 제10, 15, 18, 22 간은 각각 두 개의 부러진 죽간을 짝 맞추기 하여 완전한 형태가 된 것이다. 제 11간 역시 두 개의 부러진 죽간을 짝 맞추기 한 것이나, 하단 부분에 약 1자 가량의 길이가 손상되었다. 제2, 6, 8, 9, 12, 13, 16, 17, 21간은 상단이 부러졌고, 하단의 상태는 온전한 형태이다. 제5간은 손상되어 중간 부분만 남아 있다.

문자는 천두天頭(첫 번째 편선까지의 공간)와 지각地脚(세 번째 편선에서 제일 아랫부분까지의 공간)에는 쓰지 않고, 첫 번째 편선에서 세 번째 편선 사이에 쓰여져 있다. 문자는 완전한 죽간이 34자 내지 39자이다.

검은 색 문장부호 'ㄴ'는 제 9, 11, 13, 14 간 등에 모두 5 곳에 있으며, 문자는 죽청색竹靑面(대나무의 바깥쪽)에 쓰고, 죽황면竹黃面(대나무의 안쪽)은 공백으로 문자가 없다. 글씨는 공정하고, 문자와 문자 사이의 거리는 거의 비슷한 간격이다.

문자는 모두 669자이며, 그 중에 합문合文이 35자, 중문重文이 4자이다.

≪季庚子問於孔子≫의 내용은 季庚子(계강자季康子, 노魯나라의 대부大夫. 성은 계손季孫, 이름은 비肥. 강康은 시호諡號이다.)가 폐물幣物을 공자에게 선사膳賜한 후 노나라로 맞이한 사적을 기록한 것이다. 시기는 대략 기원전 484년부터 기원전 479년 사이이다.

【역사적 배경背景】 (복모좌濮茅左)

노魯나라는 애공哀公 때에는 이미 국력이 쇠락하였다. 기원전 484년(魯 哀公 11년)에 제齊나라 군대가 노魯나라를 치고 성 아래까지 쳐들어왔을 때, 염구冉求는 계씨季氏를 위하여 「일자수이자종공一子守二子從公」이나 「거봉강지간居封疆之間」[1]과 같은 지략을 내 놓았으나, 모두 성공하지 못하였다. 하지만 염구冉求는 이에 멈추지 않고 그의 지략으로 마침내 제나라 군대를 크게 물리쳐 대승을 거두었다. 이러한 이유로 계강자는 염유冉有의 재능에 매우 탄복하였다.

≪사기史記·공자세가孔子世家≫는 아래와 같이 기록하였다.

> 염유는 계씨를 위하여 군대를 이끌고 제나라와 낭郎에서 전투를 벌여 이겼다. 계강자가 말했다. "당신은 군대의 일에 대하여 배운 적 있는가? 아니면 타고난 재능인가?" 염유가 말했다. "스승 공자에게서 배웠습니다." 계강자가 말했다. "공자는 어떤 사람인가?" 대답하여 말했다. "그를 등용하면 나라의 명성이 높아지고, 그의 방식을 백성들에게 시행하거나 귀신에게 고하건 간에 유감스러운 일이 없을 것입니다. 그에게 나와 같은 이 길을 걷게 한다면 비록 천사千社를(25 家口가 한 社에 해당된다) 상으로 내려 준다 해도 공자는 동요하지 않을 것입니다." 강자가 말했다. "내가 그를 초청하려고 하는데, 가능하겠는가?" 대답하여 말했다. "그를 초청하려고 하신다면 소인들의 하찮은 식견으로 그를 방해하지 않게 하면 가능할 것입니다."[2]

---

1) ≪春秋左氏傳·魯哀公十一年≫春, 齊爲鄎故, 國書高無丕帥師, 伐我及清. 季孫謂其宰冉求, 曰齊師在清, 必魯故也, 若之何. 求曰, **一子守二子從公**, 御諸竟. 季孫曰, 不能. 求曰, 居封疆之間. 季孫告二子, 二子不可. 求曰, 若不可, 則君無出, 一子帥師, 背城而戰. 不屬者非魯人也. 魯之群室, 衆于齊之兵車. 一室敵車, 優矣. 子何患焉. 二子之不欲戰也宜. 政在季氏. 當子之身, 齊人伐魯, 而不能戰, 子之恥也大, 不列于諸侯矣.(11년 봄에, 제나라는 식鄎 지방 싸움에 대한 보복을 하기 위하여 국서國書와 고무비高無丕가 군대를 거느리고 노나라는 치려 청淸 지방으로 나아갔다. 그때 계손씨季孫氏가 그 집안의 재부宰夫 염구冉求(즉 염유冉有는 당시 38세였다.)에게 말하였다. "제나라 군사가 청淸에 온 것은 반드시 노魯나라를 치기 위한 것인데 어찌하면 좋겠는가?" 염구가 말하였다. "한 분은 도읍을 지키시고, 한 분은 군주님을 따라서 국경에서 막아내십시오.(삼환三桓은 맹손씨孟孫氏, 숙손씨叔孫氏, 계손씨季孫氏를 말함)" 계손季孫이 말하였다. "그건 안 되네." 염구가 말하였다. "그러면 국경과 도읍과의 사이에서 막아내게 하십시오." 계손씨가 맹손씨와 숙손씨에게 이 말을 전하자 이들 역시 허락을 하지 않았다. 염구가 말하였다. "만약에 그리 할 수 없으면, 군주君主는 싸움에 나가지 마시고, 한 씨족만이 군대를 거느리고 나아가 도읍의 성을 뒤로 하고 싸우십시오. 그 싸움에 참가하지 않는 자는 노나라의 사람이 아닙니다. 노나라의 호수戶數는 제나라의 전차 수보다 많습니다. 한 집이 적의 전차 한 대를 대하면 우리나라가 우세할 것이니 당신께서는 어찌 걱정하십니까? 다른 두 집안이 싸우려 하지 않는 것은 당연한 일입니다. 이는 정권이 계씨季氏에 있기 때문입니다. 그런데도 계손 당신은 제나라가 노나라를 치는데도 싸움에 나서지 않는다면 이는 그대의 수치이고, 또한 노나라는 제후에 끼지 못 할 것입니다."

2) 「冉有爲季氏將帥, 與齊戰於郎, 克之, 季康子曰: "子之於軍旅, 學之乎, 性之乎?" 冉有曰: "學之於孔子." 季康子曰: "孔子何如人哉?" 對曰: "用之有名; 播之百姓, 質諸鬼神而無憾. 求(冉求)之至於此道, 雖累千社, 夫子不利也." 康子曰: "我欲召之, 可乎?" 對曰: "欲召之, 則毋以小人固之, 則可矣."」

이 사건을 계기로 계강자가 염유를 통하여 공자를 처음으로 이해할 수 있게 되었고, 그 후 대부大夫 공화公華·공빈公賓과 공휴公林을 내쫓고, 공자가 노나라로 돌아왔다. 이때가 공자의 나이는 68세이며, 공자가 魯나라를 떠난 후 '14년 만에 노나라로 돌아온' 대 사건이다.[3]

기원전 484년 (노魯 애공哀公 11년), 공자는 제나라와 노나라의 전쟁이 일어난 후에 노나라로 돌아왔다. ≪춘추春秋≫에 의하면, 노나라는 애공哀公 11년에서 15년 사이에 두 차례에 걸쳐 전쟁을 치렀고, 4년 동안 재해가 계속되었다. 기원전 484년(노魯 애공哀公 11년), 노나라는 나라를 지키기 위하여 제나라와 전쟁을 벌여 제나라 군대를 격퇴시켰다. 같은 해 5월에는 노魯나라와 오吳나라가 연합하여 애릉艾陵(지금의 산동山東 무현蕪縣 동북 쪽)에서 제나라를 크게 무찔렀다. 일 년 내에 전에 없던 두 차례에 걸친 전쟁으로 대량의 군수물자를 소모하게 되었고, 국방國防을 공고히 하고 국력國力을 회복하기 위하여 부득이 군부軍賦를 증세增稅해야만 하였다.

계씨季氏는 공자와는 사상이 달랐고, 나라를 다스리는 근본적인 책략 또한 서로 달랐다. 같은 해 겨울, 계강자가 전부田賦를 사용하려 하자 공자가 반대하고 나섰다.

≪공자가어孔子家語·정론해正論解≫는 아래와 같이 기록하였다.

> 계강자季康子가 한 정전을 만들어 놓고 법으로 만들고자 하였다. 그리고 사람을 시켜 공자에게 자문을 구하도록 하자 공자가 말하였다. "나는 잘 알지 못한다." 염유冉有가 세 번이나 와서 물었다. "선생님께서 국노國老가 되셨기에 계강자가 선생님의 말씀을 들어보고 행하려고 합니다. 그런데 선생님께서는 어찌 말씀을 아니 하십니까?" 그래도 공자는 아무런 대답을 하지 않고, 염유를 개인적으로 따로 불러 이렇게 일렀다. "구求야! 이리로 오너라. 너는 듣지 못하였느냐? 옛날 선왕이 토지를 제정할 때 백성의 힘에 따라 토지를 등록하며 멀고 가까움에 근거하였다. 그리고 마을에 부세를 매기되 그 유무를 헤아렸으며, 농부의 힘에 맞게 일을 맡기되 그 노인과 어린이에 따라 논의를 거쳐서 하였다. 이에 홀아비, 과부, 고아, 병든 자, 노인에게는 특별한 군무의 의무일 때만 징수하고, 없으면 그것으로 그만이었다. 그 한 해의 수입은 농토 1정에 대해서 벼 몇 단과 몇 부 쌀, 가축 먹이의 꼴과 짚을 징수하되 이를 초과하지 않았다. 이는 선왕들이 백성이 풍족하면 된다고 여긴 것이었다. 군자의 행실이란 모름지기 예를 헤아려 보아 그 넉넉함에서 취하고 그 일은 중간에 맞추어 시키며, 그 부세는 넉넉하지 못한 이는 줄여 주었다. 만약 이렇게 하여 그저 구丘의 조세법이면 충분하다. 예를 헤아리지 아니하고 탐욕을 부려 싫증을 낼 줄 모를 정도로 모험을 하니 그렇다면 비록 부전의 조세법을 쓴다 해도 부족할 것이다. 그리고 자손들이 만약 이러한 법을 취해서 행하고자 한다면 주공周公이 만들어 놓은 법이 있으니 그대로 하면 될 것이다. 그런데 이러한 법을 어기고자 한다면 구차하지만 그대로 하면

3) ≪史記·孔子世家≫. "凡十四歲而反乎魯."

될 터인데 어찌 다시 나를 찾아와 자문을 구한다는 것이냐?"

季康子欲以一井田出法賦焉, 使訪孔子. 子曰: "丘弗識也." 冉有三發卒曰: "子爲國老, 待子而行, 若之何子之不言?" 孔子不對而私於冉有曰: "求, 汝來, 汝弗聞乎, 先王制土, 借田以力, 而底其遠近, 賦裏以入, 而量其無有, 任力以夫, 而議其老幼. 於是鰥寡孤疾老者, 軍旅之出, 則征之, 無則已. 其歲收, 田壹井楚獲禾秉, 缶米芻? 不是過, 先王以爲之足, 君子之行, 必度於禮, 施取其厚, 事擧其中, 斂從其薄, 如是則以丘亦足矣. 若不度于禮, 而貪冒無厌, 則雖以田賦, 將又不足. 且子季孫若欲行而法, 則有周公之典在. 若欲苟而行之, 又何访焉."

이듬 해 기원전 483년(노魯 애공哀公 12년), 계강자가 공자의 주장을 따르지 않고, 「용전부用田賦」를 공포했다. 겨울, 12월, 나라에서 메뚜기 떼 피해(종재螽災)를 당해 백성들이 식량난에 빠지게 되었다.

본 죽간의 내용은 이러한 민정과 국가적 상황에서 발생한 내용이다.

본 죽간의 내용과 관련이 있는 고적적 내용 중에는, 계강자와 공자가 노나라를 부흥시키기 위해 「위정爲政」과 「사무事務」에 관하여 서로 문답을 나누는 훌륭한 내용들이 많이 있다. 예를 들어, ≪논어論語≫의 〈위정爲政〉·〈안연顔淵〉·〈옹야雍也〉·〈선진先進〉·〈헌문憲問〉과 ≪공자가어孔子家語≫의 〈변물辨物〉·〈오제五帝〉·〈곡례자공문曲禮子貢問〉, ≪사기史記≫의 〈공자세가孔子世家〉, 그리고 ≪한시외문漢詩外傳≫ 등이 있다.

【內容】(복모좌濮茅左)

본 죽간에서 말하는 계경자季庚子는 사서史書에서 일반적으로 칭하는 '계강자季康子'(?-BC 477)를 가리킨다. 계강자는 계환자季桓子의 아들이며, 이름은 '비肥'이고, 시호謚號는 '강자康子'이다. 혹은 '계손비季孫肥'라고도 한다. 춘추春秋시기 노나라 대부大夫이며, 노나라 상경上卿 중 우두머리 격이었다. 노나라의 가혹한 형세 속에서 계강자는 밖으로의 외환外患과 내부로의 궁핍이라는 곤경에서 벗어나려 공자에게 나라를 구하는 방법을 상의하였다.

본문은 문답형식으로 나라를 다스리고 노나라를 부흥시킬 수 있는 공자의 사상에 대하여 서술하고 있다.

먼저 계경자季庚子(계강자季康子)는 공자에게 「민무民務」에 대하여 물었다.

季庚(康)子䎽(問)於孔=(孔子)曰: 「肥, 從又(有)司(事)之逡(後), 䍜(抑)不䛩(知)民矛(務)之安(焉)才(在)? (제 1 간)

그러나 공자는 「민무民務」에 대하여 직접적인 대답을 회피하고, 「군무君務」에 대하여 언급하였다. 공자는 문제 핵심을 매우 교묘하고 날카롭게 지적하였다. 예를 들어, ≪설원說苑·정리政理≫는 아래와 같이 말하였다.

자공子貢이 공자에게 질문을 던졌다. "섭공葉公이 선생님께 정치를 물었을 때에는 '정치란 가까운 사람에게는 친해 오기를, 먼데 사람에게는 찾아오도록 하는 것'이라고 하였습니다. 그런데 노魯 애공哀公이 선생님께 똑같이 정치에 대해서 물었을 때에는 '정치란 신하를 잘 아는 것'이라고 하였습니다. 또 제나라 경공景公이 정치에 대해 선생님께 묻자, '정치는 절약이 우선이다'라고 하였습니다. 이처럼 세 사람이 똑같이 정치에 대해서 물었는데 선생님의 대답은 셋 다 다르니, 그러면 정치란 각각 다른 것입니까? 이에 공자는 이렇게 설명해 주었다. '무릇 형荊은 땅은 넓은데 도시는 협소하다. 그래서 백성들의 뜻이 흩어져 있다. 이 때문에 가까운 사람은 친해 오게 하고, 먼데 사람들은 찾아오게 하는 것이다. 또 애공哀公에게는 세 명의 신하가 있다. 안으로는 작당하여 임금을 둘러싸고 그 임금을 미혹하게 하며, 밖으로는 제후와 빈객을 막아 그 명석함을 은폐시키고 있다. 그래서 신하에 대해서 잘 알고 있어야 한다고 한 것이다.' 다음으로 제나라 경공景公은 대사를 사치하게 꾸미고 원유에서 음탕하게 노닐며, 자신의 오관을 즐겁게 하는데 그치지 않으며, 하루아침에 백승의 관작을 받는 자가 셋이나 될 정도로 즉흥적이다. 그래서 절약에 힘쓰라고 한 것이다. 이처럼 세 가지는 그 상황에 따라 다른 것이다. 시에 이런 말이 있지 않느냐? '어지러운 세상, 이 몸이 지쳐 내 갈 곳 그 어디인가. 한숨만 짓네!'라고 한 것은, 흩어지게 되어서 난을 일으키게 되는 상황을 슬퍼한 것이다. 또 '이 못된 자들이 자기 직분 다하지 않아 모두가 끝내 왕이 재앙을 맞이했네.'라고 한 것은, 바로 그 임금이 간신에게 가려져서 생기는 혼란을 슬퍼한 것이다. 그런가 하면 '상란에 물자조차 없는데 백성을 가엾게 여기지도 않는구나'라고 하였으니, 이는 사치스러워 절약하지 않으므로 해서 생기는 혼란을 슬퍼한 것이다.

子貢曰: "葉公問政於夫子, 夫子曰: '政在附近來遠', 魯哀公問政於夫子, 夫子曰: '政在於諭臣'. 齊景公問政於夫子, 夫子曰: '政在於節用'. 三君問政於夫子, 夫子應之不同, 然則政有異乎？" 孔子曰: "夫荊之地廣而都狹, 民有離誌焉, 故曰在於附近而來遠. 哀公有臣三人, 內比周公以惑其君, 外障諸侯賓客以蔽其明, 故曰政在諭臣. 齊景公奢於臺榭, 淫於苑囿, 五官之樂不解, 一旦而賜人百乘之家者三, 故曰政在於節用. 此三者政也, 詩不云乎: '亂離斯瘼, 爰其適歸', 此傷離散以爲亂者也, '匪其止共, 惟王之邛', 此傷奸臣蔽主以爲亂者也, '相亂蔑資, 曾莫惠我師', 此傷奢侈不節以爲亂者也, 察此三者之所欲, 政其同乎哉！"

또한 ≪논어論語·안연顏淵≫에서는 "계강자가 공자에게 정치에 대해 여쭤봤는데 공자께서 대답했다. '정政'이란 '바로 잡는 것(정正)'이다."[4]라 하였다. 공자는 나라의 국력이 쇠약하게 된 것은 백성에게 원인이 있는 것이 아니라, 곧 군주에게 있다고 보았다. 노나라를 부흥시키는 방법으로 공자는 계강자에게 '인지이덕仁之以德'[5]이 '군자의 가장 큰 의무'[6]라고 직언하였는데, 이는 계강자 자신이 먼저 인격을 수양해야한다는 것을 직설적으로 설명한 것이다. 공자는 또한 '仁之以德'을 주장하여 계강자가 먼저 덕으로 자신을 다스리고 자신을 절제함으로써 인仁을 실행하도록 하며, 자신이 스스로 먼저 이를 실천하여 백성의 본보기가 되어야 한다는 것을 강조하였다.

공자는 덕德의 중요성을 강조하며, 계강자로 하여금 '교민敎民'하고 '애민愛民'하고 '휼민恤民'하도록 하였다. 그래서 군자의 대무大務는 먼저 군주가 심술心術을 바르게 하고, 이 바른 마음으로 일을 실행하도록 하며, 덕德으로 백성을 헤아려 이 덕으로 두터운 은혜를 베풀며, 적은 세금으로 군대를 다스려 백성들로 하여금 세금을 적게 거둬들어야 한다는 것이다.

공자는 역사상 군주를 잘 보필한 세 사람을 예로 들어, 계강자를 설득하였다.

첫째, 「筦中」으로 즉 공중管仲을 가리킨다. 관중은 춘추春秋시기의 유명한 사상가이자 정치가이며 군사 전략가이었다. 관중의 계책으로 제齊나라 환공桓公이 패주霸主가 될 수 있었으며, 또한 '아홉 번에 걸친 각국 제후들과 회맹會盟을 통하여 천하를 바로 잡을 수 있었고',[7] 40여 년 간을 보정하고 유종의 미를 거두었다. 공자는 관중의 「君子恭則遂驕則侮」[8](제4간)라는 구절을 인용하여, 계강자에게 전쟁에서 승리한 후에는 바른 직언을 경청하며, 오만함과 경박함을 조심하라고 경고하였다.

---

4) "季康子問政於孔子, 孔子對曰: 政者, 正也."

5) "덕으로 인을 실현하다."

6) "君子之大務."

7) "九合諸侯一匡天下(아홉 번에 걸친 각국 제후들과 회맹會盟을 통하여 천하를 바로 잡다)." 子路曰: "桓公殺公子糾, 召忽死之, 管仲不死." 曰: "未仁乎?" 子曰: "桓公九合諸侯, 不以兵車, 管仲之力也. 如其仁, 如其仁."(≪論語·憲問≫14.17) 자로가 "환공桓公이 공자公子 규糾를 죽이자 소홀召忽은 규糾를 위해 죽었는데 관중은 죽지 않았습니다."라 하며, 이는 "어질지 않았던 것입니까?"라 하였다. 공자가 말하였다. "환공桓公이 제후들을 규합하는 데 전차戰車를 쓰지 않고 한 것은 관중의 힘이다. 이는 그가 어진 것과 같은 것이다. 어진 것과 같은 것이다."라 하였다.

子貢曰: "管仲非仁者與? 桓公殺公子糾, 不能死, 又相之." 子曰: "管仲相桓公, 霸諸侯, 一匡天下, 民到于今受其賜. 微管仲, 吾其被發左衽矣. 豈若匹夫匹婦之爲諒也, 自經于溝瀆而莫之知也?"(≪論語·憲問≫14.17) (자공이 "관중은 인자한 사람은 아닐 것입니다. 환공桓公이 공자公子 규糾를 죽였는데 규糾를 위해 죽지 못하고 또 환공桓公의 재상宰相 노릇을 하였습니다."라 하였다. 공자가 말하였다. "관중이 환공의 재상이 되어 환공은 제후를 거느려 천하를 통일하고 바로잡아 놓아서 사람들은 지금까지도 그 혜택을 입고 있다. 관중이 없었다면 나는 머리를 풀고 옷섶을 왼쪽으로 여미고 살 뻔했다. 어찌 필부필부匹夫匹婦가 조금만 신의信義를 지킨다고 개천에서 제 손으로 목매어 죽어도 아무도 알아줄 사람은 없는 것과 같겠는가!")

8) "군자가 공손하면 모든 일이 순조롭지만, 거만하면 모욕을 당한다."

이른바 모든 일은 공경恭敬만이 화목和睦하고 순수하게 되고 능히 친해질 수 있으며, 또한 먼 백성은 멀리서 찾아오고 가까이 있는 백성은 편안하게 지낼 수 있으며(원지이안遠至邇安), 백성들을 사랑하고 보호할 수 있는 것이다. 즉 모든 일은 공손해야 만이 모든 일이 순조롭게 될 수 있고, 안으로 밝은 덕이 있어야 만이 정치가 흥하게 되고 백성은 순종하게 된다는 것이다. 이와 반대로 교만하면 큰 손실을 입게 될 것이고, 교만한 군주는 백성을 피폐하게 하며 나라를 위험에 빠뜨리게 한다는 것이다.

둘째, 「孟者吳」 즉 「맹자여孟子餘」로, 조최趙衰(cuī, ?-BC622)를 가리킨다.[9] 춘추시대 패왕 진晉 문공文公을 보필한 자이다. 조최趙衰는 중이重耳(진晉 문공文公)와 함께 외국으로 도망을 쳤다가 19년 만에 고국으로 돌아와 「삼양불실의三讓不失義.」[10], 문공文公을 보좌하여 패자가 되게끔 하였다.

공자는 맹자여孟子餘의 「군자의 덕을 밝혀야 한다」(제6간)[11]는 말을 인용하여 계강자가 미덕을 발양광대하고 인의人義에 뜻을 두라고 요구했다.

군자의 덕은 또한 의표儀表에서도 나타나기 때문에, ≪예기禮記·표기表記≫는 "군자는 남에게 있어 바른 행동을 잃지 않고, 남에게 안색을 바르게 하며, 남에게 말을 실수 하지 않는다. 그래서 군자의 태도는 족히 두렵고 안색은 족히 조심스러우며 말은 족히 믿음이 있는 것이다"[12])라 하고, 제 7간에서는 "夫義者, 㠯(以)斤(謹)𦣻=(君子)之行也. 𦣻=(君子)涉之, 尖=(小人)雚(觀)之, 𦣻=(君子)敬城(成)丌(其)悳(德)"[13]이라 하였다.

또한 공자는 계강자에게 「의義」를 중시하고, 먼저 신중하게 행동하며, 도덕을 수양하고, 항상 몸가짐을 조심스럽게 이를 실천하도록 하여야 한다. 그래서 "자신이 올바르면 명령을 내리지 않아도 잘 되어 나가고, 자신이 올바르지 않으면 명령을 내린다 하여도 복종하지 않는다."[14]라 하고, "군자는 자신을 수양하지 않을 수 없다."[15]는 도리를 알아야 한다는 것이다. 그래서 사람은 응당히 근면성실하게 끊임없이 노력하고, 스스로 끊임없이 진보하도록 하고 스스로 입지立志할 수 있도록 하고, 말은 신중히 하고 행동을 민첩하게 하며, 경건한 마음으로 그 덕을 이루어야

9) 조최趙衰는 조성자趙成子로, 자字는 자여子餘이고 혹은 맹자여孟子餘라고도 한다.
10) "세 차례 현자를 추천하고도 도의를 잃지 않았으며."
11) "著君子之德."
12) "君子不失足於人, 不失色於人, 不失口於人. 是故君子貌足畏也, 色足憚也, 言足信也."
13) "의표儀表라는 것은 이로써 군자의 행실을 신중히 하고 삼가하고자 하는 것이다. 군자는 행동으로 실천하지만, 소인은 관찰하기만 하고, 군자는 덕을 정성을 다하여 이루고자 한다."
14) "其身正, 不令而行; 其身不正, 雖令不從."(≪論語·子路≫)
15) "君子不可以不修身."(≪孔子家語·哀公問政≫)

한다는 것을 경계하였다.

셋째, 狀虔中 즉 장문중(臧文仲, ?-BC617)으로, 네 명의 군주君主로 부터 신뢰를 얻은 춘추시기 노나라 사람이다. 장문중은 역대 장공莊公·민공閔公·희공僖公과 문공文公 등 네 명의 군주를 모셨다. 장문중이 주장한 이론은 오랫동안 영향을 미쳤고, 당시 상류층 사회에도 큰 영향을 끼쳤다.

공자는 장문중狀虔中(臧文仲)의 「君=(君子)弜(強)則遻(遺), 愄(威)則民不道(導), 俞(婾)則遊(失)眾, 晶(礧)則亡(無)新(親), 好型(刑)則不羊(祥), 好殺則隻(作)亂(亂)」16)(제 9-10간) 말을 인용하고 있는데, 이 「강强」·「위威」·「투婾」·「뇌礧」·「형刑」과 「살殺」등은 통치자들이 갖추지 말아야 할 수양 덕목임과 동시에, 이는 또한 효율적인 치국계책의 방식들이기도 하다.

「强(굳셀 강, qiáng,jiàng,qiǎng)」을 하면 잃을 것이며 백성과 같이 할 수 없으며, 정직함을 잃어 재앙을 부르게 되는 것이다.

「威(위엄 위, wēi)」를 하면 백성이 깨우치지 못하게 되는 것이다. 공자는 폭정暴政과 가혹한 정치를 반대하며 이상적이고 화목한 사회를 원했다. ≪공자가어孔子家語·육본六本≫에서 공자는 "체통이 없는 예법도 공경하여야 하며, 상복이 없는 喪도 슬퍼하여야 하며, 소리가 없는 음악도 즐거운 마음으로 해야 한다. 왜냐하면, 말을 하지 않아도 믿어야 하며, 움직이지 않아도 위엄이 있어야 하며, 물건을 남에게 베풀지 않아도 어진 마음을 가져야하기 때문이다."17)라 하고, '덕으로 백성을 가르치고'18), '예로써 가지런히 하며,19)), '정치로써 백성을 인도하는'20) 방법을 주장했다.

「婾(구차할 투, tōu)」는 경시하며 비열하게 대하면, 도道를 잃게 되고 백성을 잃고 나라를 잃게 된다.

「礧(바위너설 뢰{뇌}, léi)」는 높은 권위에 있으면서 위세를 부리면 남을 배려하지 않고 남과 친하게 지내지 않음을 말한다. 공자는 "친척들에게 후하게 대하면 백성들이 어진 마음을 갖게 되고, 옛 친구를 저버리지 않으면 백성들의 마음도 박해지지 않아"21) 백성을 교화敎化하기 이롭

16) "군자가 강하면 백성을 잃을 것이며, 위협을 가하면 백성을 인도할 수 없다. 엄격하면 백성을 잃을 것이다. 포학하게 굴면 반드시 가까이하는 자가 없을 것이며 형벌을 좋아하면 상스럽지 않게 된다. 살인을 좋아하면 난을 일으킨다."

17) "無體之禮, 敬也. 無服之喪, 哀也. 無聲之樂, 歡也 . 不言而信, 不動而威, 不施而仁, 志也."

18) "以德教民.'

19) "以禮齊之."

20) "以政導民."

21) "君子篤於親, 則民興於仁, 故舊不遺, 則民不偷."(≪論語·泰伯≫)

고, 군자는 스스로 낮추고 겸손하며 백성에게 호의를 베풀고 친근하여야 한다하였다.

「刑(형벌 형, xíng)」을 좋아하면 불상不祥(상스럽지 않다)하게 된다는 것이다. 공자는 먼저 예禮를 한 다음에 무력으로 해결할 것을 주장하며, 형벌을 자주 사용하는 것을 반대했다. 공자는 ≪공자가어孔子家語·시주始誅≫에서 "백성을 가르치되 먼저 도덕으로써 복종하게 해야 하며, 이로써 해도 안 될 경우에는 폐기해야 하며, 그래도 불가할 경우 뒤에야 하는 수 없이 위력으로 겁을 주어야 하는 것이다. 이같이 하여 3년만 지나면 백성이 바르게 될 것이니 그 중에 혹 간사한 백성이 있어 이 교화를 따르지 않은 자가 있을 때에는 그 다음에 형벌로써 다스릴 수밖에 없게 한다면 백성들은 누구나 죄가 무엇인지 알게 될 것이다. ≪시경詩經·소아小雅·절남산節南山≫에서 『천자를 도와 백성으로 하여금 미혹함에 빠지지 않도록 하라.』하였다. 이로써 옛날에는 위엄을 가지고 있지만 이를 시험하지 않았고, 형법이 있었지만 이를 사용하지 않았던 것이다. 그런데 지금은 그렇지가 못하다. 그 가르침을 어지럽히고 그 형벌을 번거롭게 하여 백성으로 하여금 미혹하게 하여 함정에 몰아넣고 있다. 또 여기에 계속해 그들이 그에 따라 제압해 나가니 형벌은 갈수록 번잡해지고 도적을 이겨낼 수가 없게 되고 말았다."[22]라 하였다.

「殺(죽일 살, shā,shài)」을 하면 난을 일으키게 된다. 이러한 사례는 역사적으로 많다. 예를 들어 주紂는 사형을 자주 행했다. ≪사기史記·은본기殷本紀≫에서는 "제후들 모두 말하였다. '주紂를 정벌해도 좋다.'"[23]라 하고, 여공厲公이 잔인하여 ≪제태공세가齊太公世家≫에서는 "여공厲公을 공격하여 죽이다."[24]라 하고, ≪춘추모씨전春秋毛氏傳≫에서는 경여庚輿가 잔인하고 전쟁을 좋아하여 백성들이 그를 몰아냈다 했다. 공자는 선善으로 위정爲政해야 한다고 생각한다. 계강자季康子(季庚子)가 정政에 대해 공자에게 "만일 무도한 사람을 사형에 처하여, 도의 방향으로 인도한다면 어떻겠습니까?"라고 묻자, 공자는 "정치를 하는데 어찌 사형부터 생각하십니까? 그대가 선을 행하고자 하면 백성이 선해질 것입니다. 군자의 덕은 바람이고, 소인의 덕은 풀입니다. 바람이 불면 풀은 엎드리기 마련입니다."라 하였다.[25] 장문중狀慶中(臧文仲)이 말한 "살인을 좋아하면 백성이 난을 일으킨다."[26]는 주장은 인류 역사상 검증된 공리이다. 그래

22) "既陳道德以先服之, 而猶不可, 尚賢以勸之, 又不可, 即廢之, 又不可, 而後以威憚之, 若是三年, 而百姓正矣 . 其有邪民不從化者, 然後待之以刑, 則民咸知罪矣 . 詩云: 『天子是毗, 俾民不迷 . 』毗輔也俾使也言師尹當毗輔天子使民不迷是以威厲而不試, 刑錯而不用 . 今世則不然, 亂其教, 繁其刑, 使民迷惑而陷焉, 又從而制之, 故刑彌繁, 而盜不勝也."(≪孔子家語·始誅≫)

23) "諸侯皆曰: '紂可以伐矣.'"(≪史記·殷本紀≫)

24) "攻殺厲王."(≪史記·齊太公世家≫

25) 季康子問政於孔子曰, "如殺無道, 以就有道, 何如?" 孔子對曰, "子爲政, 焉用殺? 子欲善而民善矣. 君子之德風, 小人之德草. 草上之風, 必偃."(≪論語·顔淵≫)

서 공자는 계강자季庚子에게 백성과 가까이 친히 지내고, 부지런히 오매불망 조석으로 정치를 살피고, 백성의 고민을 살필 줄 알아야 한다고 하였다.

공자는 떠나기 전에 간곡하고 의미심장한 말로 계강자季庚子를 계도했다.

먼저, '현인을 등용(거현擧賢)'해야 하고, '열심히 노력하는 마음(구심劬心)'이 있어야 한다. 「현인賢人은 나라에 있어 중요한 사람이니, 현인은 몸과 마음을 다하여 다스려야 한다.」[27](제 18 간)라 하였다. 나라를 다스린다는 것은 사람을 중요시한다는 것이다. 조정에 유능한 인재가 없으면 날개 없는 백조와 같아 나라는 반드시이 망할 것이다. 그러므로 존현尊賢은 나라를 통치하는 큰일이라 하였다. 관중笑中(管仲), 맹자여孟者吳(孟子餘), 장문중狀慶中(臧文仲)은 모두 역사상 현인賢人이다. 나라를 위해 최선을 다했고 결국 대업을 이루었다. 그래서 계강자季庚子에게 먼저 「거현擧賢」할 것을 역설한 것이다.

또한 공자는 '널리 평등하게 사랑하고(동인同仁)', '사심이 없어야 하며(무사無私)', 「싫어하는 사람은 죽이지 말고 좋아하는 사람만을 귀하게 여기지 말라. 백성을 구하는데 '친親'으로써 하고, 큰 죄는 형刑으로써 다스리고, 뇌물을 받은 죄는 벌(죄罰)로서 다스리며, 작은 죄는 꾸짖는다.」[28](제 19-20 간)라 하였다. 차별하지 않고 널리 평등하여야 천하를 공평하게 다스릴 수 있고, 공정하게 정치를 다스릴 수 있는 것이다. 그래서 계강자季庚子에게 평등하게 사랑(동인同仁)하여 안팎을 서로 차별하지 말고, 친소親疏를 구별하지 말고, 사적인 편애를 하지 말아야 만이 이른바 성인聖人들이 이른바 추구하는 조화로움을 이룰 수 있다.

또한 공자는 아첨하는 말을 듣지 말고, 남을 헐뜯는 말을 믿지 말라하였다. 그래서 「아첨하고 증오하는 말을 믿지 않아야 한다.」[29](제 21간)라 하였다. 아첨하는 말이나 남을 헐뜯는 말을 믿지 말아야 현량하고 충성스런 사람(忠良)에게 해를 끼치지 않는다.

명예가 실축되는 것은 결국 자신에게서 비롯되는 것이니, 신하들은 충성을 다하여야 한다. ≪공자가어孔子家語·현군賢君≫에서는 "충성스럽게 하면 여러 사람을 화목하게 할 수 있으며, 믿음성 있게 하면 남들이 신임해 줄 것이다."[30]라 하였다. 그러면 먼 데 있는 사람이 복종하여 따라오며, 나라가 나뉘고 무너지며 쪼개지는 것을 막을 수 있다.

또한 '지극함이 만물에 고르게 미치게(곡성曲成)'하는 것을 잊지 말고, '나라가 태평하고 백성

26) "好殺則乍(作)䜌(亂),"
27) "臤(賢)人大於邦, 而又(有)㽞(劬)心."
28) "亞(惡)人勿𢧵(戕), 好人勿貴, 救民㠯(以)𧡙(親)."
29) "毋信予(諛)曾(憎)."
30) "忠則和於衆, 信則人任之."(≪孔子家語·賢君≫)

들의 생활이 평안(국태민안國泰民安)'한 것을 잊지 말아야 한다하였다. 「재난이 있게 되면 후에 세대가 계속해서 혼란해지고, 나라를 다스리는 자는 훼멸毁滅하고자 하는 마음을 품게 되며, 대중이 선을 싫어하게 된다. 그래서 현인은 마땅히 변화에 따라 사물을 대하고 한 쪽에만 얽매이지 않으면 사물의 얻음이 있을 것이다. 그리하면 곧 나라가 태평해지고 백성이 평안해진다.」[31](제 22-23 간)라 하였다. 재앙 당하면 사회는 혼란에 빠지게 된다. 사회적으로 도덕이 문란해지면, 인심은 선함을 싫어하게 되고 개인적인 이익만 찾으려고 한다. 그래서 현인賢人들은 변화에 따라 사물을 대하고 한쪽에만 얽매이지 않아, 「곡성만물이불유曲成萬物而不遺」[32]하고, 상서로운 것을 취하고 흉한 것을 피하니 천하가 순조롭게 되는 것이다.

공자는 「이는 군자가 일을 함에 있어 기본적으로 추구해야 하는 것이다.」[33](제 23 간)라 하여, 이른바 군자가 기본적으로 추구해야 할 것 있는데, 즉 군자는 공경하고 신용을 지키며, 덕으로 인을 이루고(인지이덕仁之以德), 근면성실하게 나라를 다스리고 사람을 양성하고(근정양인勤政養人), 솔선수범하고(신교身教), 언행으로 가리키고(언교言教), 백성을 감화시키고(감화感化), 형법과 덕행을 병행(형덕병거刑德並擧)하여야 만이 나라가 바르게 되고 백성은 화목하게 되며, 나라가 평화스럽고 백성은 순종하게 된다. 이러한 덕목이 바로 군자가 나라를 다스리는 성공의 길이다.

【죽간의 가치】 (복모좌濮茅左)

공자의 나라를 다스리는 주요 사상은 '인지이덕仁之以德'[34]이다. 이러한 사상은 전래 통행본通行本 문헌에는 보이지 않았고, 죽간에서 처음 보인다. 공자는 직접 「인지이덕仁之以悳」에 대해 정의를 내렸다. 공자는 「君子才(在)民之上, 上埶(執)民之中, 紿(紖)畲(設)於百眚(姓), 而民不備(服)安(焉), 氏(是)𡬠=(君子)之恥也, 氏(是)古(故), 𡬠=(君子)玉亓(其)言, 而𡌥(慎)其行, 敬城(成)其悳(德), 㠯(以)臨民=(民, 民)䀢(望)亓(其)道而備(服)安(焉), 此之胃(謂)𢙾(仁)之以悳(德)」[35](제

31) "才(災)後=(後之)殜(世)比𤔔(亂), 邦相懷毀, 眾必亞(惡)善, 臤(賢)人堂(當)亓(其)曲㠯(以)城(成)之, 肰(然)則邦坪(平)而民頁矣."

32) "두루 이루어지게 하여 만물이 빠짐이 없도록 한다."

33) "此𡬠=(君子)從事者之所商[illegible]也."

34) "덕으로써 인을 행하다."

35) "군자君子는 백성에게 위에서 백성을 다스릴 때, 정당하게 다스리고 백성에게 가르침을 주나 백성이 (자신을) 믿지 않고 따르지 않는다면 이는 군자의 치욕이다. 그래서 군자는 말을 옥같이 신중하게 하고, 행동은 신중히

2-4간)라 하였다. 즉 공자는 군자에게 스스로를 단속하고, 말을 신중히 하고, 행동을 조심하고, 스스로 덕을 수양하고, 덕으로 백성을 다스려야 한다고하였다. 이러한 사상은 오늘날 우리 자신의 인격적 수양에도 똑같은 의미를 지니고 있다.

본 ≪季康子問於孔子≫에서는 또한 관중管仲, 조최趙衰, 장문중藏文仲의 이명異名 및 중요한 치국治國 사상에 대하여 기록하고 있다. 이러한 내용은 이전 통행 문헌에서 찾아볼 수 없었다. 이는 이들의 사상과 역사적 의의, 역사적 자료를 연구하는데 있어서 우리에게 새로운 자료를 제공해 주고 있다.

본 죽간에서는 또한 맹자孟子와 동중서董仲舒가 잘못 전해 준 역사적 사실을 정확하게 인식할 수 있는 자료를 제공해 주고 있다.

제齊 선왕宣王이 맹자孟子에게 일찍이 "제齊 환공桓公과 진晉 문공文公의 일에 관해서 말씀을 들어볼 수 있을까요?"라고 묻자, 맹자는 "공자의 제자 중에는 환공桓公과 문공文公의 일을 이야기한 사람이 없었습니다. 그래서 후세에 그 일이 전해지지 않았습니다. 저는 아직 그 일에 관해서 들어본 적이 없습니다."[36]라 하고, 맹자는 또한 "오패五霸는 하우夏禹, 상탕商湯, 주周나라 문왕文王의 죄인이다."[37]라 하였다.

동중서董仲舒도 강도江都 역왕易王에게 말하였다. "≪춘추春秋≫의 이치는 신용을 중요시 여기고 기만함을 경시하였다. 사람을 속여 승리하고 공과를 이룬다 할지라도 군자는 이러한 행위를 하지 않는다. 그러므로 공자의 문하 중 비록 어린 아이라 할지라도 춘추春秋 오패五霸를 부끄럽게 여기고 언급하지 않는다. 왜냐하면 그들은 속임을 통해 성공한 구차한 일에 불과하기 때문이다. 이러한 것은 군자의 큰 방도라 할 수 없는 것이다. 오백五伯이란 자들은 다른 제후諸侯에 비해 현자賢者라 할 수 있을지 몰라도, 어진 현자에 비하여 어찌 현자라 할 수 있겠는가?"[38]라 하였다.

본 죽간에서 공자는 직접 제齊 환공桓公과 진晉 문공文公 두 패왕의 책략가인 광중管仲과 孟者吳(맹자여孟子餘)의 말을 인용하고 있다. 이는 그들의 패주霸主를 보필하는 능력을 높이

하며, 그 일을 공경스럽게 처리하여야 한다. 덕으로 백성을 통치하면, 백성은 도를 이루고자하며 복종을 하지 않겠는가. 이것이 바로 '덕德'으로 '인仁'을 실천한다는 것이다."

36) "齊宣王問曰: 齊桓·晉文之事, 可得聞乎? 孟子對曰: 仲尼之徒無道桓·文之事者, 是以後世無傳焉, 臣未之聞也." (≪孟子·梁惠王上≫)

37) "五霸者, 三王之罪人也."(≪孟子·告子下≫)

38) "春秋之義, 貴信而賤詐, 詐人而勝之, 雖有功, 君子弗爲也, 是以仲尼之門, 五尺童子言羞称五伯, 爲其詐以成功, 苟爲而已也, 故不足稱于大君子之門. 五伯者比於他諸侯爲賢者, 比於仁賢, 何賢之有?"(≪春秋繁露·對胶西王越大夫不得爲仁≫)

평가하였으며, 이들의 말을 인용하여 季庚子를 설득하고 있다. 그래서 맹자와 동중서가 말한 "공자의 제자 중에는 환공桓公과 문공文公의 일을 이야기한 사람이 없었다."[39]와 "오척동자도 모두 五伯을 부끄럽게 여겼다."[40]라는 말은 사실상 역사적 사실과 다르다는 것을 알 수 있다.[41]

≪季康子問於孔子≫는 산실되어 그동안 전해 내려오지 않았던 중요한 유가 저작 중의 하나이다. 이는 공자의 말년 사상을 이해할 수 있는 중요한 부분이다. 이는 또한 중국 유학사에 있는 중대한 발견 중의 하나이다.

본 죽간은 우리가 유학儒學, 노魯나라 역사와 춘추시대의 인물을 연구하는데 있어, 실질적인 역사적 자료를 제공해 주고 있다. 또한 춘추春秋시대 철학, 정치, 법률, 사상가 등을 연구하는데 부족한 자료를 보충해 주고 있을 뿐만 아니라, 이러한 문헌들의 실질적인 연구과 그 영향을 이해하는데 새로운 영역을 넓혀 주고 있다.

---

39) "無道桓·文之事."

40) "五尺童子言羞稱五伯."

41) 그러나 구양정인歐陽禎人은 〈上博簡(五)學術價値考論〉에서 ≪上博楚簡≫의 문헌은 전국戰國 말기 시기에 해당되며. 이때에는 이미 널리 '황노지학黃老之學'의 사상이 유행하는 때였고, 각각의 책략가들이 합종연횡合縱連橫하여 자신의 이론을 설득시키고자 하였다고 하였다. 그래서 ≪季康子問於孔子≫ 중의 관중管仲과 맹자여孟子餘의 말은 사실상 책사들이 공자의 이름을 가탁(假託)하여 자신의 이론을 주장한 내용이지 실질적인 공자의 이론과 다르다 하였다. "≪季庚子問于孔子≫的撰寫年代與下葬年代, 决不可估計得太早, 筆者以爲, 絶是在黃老之學已經興起, 並且廣爲流傳之後, 也就是戰國晩期的事情. 所以, 李學勤先生說: '估計上博簡所自出的墓時代爲戰國中期偏晩到晩期偏早, 簡的書寫時代也不出此限." 我同意李先生的判斷. ……戰國之際, 合縱連橫, 各家各派策士搖唇鼓舌, 拉大旗作虎皮的事情比比皆是, 假托孔子, 引述管仲·孟子余, '贊賞他們的輔霸策略', 以贏得諸侯的賞識, 這是一點都不奇怪的. 筆者以爲, 文獻的注釋与整理, 不能脫離時代的背景, 更不能脫離歷史人物的思想主體. 孔子是一位'朝聞道, 夕死可矣.'(≪論語·里仁≫)的聖哲, 怎麽可能背離自己的'德政'主張, 人云亦云, 随波逐流提倡'霸道'呢?." 簡帛, 2008-07-17

제 1 簡

季庚子䎽於孔=曰肥從又司之逡罷不㬪民劳之安才唯子之訇䐈青昏孶=之從事者於民之

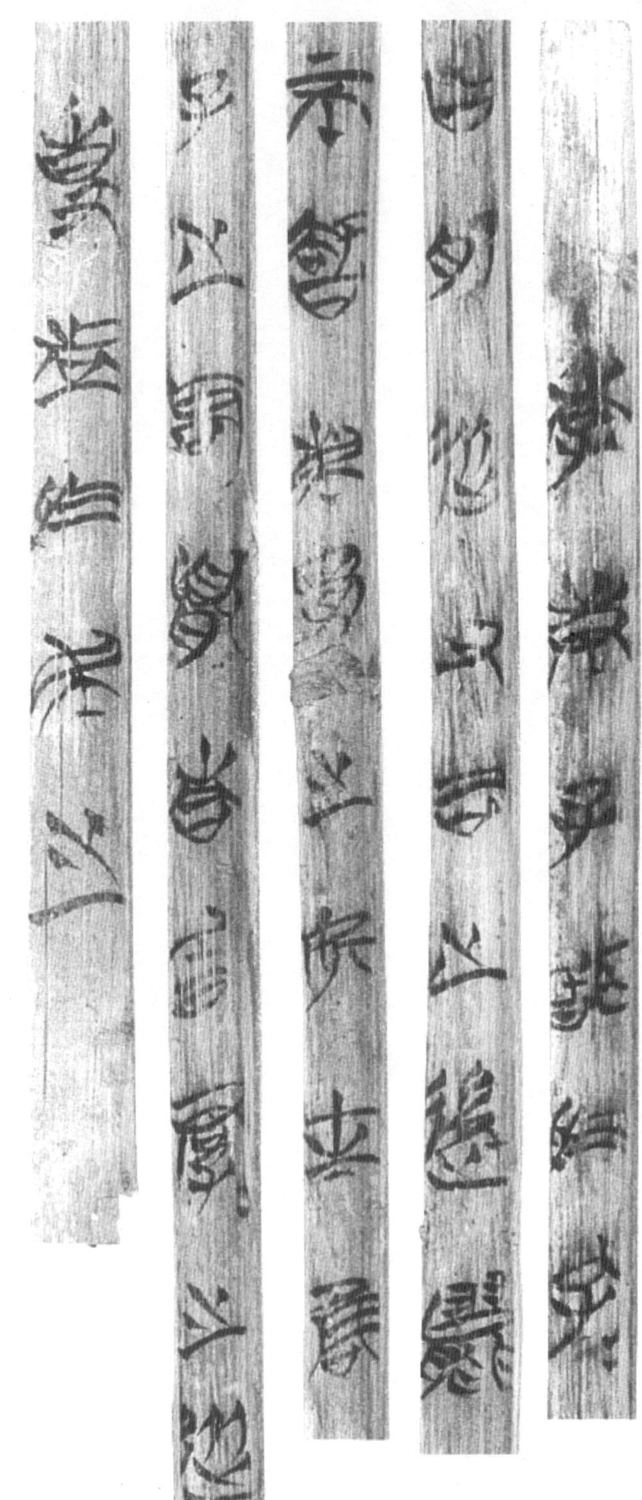

第 1 簡

季庚(康)子𦖞(問)於孔=(孔子)①曰:「肥, 從又(有)司(事)之遂(後)②, 罷(抑)不智(知)民秀(務)之安(焉)才(在)③? 唯子之訂(治)頫④, 青(請)昏(問): 羣=(君子)之從事者於民之⑤

【해석】

계강자가 공자에게 물었다.

"저 비肥는 전쟁이 끝나고 나면 백성에게 해야 할 일이 어떤 것인가요? 인자하신 선생님께 여쭙겠습니다. 군자가 정치 업무를 처리할 때 백성의 일을 중

【說明】

본 죽간의 길이는 38.6cm이고, 완전한 죽간이다. 상단에서 첫 번째 편선까지는 약 1.3cm이고, 첫 번째 편선에서 두 번째 편선까지는 18cm이고, 두 번째 편선에서 세 번째 편선까지는 18.1cm이고, 세 번째 편선에서 제일 밑 하단까지는 1.2cm이다. 문자는 모두 38 자이고, 그 중에 합문合文은 2 자이다.

【上博楚簡原註】

① '季庚子𦖞於孔='

「庚(천간 경, gēng)」은 '康(편안할 강, kāng)'과 통한다. ≪전국책戰國策·한책이韓策二≫에서는 「사마강司馬康」으로 쓰는데, ≪사기史記·한세가韓世家≫는 「사마경司馬庚」으로 쓴다.

「계경자季庚子」는 「계강자季康子」(? - BC 477년)로 계환자季桓子의 아들이며, 이름은 비肥이고, 시호諡號는 「경자庚子(강자康子)」이며, 「계손비季孫肥」라고도 부른다. 춘추시대 노나라의 대부大夫로 노魯나라 상경上卿 중 가장 세력이 강했다. 노魯나라 애공哀公 삼년三年(기원전 492년)에 계환자季桓子가 죽고 난 후, 강자康子가 직위하였다.

「𦖞」은 '問(물을 문, wèn)'으로 읽는다.

「孔=」은 '공자孔子'의 합문合文이다. 공자(BC551년 - BC 479년)는 노나라 사람으로 이름은 구丘이고 자는 중니仲尼이다.

≪사기史記·공자세가孔子世家≫에서 계강자가 염유의 말을 듣고 공자를 초빙하려는 내용이 나온다.

계강자가 말했다. “당신은 군대의 일에 대하여 배운 적 있는가? 아니면 타고난 재능인가?” 염유가 말했다. “공자에게서 배웠습니다.” 계강자가 말했다. “공자는 어떤 사람인가?” “그를 등용하면 나라의 명성이 높아지고, 그의 방식을 백성들에게 시행하거나 귀신에게 고하건 간에 유감스러운 일이 없을 것입니다. 그에게 나와 같은 이 길을 걷게 한다면 비록 천사千社를(25 가구家口가 한 사社에 해당된다) 상으로 내려 준다 해도 공자는 동요하지 않을 것입니다.” 계강자가 말했다. “내가 그를 초청하려고 하는데, 가능하겠는가?” “그를 초청하려고 하신다면 소인들의 하찮은 식견으로 그를 방해하지 않게 하면 가능할 것입니다.”[42]

그 해 공자의 제자 염유는 노나라 군대를 이끌고 제나라의 군대를 물리쳤다. 염유의 명성과 위엄이 널리 퍼지게 되었고, 계강자가 더욱 군사적 인재를 필요로 하게 되자, 염유의 추천을 받아 「소공召孔」[43]하고픈 마음이 절실해졌다. 이 사건으로 인하여 계강자가 처음으로 공자를 알게 된 것이다.

≪공자가어孔子家語·정론해正論解≫에서 「계강자는 이 말을 듣고 애공에게 전하자, 애공은 폐백을 후히 하여 공자를 맞이하면서 말하기를 『사람들은 염구의 말을 믿고 따르니 장차 공자를 크게 등용하고자 합니다.』라 하였다.[44] 그래서 계강자는 폐백을 후히 하여 공자가 노魯나라로 귀국하는 것을 맞이하니, 공자孔子는 14년 동안 열국들을 돌아다녔던 세월을 끝맺게 되었다. 이때가 기원전 484년(노魯 애공哀公 11년), 공자 향년 68세다.

본 죽간에서 계강자가 공자께 가르침을 받은 때는 공자 나이 68세 후에 일이다. 계강자가 공자에게 가르침을 청한 내용은 ≪논어論語≫ 중 〈위정爲政〉·〈안연顔淵〉·〈옹야雍也〉·〈선진先進〉·〈헌문憲問〉편에 보이고, ≪공자가어孔子家語≫ 중에는 〈변물辨物〉·〈오제五帝〉·〈곡례자공문曲禮自貢問〉, ≪사기史記≫ 중에는 〈공자세가孔子世家〉와 〈변시외전辨詩外傳〉 등이 있다.

② ‘肥, 從又司之逡’

「肥(살찔 비, féi)」는 계강자 스스로의 자칭이다.

≪논어論語·위정爲政≫편에 계강자가 공자에게 백성을 가르치는 방법에 대하여 묻는 내용이 있다.

---

42) 季康子曰: “子之於軍旅, 學之乎, 性之乎？” 冉有曰: “學之於孔子.” 季康子曰: “孔子何如人哉？” 對曰: “用之有名; 播之百姓, 質諸鬼神而無憾. 求(冉求)之至於此道, 雖累千社, 夫子不利也.” 康子曰: “我欲召之, 可乎？” 對曰: “欲召之, 則毋以小人固之, 則可矣.”

43) “공자를 초빙하다.”

44) 康子言於哀公, 以幣迎孔子曰: “人之於冉求信之矣, 將大用之.”(≪孔子家語·正論解≫)

계강자가 물었다. "백성들로 하여금 윗사람에게 공경하고 충성하게 하며 근면勤勉하게 하려는데, 어찌하면 되겠습니까?" 공자께서 말씀하셨다. "위정자爲政者가 백성 대하기를 장엄莊嚴함으로써 하면 백성들이 공경하고, 부모에게 효도하고 아랫사람을 사랑하면 백성들이 충성하고, 잘하는 자를 등용하고 잘못하는 자를 가르치면 권면될 것이다."[45)]

하안何宴은 계강자에 대하여, 「공자께서 "노魯나라 경卿인 계손비季孫肥는 시호諡號가 강康이다."라고 말씀하셨다.」[46)]라 했다.

「又司」는 「유사有司」로 읽고, 일반적으로 관리官吏를 지칭한다. 고대에는 각종 관직을 설치하고 직무를 수행하는 전문적인 관리(司)가 있었다. ≪상서尚書·대우모大禹謨≫는 「삶을 아끼시는 덕행이 백성의 마음에 까지 스며들어, 관리인 유사有司를 거스르지 않게 된 것이다」[47)]라 하고, ≪주례周禮·천관총재天官冢宰·시인寺人≫에서는 「시인寺人은 왕실후궁의 업무를 관장하고 여궁들을 경계하거나 명령하는 일을 관장한다. 여궁들에게 궁정 출입을 인도하고 규정하며, 만약에 상喪을 당하여 일을 치르거나 빈객을 맞이할 때, 혹은 제사를 지내는 경우가 있을 때는 여궁들을 통솔하고 전체적인 일을 주관하는 유사有司에게 보고하고, 세부世婦(비빈妃嬪)를 도와 예사를 치른다.」[48)]라 하고, 정현鄭玄은 「유사有司란 한 궁경宮卿(대장추大長秋)과 妃嬪(世婦)을 말한다.」[49)]라 하였다.

그런데 본 죽간에서의 「유사有司」는 아마 다른 뜻으로 사용된 것 같다.

≪논어論語·요왈堯曰≫에서 자장子張이 공자에게 「사악四惡은 무엇입니까?」라고 묻자, 공자는 「교화教化를 받지 못했는데 죽이는 것은 학대(학虐)하는 것이고, 훈계를 하지 않았는데 성공을 요구하는 것은 폭력(폭暴)이며, 감독을 하지 않았는데 갑자기 기한을 정한 것은 도적(적賊)과 같은 것이다, 똑같이 사람에게 재물을 베풀어야 하는데도 인색한 것은 유사有司와 같은 것이다.」[50)]라 하였다.

「有司」는 혹은 「유사有事」로 읽는 것이 아닌가한다. '事(일 사, shì)'는 제사, 전쟁, 정사 혹

---

45) 季康子問: "使民敬·忠以勸, 如之何？" 子曰: "臨之以莊, 則敬. 孝慈, 則忠. 擧善而教不能, 則勸."(〈爲政〉 2.20)

46) "孔曰: 魯卿季孫肥, 康, 謚."

47) "好生之德, 洽于民心, 茲用不犯于有司."(≪尚書·大禹謨≫)

48) "寺人掌王之内人. 及女宮之戒令. 相道其出入之事而糾之. 若有喪紀·賓客·祭祀之事. 則帥女宮而致於有司. 佐世婦治禮事."(≪周禮·天官冢宰·寺人≫) '寺人'은 官名으로 '侍人'라로도 한다.

49) '世婦'는 妃嫔을 가리키고, '宮卿'은 '大長秋'를 말한다.

50) 子張曰, "何謂四惡?" 子曰, "不教而殺謂之虐, 不戒視成謂之暴, 慢令致期謂之賊, 猶之與人也, 出納之吝謂之有司."(≪堯曰≫20.02)

민사 등 대사大事 등의 일을 가리킨다. 예를 들어 ≪춘추공양전春秋公羊傳·은공팔년隱公八年≫은 「天子有事於泰山, 諸侯皆從」[51]이라 하고, ≪논어論語·계씨季氏≫에서는 「季氏將伐顓臾. 冉有季路見於孔子曰, 『季氏將有事於顓臾.』」[52]라 하고, ≪사기史記·장의열전張儀列傳≫은 「中國無事, 秦得燒掇焚杅君之國. 有事, 秦將輕使重幣事君之國」[53]이라 하였다. ≪사기史記≫의 이 문장에 대하여 ≪색은索隱≫은 「산동山東에 있는 여러 나라와 함께 진나라를 정벌하는 일이다.」[54]라 하였다.

「又(有)司(事)之遂(後)」는 전쟁을 치르고 난 후를 말한다. '遂'는 '後(뒤 후, hòu)'자이다. ≪설문해자說文解字≫에서는 「'後'자의 고문은 자부 '辵'을 쓴다.」[55]라 하였다.

【譯註】

복모좌濮茅左 정리본은 '又司'를 '有司' 즉 '관리'의 의미로 읽을 수도 있으나, '有事'로 읽고 '「戰事」之後'의 의미로 해석한다하였다.

그러나 고전적에서는 일반적으로 "從+官吏+之後"의 형식으로 자신의 직분을 나타낸다. 예를 들어, ≪論語·先秦≫은 "顔淵死, 顔路請子之車以爲之椁. 子曰: '才不才, 亦各言其子也. 鯉也死, 有棺而無椁. 吾不徒行以爲之椁. 以吾從大夫之後, 不可徒行也.'"[56]라 하고, 양백준楊伯峻 ≪논어역주論語譯註≫는 '從大夫之後'에 대하여 "공자는 노魯나라에서 사구司寇라는 벼슬을 지낸 적이 있는데, 바로 대부의 지위이다. 이때는 이미 공자가 이 직위를 그만둔 지 여러 해가 되었다. 그러나 공자는 '나는 대부를 지낸 적이 있다'라고 말하지 않고 '대부를 지낸 적이 있는 후'('대부의 행렬 뒤에서 수행하다'라는 뜻이다)라고 한 것은 일종의 겸손의 어투로 말한 것이다."[57]라 하였다.

---

51) "천자天子께서 태산泰山에 행사가 있어, 제후諸侯 모두 뒤따라갔다."

52) "계씨季氏가 전유顓臾를 정벌하려고 하자 염유冉有와 계로季路가 공자를 만나 말했다. '계씨季氏가 전유顓臾에 사변을 일으키려(有事) 합니다'."

53) "중원中原의 각국 제후들이 모두 진秦나라를 토벌하지 않는데, 진나라가 오히려 당신의 나라를 불태우고 침략하고 있소. 그래서 일이 있으면(중원의 국가들이 힘을 모아 진 나라를 토벌하면), 진나라는 귀중한 예물을 들고 사신을 보내어 당신 나라에 호의를 보여줄 것이요."

54) "山東諸侯共伐秦也."

55) ≪說文解字≫: "古文後從辵."

56) "안연顔淵이 죽자 안로顔路가 선생님의 수레로 덧널을 마련하자고 청하니, 공자는 '잘났건 못났건 간에 각각 자기 자식을 이야기하는 것인데, 이鯉가 죽어서는 관棺만 쓰고 덧널은 쓰지 않았다. 내가 걸어다니면서까지 수레로 덧널을 마련하지는 않겠다. 내가 일찍이 대부大夫를 지냈던 까닭에 걸어 다닐 수 없기 때문이오.'라 했다."(≪論語·先秦≫)

양백준楊伯峻은 “以吾從大夫之後”를 “내가 일찍이 대부大夫라는 관직을 지낸 적 이 있다”[58] 라고 해석하고, 주석注釋에서 “‘대부의 대열 뒤에서 일을 수행하다’는 뜻”[59]이라고 한 것으로 보아, 공자가 하대부下大夫였기 때문에 대부大夫의 뒤를 따라간다고 겸손하게 표현한 것으로 보고 있다. 즉 관리의 명칭으로 보고 있다. 또한 ≪논어論語·헌문憲問≫은 “공자께서 말하였다. 제가 대부大夫의 말석末席에 있었기 때문에 감히 말씀드리지 않을 수 없었던 것입니다.”[60]라고 하였다.

≪상박초간上博楚簡(三)·중궁中弓≫ 제 4간은 “叀(使)雔(雍)也從於䢃(宰)夫之逡(後)”[61]라 하였다. 간문簡文에서의 「재부䢃(宰)夫」는 국가 대신이 아닌, 춘추春秋시대의 경대부의 가신이다.[62]

여기에서 ‘有司’는 어떤 일을 주관 관리하는 사람 즉 “凡事有專主者謂之有司”[63]를 말하는 것이 아닌가 한다. ≪論語·子路≫는 “仲弓爲季氏宰, 問政. 子曰: ‘先有司, 赦小過, 擧賢才.’ 曰: ‘焉知賢才而擧之?’ 子曰: ‘擧爾所知, 爾所不知, 人其舍諸?’”[64]라 하였는데, 여기에서는 실질적인 어떤 구체적인 관리가 아니라 ‘실무를 담당하는 관리’의 일들을 총칭하는 것이 아닌가 한다. 계강자季康子가 有司라는 관리를 지냈다는 구체적인 기록이 전해지지 않고, 문맥 전후로 보아 ‘일을 주관하여 관리하다’라는 의미가 적절한 뜻으로 보인다.

③ ‘𦏴不智民务之安才’

「𦏴」은 ‘抑(누를 억, yì)’으로 읽고, 음은 ‘一(한 일, yī)’과 같다.

---

57) “孔子在魯國曾經做過司寇的官, 是大夫之位. 不過此時孔子已經去位多年. 他不說‘我曾爲大夫’, 而說‘吾從大夫之後’(在大夫行列之後隨行的意思)只是一種謙遜的口氣罷了”. 楊伯峻, ≪論語譯註≫, 112 쪽.

58) “因爲我也曾做過大夫.”

59) “在大夫行列之後隨行的意思.”

60) 孔子曰, “以吾從大夫之後, 不敢不告也. 君曰告夫三子者!” 之三子告, 不可. 孔子曰, “以吾從大夫之後, 不敢不告也”(≪論語·憲問≫)

61) “저 雍(仲弓)으로 하여금 宰夫의 일을 종사하게 한 후.”

62) ≪上博楚簡(三)≫, 266쪽 참고.

63) ≪周禮·天官·宰夫≫ “與職喪帥官有司而治之”(직상職喪과 함께 관리官吏 유사有司와 통솔하여 초상 일을 치르다) 구절에 대하여 손이양孫詒讓 ≪주역정의周易正義≫는 호광충胡匡衷의 말을 인용하여 “司, 主也. 凡事有專主者謂之有司. 有司有二義. 一是相職者. 一是事本無相職者, 行禮時使人主其事者, 亦目爲有司也”라 하였다. “이른바 일은 주관하는 자가 있는데 이를 유사라 한다.”

64) 중궁이 季氏의 가신이 되어 정치에 대하여 물었다. 공자가 말하였다. “우선 有司를 임명하여 각자의 일은 담당토록 하고, 작은 허물은 용서해 주고, 어질고 재질이 있는 사람을 등용해야한다.” 중궁이 다시 묻었다. “어떻게 어질고 재질이 있는 사람을 알아보고 등용을 합니까? “네가 알아보고 등용을 하면, 네가 알아보지 못하는 사람을 다른 사람이 가만히 놓아두겠는가?”

≪곽점초간郭店楚簡≫에서 ≪오행五行≫은 「"㝎(淑)人君子, 其義(儀)𢇍(一)也". 能爲𢇍(一), 肰(然)句(後)能爲君子」[65](제 16간)」라 하고, ≪성지문지成之聞之≫는 「貴而𢇍(一)纕, 則民谷(欲)其貴之上也」[66](제18 간)라 하였는데, 이중의 「𢇍」자는 「𩶀」자와 같은 자가 아닌가 한다.

≪자휘字彙≫에서는 「'𩶀'자는 '𩷃'자와 같다.」[67]라 하고, 「𩷃」자에 대하여 ≪광운廣韻≫은 그 음이 「노륵절奴勒切」이라 하고 ≪집운集韻≫에서는 「익덕절匿德切」이라 하였다. 즉 이 자는 발음이 두 개다. 본 구절에서는 '抑(누를 억, yì)'으로 읽고, '전절轉折'관계를 표시하는 접속사로 쓰인다. ≪국어國語·진어구晉語九≫에서는 「美則美矣. 抑臣又有懼也」[68]라 하였다.

'矯'자는 '知(알지, zhī)'는 서로 통하며, ≪집운集韻≫은 「'矯'자는 혹은 '知'자와 같은 의미로 쓰이며, '智'·'知'로 쓰기도 한다」[69]라 하였다.

「务」자는 「務(일 무, wù)」자와 같다.

「민무民務」에 대하여 ≪안자춘추晏子春秋·내편內篇·간상諫上≫에서는 「무절제하게 향락에 빠지고, 백성의 의무를 다하지 않는 것은 군자君子로서 금할 일이다.」[70]라 하였고, 「民務」란 원래 농사일에 종사하거나 혹은 농사 일에 힘쓰거나 곡식을 중요시하는 일을 말한다. 본 죽간에서는 '민사民事'라는 파생 의미로 쓰인다.

≪대대예기大戴禮記·문왕관인文王官人≫에서 「왕께서 말씀하셨다. 태사太師여! 심중하게 행동하여 깊이 생각해라. 안으로 백성의 임무를 관찰하고 올바르게 살펴 정황의 진위를 헤아리고 관직을 조정하여 백성의 능력을 관리하도록 하여라. 또한 능력을 다 발휘하고, 그대는 오직 존경할지어다.」[71]라 하고, 「정월正月에 왕은 친히 일곱 무리에게 명령하였다. 『아! 신중하게 깊이 생각하며, 안으로는 백성의 의무를 관찰하여야 한다. 신중해야 할 근본은 곧 사람을 등용하는데 있는 것이니 당신은 항상 평심을 가지고 사심을 버려라. 그리고 신중하게 육징六證(徵)을 사용하고 구용九用을 논변論辯하여 나 한 사람을 본받도록 하되 사사로움이 없도록 하라. 만약에 그대들이 나의 명령을 폐지하고 우리나라의 법을 혼란시킨다면 그 죄를 용서치 않겠다.』」[72]

65) "≪詩經·曹風·鳲鳩≫는 '현명한 군자, 그 儀態는 始終一貫 한결같네'라 했다. 능히 始終一貫해야 군자가 될 수 있다."

66) "존귀하나 겸양할 줄 알면 민중들은 그 존귀함이 더욱 늘어나기를 원할 것이다."

67) ≪字彙≫: 「𩶀, 同𩷃.」

68) "아름답기는 아름다움지만, 그러나 신하를 두렵게 느끼게 한다."

69) ≪集韻≫: 「矯, 一曰知也. 或作智·知.」

70) ≪晏子春秋·內篇·諫上≫: 「淫於耳目, 不當民務, 此聖王之所禁也.」

71) "王曰: '太師, 愼維深思, 內觀民務, 察度情僞, 變官民能, 歷其才藝, 女維敬哉.'"(≪大戴禮記·文王官人≫)

72) "正月, 王親命七屬之人, 曰:『於乎! 愼維深思, 內觀民務, 本愼在人, 女平心去私, 愼用六證, 論辨九用, 以交一人,

라 하였다. 또한 ≪상서尙書·강고康誥≫에서는「왕이 말하였다.『아아! 작은 사람 봉이여, 그대의 몸이 아프고 병이 든 듯이 공경하라!』」[73]라 하였는데, 공안국孔安國은「'恫(상심할 통, dòng,tōng)'은 '痛(아플 통, tòng)'이다. '瘝(병들 관, guān)'은 병病이다. 민무民務를 다스리고 사악한 정치를 제거하는 것은 마치 아픔이 내 몸에 있는 것을 없애는 것과 같으니, 나의 말을 존중하여 행동하도록 하라.」[74]는 뜻이라 하였다.

≪관자管子·오보五輔≫는「백성이 예禮를 알지만 반드시 '임무'를 아는 것은 아니다. 그래서 법령을 의거하고 사람의 능력에 따라 임용을 한다. 사람의 능력에 따라 임용함에는 다섯 가지 임무가 있다. 다섯 가지 임무란 무엇인가? 군주는 신하를 가려서 관리를 맡기고, 대부가 관리에 맡아 다스리고, 관청의 우두머리는 일에 책임을 지고 그 직책을 엄수하고, 선비는 자신을 수련하며 재주를 연마하고, 서민은 농사에 종사하여 작물을 재배하는 것이다. 군주가 신하를 가려서 벼슬을 맡기면 일이 번잡하지 않고, 대부가 관리 일을 맡아서 다스리면 조치함이 때에 맞고, 관청의 우두머리가 일을 맡아서 직책을 지키면 행동이 조화롭고, 선비가 자신을 수련하고 재주를 연마하면 현명한 인재가 되고, 서민이 농사짓고 재배에 힘쓰면 재용이 풍족하다. 그래서 말하기를 무릇 이 다섯 가지는 힘써야 할 임무라고 한 것이다. 무릇 백성은 반드시 임무를 알아야 하며, 그런 뒤에야 마음이 한결같을 수 있고, 마음이 한결같은 뒤에야 힘써 자신의 뜻을 펼 수가 있는 것이다. 마음이 한결같고 자신의 뜻을 관철할 수 있어야 공적이 가히 볼만한 것이다.」[75]라 하였다.

'安'은 '焉(어찌 언, yān)'으로 읽고, '才'는 '在(있을 재, zài)'로 읽는다.

【譯註】

계욱승季旭昇은〈상박오추의上博五芻議(上)〉에서 "「罷」자는「一」자와 같은 자이다. 원래「抑(누를 억, yì)」으로 읽고 있는데, 이 두 자는 상고음上古音이 서로 같다. 그래서 두 자는 서로 통한다. 이 자의 의미는「단但」의 의미와 상당한다. 그러나 이 자를 직접「一」로 읽고「전全」의

予亦不私. 女發朕命, 亂我法, 罪致不赦. 』"(≪大戴禮記·文王官人≫)

73) "王曰:『嗚呼! 小子封, 恫瘝乃身, 敬哉!"(≪尙書·康誥≫)

74) "恫, 痛. 瘝, 病. 治民務, 除惡政, 當如痛病在汝身, 欲去之, 敬行我言."

75) "民知禮矣, 而未知務, 然後布法以任力, 任力有五務, 五務者何? 曰: 君擇臣而任官, 大夫任官辯事, 官長任事守職, 士修身功材, 庶人耕農樹藝. 君擇臣而任官, 則事不煩亂. 大夫任官辯事, 則擧措時. 官長任事守職, 則動作和. 士修身功材, 則賢良發. 庶人耕農樹藝, 則財用足. 故曰: 凡此五者, 力之務也. 夫民必知務, 然後心一, 心一然後意專, 心一而意專, 然後功足觀也."

의미로 해석할 수 있을 것 같다. 「翻(一)不知民務之焉在」의 뜻은 '백성을 위해 어떤 일을 해야 할지 완전히 알지 못한다'는 뜻이다. 이렇게 해석해야 어감이 더욱 겸허함을 나타낸다."[76]라 하였다. 하지만 어떤 일을 수행한 후에 자신이 느낀 바를 말하는 것이기 때문에 접속사로 해석하기도 한다.

'(翻)'자를 정리본이 설명하였듯이, ≪郭店楚簡·五行≫은 "要(淑)人君子, 其義(儀)翻(一)也" 중 '(翻)'자와 같다. "要人君子, 其義翻也" 구절을 ≪詩經·曹風·鳲鳩≫는 "淑人君子, 其儀一兮"로 쓴다. ≪태일생수太一生水≫ 제 7간은 ''로 쓰고, "翻(一)块(缺)翻(一)浧(盈), 以忌(紀)爲壤(萬)勿(物)經"[77]이라 하였다. 이령李零은 ≪郭店楚簡校讀記(增訂本)≫에서 '一'자를 '翻'자로 쓰는 것은 '二'자를 '貳(두 이, èr)'자로 쓰는 것과 같은 현상으로 이는 숫자의 위조를 방지하기 위한 것이라 하였다.[78]

'民矛' 중의 '(矛)'자를 ≪中弓≫ 제 15간은 자부字部 '心'을 써서 '(忞)'로 쓴다. 소리부가 모두 '矛(창 모, máo)'로 서로 통한다. '矛'자를 ≪곽점초간郭店楚簡·오행五行≫은 ''로 쓰고, ≪상박초간上博楚簡·종정갑從政甲≫은 ''로 쓴다.[79] 본 편의 제 2간은 '矛'자를 ''로 쓴다.

④ **'唯子之**訇頄'

「訇」는 「治(다스릴 치, zhì)」로 읽는다.

「頄(안색이 부드러워질 유, yǒu)」자에 대하여 ≪옥편玉篇≫은 「'頄'자의 음은 '여유절如由切'이며 '輭(연할 연 ruǎn)'의 뜻이다.」[80]라 하고, ≪집운集韻≫은 「'頄'은 '안색이 부드러운 모양'.」[81]이라 하였다. 이 자는 「脜(안색이 부드러울 유, yǒu)」자와 같은 자이다. ≪집운集韻≫은 「'脜'자는 혹은 자부 '頁'자를 쓰기도 한다.」[82]라 하고, ≪옥편玉篇≫은 「'脜'자의 음은 '如由切'이다. ≪說

76) 季旭昇, 〈上博五芻議(上)〉, 武漢大學簡帛硏究中心, 2006-02-18. "'翻', 同'一', 原考釋讀爲'抑', 二字上古同音, 可以相通, 於此意義相當於'但'. 不過, 似乎也可以直接讀爲'一', 意思是'全'. '翻(一)不知民務之焉在', 意思是'完全不知道民務何在'. 語氣更爲謙虛."

77) "해와 달이 교대로 한번 기울고 한번 차면서, 만물의 本源이 되어 영원히 변하지 않게 된다." 劉釗, ≪郭店楚簡校釋≫, 44 쪽.

78) 李零, ≪郭店楚簡校讀記(增訂本)≫, 42 쪽. ≪噩君啓節≫에는 "戠翻返"라는 구절이 있는데, 崔恒昇≪安徽出土金文訂補≫는 '翻'자는 '翼'의 의미로 읽고 있는데, 아마도 이는 잘못된 것으로 보인다. 黃山書社, 1998, 222 쪽.

79) 滕任生, 楚系簡帛文字編(增訂本), 1178 쪽.

80) "頄, 如由切, 輭."(≪玉篇≫)

81) "頄, 面色和柔貌."(≪集韻≫)

82) "脜, 或作從頁."(≪集韻≫)

文解字≫에서는『얼굴이 상냥하고 부드러운 모양의 뜻.』이라 하였다. 안건대, 이 자의 뜻은 얼굴이 부드럽고 온화한 것을 말한다. 지금은 '柔'자로 쓴다.」[83]라 하였다. ≪고음총목古音叢目≫에서는「'䐓'자는 '溫(따뜻할 온, wēn,yūn)'의 뜻이다. ≪예기禮記≫『柔色以脜之』[84] 구절 중의 '脜'자와 같다. 지금은 '溫'으로 쓴다. 또는 거성去聲으로 읽는다.」[85]라 하였다.

【譯註】

"唯子之訽䐓" 구절을 일반적으로 두 가지 의미로 해석한다.

첫째는 '訽'자를 '貽(끼칠 이, yí)'로 해석하고 '䐓'자를 '羞(바칠 수, xiū)'자로 해석하는 경우로, 진위陳偉의 〈上博五≪季康子問於孔子≫零識〉[86]가 대표적이라 할 수 있다. 둘째는 '訽'자를 '사司'로 해석하고 '유䐓'자를 '擾(어지러울 요, ráo,nǎo,rǎo)'자로 해석하는 경우이다. 계욱승季旭昇은 〈上博五芻議(上)〉에서 본 구절을 "'司擾'는 교육에 종사하여 순화하는 일을 담당함을 말한다. 공자는 일생동안 교육에 종사하여 사람을 교육하고 순화하였다."[87]라 하였다. 첫 번째 주장은 ≪上博楚簡≫(三) ≪中弓≫제 26간에 "恐貽吾子憄, 願因吾子而治"[88]라는 구절의 내용과 비교하고, '憄'자를 '羞자로 해석하고, '訽'자를 '貽'자로 해석한 것이다.

'이수貽羞'는 상대방에게 누를 끼치는 것이고, '사요司擾'는 '교육을 실시하다'는 뜻이다. 공자는 평생을 제자 양성과 인을 실천하기 위하여 노력한 성인이기 때문에 '司擾'의 의미로 해석할 수도 있으나, ≪상박초간≫의 ≪中弓≫과 ≪周易≫에서 '羞'의 의미로 쓰이고, '貽羞'는 당시 상대방에게 가르침을 받고자 할 때 쓰는 겸양어로 쓰이기 때문에 '貽羞'로 해석할 수 있다.

'䐓'자를 ≪九店楚簡≫은 '[古字]'로, ≪包山楚簡≫은 '[古字]'로 쓴다.[89] ≪說文解字≫는 '[古字](脜)'자에 대하여 "脜, 面和也. 从百, 从肉. 讀若柔"[90]라 하였다. 상고음은 'njəw'(幽部)이다. ≪說文解字≫는 '擾'자를 '[古字](擾)'자로 쓰고, "'擾'자는 '번거롭다(煩)'의 의미. 자부 '手'와 '夒'聲로 이루어진 형성자"[91]라 하고, 소영邵瑛은 ≪설문군경정자說文羣經正字≫에서 "현재 고전적에서

83) "脜, 如由切. ≪說文≫云: '面和也', 野王案: 柔色以蘊之是, 今爲柔字."(≪玉篇≫)

84) "온화한 얼굴로 따스하게 맞이하다."

85) "䐓, 溫. 同≪禮記≫: '柔色以脜之', 今作溫, 又去聲."(≪古音叢目≫)

86) 陳偉, 〈上博五≪季康子問於孔子≫零識〉, 簡帛, 2006-02-20.

87) 季旭昇, 〈上博五芻議(上)〉, 武漢大學簡帛硏究中心, 2006-02-18. "'司擾', 謂負責教育馴化. 孔子一生從事教育工作, 正是負責教育馴化的人."

88) "선생님을 부끄럽게 하는 누를 끼칠까봐 걱정이 되어, 삼가 선생님의 가르침에 따라 다스리고자 합니다."

89) 滕任生, ≪楚系簡帛文字編(增訂本)≫, 800 쪽.

90) "'脜'는 '안색이 부드럽다'는 의미. '百'와 '肉'으로 이루어진 자. '柔'의 음으로 읽는다."

는 자부 '夒'자 대신 '憂(근심할 우, yōu)'를 쓰는데, 이는 예변隸變되면서 와전되었기 때문이다."[92] 라 하였다. ≪금문편金文編≫은 ≪극정克鼎≫의 '[古文字]'자를 '卣'와 '頁'로 이루어진 '擾'자이며, 이 자를 또한 '柔'자로 쓰기도 한다고 하였고,[93] 또한 ≪金文編≫은 이 자를 '𩑶'자로 예정하면서 '擾'자의 이체자라 하였다.[94] ≪金文編≫(三版)에서는 '𧡶'자 아래 ≪극정克鼎≫의 '[古文字]'[95] 자와 ≪번생궤番生簋≫[96]의 '[古文字]([古文字])'자를 수록하고 있으나[97], 제 4판에서는 이를 누락하고 있다. ≪番生簋≫의 구절 역시 ≪克鼎≫과 같이 "擾遠能埶"로 쓰고, 문자의 자형이 유사한 것으로 보아 응당히 같은 자로 인식하는 것이 옳겠다. '[古文字](夒, 원숭이 노, nù)'자에 대하여 ≪설문해자說文解字≫는 "탐식하는 짐승. 혹은 사람과 비슷하게 생긴 어미 원숭이. 자부字部 頁·巳·止와 夊로 이루어진 자. 그중 字部 巳·止와 夊는 손과 다리를 표시한다."[98]라 하였다. 금문 중 ≪소신여서준小臣艅犀尊≫의 '[古文字]'[99]자와 ≪金文編≫ '憂'자 아래 '[古文字]'·'[古文字]'·'[古文字]'·'[古文字]' 등 네 자를 수록하고 있는데, 아마도 이들 자 중 몇 자는 '夒'자일 가능성이 있다.[100] ≪金文編≫제3판에서는 원래 '覰(뚫어지게볼 유)'[101]자에 대하여 이효정李孝定 ≪금문고림독후기金文詁林讀後記≫는 "번생궤番生簋의 '[古文字]'자는 우측 자부가 '夒'자이고, 좌측 '[古文字]'는 '卣(술통 유, yǒu)'자로 소리부이다. 이 자는 '夒'자에 소리부 '卣'가 추가되어 이루어진 자이지만 여전히 '夒'자이다. 고문자 상형자 중 후에 소리부가 추가되어 이루어진 자는 아주 많다"라 하였는데,[102] '[古文字](卣)'가 소리부분으로 후에 첨가되어 이루어진 형성자라는 것에 주의할 만 하다. 따라서 '覰(𩑶)'자는 결국

91) "擾, 煩也. 从手, 夒聲."
92) "今經典竝从'憂'作'擾', 此隸轉寫之譌."
93) ≪金文編≫, '1940 擾', 778 쪽. "擾遠能埶. 孫詒讓謂猶詩言柔遠能邇. 史記擾而毅, 徐廣云擾一作柔."
94) ≪金文編≫, '1482 𩑶', 629 쪽. "孫詒讓謂當爲擾之異文. ≪尙書·顧命≫柔遠能邇作柔. 柔擾聲近字通."
95) ≪殷周金文集成≫'02836'≪克鼎(≪大克鼎)≫ '[古文字]'자를 ≪金文編≫은 '[古文字]'로 摹寫하고 있으나, 徐中舒≪漢語古文字字形表≫는 '[古文字]'로 모사하고 있어 약간 다르다.
96) ≪殷周金文集成≫, '04326'.
97) ≪金文編≫(三版), '1171 𧡶', 492 쪽. ≪番生簋≫(≪殷周金文集成≫, 04326)는 역시 "𧡶遠能埶"로 ≪克鼎≫의 내용과 같다. 또한 ≪金文編≫(第三版)에서는 ≪番生簋≫의 '[古文字]'자를 '[古文字]'로 잘못 摹寫(임서)하였다. 본문은 中舒의 ≪漢語古文字字形表≫(458 쪽)은 '擾(柔)자 아래 摹寫된 문자를 수록하기로 한다.
98) ≪說文解字≫: "貪獸也. 一曰母猴, 似人. 从頁, 巳·止·夊, 其手·足."
99) ≪金文編≫, 〈附錄下〉'694', 1286 쪽.
100) ≪金文編≫, '0897 憂', 384 쪽. 陳平漢 著, ≪金文編訂補≫, 中國社會科學出版社(1993), 61 쪽 참고.
101) ≪金文編(第三版)≫, 492 쪽.
102) 李孝定, ≪金文詁林讀後記≫, 337 쪽. "番生簋作[古文字], 右旁所從卽夒字, 左從[古文字], 乃卣字, 爲夒字後加之聲符, 仍是夒字, 古文象形字後加聲符者多矣."

'夒(원숭이 노, nù)'자의 이체자이며 음성적 관계로 인하여 '擾(擾, 어지러울 요, ráo,nǎo,rǎo))'나 '羞(바칠 수, xiū)'의 가차자로 쓰인다.

≪中弓≫ 제26간 "愚忈(恐)怠虐(吾)子憂(憂), 忎(愿)因(因)虐(吾)子而訂(治)"[103] 중의 '憂'자를 ''로 쓰고, 「憂」자에 대하여 이조원李朝遠 정리본은 "「惪」 혹은 「우憂」자와 같다."라 하였다.[104] 진검陳劍은 이 자는 '수羞'자의 통가자로 쓰인다 하고,[105] 맹봉생孟蓬生은 이 자는 '憂'자가 아니고, 자부 '心'과 소리부 '頄'로 이루어진 형성자로 '羞'자의 본자라 하였다.[106] ≪上博楚簡·周易≫제 28간 「死(恆)」卦 세 번째 陽爻 "不經丌惪, 或丞丌憂, 貞吝"[107] 중의 '(憂)'자를 백서본과 현행본은 모두 '羞'자로 쓴다. 복모좌濮茅左 정리본은 "'憂'자는 ≪설문해자≫에 보이지 않는다. 자부 '頁'·'心'과 소리부 '夒'로 이루어진 형성자이며, 음은 '憂'나 '羞'와 통한다."라 하였다.[108] 「항괘恒卦」 세 번째 양효陽爻(九三) 구절은 현행본은 "不恒其德, 或承之羞, 貞吝"으로 쓰고 본 구절을 인용한 ≪論語·子路≫와 ≪禮記·緇衣≫ 역시 '羞'자로 쓴다.[109] 계욱승季旭昇은 자부 '憂'와 소리부 '肉'으로 이루어진 형성자이거나 혹은 자부 '心'과 소리부 '頄(脜)'로

103) "우둔하기 때문에 선생님을 부끄럽게 하는 누를 끼칠까봐 걱정이 되어, 삼가 선생님의 가르침에 따라 다스리고자 합니다."

104) 馬承源 主編, ≪上海博物館藏戰國楚竹書(三)≫, 282 쪽.

105) 陳劍, ≪上博竹書〈仲弓〉篇新編釋文(稿)≫, 簡帛研究사이트, 2004-04-18.

106) 孟蓬生, 〈上博竹書(三)字詞考釋〉, 簡帛研究사이트, 2004-04-26.

107) "그 덕을 항상 변하지 않게 하지 않으면, 혹은 치욕을 당해 부끄러운 일을 당하게 되니, 바르게 하더라도 궁색하다."

108) 馬承源主編, ≪上海博物館藏戰國楚竹書(三)≫, 175 쪽.

109) ≪論語≫의 〈子路〉에서는 "子曰: '南人有言曰: 人而無恒, 不可以作巫医. 善夫!' '不恒其德, 或承之羞.' 子曰: '不占而已矣.'"(공자는 '사람이 항상심이 없으며 무당이나 의사도 될수 없다하였는데 이는 옳은 말이다'라 하였다. ≪역경≫은 '그 덕을 변함없이 지키지 않으면 욕을 당할지도 모른다'했는데, 이에 대하여 공자가 말하였다. '항상심이 없는 사람은 점을 칠 필요가 없다.')라 하였다. "不占而已矣"의 구절을 楊伯峻 ≪論語譯註≫는 "這話的意思是叫無恆心的人不必去占卦罷了.(이 말은 항상심이 없는 사람은 점을 칠 필요가 없이 그만두어야 하는 뜻이다)"로 해석하였다. ≪禮記·緇衣≫는 "子曰: 南人有言曰: '人而無恒, 不可以爲卜筮.' 古之遺言與? 龜筮猶不能知也, 而況於人乎? ≪詩≫云: '我龜既厭, 不我告猶.' ≪兌命≫曰: '爵無及惡德, 民立而正事, 純而祭祀, 是爲不敬; 事煩則亂, 事神則難.' ≪易≫曰: '不恒其德, 或承之羞. 恒其德偵, 婦人吉, 夫子兇.'(공자는 말하였다. 남인의 어떤 사람이 말하기를 '사람이 항상심이 없으면 점을 칠 필요가 없다'고 했다. 이는 아마 옛부터 전해 내려오는 말이 아니겠는가? 이러한 사람은 거북이 점도 알 수가 없는 것인데, 하물며 사람은 어찌하겠는가. ≪시경≫은 '거북이도 싫증이 나서 나에게 길흉을 알려 주지 않네'라고 했다. ≪兌命≫은 '벼슬에 악덕이 있게 하지 마라. 백성들이 이를 배울 것이다. 악덕이 있는 사람이 제사를 지내는 것을 不敬이라 한다. 일이 번거로우면 어지럽고 신을 섬기면 어렵다'라 했다. ≪역경≫이 말하기를 '그 덕이 항상심이 없으면, 혹은 부끄러운 일이 생겨 치욕을 당할 수 있다. 그 덕이 항상심이 있으면 정직하니, 부인은 길하지만 남자는 흉한 것이다'라 했다.)라 하였다.

이루어진 형성자라 하였다.[110)]

楚簡의 '脜'자자를 ''(≪九店楚簡≫)·''(≪包山楚簡≫)으로 쓰는데, 이 자는 금문의 ''(≪克鼎≫)· ''(≪番生簋≫)자의 이체자가 아닌가 한다. 초간의 왼쪽 부분을 계욱승季旭昇은 '肉'이라고 하고, 李孝定은 금문의 왼쪽 부분을 '卣'라 하였는데, 초간의 '肉'은 금문의 '卣'가 완전된 것으로 보인다. 즉 '肉'자가 아니라, ''·''인 소리부가 '卣(卤·卥)'인 '유䚻'자로 보았다. ≪金文編≫이 말한 '卤'자는 '卣'자의 이체자이다.

夒 (隋唐)	ʔiəu ≪廣韻≫尤部
擾(擾)	njiaw (宵部)
憂	ʔjəw(幽部)
䚻(䪼)	≪集韻≫ '夷周切', 尤部
脜(頂)	njəw(幽部)
卤	rjəw(幽部)
肉	njəwk(覺部)
羞	sjəw(幽部)

한편, ≪팽조彭祖≫제 7간에 ''자가 있는데, 이 자 또한 초간楚簡의 '脜'자 ''(≪九店楚簡≫)와 금문의 ''(≪克鼎≫)·''(≪番生簋≫)자의 이체자가 아닌가 한다. ''자는 윗부분이 '頁(百)' 혹은 '首'와 소리부 '攸'로 이루어진 형성자이다. 아랫부분은 ≪彭祖≫제 5간의 ''(攸)'자와 비슷하고,[111)] 윗부분은 ≪彭祖≫제 7간의 ''(悘)'자의 윗부분과 비슷하다. ''(悘)'자에 대하여 이령李零 정리본은 "일반적인 '憂'자의 자형과 다르다. 혹은 아래 '䙬'자와 관련이 있는 것이 아닌가 한다."라 하였다.[112)] ''(悘)'자는 금문 ≪중산왕정中山王鼎≫의 ''자와 유사하다. 하림의何琳儀는 ≪전국고문자전戰國古文字典≫에서 이 자에 대하여 "''자는 자부 '心'과 소리부 '百'로 이루어진 형성자이다. '百'자는 혹은 '頁'·'夏' 등으로 쓰기도 한다. '惪'·'憙'자와 '憂(근심할 우, yōu)'자는 사실상 같은 자이다."라 하였다.[113)] ≪說文解字≫는 "'憂'는 '유유자적하게

110) 季旭昇主編, ≪〈上海博物館藏戰國楚竹書(三)〉讀本≫, 77 쪽. "字形分析可視爲從'憂', 疊加'肉'聲, '憂'字金文作'', 盖假'夒'字爲之, 戰國文字加肉聲, 窄式隸定作𦢊, 實卽'憂'字, 於此讀爲'羞'. 亦可分析爲從心脜(脜), 窄式隸定作𢝊."

111) ≪上博楚簡≫ 중 ≪性情論≫은 ''로 쓰고, ≪容成氏≫는 ''로 쓴다. 滕任生, ≪楚系簡帛文字編≫, 308 쪽 참고.

112) ≪上海博物館藏戰國楚竹書(三)≫, 308 쪽. "'悘'與一般的寫法不太一樣, 或與下文'䙬'字有關."

걸어가다'의 뜻. '夊'와 소리부 '憂'로 이루어진 형성자이다."라 하고,[114] '憂'자에 대해서는 "'시름겹다'의 의미. '心'과 '頁'로 이루어진 자이다."[115]라 하였다. '憂'자와 '憂'자는 같은 자인데, ≪說文解字≫가 잘못 인식한 것이다. 주준성朱駿聲은 "경전에서 '憂'자 대신 '憂'자를 쓰자 '憂'자가 사용되지 않게 되었다."라 하였다.[116] ≪上博楚簡≫ 중 ≪孔子詩論≫ 제 16간 "绿衣之憂, 思古人也"[117] 중의 '憂'자를 '(悥)'로 쓴다. ≪詩經·绿衣≫의 "心之憂矣, 曷維其亡"[118]·"我思古人, 俾無訧兮"[119]·"我思古人, 實獲我心"[120]라는 구절이 '憂'의 내용이다. ≪孔子詩論≫의 '憂'자와 본 죽간의 ''자는 완전히 같다. 이 자는 '憂' 혹은 '悥'나 '憂'자로 예정할 수 있다. ≪說文解字≫는 '悠'자에 대하여 "憂也. 從心, 攸聲"[121]라 하고, 단옥재段玉裁는 "≪시경·서리≫ '유유창천' 구절에 대하여 ≪傳≫은 '悠悠'는 '멀다'라는 뜻이라 하였다. 이는 '悠'자는 '攸'자의 의미로 쓰인다는 것을 말한다. '攸'자는 또한 '脩'자와 음이 같기 때문에 고문에서 '攸'자는 '脩'의 가차자로 종종 쓰인다. '길다'·'멀다'라는 의미로 쓰인다."[122]라 하였다. 따라서 본문에서 ''자는 '憂'나 '悠'의 의미인 '걱정하다'의 뜻으로 쓰인다. 이령李零 정리본은 이 자가 '𩕳'자와 관련이 있는 것이 아닌가하고 추측하고 있으나, 문자의 자형과 전후 문맥으로 보아 관련이 없는 것으로 보인다.

''자는 자부 '頁'의 생략형인 '首'과 소리부 '攸'로 이루어진 형성자임이 확실하다. 이 자를 정리본이 '修'의 의미로 파악하는 것과는 달리, 임지붕林志鵬 등은 '俯(구푸릴 부, fǔ)'의 가차자로,[123] 맹봉생孟蓬生은 '머리를 숙이다'인 '䚻'[124]의 가차자로 보고 '臁(살찔 양)'자는 '머리를 들다'라는 '上'의 의미로 설명하였다.[125]

113) 何琳儀, ≪戰國古文字典≫, 195 쪽. ", 從心, 百聲. 百或作頁·夏, 悥·憂·憂實乃一字"
114) ≪說文解字≫: 憂, 和之行也. 从夊, 憂聲."
115) ≪說文解字≫: "愁也. 從心, 從頁."
116) "經典皆以憂爲之, 而憂廢矣" 湯可敬, ≪說文解字今釋≫, 1478 쪽 재인용.
117) "≪綠衣≫의 시름은 故人을 그리워하는 것이다."
118) "마음의 시름이여 언제나 없어지려는가?"
119) "나는 옛사람을 생각하여 허물없게 힘쓰려네."
120) "나는 옛사람을 생각하노니, 정말로 내 마음 잡아주네."
121) "'근심하다'의 의미. '心'과 소리부 '攸'로 이루어진 형성자."
122) "黍離, 悠悠蒼天. 傳曰: 悠悠, 遠意. 此謂悠同攸. 攸同脩, 古多叚攸爲脩. 長也, 遠也."
123) 林志鵬, 〈戰國楚竹書≪彭祖≫考論〉(一), 簡帛, 2007-08-18
124) ≪說文解字≫는 "从見, 卤聲. 讀若攸.('見'과 소리부 '卤'로 이루어진 형성자. '攸'와 음이 같다)"라 하였다.
125) 孟蓬生, 〈≪彭祖≫字義疏證〉, 簡帛研究, 2005-6-21. "簡文使用了對比手法, 前種態度謙卑謹慎, 後一種態度倨傲輕薄, 與≪莊子≫之語尤其相似. 以簡文與傳世典籍參照, 使我們更加相信李零先生'臁, 與𩕳字的含義似乎相反'的體會是十分正確的. 我們似乎可以初步假定, 𩕳字當與'低頭'有關, 而'臁'字作'𩕳'字的反義詞, 當與'舉

금문 ‘’자 중 발음부분 ‘卣’가 초간楚簡 ‘’(脜)’에서는 ‘肉’으로 변하여 그 음을 확실히 알 수 없기 때문에, 다시 발음부분 ‘攸’를 추가하여 이체자 ‘’가 된 것이다.

⑤ ‘青昏[君子合文]=之從事者於民之[王]’

‘[王]’자는 다음 죽간의 첫 번째 문자를 보충한 자이다.

「青昏」은 ‘請問’으로 읽는다.

「[君子合文]=」는 두 글자 ‘군자君子’의 합문合文이다.

「종사從事」는 ‘일을 처리하다’, ‘업무를 처리하다’라는 뜻이다. ≪小雅·十月之交≫는 「黽勉從事, 不敢告勞」[126]라 하고, ≪小雅·北山≫에서는 「偕偕士子, 朝夕從事. 王事靡盬, 憂我父母」[127]라 하였다.

본 간은 다음 간과 이어진 문장이다.

【譯註】

정리본은 제 1간과 제 2간 사이에 ‘[王][君][子][之][大][務][何][孔][子][曰][仁][之][以]’ 등 13 개의 문자를 잔실된 것으로 보고 있다. 만약에 이 주장이 옳다면 ‘군자君子’와 ‘공자孔子’는 합문으로 쓸 가능성이 높기 때문에 약 11자가 잔실된 것이다.

首’有關. ‘𩑈’字从百, 攸聲, 其音義當與“卣”或“覷”相近. ≪說文解字·卣部≫: ‘卣, 草木實垂卣卣然, 象形, 讀若調.’ 又≪見部≫: ‘覷, 下視深也. 从見卣聲. 讀若攸.’ 是卣聲字古有‘下垂’之義. 攸與卣古音相同, ‘𩑈’字从百, 攸聲, 當爲‘低頭’之義. 或者我們也可以直接讀‘𩑈’爲‘覷’. 古人以視下爲謙卑, 以視高爲倨傲. ……‘𦢊’讀爲‘襄’, ‘上舉’之義. 簡文與‘𩑈’字對文, 爲‘舉首’之義. ≪尚書·堯典≫: ‘湯湯洪水方割, 蕩蕩懷山襄陵, 浩浩滔天.’ 某氏傳: ‘襄, 上也.’ ≪漢書·賈鄒枚路傳≫: ‘臣聞交龍襄首奮翼, 則浮雲出流, 霧雨咸集.’ 師古注: ‘襄, 舉也.’ 又≪漢書·敘傳≫: ‘雲起龍襄, 化爲侯王.’ 師古注: ‘襄, 舉也.’”

126) “黽勉從事, 不敢告勞”(애써서 일에 종사하여 감히 수고를 고하지 못하네).

127) “偕偕士子, 朝夕從事. 王事靡盬, 憂我父母”(건강하고 씩씩한 선비 아침저녁으로 일을 하니. 임금의 일을 잘하느라고 내 부모를 근심하게 하네.)

第 2 篇

惪此君子之大⿱矛力也庚子曰青昏可胃⿱身心之㠯惪孔=曰⿱君子=才民

第 2 簡

上, 君子之大務何?」 孔子曰: 仁之以悳(德), 此君子之大矛(務)也①. 庚子曰: 「靑(請)昏(問)可(何)胃(謂)急(仁)之㠯(以)悳(德)②?」 孔=(孔子)曰: 「孝=(君子)才(在)民③

【해석】

군자로서 해야 할 대사大事가 무엇신지요?" 공자께서 말씀 하였다. "백성에게 덕행으로 仁을 실천해야하는 것이 군자의 대사大事입니다." 계환자가 물었다. "직접 덕행으로 인을 실행하는 것이 무엇인지요?" 공자께서 말씀하셨다. "군자는 백성에게 위에 있으면서

【說明】

본 죽간은 길이 24.2cm, 상단은 잔실되었고, 하단은 완전한 형태이다. 두 번째 편선에서 세 번째 편선까지는 18cm이고, 세 번째 편선에서 제일 밑에 편선까지는 1.4cm이다. 문자는 모두 26 자이고, 그 중에 合文이 2 자이다.

상단이 잔실되었기 때문에 문장 전후 맥락을 고려하여, 「上, 君子之大(두번째 '大'자를 혹은 '民'으로 써도 의미가 통한다.)務何? 孔子曰: 仁之以」 13자를 보충할 수 있다.

【上博楚簡原註】

① '此君子之大矛也'

「大矛」는 즉 「대무大務」로 '대사大事'라는 뜻이다. ≪한비자韓非子·난이難二≫는 「不以小功妨大務, 不以私欲害人事」[128]라 하였다.

상하문을 고려하여 잔실된 부분은 보충하면, 「(季庚子)請問: 『君子之從事者於民之上, 君子之大務何?』 孔子曰: 『仁之以悳, 此君子之大矛(務)也.』」이다.[129]

공자는 「인지이덕仁之以悳」이 군자의 대사大事라고 여겼다. 먼저 '무務(의무)'는 박애博愛에 있다. 이 사상은 중국 역사상에 중대한 영향을 미쳤다. 동중서董仲舒가≪춘추번로春秋繁露≫에

128) "작은 공로로 대무大務를 방해하지 말고, 사욕 때문에 인사人事를 해치지 말라."

129) "(季庚子가) 물었다. 군자가 정치 업무를 처리할 때 백성의 일을 제일로 하는 것이 군자로서 해야 할 대사大事가 무엇신지요?"

서 음양의 이론을 가미하여 더욱 발전시켰다. 예를 들어, ≪춘추번로春秋繁露·기의基義≫에서는「원遠과 근近은 같은 빈도로 출현을 하지만 그 의의는 각기 다르다. 양기陽氣가 나오면 전면에 나서 일에 종사하게 되고, 만약에 음기陰氣가 나오면 뒤에 위치하여 실질적인 일을 하지 않게 된다. 따라서 하늘의 기운은 양기를 가까이 하고 음기를 멀리하기 때문에 덕교德教를 하도록 하고 형벌을 실행하지 않도록 하는 것이다.」[130]라 하고, ≪춘추번로春秋繁露·천도무이天道無二≫에서는「하늘은 양기陽氣를 하도록 하고 음기를 하지 않도록 하기 때문에 덕을 좋아하고 형벌을 싫어하는 것이 이와 같은 것이다. 그런고로 양기가 나오면 앞으로 나오고, 음기가 나오면 뒤에 위치하는 것이기 때문에 덕을 중요하게 여기고 형벌을 비천하게 여기는 마음이 있는 것이다. 양기가 나오면 이 양기는 여름에 이르러 극치에 이르게 되고 그 은덕을 행하도록 하여 일년의 임무를 완성토록 하고, 음기가 나오면 겨울에 극치에 달해 형벌을 사용하지 못하게 하는 것이다. 반드시 이렇게 관찰하여야 한다.」[131]라 하였다. 송宋나라의 황진黃震은 ≪황씨일초黃氏日鈔≫에서「나라의 대무大務는 백성을 불쌍히 여기는 데에 있다. 백성을 불쌍히 여긴 것은 조세를 줄인 데에 있고, 조세를 줄이는 것은 군대를 다스리는 것에 있다. 그 근본은 또한 마음을 곧고 바르게 하는 길을 중요하게 여기고, 기강紀綱을 세우는 데에 있다.」[132]라 하고, 왕개조王開祖는 ≪유지편儒誌編≫에서「백성과 나라에 있어, 먼저 가르치지 않고 바로 나라를 다스리는 자는 없다. 배움은 나라의 근본이며, 가르침은 나라의 대무大務이다.」[133]라 하고, ≪어정집중성헌御定執中成憲≫에서는「고대의 왕은 이 도리에 대해 잘 알고 있다. 왕의 자리에 앉아 천하를 다스릴 때, 가르치는 일을 대무大務로 삼지 않은 일이 없다. 태학大學을 세워 나라에서 가르침을 행하고, 상서庠序(학교學校를 가리킨다. 은殷 나라는 상庠이라고, 주周나라는 서序라 하였다.)를 설립해 마을을 다스렸다. 그래서 인으로써 점차적으로 변하도록 인도하고, 정의로써 상호 일들을 도모하게 하고, 백성을 예禮로써 절제하도록 한다. 그래서 형벌이 아주 가볍게 되었지만 법을 위반하는 자가 없었다, 그래서 교화를 하여 백성을 다스릴 수 있었고, 습관과 풍속도 아름답게 되었다.」[134]라 하였다. 이는 모두 공자의 이런 사상에서 근원을 두고 있다.

---

130) "遠近同度而不同意. 陽之出也, 常繫於前而任事. 陰之出也, 常繫於後而守空處. 而見天職親陽而疏陰, 任德而不任刑也."

131) "天之任陽不任陰, 好德不好刑, 如是. 故陽出而前, 陰出而後, 尊德而卑刑之心見矣. 陽出而積於夏, 任德以歲事也. 陰出而積於冬, 錯刑於空處也. 必以此察之."

132) "謂國之大務在恤民, 恤民在省賦, 省賦在治軍, 其本又在人主正心術, 以立紀."

133) "有民人焉, 有社稷焉, 未有不先敎而後治者也. 學者, 國之大本. 敎者, 國之大務"

134) "古之王者明于此, 是故南面而治天下, 莫不以教化爲大務. 立太學以教于國, 設庠序以化于邑, 漸民以仁, 摩民以谊, 節民以禮, 故其刑罰甚輕而禁不犯者, 教化行而習俗美也"

【譯註】

'𣫬(务)'자는 '力'과 소리부 '矛(창 모, máo)'로 이루어진 형성자이다. 초간 중 ≪곽점초간郭店楚簡≫은 '矛'자를 '𢧢'·'𢧢'로 쓰고, ≪상박초간上博楚簡≫은 '𢧢'·'𢧢'로 쓴다.[135)]

② **'庚子曰: 青昏可胃**急之巳悳'

'경자庚子'는 '계경자季庚子', 즉 계강자季康子이다.

'青問'은 '청문請問'으로 읽는다.

'急'자는 '仁(어질 인, rén)'의 고문자로 초간楚簡에 자주 보인다. ≪說文解字·人部≫에서 「仁」자에 대하여 「'仁'자는 '친親(친하다)'의 의미이다. '人'과 '二'로 이루어진 자이다. 고문古文은 '仁'자를 字部 '千'과 '心'인 '忎'으로 쓴다.」[136)]라 하고, ≪곽점초간郭店楚簡·어총일語叢一≫에서는 「悡(愛)膳(善)之胃(謂)急(仁)」[137)]이라 하고, ≪예기禮記·유행儒行≫에서 「온화하고 선량한 것은 '인仁'의 근본이고, 공손하고 신중한 것은 '仁'의 바탕이고, 너그럽고 관대한 것은 '仁'의 움직임이고, 공손하게 대하는 것은 '仁'을 발휘이고, 예절은 '仁'의 모습이고, 언담은 '仁'의 무늬이고, 가악歌樂은 '仁'의 화목이고, 나누어 주는 것은 '仁'의 실천이다.」[138)]라 하였다.

「인지이덕急之巳悳」이라는 구절은 전해내려 오는 문헌 속에서는 찾아볼 수 없지만, 이는 유가儒家의 큰 임무(대무大務)인 근본(종지宗旨)임과 동시에, 또한 공자의 핵심 사상을 반영한 것이기도 하다.

공자는 「인仁」을 중요시하였다. 예를 들어 ≪논어論語·이인里仁≫에서는 「공자는 『'仁'을 행하지 못한 자는 곤궁한 것에 처할 수 없으며. 안락한 생활도 오래 하지 못한다. 仁한 자는 '仁'을 편하게 여기고, 지혜가 있는 자는 '仁'을 이롭게 여긴다.』라 했다」[139)]·「공자는 말하였다. 『'仁'한 자만이 능히 사람을 좋아할 수 있고, 능히 사람을 미워할 수 있다.』」[140)]·「공자는 말하였다. 『진실로 '仁'에 뜻을 두면 악이 없어지니라.』」[141)]라 하였다. ≪논어論語·팔일八佾≫에서는 「공자는

135) ≪楚系簡帛文字編(增訂本)≫, 1178 쪽.

136) "仁, 親也. 从人, 从二. 忎(忎), 古文仁从千·心."

137) "사랑과 선량함을 가진 것은 '인仁'이다."

138) "温良者, 仁之本也, 敬愼者, 仁之地也. 寬裕者, 仁之作也. 孫接者, 仁之能也. 禮節者, 仁之貌也. 言談者, 仁之文也. 歌樂者, 仁之和也. 分散者, 仁之施也.」

139) 子曰: "不仁者不可以久處約, 不可以長處樂. 仁者安仁. 知者利仁."

140) 子曰: "唯仁者能好人, 能惡人."

141) 子曰: "苟志於仁矣, 無惡也."

말하였다. 『사람이 인애仁愛의 마음이 없으면 예절과 의식을 준수해도 무슨 소용이 있느냐? 사람이 인애仁愛의 마음이 없으면 음악을 연주해도 무슨 소용이 있느냐?』」[142]라 했고, ≪논어論語·자장子張≫에서는 「자하는 말하였다. 『폭넓게 지식을 습득하고 의향이 돈독하고, 철저히 질문을 하고 자주 생각을 하면 '仁'이 그 중에 있을 것이다.』」[143]고 하였다.

인仁의 중요성에 대하여, ≪예기禮記·대학大學≫에서는 「군주의 가족이 仁을 행하면 온 나라가 인仁을 흥하게 한다. 군주의 가족이 겸손하게 하면 온 나라가 겸손하게 한다. 군주 한 사람이 탐욕을 부리면 온 나라가 난을 부른다. 나라를 다스리는 결정적인 요소가 이것이다. 그러므로 군주 한 마디면 나라를 망하게 하며, 또한 한 사람이 나라를 안정되게 할 수 있다. 요堯와 순舜은 인정仁政으로 천하를 다스리자 백성이 이를 믿고 따랐고, 걸桀과 주紂는 포악하게 나라를 다스리니 백성 또한 이를 따랐다. 명령이 본인의 취향과 정 반대이면 백성들이 따르지 않는다. 그러므로 군자는 자신에게서 구한 후에 타인에게 요구를 하고, 자신이 하고 싶지 않은 일은 남에게도 원하지 않는다.」[144]라 하였다.

공자가 말하는 「急之目悳」은, 곧 군자는 응당히 덕을 지키고 자기 자신을 경계하며, 자신을 절제하고 인을 받들어 행하고, 극기복례克己復禮하며, 다른 사람을 존경하며 용서를 하고, 몸으로 몸소 실천하라는 요구이다.[145]

이 다음 죽간에서 공자는 이에 대하여 확실히 밝히고 있다. 「享=(君子)玉亓(其)言而慬(慎)亓(其)行, 敬城(成)亓(其)悳(德)目(以)臨民=(民, 民)望亓(其)道而備(服)安(焉), 此之胃(謂)急(仁)之目(以)悳(德)」(제 3-4간)[146]이라 하였다.

≪논어論語·팔일八佾≫에서는 「정공이 물었다. 임금이 신하를 부리고, 신하가 임금을 섬기는데 어떻게 해야 합니까? 공자께서 답하였다. 임금은 예로써 신하를 부려야 하며, 신하는 충성으로써 임금을 섬겨야 한다.」[147]고 했고, ≪예기禮記·표기表記≫에서 「공자가 말하였다. 『돌아갈 것인가. 군자는 숨어 있어도 도는 드러나며, 잘난 체하지 않아도 장엄하며, 사납게 하지 않아도

142) 子曰: "人而不仁, 如禮何? 人而不仁, 如樂何?"

143) 子夏曰: "博學而笃志, 切問而近思, 仁在其中矣."

144) "一家仁, 一國興仁. 一家讓, 一國興讓. 一人貪戾, 一國作亂. 其機如此. 此謂一言僨事, 一人定國. 堯舜率天下以仁, 而民從之. 桀紂率天下以暴, 而民從之. 其所令反其所好, 而民不從. 是故君子有諸己而後求諸人, 無諸己而後非諸人."

145) "守德以禦己, 節己以奉仁, 克己復禮, 持敬行恕, 注重身教."

146) "그래서 君子는 말을 玉같이 소중히 여기고, 행동은 신중하게 하며, 덕을 겸손하게 실천하여 백성을 대하면, 백성은 군주의 가르침을 존경하고 복종하게 된다. 이것이 바로 덕으로써 인을 백성을 다스리는 것이다."

147) 定公問曰: "君使臣, 臣事君,如之何?" 孔子對曰: "君使臣以禮, 臣事君以忠.

위엄이 있으며, 말하지 않아도 신의가 있는 것이다.』 공자가 말하였다. 『군자는 다른 사람에 대해 바른 동작을 잃지 않으며, 다른 사람에 대해 바른 안색을 잃지 않으며, 다른 사람에 대해 바른 말을 잃지 않는다. 그런 까닭에 군자의 용모는 매우 경외스럽고, 안색은 매우 조심스러우며, 말은 매우 신의가 있다.』」[148]라 했다. 이러한 구절이 모두 이러한 내용에 대한 설명들이다.

≪상서尙書≫에서 반복적으로 덕德의 중요성을 강조하고 있다. 정치를 덕으로 백성을 다스리면 백성은 다스리는 자를 그리워하는 것이다. ≪상서尙書·대우모大禹謨≫에서는 「덕으로만 옳은 정치를 할 수 있고, 정치는 백성을 보양하는데 있다.」[149], ≪상서尙書·태갑太甲·下≫에서는 「덕으로는 다스려지지만, 덕이 아니면 어지러워진다.」[150], ≪상서尙書·탕고湯誥≫에서는 「하왕夏王이 덕을 망치고 폭위를 떨치어, 온 세상 백성들에게 포악한 정치를 했다. 온 세상 백성들은 그의 흉악한 해침을 입어 씀바귀와 벌레의 독 같은 괴로움을 참지 못하고, 다 같이 죄 없음을 하늘과 땅의 신들에게 고했다. 하늘의 법도는 착한 사람에게 복을 주고 나쁜 자에게는 화를 내리시는 것이니, 하夏나라에 재난을 내려 그들의 죄를 드러낸 것이다.」[151]라 하였다.

장세순章世純의 ≪사서유서四書留書≫에서는 인仁과 덕德의 변증관계에 대하여 논술하였다. 「덕德은 의義이고, 인仁은 애愛이다. 의義로 자신을 존재케 하는 것이니 이로써 본인의 지志를 견고히 하라. 仁은 사람을 사랑하는 것이니 이로써 그들을 편안토록하여야 한다」.[152]

중국 역사 상, 역대 통치자들은 「悬(仁)之㠯(以)悳(德)」라는 대무大務를 매우 중요하게 여겼다.

【譯註】

廖名春은 〈楚簡≪季康子問於孔子≫硏究〉라는 문장에서 제 2간의 '[illegible]'자는 '悳'자가 아니라 '恁'자이며, "'[illegible]'자의 윗부분은 '身'이 아니라 '壬'자이다. 따라서 이 자는 응당히 '恁'자로 예정하여야 옳다. '仁之以德'라는 말은 문맥상 통하지 않고, 또한 이와 같은 말은 문헌에 보이지 않으며, 오히려 '任之以德'·'任之以力'·'任德'·'任力'라는 설명들이 있다."[153]라 하였다.

148) 子言之: "歸乎! 君子隱而顯, 不矜而莊, 不厲而威, 不言而信." 子曰: "君子不失足于人, 不失色于人, 不失口于人, 是故君子貌足畏也, 色足憚也, 言足信也."

149) "德惟善政, 政在養民."

150) "德惟治, 否德亂."

151) "夏王滅德作威, 以敷虐于爾萬方百姓. 爾萬方百姓罹其凶害, 弗忍荼毒, 並告無辜于上下神只. 天道福善禍淫, 降滅于夏, 以彰厥罪."

152) "德者, 義也. 仁者, 愛也. 義以存己, 所以固其志. 仁以愛人, 所以安其羣."

153) "'[illegible]'其上所从爲'壬'非'身', 當隸定爲'恁'. '仁之以德'文意上說不通, 且不見於文獻, 而文獻中卻有'任之以德'

그러나 초간에서 자부字部 '壬'과 '身'은 확연히 다르다. 일반적으로 '壬'자는 ''·''으로 쓰고,[154] '任(맡길 임, rèn,rén)'자를 ≪성정론性情論≫은 ''으로 쓴다.[155] ''자 중의 '身'자와는 완전히 다르다. '身'자는 제일 윗획을 오른쪽에서 왼쪽 아래로 짧게 내려 긋고, 가운데 획은 비교적 짧고 아랫부분 획은 오른쪽으로 약간 길게 그어져 있다. 이러한 형태는 ≪포산초간包山楚簡≫의 ''이나 '', ≪상박초간上博楚簡≫의 ''(≪性情論≫)·''(≪容成氏≫)자와 비슷하다. 이러한 형태는 ''이나 ''의 변형형태이다. ≪맹자孟子·공손추公孫丑·上≫에서는 맹자가 "무력으로 인정仁政을 대신하는 것은 패도覇道이다. 패覇를 칭하려면 반드시 큰 나라를 지니고 있어야 한다. 덕치德治로 인정仁政을 실시하는 것은 왕도王道다. 왕도를 펴는 데에 큰 나라여야 할 것은 없다. 탕湯임금은 70리로 그것을 해냈고, 문왕文王은 백리百里로 그것을 해냈다. 무력으로 남을 복종시키는 것은, 마음속으로부터 복종하는 것이 아니고 힘이 모자라서 그러는 것이다. 덕치德治로 남을 복종시키는 것은, 마음속으로부터 기뻐하여 정말로 복종하는 것으로, 그것은 70명의 제자가 공자에게 복종한 것과 같은 것이다. ≪시경詩經≫에 '서쪽으로부터 그리고 동쪽으로부터 남쪽으로부터 그리고 북쪽으로부터 마음속으로부터 복종하지 않는 사람은 없었노라'고 한 것은 이런 것을 두고 한 말이다."[156]라 하여 '仁之以德'의 내용을 언급하고 있다. 따라서 ''자는 '悳'자임이 확실하다.

③ '孔=曰: 𡑼=才在民[之上]'

'지상之上' 두 글자는 아래 죽간의 첫 글자다.

본 죽간은 아래 죽간과 이어진다. '孔='는 '공자孔子'의 합문合文이고, '𡑼='는 '군자君子'의 합문合文이다.

'才'는 '在(있을 재, zài)'로 읽다. 본 죽간은 아래 죽간과 이어진다.

·'任之以力'·'任德'·'任力'說."

154) ≪楚系簡帛文字編(增訂本)≫, 湖北教育出版社, 1218 쪽.

155) ≪楚系簡帛文字編(增訂本)≫, 湖北教育出版社, 748 쪽.

156) ≪孟子·公孫丑·上≫: "以力假仁者霸, 霸必有大國. 以德行仁者王, 王不待大, 湯以七十里, 文王以百里. 以力服人者, 非心服也, 力不贍也. 以德服人者, 中心悅而誠服也, 如七十子之服孔子也. ≪詩≫云: '自西自東, 自南自北, 無思不服.' 此之謂也"

第3篇

之上埶民之中純叄於百眚而民不備安氏孯=之恥也氏古孯=玉亓言而䢅亓行敬城亓

第 3 簡

之上, 埶(執)民之中①, 絁(紉)䂓(設)於百眚(姓)②, 而民不備(服)安(焉)③, 氏(是)君=(君子)之恥也④, 氏(是)古(故), 君=(君子)玉亓(其)言, 而慎(愼)其行⑤, 敬城(成)亓(其)

【해석】

백성의 위에서 백성에게 중용의 도를 행하고, 백성에게 인을 실행하도록 가르침을 주나 백성이 (자신을) 믿지 않고 따르지 않는다면 이는 군자의 치욕이다. 그래서 군자는 말을 옥같이 신중하게 하고, 행동을 신중히 하며, 그 일을 공경스럽게 처리하여야 한다

【說明】

본 죽간의 길이 39cm이고, 완전한 죽간이다. 첫 번째 계구契口(홈)에서 상단까지 1.4 cm, 첫 번째 契口(홈)에서 두 번째 홈까지 18 cm, 두 번째 홈에서 세 번째 홈까지 18.2 cm, 세 번째 홈에서 하단까지 1.4 cm, 모두 37자이며, 그 중에 합문合文이 두 자 있다.[157)]

【上博楚簡原註】

① '埶民之中'

'埶'자는 「執(잡을 집, zhí)」으로 읽고, '실행하다(實行)'·'집행하다(執行)'의 뜻이다. ≪상서尙書·대우모大禹謨≫에서는 「惟精惟一, 允執厥中」[158)]이라 하고, ≪관자管子·군신君臣≫에서는 「大夫執法」[159)]이라 하였다.

'중中'은 '바르다(正)'·'적당하다'는 뜻이고, 중용의 도이며, 과하지도 않고 부족하지도 않다는 뜻이다. ≪안자춘추晏子春秋·내편문內篇問≫에서는 「衣冠不中」[160)]이라고, ≪논어論語·자로子路≫는 「刑罰不中, 則民無所措手足」[161)]이라 하고, ≪맹자孟子·이루離婁≫는 「湯執中, 立賢無方」[162)]이라 하고, ≪사기史記·외척세가外戚世家≫에서는 「不中用者, 斥而歸之」[163)]라 하였다.

157) '契口(홈)'은 편선 자국을 가리킨다.
158) "오직 정성을 다하고 마음을 통일하여 진실로 '중中'의 도道를 실행하여야 한다."
159) "대부大夫가 율법을 다스린다."
160) "옷차림이 단정하지 않다."
161) "형벌刑罰이 정당하지 못하면 백성이 어떻게 해야 할지 모르게 된다."

송宋나라 양간楊簡은 '中'에 대해 더 구체적으로 해석을 하였다. ≪양씨역전楊氏易傳·임臨≫은 「六五, 知臨, 大君之宜, 吉. ≪象≫曰: 大君之宜, 行中之謂也」[164]에 대하여 「천자께서 백성을 다스리는 데는 네 가지를 갖추어야 한다. 예禮로써 백성에게 중용의 도를 깨우치게 하며, 악樂으로 백성을 화목하도록 가르친다. 화和는 중中의 발단이다. 형법은 백성에게 중용의 도를 따르도록 인도하는 것이고, 정치는 백성을 바르게 하는 것이다. 즉 정正은 바로 中이다.」[165]라 하였다.

군자가 이른바 중용의 도道로 나라를 다스리고, 이에 전심전념을 해야 하고, 어느 것에 치우침이 없어야 하는 것이다.

【譯註】

"㝁=(君子)才(在)民之上, 埶(執)民之中, 紖(紖)𦏧(詨)於百眚(姓)" 중의 '中'자를 복모좌濮茅左 정리본은 '중용中庸의 도'로 해석하고, '紖𦏧'는 '시교施教'로 해석하고 있다. 그런데 "紖(紖, 고삐 진, zhèn)𦏧(詨, 말 삼가지 않을 효, xiáo)於百眚(姓)" 중의 '紖(紖)𦏧(詨)'는 다음 문장 "㝁=(君子)玉亓(其)言"[166]는 '백성에게 말을 함부로 한다'는 의미와 반대가 되는 내용이 아닌가한다. 전체적으로 백성에게 중용의 도를 가르치면서 다시 백성에게 말을 함부로 한다는 것은 상호 모순이 되어 문맥 전후 의미가 통하지 않는다. 또한 만약에 '埶(執)民之中'이 백성에게 '치우치지 않는 바른 중용의 도를 행한다'라는 의미로 해석한다면, 이 구절에서 이미 가장 중요한 유가의 덕목을 언급하였는데, 그 다음에 다시 일반적인 일인 '가르침을 실시한다'는 것은 문장의 전후 전개가 맞지 않는다.

따라서 본 구절은 '군주가 백성의 위에 있으면서, 백성을 다스릴 때(다스림에 있어), 말에 신용이 없어 백성이 이를 믿지 않고 따르지 않음을 군주는 치욕스럽게 생각한다'는 뜻이다. 즉 '之中'은 '…속에'·'……의 가운데에'·'……의 사이에'라는 뜻으로 '어떤 범위나 집단 속에 있음을 가리키는 뜻'으로 쓰인다. '紖𦏧於百眚'은 다음 문장 '그러기 때문에 군자는 말을 옥같이 해야한다'라 하여 말을 신중히 하고 행동은 신중하게 하라고 경고하고 있는 것이다.

162) "탕湯왕이 중용中庸의 도를 실행하고, 현인賢人을 등용하는데 그 출처를 따지지 않았다."

163) "중용의 도를 지키지 않는 자는 이를 꾸짖어 나무라고 돌려보냈다."

164) "다섯 번째 음효는 '지혜로 임하고, 대군大君의 마땅함이 있으니 길하다'. ≪상전象傳≫은 '대군지의大君之宜란 중용을 행함을 말한다'라 했다."

165) "夫大君所以臨民之具四而已. 禮以教民之中, 樂以教民之和, 和中之發也, 刑以協民於中, 政以正民, 正猶中也."

166) "군자는 말을 옥 같이 소중하게 여겨야 한다."

② '紳𧦝於百眚'

'紳(쇠고삐 진, zhèn)'자는 자전字典에서 볼 수 있는 자이다. ≪옥편玉篇≫에서는 "'紖'자는 음이 '直忍切'이고, '동아줄(索)'라는 뜻이다."167)라 하고, 또한 "''絼(고삐 진, zhěn)'자와 '紳(쇠고삐 진)'자는 '紖(소고삐 진 zhèn)'자와 같다."168)라 하였다.

≪용감수감龍龕手鑑≫에서는 "'紳'자는 直引反이고, 지금은 '紖'자로 쓴다."169)이라하고, ≪오음집운五音集韻≫에서는 "'紳'자는 '索(동아줄 삭, suǒ)'의 의미이다."170)라 하고, 또한 ≪六書故≫에서는 "紳자는 음은 商支切이다. 서현徐鉉은 말하였다.『즉 '纚(명주 시)'자와 같은 자이다.』"171)라 하고, ≪類篇≫에서는 "'纚(명주 시)'는 '거친 실(조서粗緖)'이다. 혹은 견질물의 총칭(繒屬)의 뜻이라 한다. 혹은 '褫'·'絁'나 '纚'로 쓴다. 음은 또한 치지절侈支切이다. ≪박아博雅≫는『'納(바칠 납, nà)'이다. 혹은 '비단의 총칭(증속繒屬)이다』라 했다."172)이라 하였다.

'紳'자는 혹은 '施(베풀 시, shī)'로 읽는다.

「𧦝」자는 '詨(말을 삼가지 않을 효 xiáo)'이나 '設'자와 같다. ≪集韻≫에서는 "'詨'는 공손하고 조심스럽게 말을 하지 않은 것이다. 혹은 자부 '爻'를 쓴다."173)라 하고, ≪欽定音韻述微≫에서는 "'詨'는 공손하고 조심스럽게 말을 하지 않은 것이다. 또한 '設'자로 쓰이기도 한다."174)라 하였다.

'設'자는 혹은 '교敎'로 읽는다. '紳𧦝'는 즉 '시교施敎'로 읽는다.

'百眚'은 '백성百姓'과 같다.

【譯註】

계욱승季旭昇(2006) 등은 '紳𧦝'를 '시교施敎'의 의미로 해석하는 것을 찬성하고 있으나, 다음 문장인 '백성에게 말은 옥같이 하고 행동은 신중하게 하라'는 "𡥈=(君子)玉亓(其)言, 而𥁕(愼)其行" 구절 내용으로 보아 '紳𧦝'는 즉 '말을 함부로 하다'는 '시효施詨'의 의미가 아닌가 한다.

167) ≪玉篇≫:「紖, 直忍切, 索也.」

168) ≪玉篇≫:「絼·紳, 並同紖.」

169) ≪龍龕手鑑≫:「'紳', 直引反. 今作'紖'.」

170) ≪五音集韻≫:「紳, 索也.」

171) ≪六書故≫:「紳, 商支切. 徐鉉曰『卽纚字.』」

172) ≪類篇≫:「纚, 粗緖也. 一曰繒屬, 或作褫·絁·纚, 又侈支切. ≪博雅≫:『納也. 一曰繒屬.』」

173) ≪集韻≫:「詨, 言不恭謹. 或從爻.」

174) ≪欽定音韻述微≫에서는「詨, 言不恭謹也. 或作設.」

'(絁)'자는 '糸'와 소리부 '也(它)'로 이루어진 형성자이며, '(施)'자에 대하여 ≪설문해자說文解字≫는 "'施'자는 깃발이 펄럭이는 모양. '㫃'과 소리부 '也'로 이루어진 형성자이다."175)라 하였다. '也'는 즉 '它'이다. 하림의何琳儀는 ≪전국고문자전戰國古文字典≫에서 "'也'자는 성모가 '정定'뉴紐이고, '它'자는 '투透'뉴紐로 모두 설음舌音이다. '也'자와 '它'자의 字形은 그 근원이 같다. 소전小篆에서 '它'자를 '也'로 쓰고, 음이 서로 비슷하기 때문에 고전적에서 이 두 자는 서로 통용한다."176)라 하였다.

紖(絁)	dien	眞部
施	sthjiar	歌部

③ '而民不備安'

「備」자는 고문 「服(복종 복, fú)」자와 통한다. ≪한시외전韓詩外傳≫에서 「於是皇帝乃服黃衣」177)라 하였는데, ≪설원說宛·변물辨物≫에서는 「服」자를 「備(갖출 비, bèi)」자로 쓴다. 두 자는 고문에서 서로 통용된다. 예를 들어, ≪上海博物館藏戰國楚竹書(一)紂衣≫에서는 「衣服」을 「衣備」로 쓰고, ≪上海博物館藏戰國楚竹書(二)·民之父母≫에서는 「無服」을 「亡備」로 쓴다.

「安」자는 「焉(어찌 언, yān)」으로 읽는다.

군자가 책임을 다 하지 못하고 바른 행위를 하지 못하며 시비是非를 구비하지 못한다면, 백성이 복종하지 않는 것이다. 일찍이 노魯나라 애공哀公이 공자에게 「어떻게 해야 백성이 나를 믿고 복종할까?」178)라고 묻자, 공자께서는 「바른 사람을 등용하여 사곡한 자의 위에 놓으면 백성이 믿고 따를 것이고. 사곡한 자를 등용하여 정직한 현인 위에 놓는다면 백성이 따르지 않을 것이다.」179)라 대답하였다. 정자程子는 이에 대하여, 「들어서 (선발 등용하여) 놓는 것이 정당하다면 백성이 믿고 따를 것이다」180)라 하고, 사양좌謝良佐(謝氏)는 「현명한 자를 선발하고 사곡한 자를 배척하는 것이 천하의 진리다. 이 진리를 순응하면 순복할 것이고, 그렇지 않으면 순복하

175) ≪說文解字≫: 「施, 旗皃. 从㫃, 也聲.」

176) "也, 定紐, 它, 透紐, 均屬舌音. 也·它形體雖來源非一, 但因小篆已娛以它爲也, 且音亦近, 故典籍二字每多通用." 何琳儀, ≪戰國古文字典≫, 863 쪽.

177) "그래서 황제께서 노란 옷을 입었다."

178) "何爲則民服?"(≪論語·爲政≫)

179) "擧直而錯諸枉, 則民服. 擧枉錯諸直, 則民不服."(≪論語·爲政≫)

180) "擧錯得宜, 則人心服."

지 않는 것은 필연적인 도리이다. 그러나 혹자는 이 도리에 따라 이행하지 못하고 정직함을 사곡함으로 삼고, 사곡함을 정직으로 삼는 자가 많다. 그래서 군자는 항상 공경하게 처신해야하며 사물의 이치를 귀하게 여겨야한다.」[181]라 했다.

사람을 얻는 도리道理는 즉 정직한 도리로 하면 백성은 복종 할 것이고, 그렇지 않고 바르지 못한 도리로 하면 어그러지게 되는 것이다. 그래서 季庚子가 공자에게 「백성으로 하여금 공경스럽고 충성을 하도록 하고, 선행善行에 힘쓰도록 하려면 어떻게 해야 하나요?」[182]라고 묻자, 공자는 「백성에게 장엄하게 대하면 공경스럽게 되고, 효도를 다하고 어린 자와 약한 자에게 자애를 베풀면 충성스럽게 되고, 우수한 인재를 등용하고, 능력이 부족한 자를 교육시키면 백성들은 힘쓰게 된다.」[183]라 하고, 주희朱熹는 「백성에게 임하기를 장엄히 하면 백성은 군주 자신을 공경하게 된다. 친지에게 효도하고 대중에게 자비로우면 백성은 군주 자신에게 충성을 하는 것이다. 선善한 자를 등용하고 몸가짐이 바르지 못한 사람을 가르치면 백성은 선행에 힘쓰게 되고 선행하기를 좋아하게 되는 것이다.」[184](≪논어論語·위정爲政≫)라 하였다.

이것이 백성이 군자를 믿고 따르는 결정적인 핵심이다.

【譯註】

제 3간에서는 '而'자를 ''와 ''로 쓴다. 이 중 뒤 ''자는 ≪季康子問於孔子≫ 중의 일반적인 '而'자의 형태와는 달리 아랫부분 바깥 획이 생략된 형태로 쓴다. 금문 중 ≪자화자부子禾子釜≫는 ''로 쓰고, ≪중산왕정中山王鼎≫은 ''·''로 쓴다.[185]

④ '氏[君子]=君子之恥也'

「[君子]=」는 '군자君子'의 합문合文이다.

「백성이 복종하지 않기」[186] 때문에 「군자의 수치」[187]가 된다. ≪공자가어孔子家語·호생好生≫

181) "好直而惡枉, 天下之至情也. 順之則服, 逆之則去, 必然之理也. 然或無道以照之, 則以直爲枉, 以枉爲直者多矣. 是以君子大居敬而貴窮理也."(≪論語集註·爲政≫)

182) "使民敬, 忠以勸, 如之何?"(≪論語·爲政≫)

183) "臨之以莊則敬, 孝慈則忠, 擧善而教不能則勸."(≪論語·爲政≫)

184) "臨民以莊, 則民敬於己. 孝於親, 慈於衆, 則民忠於己. 善者擧之而不能者教之, 則民有所勸而樂於爲 善."(≪論語集註·爲政≫)

185) ≪金文編≫, 668 쪽.

186) "民不服."

187) "君子之恥."

에서 공자는 「군자는 세 가지 근심이 있다. 듣지 못한 것이 있을 때에는 그것을 미처 듣지 못할까 근심하며, 이미 듣고서는 배우지 못할까 근심하며, 또 이미 배우고 나서는 능히 행하지 못할까를 근심하는 것이다. 덕을 가졌음에도 이를 좋은 말로 남을 이끌지 못하면 이를 군자는 부끄럽게 여긴다. 좋은 말은 하고도 행동으로 옮기지 못하면 이를 군자는 부끄럽게 여긴다. 이미 습득했는데 유지하지 못한 것을 군자는 부끄럽게 생각한다. 땅이 넓은데 백성이 가난하여 풍족하지 못하면 군자는 부끄럽게 생각하고, 업적은 마찬가지인데 저 사람의 공로가 더 많으면 군자는 부끄럽게 생각한다.」[188]라 했다.

한漢나라 유향劉向은 ≪설원說苑·담총談叢≫에서 군자의 치욕에 대해 또 다른 설명을 하고 있다. 「군자는 다섯 가지 치욕적인 일이 있다. 조정에 나가지도 않고 평상시에는 나라를 위한 의견도 내놓지 못하는 것을 군자는 치욕으로 여긴다. 그 자리에 처하는데 그에 알맞은 시정방침을 내놓지 못하는 것을 군자는 치욕으로 여긴다. 말을 했는데 행동으로 옮기지 않으면 군자는 치욕스럽게 여긴다. 얻었는데 다시 잃으면 군자는 치욕스럽게 여긴다. 땅이 풍족한데 백성이 풍족하지 못하면 군자는 치욕으로 여긴다. 군자는 비록 궁핍하다할지라도 망국지세亡國之勢의 나라에는 처하지 않으며, 가난하지만 난세의 왕의 국록을 받지 않는다. 난세에서 추앙을 받고 폭군과 같이하는 것을 군자는 치욕으로 여긴다. 일반 사람들은 형체가 훼손하는 것을 치욕으로 여기나 군자는 의義가 훼손되는 것을 치욕으로 여긴다. 일반 사람들은 이익을 얻는 데에 힘쓰지만 청렴한 선비는 명예에 힘쓴다.」[189]

군자는 자중자애하며, 최선을 다해 본인의 임무를 힘쓰며, 사람을 근본으로 삼고서 나라와 백성을 사랑하며 치욕한 일을 하지 않는 것이다.

【譯註】

본 구절 다음에 ‘’를 복모좌濮茅左 정리본은 ‘氏(是)古(故)’로 예정하고 있으나, ‘氏’자로 아니라 ‘是’자이다.

---

188) “君子有三患: 未之聞, 患不得聞, 既得聞之, 患弗得學, 既得學之, 患弗能行. 有其德而無其言, 君子恥之; 有其言而無其行, 君子恥之; 既得之而又失之, 君子恥之; 地有餘而民不足, 君子恥之; 眾寡均而人功倍己焉, 君子恥之.”(≪孔子家語·好生≫)

189) “朝不坐, 燕不議, 君子恥之. 居其位, 無其言, 君子恥之. 有其言, 無其行, 君子恥之. 既得之又失之, 君子恥之. 地有餘而民不足, 君子恥之. 君子雖窮不処亡國之勢, 雖貧不受亂君之禄. 尊乎亂世, 同乎暴君, 君子恥之也. 衆人以毀形爲耻, 君子以毀義爲辱. 衆人重利, 廉士重名.”(≪説苑·談叢≫)

⑤ '䍙=玉亓言而㿿亓行'

「䍙=」는 '군자君子'의 합문合文이다.

'亓'는 '其(그 기, qí,jī)'자이다.

「玉亓言」은 「금옥기언金玉其言」의 의미와 같다. ≪詩經·小雅·白駒≫에서는 「皎皎白駒, 在彼空谷. 生芻壹束, 其人如玉. 毋金玉爾音, 而有遐心」[190]라 하여, 군자에게 언행을 자중해야 한다고 충고하였다. 그 행위를 단정하고 예의 바르게 하며, 덕은 천하의 도리에 맞도록 하고, 그 밝기는 日月과 같아야 한다. ≪태평어람太平御覽≫(제 49권)에서는 ≪태공금궤太公金匱≫를 인용하여, 「무왕武王이 사상보師尚父에게 『오제五帝[191]가 경계警戒한 일을 다시 들을 수 있겠나요?』라고 묻자, 사상보師尚父는 말하였다. 『순舜은 백성을 다스릴 때, 살얼음을 걷는 것 같이 전전긍긍하였고, 우禹는 백성을 다스릴 때 백성이 불만을 가질까와 덜덜 떨었고, 탕湯은 백성을 다스릴 때 항상 조심하고 두려워 감히 쉬지 못하였다.』」[192]라 했다.

이 말은 군자에게 「금옥기행金玉其行」하고 「근신궐행謹愼厥行」하라 하여, 말은 금과 옥같이 취급하여 신중하게 하고 행동은 조심스럽게 하라는 훈계다.

'㿿'자는 의미부 '皿'과 소리부 '辰'으로 이루어진 자로 '愼(삼갈 신, shèn)'으로 읽는다.

【譯註】

'㿿'자를 정리본은 '皿'과 소리부 '辰'으로 이루어진 형성자이며 '신愼'으로 읽는다라 하였다.[193] 그러나 답건총禤健聰은 「上博楚簡(五)零劄(一)」에서 이 자를 ≪곽점초간郭店楚簡·치의緇衣≫의 '[古文字]'자와 비교하여 '石'·'日'·'火'·'土'로 이루어진 자이며, 초간에서는 '展(펼 전, zhǎn)'으로 읽고, 가운데 부분은 '炅'은 '埶(더울 열, rè)'자의 이체자이며 소리부라 하였는데,[194] 음성상 차이가 있다.

≪上博楚簡≫ 중 ≪치의紂衣≫제18간을 정리본은 "≪少(小)虽(雅)≫員(云): "孝也君子, 㫖(則)

190) "희고 흰 망아지 저 빈 골짜기에 있으니, 싱싱한 꼴 한 다발을 먹이는데 그 사람은 옥과 같구려. 당신의 음성을 금옥같이 하여 나를 멀리하는 마음 갖지 마오."

191) 五帝는 일반적으로 黃帝·顓頊·帝嚳·堯·舜 등을 가리킨다.

192) "武王問師尚父曰:『五帝之戒可復得聞乎?』師尚父曰:『舜之居民上, 兢兢如覆薄冰; 禹之居民上, 栗栗如恐不滿; 湯之居民上, 翼翼乎懼不敢息.』"

193) ≪上博楚簡(五)≫, 205 쪽.

194) 禤健聰, 〈上博楚簡(五)零劄(一)〉, 簡帛사이트, 2006-02-24.

也大㘸(成)"으로 석문하고 있는데, ≪郭店楚簡·치의緇衣≫ 제36간은 "≪少(小)顕(雅)≫員(云): "躳(允)也君子, 㝵(厠)也大成"으로 쓰고, 현행본 ≪禮記·緇衣≫는 "≪小雅≫曰: 允也君子, 展也大成"로 쓴다.195) 이 중 ≪郭店楚簡≫의 '𡌭'자를 ≪郭店楚墓竹簡≫ 정리본은 '㝵(厠)'자로 예정하고, "죽간의 '㝵'자는 자부「厂」과 자부「土」와「則」의 일부를 생략한 자부로 이루어진 자이고,「則」의 의미로 쓰인다하였다. 그런데 ≪詩經·大雅·車功≫은 이 자에 해당되는 자를 '殿'으로 쓴다. 구석규裘錫圭는 "이 구절을 ≪禮記≫本은「展也大成」으로 쓰고 있기 때문에, 죽간의「也」자 바로 앞 자는「廛(가게 전, chán)」으로 풀이하여야 한다.「廛」자과「展」자는 음이 서로 통하여 통가자로 사용된다."라 하였다.196)

'則'자는 백서는 '𠟭'으로, ≪郭店楚簡≫ 중 ≪老子≫는 '𠟭'으로 쓰고『尊德義』는 '𠟭'으로 쓴다. '則'자 중의 자부 '刀'를 제외한 부분은 ≪郭店楚簡≫의 '𡌭'자와 ≪上博楚簡≫의 '𡌭'자를 비교해 보면, '𡌭'자의 '𠀤'부분과 '𡌭'자의 '𠀤'부분이 흡사하지만, 그러나 '則'자는 자부 '貝(鼎)' 중 상단 부분과 하단 부분 중 가로 획을 일반적으로 추가하여 쓰기 때문에 서로 다르다.

또한 ≪容成氏≫ 제 39간의 '𠟭'자에 대하여 이령李零 정리본은 '𠟭'로 예정하고, 연구가 좀 더 필요하겠지만, 혹은 ≪郭店楚簡·緇衣≫(第36簡)의「㝵(厠)也大成」중의「㝵」자와 관련이 있는 자이며, '石'과 소리부 '則'으로 이루어진 형성자가 아닌가 하였다.197) ≪郭店楚簡·語叢四≫의 제 26간 '𠟭'자와 같다. '石'이 字部로 쓰일 때는 '口'를 생략하여 쓰기도 한다. 예를 들어, ≪上博楚簡·紂衣≫의 제 18간 '磨(갈 마, mó,mò)'자를 '𥓓'로 쓴다.198) 그런데 이 자는 '石'과 '則'으로 이루어진 자이거나 혹은 '石'·'人'과 '貝'로 이루어진 자로 사실상 앞에서 언급한 '𡌭'자와 또한 형태가 차이가 있다.

따라서 본 죽간의 '𡌭'자는 자부 '石'과 '土'는 가능성이 있으나, 자부 '則'은 문제점이 있다. 물론 '則'자는 고음이 'tsək(職部)'이고 '展'은 'tian(元部)'로, 성모는 모두 舌音이고, 운모는 방대전旁對轉관계로 서로 통한다고 할 수 있지만, 음성 역시 차이가 있다.

이 자는 '塡(메울 전, tián)'이나 '磌(돌 떨어지는 소리 전, tián)'자의 이체자가 아닌가 한다. 그런데 문자의 자형으로 보아 '磌'자의 이체자에 더 가깝다. ≪증후을묘죽간曾侯乙墓竹簡≫은 '塡'자를 '𡑆'자로 쓴다.199) '전塡'자에 대하여 ≪說文解字≫는 "'塡'은 '메우다'의 뜻. 자부 '土'와

195) 최남규, ≪상해박물관장전국초죽서·치의≫, 210 쪽 참고.
196) ≪郭店楚墓竹簡≫, 135 쪽 참고.
197) 李零, ≪郭店楚簡校讀記≫(2007), 63-64 쪽)
198) ≪楚系簡帛文字編≫, 823 쪽.
199) ≪楚系簡帛文字編(增訂本)≫, 1133 쪽.

소리부 '眞'으로 이루어진 자이다."[200]라 하였다. '眞'자를 ≪曾侯乙墓竹簡≫은 ''·''으로 쓰고, ≪天策≫은 아랫부분을 생략하여 ''이나 ''으로 쓴다.[201] 본 편의 ''자 중에 아랫부분에 자부 '土'가 있다고 보는 학자도 있으나, 자세히 살펴보면 '土'자가 아니라, ''자 중의 '丌'를 제외한 부분과 같은 형태이다. 그래서 '塡'자보다 오히려 '磌'자로 예정하는 것이 옳은 듯하다. ≪說文解字≫는 '(愼)'자에 대하여 "신중하다(謹)의 의미. '心'과 소리부 '眞'으로 이루어진 형성자. 고문은 '(昚)'으로 쓴다."[202]라 하였다. '愼'자를 금문은 ''(≪주공화종邾公華鐘≫)으로 쓰고,[203] 초간楚簡 중 ≪郭店楚簡·語叢一≫(제 46간)은 ''으로 쓴다.[204] 사실상 ''자는 '眞'자의 고문이기도 하다. 따라서 ''은 '石'과 소리부 '昚(眞)'으로 형성자이다. 이 자는 소리부가 '炅(熱)'이라고 주장하는 부분은 사실상 '昚'을 잘못 쓴 것이다. '磌'과 '展'자는 음이 통한다.

磌	tjien	眞部
展	tian	元部

≪이아爾雅·석고釋詁≫는 "'展(펼 전, zhǎn)'은 '삼가공경하다(誠)'의 의미이다."[205]라 하였다. '玉亓言而磌亓行'은 '玉亓言而展亓行'으로 '말은 옥같이 신중하게 하고, 행동은 성심성의껏 하라'의 뜻이다.

200) ≪說文解字≫: "塡, 塞也. 从土, 眞聲."
201) ≪楚系簡帛文字編(增訂本)≫, 759 쪽, 668 쪽.
202) ≪說文解字≫: 「謹也. 从心, 眞聲. (昚), 古文.」
203) ≪金文編≫, 714 쪽.
204) ≪楚系簡帛文字編(增訂本)≫, 909 쪽.
205) ≪爾雅·釋詁≫: "展, 誠也."

第 4 篇

悳㠯臨民=[身呈]亓道而備安此之胃悳之㠯悳虞笑中又言曰孯=龏則述喬則汿滿言多難

第 4 簡

悳(德)㠯(以)臨民=(民[①], 民)贈(望)亓(其)道而備(服)安(焉)[②], 此之胃(謂)㤁(仁)之㠯(以)悳(德)[③]. 虞(且)筦(管)中(仲)又(有)言曰[④]:「君=(君子)龏(恭)則述(遂)[⑤], 喬(驕)則浮(侮)[⑥], 湍(備)言多難⑦

【해석】

덕으로 백성을 통치하면, 백성은 도를 이루고자하며 복종을 하지 않겠는가. 이것이 바로 '덕德'으로 '인仁'을 실천한다는 것이다. 관중管仲께서 또한 말씀 하였다.「군자가 공경을 하게 되면 나라의 일이 순조롭게 되고, 교만하면 모욕을 당하고, 말이 많아 어려움에 당하게 되는 것을 경계해야 한다.

【說明】

본 죽간은 완전한 형태로 길이는 39cm이다. 첫 번째 편선에서 죽간 상단까지 1.4cm, 첫 번째 편선에서 두 번째 편선까지는 18cm, 두 번째 편선에서 셋 번째 편선까지는 18.2cm, 세 번째 편선에서 하단까지 1.4cm 이다. 모두 36자가 있고, 그 중에 중문重文 1개, 합문合文 1개가 있다.

【上博楚簡原註】

① '[敬城丌]悳㠯臨民='

[敬城丌] 세 글자는 제 3간 마지막 부분에 속하는 자이다.

「城」은「成(이룰 성, chéng)」으로 읽는다.

「民」자는 중문重文이고, 뒤의「民」자는 다음 구절에 속한다.

≪상서尚書·주서周書·소고召誥≫에서는「그들이 덕을 공경하지 않아 바로 그들의 천명을 잃었던 것이다.」[206]라 하고, ≪논어論語·위령공衛靈公≫은「공자께서 말씀하셨다. 하는 일이 없이 다스린 분은 순舜이시다! 무엇을 하였겠는가? 몸을 바르게 하고 똑바로 남면을 향하고 있었을 뿐이다.」[207]라고 하였고, 이에 대해 주희朱熹는「하는 일 없이 다스렸다라는 것은 성인의 덕이 흥성하니 백성이 스스로 감화되어 그 어떠한 작위作爲가 필요 없는 것을 말한다. 오직

---

206) "惟不敬厥德, 乃早墜厥命."(≪尚書·周書·召誥≫)

207) "子曰: 無爲而治者, 其舜也與? 夫何爲哉? 恭己正南面而已矣."(≪論語·衛靈公≫)

순舜 임금만을 일컬은 것은 요堯임금의 뒤를 계승하고 또 알맞은 인재를 얻어서 여러 직책을 맡겼으므로, 더욱 작위作爲의 흔적을 볼 수 없기 때문이다. 자신을 공손히 한다는 것은 곧 이것이 성인의 덕을 공경하는 모습이니, 이와 같이 작위가 없으니 사람들이 볼 수 있는 것은 이와 같을 뿐이다.」[208]라 하였다. 이는 곧 '덕德'을 공경하고, 근면 성실하게 백성을 다스려야 하며, 덕이 성盛해야 백성이 교화될 수 있음을 주장한 것이다.

'臨(임할 임, lín)'은 '통치하다(통치統治)'·'감독하다(감독監督)'의 의미이다.

≪尙書·大禹謨≫는 「臨下以簡」[209]라 하고, ≪左傳·宣公七年≫은 「王叔桓公臨之」[210]라 하였다. '臨民'은 즉 '治民'으로 '백성을 통치하다'·'백성을 다스리다'의 의미다. ≪國語·魯語上≫에서는 「若以邪臨民, 陷而不振」[211]라 하고, 또한 ≪楚語下≫에서는 「夫神以精明臨民者也, 故求備物, 不求豊大」[212]라 하였다.

≪周易·臨卦≫중에도 이와 관련한 내용이 있다. 예를 들어, 胡瑗은 ≪周易口義≫에서 ≪周易≫의 「臨, 元亨利貞. 至于八月, 有凶」.≪象≫: 『澤上有地臨, 君子以教思無窮, 容保民無疆』」[213]에 대하여, 「이른바 '임臨'하다고 한 것은 위에 거하여 아래를 다스리는 것을 말한다. 가장 높은 곳은 하늘이고, 가장 낮은 곳은 땅이다. 지금 '하늘에 임하다'라 하지 않고 '못 위에 땅이 임하다'라고 한 것은, 땅의 기세에 가장 가까운 것이 못이고, 못은 또한 땅을 기탁하기 때문이다. 이것이 곧 임臨의 상象이다. 군자는 이 상을 본받아 하나의 물건도 못에 이르지 못할까봐 동분서주하는 것이다. 그래서 밤낮으로 생각하고 행동으로 실천하고자 노심초사하며 최선을 다하여 교화教化하고, 백성 다스리기를 끝까지 다함이 없다. 이래야 능히 백성에게 관용을 베풀어 포용하고 안전하게 보호할 수 있는 것이다. 능히 포용을 할 수 있으나 백성을 안전하게 보호할 수 없으면 즉 백성을 다스릴 수 없는 세 가지가 있는 것이다. 이 세 가지의 도를 모두 갖추고 또한 元

208) "無爲而治者, 聖人德盛而民化, 不待其有所作爲也. 獨稱舜者, 紹堯之後, 而又得人以任衆職, 故尤不見其有爲之蹟也. 恭己者, 聖人人敬德之容. 既無所爲, 則人之所見如此而已."(≪論語·衛靈公≫)

209) "아래 신하를 간편하게 대하다."(≪尙書·大禹謨≫)

210) "王의 叔父 桓公이 주관을 하다." ≪左傳·宣公七年≫의 전체 문장은 「王叔桓公臨之, 以謀不睦」으로 "주나라 천자인 왕의 숙부 환공桓公이 그 자리에 임석臨席하여 패자인 진晉나라 군주와 화목하지 못하는 나라에 대하여 상의했다"로 여기에서 '임臨'자는 '자리에 임하다'는 뜻으로 풀이할 수 있다.

211) "군주가 사악한 방법으로 백성을 다스리면 정사가 어지러워져 구할 길이 없게 된다."

212) "이른바 신령은 아주 섬세하게 관찰하여 백성을 다스리는 것이기 때문에 제물이 정결하게 구비되는 것만을 요구할 뿐 풍성함을 요구하지 않는 것이다."

213) "임괘臨卦는 크게 형통하다. 이롭다는 점이다. 팔월에 이르면 흉하다." "상전象傳이 말하였다. 못 위에 땅이 있는 것이 임괘의 상이다. 군자는 이 괘상을 본받아 백성을 교화하고 생각하는 것이 끝이 없고, 백성을 포용하고 보호하는 것이 한이 없다."

·亨·利·貞 네 가지 덕을 갖추어야 만이 백성을 다스릴 수 있다」[214]라 하였다. 이러한 주장은 ≪예기禮記·곡례상曲禮上≫에 말한「자신과 모든 사물을 공경하지 않는 것이 없으며, 엄숙하기를 무엇인가를 생각하는 것 같이하며, 말은 안정되고 일관되게 하면, 모든 대중을 편안하게 할 수 있다.」[215]와 일치한다.

≪국어國語·노어상魯語上≫에서 많은 역사적 교훈을 나열하여, 군자는 응당히 '교민정사敎民正邪, 경덕임민敬悳臨民'해야 하는 중요성에 대하여 설명하였다. 예를 들어,「진晉나라 사람이 여공厲公을 죽였다. 노나라 변방을 지키는 관원이 이 소식을 조정에 보고할 때 마침 노라나 성공成公이 조정에 있었다. 노 성공이 말하였다.『신하가 그의 군주를 죽이니, 누구의 과실이오?』대부들이 모두 입을 다물고 대답하지 못했다. 이때 대부 이혁里革이 나서 말했다.『이는 군주가 잘못한 것이다. 이른바 군주란 위망이 매우 높다. 그 위망을 잃어 심지어 살해를 당한 것으로 보아 그가 많은 과실을 저질러 왔음을 알 수 있다. 하물며 군주는 백성을 다스리며 백성들의 사악한 행동을 규정하는 중임을 맡고 있다. 그런데 군주가 방종하고 함부로 비리를 저질러, 백성을 다스리는 대사大事를 포기하게 되면 백성들은 작간범과作奸犯科하는 자가 매우 많아져 끝내 이를 감독할 사람이 없게 된다. 그렇게 되면 사악한 일이 매우 많아지게 된다. 만일 군주가 사악한 방법으로 백성을 다스리면 정사가 어지러워져 구할 길이 없게 된다. 또한 현인을 임용할지라도 끝내 한결같을 수 없다. 그리되면 백성을 다스릴 수 없게 되고, 마침내는 백성들이 절망적인 상황에 빠져 동정할 사람도 없게 된다. 그러면 군주가 무슨 일을 할 수 있겠는가? 하夏나라 걸桀 왕은 남소南巢(안휘성 소현 남쪽)로 도망하고 상商나라 주紂왕은 도성인 조가朝歌(하남성 기현)에서 죽임을 당했다. 주周나라 여왕厲王은 체彘(산서성 곽현) 땅으로 쫓겨나고 주周나라 유왕幽王은 희戲(섬서성 임동시 동려산 아래) 땅에서 피살되었다. 이 모두가 잘못된 길을 걸었기 때문이다. 군주와 백성의 관계는 고기를 기르는 천택川澤에 비유할 수 있다. 백성의 행동은 그를 좇으니 선악이 모두 군주의 교화에 의해 결정되는 것이다. 백성들이 어찌 아무 이유도 없이 군주를 살해할 리 있겠습니까?』」[216] 등이 있다.

214) "夫臨者, 居上以臨下也. 至高天也, 至下地也. 今不云「天臨」, 而曰「澤上有地臨」者, 蓋地之勢最附近於澤, 而澤有依著於地, 是臨之象也. 君子法此之象, 汲汲然惟恐一物之不被其澤. 故夜以思之, 書以行之, 焦心極慮, 施其教化, 以臨於民, 而無有窮已也. 又能寬容保安也. 能容而不能保安之, 則不可以臨民者三也. 須三者之道兼備, 而又有元亨利貞之四德, 夫然後可以臨於民也."

215) "毋不敬, 儼若思, 安定辞, 安民哉."

216) "晉人殺厲公, 邊人以告, 成公在朝. 公曰: "臣殺其君, 谁之過也?" 大夫莫對, 里革曰: "君之過也. 夫君人者, 其威大矣. 失威而至于殺, 其過多矣. 且夫君也者, 將牧民而正其邪者也, 若君縱私回而弃民事, 民旁有 慝無由省之, 益邪多矣. 若以邪臨民, 陷而不振, 用善不肯專, 則不能使, 至于殄滅而莫之恤也, 將安用之? 桀奔南巢,

② '民𧢓丌道而備安'

「𧢓」자는 자부가 '見'이고 소리부가 '望'인 형성자이다. 이 자는 자서에 보이지 않는다. 아마도 '看望(찾아가 보다)'이라는 의미인 '望(바랄 망, wàng)'자의 형성자가 아닌가 한다.

「道(길 도, dào)」는 '책략策略'·'방법'·'통치하다(치리治理)'라는 뜻이다. ≪左傳·定公五年≫에서 「吾未知吳道」[217]라 하고, ≪禮記·中庸≫에서는 「誠身有道」[218]라 하고, ≪論語·學而≫에서는 「子曰: "道千乘之國, 敬事而信, 節用而愛人, 使民以時」[219]라 하였다.

군자는 그 근원을 중시한다. 그 근원이 맑으면 흐르는 물 역시 맑게 흘러가는 것이다. 그래야 상을 주지 않으면서도 백성에게 권면勸勉토록 하고, 벌을 주지 않아도 백성이 복종하게 된다. ≪순자荀子·군도君道≫에서는 「관리들은 법칙을 지키도록 하고, 군자는 근원을 기르는 사람이다. 근원이 맑으면 말류도 맑게 되고, 근원이 흐리면 말류도 흐리게 된다. 그러므로 임금이 예의를 좋아하고 현명한 사람을 존중하고 능력 있는 사람을 등용하며, 탐욕과 이익을 추구하는 마음이 없다면, 곧 아랫사람들도 극히 서로 사양하게 되고, 매우 충성스럽고 신의가 있게 되며, 신하로서의 할 일을 삼가 힘쓸 것이다. 그렇게 된다면 비록 낮은 서민들이라 하더라도 부절을 맞추어 보거나 어음을 나누어 갖지 않아도 서로 믿게 되며, 제비를 뽑거나 물건을 던져 순서를 결정하지 않더라도 공평해질 것이며, 무게를 재고 저울질하지 않더라도 균형을 유지할 것이며, 되나 말로 물건을 되질하지 않더라도 균등을 유지할 것이다. 그러므로 상을 내리지 않더라도 백성들은 일에 힘쓰고, 벌을 주지 않더라도 백성들은 복종하게 되므로 관리들은 수고하지 않아도 일이 잘 다스려지고, 정령을 번거로이 펴지 않아도 풍속이 아름다워지며, 백성들은 임금의 법도를 따르고 임금의 뜻을 모범으로 받들어 모두가 임금의 일에 힘쓰면서 안락하게 지낼 것이다.」[220]라 했다.

紂踣于京, 厲流于彘, 幽滅于戲, 皆是術也. 夫君也者, 民之川澤也. 行而從之, 美惡皆君之由, 民何能爲焉."

217) "나는 오吳나라 책략을 아직 알지 못한다."

218) "자신을 성실하게 하는데 길이 있다."

219) "공자는 말하였다. 천승千乘의 나라를 다스림에, 일을 공경하고 믿게 하며, 씀씀이를 절제하고, 백성을 사랑하며, 백성을 때에 맞게 부려야 한다."

220) "官人守數, 君子養源, 源清則流清, 原濁則流濁. 故上好禮義, 尚賢使能, 無貪利之心, 則下亦將綦辭讓, 致忠信, 而謹於臣子矣. 如是, 則雖在小民, 不待合符節, 別契劵而信, 不待探籌投鉤而公, 不待衡石稱縣而平, 不待斗斛敦概而嘖. 故賞不用而民勸, 罰不用而民服, 有司不勞而事治, 政令不煩而俗美, 百姓莫敢不順上之法, 象上之志, 而勸上之事, 而安樂之矣."

③ **'此之胃㤛之㠯悳'**

'胃'자는 '謂(이를 위, wèi)'로 읽는다. 「㝳=(君子)玉亓(其)言而𧥼(愼)亓(其)行, 敬城(成)丌(其)悳(德)以臨民=(民, 民)𩜰(望)丌(其)道而備(服)安(焉)」의 구절은 바로 「㤛(仁)之㠯(以)悳(德)」에 대한 공자의 주장이다.

【譯註】

'인지이덕仁之以德'과 관련된 내용은 고전적에도 보인다.

故君民者, 子以愛之, 則民親之. 信以結之, 則民不倍. 恭以涖之, 則民有孫心.(≪禮記·緇衣≫)221)

"그런 고로 군주는 백성을 자식을 사랑하는 마음으로 사랑하면 백성들과 친해지고, 믿음을 가지고 맺으면 백성은 배반하지 않으며, 공손한 마음으로 임하면 백성은 또한 순종하는 마음을 갖는다."

子曰: "弟子, 入則孝, 出則悌, 謹而信, 汎愛衆, 而親仁. 行有餘力, 則以學文.."(≪論語 學而≫1.06)

"제자는 집에 들어오면 효도하고, 밖에 나가면 우애하고, 삼가고 신용이 있으며, 널리 여러 사람을 아끼고 인자한 인물을 가까이 하여야한다. 이러한 것을 실천하고 여력이 있으면 그 남은 힘으로 글을 배운다."

子曰: "爲政以德, 譬如北辰, 居其所而衆星共之."(≪論語·爲政≫2.01)

"덕德으로 정치를 하는 것은 마치 북극성北極星이 제 자리에 있고 여러 별들이 그것을 향하여 도는 것과 같다."

④ **'**䖑(且)笶中又言曰'

「䖑」자는 '且(또 차, qiě,jū)'로 읽는다.

「笶」은 '竹'과 '关(𢍏)'으로 이루어진 자이다.

≪설문해자說文解字≫에서 '𢍏'자에 대하여, 「'𢍏'자는 '주먹밥을 만들다'의 의미. '廾'과 소리부 '釆'으로 이루어진 형성자이다. '釆'자는 '辨(분별할 변, biàn)'자의 고문이다. 음은 '서권書卷'의 '卷(쇠뇌 권, juǎn,juàn)'자와 음이 같다」222)라 하였다.

이 자는 혹은 '𥳑(굽은 대를 바로잡을 권, qiān)'자의 생략형이 아닌가 한다. 예를 들어, '眷'자

---

221) 본 구절을 ≪上博楚簡≫은 "古(故)慈(子)㠯(以)悉(愛)之, 則民又(有)𦖞(親); 信㠯(以)結之, 則民伓=(不伓); 龍(恭)㠯(以)位(涖)之, 則民又(有)恙=(恙心)"으로 쓰고, ≪郭店楚簡≫은 "古(故)孥(慈)以悉(愛)之, 則民又(有)新(親); 信以結之, 則民不伓(倍); 共(恭)以位(莅)之, 則民又(有)㝅(遜)心"로 쓴다.

222) "摶飯也. 从廾, 釆聲. 釆, 古文辨字. 讀若書卷."

는 '睠(돌아볼 권, juàn)'자를 생략하여 쓴 자와 같은 경우이다. 「권箞」자에 대하여 ≪玉篇≫은 「음은 '丘卞切'이고, 굽은 대나무의 뜻.」[223]이라 하고, ≪類篇≫은 「'箞'의 음은 '구원절驅圓切' 이고, '대나무를 바로 잡다'의 의미이다. 혹은 음이 '고권절苦倦切'이다」[224]라 하였다. 음이 '管(피리 관, guǎn)'자와 통한다. 이 자는 ≪포산초간包山楚簡≫(133·190)과 ≪강릉망산사총초묘죽간江陵望山沙塚楚墓竹簡≫(2·7)에도 보인다.

「中」자는 「仲(버금 중, zhòng)」과 통한다. 「箞中」은 「관중管仲」과 음이 통한다.

관중管仲(BC 725년? - BC 645년)은 주왕周王과 동족으로, 희성姬姓 집안의 후손이고 관엄管嚴의 아들이다. 이름은 이오夷吾이고 자는 중仲이다. 시호謚號는 경중敬仲이며, 제나라에서는 중보仲父라 불렀다. 춘추시대 유명한 사상가이자 정치가이며 군사 군략가이다.

제齊나라 환공桓公이 관중管仲을 시켜 융戎을 천자에게 화목하게 하고, 습붕隰朋을 시켜 戎이 진晉나라에 화목하게 할 때, 왕은 상경上卿의 예로써 관중을 대접하였다.[225] ≪史記·관연열전管晏列傳≫에서 「관중管仲 이오夷吾는 영수潁水 근처 사람이다. 젊을 때 늘 포숙아鮑叔牙와 사귀었는데, 포숙은 그의 현명함을 알아주었다. 관중은 빈곤하여 언제나 포숙을 속였지만 포숙은 늘 그를 잘 대해 주고 속인 일을 따지지 않았다. 시간이 자난 뒤 포숙은 제나라 공자 小白을 섬기고 관중은 공자 糾를 섬겼다. 소백이 왕위에 올라 환공桓公이 되고 이에 맞서던 규는 싸움에서 져 죽었다. 관중은 옥에 갇히는 몸이 되었으나 포숙은 환공에게 관중을 이내 추천하였다. 이렇게 하여 관중은 제나라의 정치를 맡게 되었다. 제나라 환공은 관중을 등용하여 천하의 우두머리가 되었다. 환공이 제후들을 여러 차례 모아 천하를 바르게 이끈 것은 모두 관중의 묘책에 따른 것이었다.」[226]라 했다.

관중管仲은 제齊나라 환공桓公에게 '존왕양이尊王攘夷'[227]의 정책을 하도록 하여 춘추시대 첫 번째 패왕이 되었다. 정권을 40여년이나 보조하였으며, 인생에 있어 유종의 미를 거두었다. 공자께서 管仲의 재능과 지혜에 탄복하고, 「백성이 지금까지 그 은덕을 받고 있다. 관중이 없었으면 우리가 머리를 풀고 옷깃은 왼쪽으로 여미었을 것이다.」[228]라 하였다.

223) ".丘卞切. 曲竹."

224) "箞, 驅圓切. 揉竹, 又苦倦切."

225) '平戎'은 戎人과 화친하는 정책을 가리킨다. ≪左傳·僖公十二年≫: "齊侯使管夷吾 平戎于王, 使隰朋平戎于晉. 王以上卿之禮饗管仲."

226) "管仲夷吾者, 潁上人也. 少時常與鮑叔牙遊, 鮑叔知其賢. 管仲貧困, 常欺鮑叔, 鮑叔終善遇之, 不以爲言. 已而鮑叔事齊公子小白, 管仲事公子糾. 及小白立爲桓公, 公子糾死, 管仲囚焉. 鮑叔遂進管仲. 管仲旣用, 任政於齊, 齊桓公以霸, 九合諸侯, 一匡天下, 管仲之謀也."

227) "왕실을 존중하고 오랑캐를 물리치다."

관중의 사상이 공자에 대해 많은 영향을 끼쳤다. 관중과 관련한 논술이 ≪관자管子≫라는 책에서 볼 수 있다. 총 86편, 현재 보존된 것 76편이 있다. 송宋 양침본楊枕本이 가장 오래 된 것으로 지금 중국국가도서관에 소장되어 있다.

【譯註】

≪곽점초간郭店楚簡·궁달이시窮達以時≫의 제 6간 '관이오管夷吾'를 ''로 쓴다.[229)]''자는 '关'로 예정할 수 있다.[230)] ≪說文解字≫는 '卷(쇠뇌 권, juăn,juàn)'자에 대하여 "'卩'와 소리부 '关'으로 이루어진 형성자."[231)]라 하였다. 본 죽간 ''자의 아래 부분과 같다.

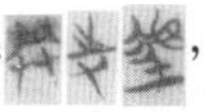

⑤ **'𦔻=龏則述'**

「𦔻=」는 '군자君子'의 합문合文이다.

「龏」는 '恭(공손할 공, gōng)'자와 같은 자로, '삼가 공경하다(근각謹慤)'의 의미이다.

≪설문계전說文繫傳≫에서 「'龏(공손할 공, gōng)'자는 '慤(삼갈 각 què)'의 의미이다. '廾'과 소리부 '龍'으로 이루어진 형성자이다. 서개徐鍇가 안건대, ≪左傳≫에서 鄭子産이 말한 『苟有位於朝, 無有不龔慤』[232)] 중의 '龔'자는 그 음이 거중반距重反이어야 한다.」[233)]라 하고, ≪시법謚法≫에서는 "공경하고 순응하는 것을 恭이라 한다."[234)]라 하였다.

'述(지을 술, shù)'은 '따르다(준순遵循)'는 뜻이다. ≪尚書·五子之歌≫에서 「述大禹之戒以作歌」[235)]라 하고, ≪說文解字≫는 '술述'자에 대하여 "'述'자는 '循(좇을 순, xún)'의 의미이다."[236)]라 하였다. '述'은 혹은 '遂(이를 수, suì,suí)'로 읽을 수 있다. '遂'는 '이루다(成也)'·'순조롭다(順也)'의 의미이다. ≪禮記·月令≫에서 「百事乃遂」[237)]에 대하여 정현鄭玄은 「'遂'는 '成'의

228)"民到于今受其賜. 微管仲, 吾其被發左衽矣."(≪論語·憲問≫)

229) "完(管)寺(夷)虗(吾)409(拘)繇弃缚, 斁(釋)杙(桎)梏(梏)而爲者(諸)侯相, 堣(遇)齊逗(桓)也.(관이모管夷吾가 꽁꽁 묶인 채 함거檻車에 갇혔다가 수갑과 형틀을 풀고 제후의 중보仲父가 될 수 있었던 것은 우연히 제齊나라 환공桓公을 만나게 되었기 때문이다)". ≪郭店楚墓竹簡≫은 ''자를 '完'으로 예정하고 있으나, 이는 잘못된 것이다. ≪郭店楚墓竹簡≫, 145 쪽.

230) 劉釗, ≪郭店楚簡校釋≫, 171 쪽.

231) "从卩, 关聲."

232) "조정의 일정한 관직에 있는 자라면 공경스럽지 못한 짓이 없도록 하오."(≪左傳·昭公16年≫)

233) "龏, 慤也. 從廾龍. 臣鍇曰: ≪左傳≫鄭子産曰: 『苟有位於朝, 無有不龔慤.』當作此龔, 距重反."

234) 蘇洵 ≪謚法≫:「敬順事上曰恭.」

235) "우禹 임금의 훈계를 서술하여 노래를 지어 불렀다."

236) ≪說文解字≫: 「述, 循也.」

의미와 같다.」[238]라 하였다. ≪國語·周語≫의 「以遂八風」[239]구절에 대하여 위소韋昭는 「'遂'는 '順'의 의미이다」[240]라 하였다. ≪禮記·樂記≫의 「莊敬恭順, 禮之制也」[241]에 대하여 공영달孔穎達은 "사람의 모습이 공손하며 위엄이 있게 할 수 있는 것과 성격이 겸손하고 행동이 조심스럽게 하는 것은 예禮의 절제이다."[242]라 했다.

≪관자管子·오보五輔≫에서도 「무릇 사람은 반드시 예를 안 뒤에야 공경하고, 공경한 뒤에야 존경하고 양보하고, 존경하고 양보한 뒤에야 젊은이와 어른 혹은 귀한 이와 천한 이가 서로 넘나들지 않는다. 젊은이와 어른 혹은 귀한 이와 천한 이가 서로 넘나들지 않으면 어지러움이 생기지 않고 환란이 일어나지 않는다. 그래서 말하기를 예를 삼가지 않으면 안 된다는 것이다」[243]라 하여 이러한 도리에 대하여 설명하였다. 공경을 하게 되면 평온하고 순수해지면 겸손하고 자제하게 되어,[244] 오만함이 없어지게 된다. 이렇게 되면 능히 멀리있는 사람이 다가오고 가까이에 있는 사람이 편안해지게 되어 백성을 품에 안고 보호할 수 있다. 그래서 모든 일이 공경해야 순조롭게 되고, 내적으로 덕을 바르게 하게 인심이 되돌아오게 되는 것이다. 만약에 공경하지 않으면 교만하고 오만한 용태가 보일 것이다.

관중管仲이 제齊를 다스릴 때, 「구혜지교九慧之敎」[245]를 주장하였다. ≪管子·入國≫에서는 「관중이 국상國相이 되어 40여 일이 된 후, 아홉 가지 인정仁政으로 교화하는 정책을 중시하였다. 먼저 연장자를 공경하고, 둘째 어린 아이를 사랑하고, 셋째 고아나 과부를 도와주고, 넷째 장애자를 돌봐주고, 다섯째 홀로 된 자에게 합쳐주고, 여섯째 병든 자는 문병을 하고, 일곱째 곤궁한 백성은 정부에 알려주고, 여덟째 가난한 자를 도와주고, 아홉째 가족이 없는 사망자는 제사를 대신 지내도록 하는 것」이고, 또한 ≪관자管子·목민牧民≫에서는 「정치를 능히 흥하게 할 수 있는 것은 민심을 따르는 데 있고, 정치가 피폐해지는 것은 민심을 거스르는 데 있다. 백성은 수고스러움과 우환을 싫어하기 때문에 나는 백성을 편안하고 즐겁게 해주고자 하며, 백

237) "모든 일이 순조롭다."
238) "遂, 猶成也."
239) "이같은 악기로 합주하며 8방의 풍성風聲에 순응해야한다."
240) "遂, 猶順也."
241) "사람의 태도가 장중하게 하고 공손하게 하는 것이 예의 절제이다."
242) 「外貌莊敬, 謙恭謹愼, 是禮之節制也.」
243) "夫人必知禮然後恭敬, 恭敬然後尊讓, 尊讓然後少長貴賤不相逾越, 少長貴賤不相逾越, 故亂不生而患不作, 故曰禮不可不謹也."(≪管子·五輔≫)
244) "和粹謙抑."
245) "아홉 가지 인정仁政으로 교화하는 정책."

성은 빈천을 싫어하기 때문에 나는 백성을 부귀하게 해주고자 하며, 백성은 위험과 재난을 싫어하기 때문에 나는 그들을 안전하게 보호해 주고자 한다. 백성은 또한 후대가 끊기는 것을 두려워하기 때문에 그들로 하여금 생육하도록 도와주고자 한다. 백성을 편안하고 즐겁게 해주면, 백성은 군주를 위하여 근심과 노고도 감수한다. 부유하고 귀하게 해주면, 백성은 군주를 위하여 가난과 천함도 감수한다. 보호하고 안전하게 해주면, 백성은 군주를 위하여 위험에 빠지는 것도 감수한다. 잘 살도록 해주면, 백성은 군주를 위하여 생명을 희생하는 것도 감수한다. 그런 고로 형벌은 백성이 두려워하도록 하기에 부족하고, 죽이는 짓은 백성의 마음을 복종시키기에 부족하다. 그러므로 형벌이 많으나 백성이 그것을 두려워하지 않으면 법령이 시행되지 않는다. 많은 사람을 죽여도 백성이 마음으로 복종하지 않으면 윗사람의 자리는 위태롭다. 백성이 원하는 네 가지 욕망을 채워주면 멀었던 사람도 저절로 가까워진다. 반대로 백성이 싫어하는 네 가지를 행하면 가까웠던 사람도 배반한다. 그러므로 '백성에게 주는 것 도리어 받는 것'임을 아는 것이 정치의 보배다.」246)라 했다.

이렇게 민사에 최선을 다해 공경을 하여 민심을 얻으면 당연히 정치가 흥하고 백성들이 군주를 따르게 되는 것이다.

≪상서尙書·무일無逸≫에서는 주공周公이 말한 「아참! 나는 들어구나, 이전에 은殷나라의 중종中宗은 엄숙하고 삼가고 공경하고 두려운 마음으로 천명을 받들어 스스로 헤아렸으며, 백성을 다스림에 공경하고 두려워하여 감히 편히 노는 일에 빠지지 않았다. 그래서 그 나라를 다스리는 세월이 75년이나 되었다.」247) 구절을 예로 들어 천하를 경계하였다.

⑥ **'喬則⿰氵矛'**

≪경전석문經典釋文≫에서는 '喬(높을 교, qiáo)'자에 대하여 「'喬'자는 음이 '기교반其驕反'이다. '喬'는 '高(높을 고, gāo)'의 뜻이다」248)라 하고, 「'喬'자는 음이 '驕(교만할 교, jiāo)'와 같고, 원래 또한 '교驕'로 쓰기도 한다」249)라 하였다. '교驕'는 '무엄하다(긍사矜肆)'·'방종하다'

246) "政之所興, 在順民心. 政之所廢. 在逆民心. 民惡憂勞, 我佚樂之. 民惡貧賤, 我富貴之, 民惡危墜, 我存安之. 民惡滅絶, 我生育之. 能佚樂之, 則民爲之憂勞. 能富貴之, 則民爲之貧賤. 能存安之, 則民爲之危墜. 能生育之, 則民爲之滅絶. 故刑罰不足以畏其意, 殺戮不足以服其心. 故刑罰繁而意不恐, 則令不行矣. 殺戮衆而心不服, 則上位危矣. 故從其四欲, 則遠者自親; 行其四惡, 則近者叛之, 故知"予之爲取者, 政之寶也."

247) "周公曰: "嗚呼! 我聞曰: 昔在殷王中宗, 嚴恭寅畏, 天命自度, 治民祗懼, 不敢荒寧. 肆中宗之享國七十有五年."

248) "喬, 其驕反. 喬, 高也."

249) "喬, 音驕. 本亦作驕."

라는 뜻이다. ≪한비자韓非子·육반六反≫은 「인내하지 않으면 무엄하게 된다.」[250]라 하였다.

'𢘉'자는 '侮(업신여길 모, wǔ)'로 읽는다. '모侮'자는 '오만하다(경만輕慢)'·'모욕하다(모욕侮辱)'·'업신여기다(기능欺凌)'는 뜻이다. ≪尙書·대우모大禹謨≫에서는 「오만하고 스스로 현명하다고 생각하면 도를 배반하여 덕을 더럽힌다.」[251]라 하고, ≪詩經·大雅·증민蒸民≫은 「홀아비와 과부를 업신여기지 아니하며, 강폭한 사람을 두려워하지 아니하도다.」[252]라 하였다.

관중管仲은 반복적으로 교만하지 않도록 강조하였다.

≪관자管子·백심白心≫에서는 「강하면서 교만한 사람은 그 강함이 손상을 입게 되고, 약하면서 교만한 사람은 빨리 죽는다.」[253]·「교만하고 포악한 사람과 사귀어서는 안 된다.」[254]라 하고, ≪管子·유관幼官≫에서는 「교만한 군주가 백성을 피폐하게 하면, 나라가 위태로워진다.」[255]라 하고, ≪管子·패언覇言≫에서는 「부유하지만 교만하고 방자하면 다시 빈곤해진다.」[256]라 하였다.

≪管子·계戒≫에서 관중은 일찍이 제齊나라 환공桓公에게 「그러므로 성인은 덕은 높이되 그 공은 아래에 두고, 도는 존중하되 물질은 천시했다. 성인은 도와 덕을 몸에 간직하고 있기 때문에 외물의 유혹에 빠지지 않는다. 때문에 몸은 비록 초야에 묻혀 있어도 두려운 바가 없고, 군주가 남면하여 천하를 다스려도 교만하지 않았다. 이와 같이 한 뒤에 천하의 군주가 될 수 있는 것이다.」[257]라 하였고, 또한 管仲은 桀과 紂 왕의 예로 들어 '교만'의 위험성을 훈계했다. 즉 ≪管子·소칭小稱≫에서 「관자가 말했다. 자신에게 죄를 돌리는 사람은 백성에게 죄를 얻지 않고, 자신에게 죄를 돌리지 않는 사람은 백성이 죄를 주게 된다. 그러므로 자신의 잘못을 말하는 사람은 강하고, 자신의 절도를 다스리는 사람은 지혜로우며, 다른 사람에게 불선하지 않는 사람은 어질다. 그러므로 현명한 군주는 잘못이 있으면 자신의 책임으로 돌리고, 좋은 일이 있으면 백성에게 돌린다. 자신에게 잘못을 돌리면 나를 두려워하게 되고, 백성에게 좋은 일을 돌리면 백성이 기뻐한다. 기쁨을 백성에 돌리고, 두려워함을 나에게서 찾는 것, 이것이 현명한 군주가 백성을 다스리는 방법이다. 지금 걸桀과 주紂 왕은 일찍이 그렇지 못하여, 좋은 일은 자신에게

250) "不忍則驕吝."

251) "侮慢自賢, 反道敗德."(≪尙書·大禹謨≫)

252) "不侮矜寡, 不畏強禦."(≪詩·大雅·蒸民≫)

253) "強而驕者損其強, 弱而驕者亟死亡."(≪管子·白心≫)

254) "驕倨傲暴之人, 不可與交.."(≪管子·白心≫)

255) "驕君使疲民, 則國危."(≪管子·幼官≫)

256) "富而驕肆者復貧."(≪管子·覇言≫)

257) "聖人上德而下功, 尊道而賤物. 道德當身, 故不以物惑. 是故身在草茅之中, 而無懾意, 南面聽天下, 而無驕色. 如此, 而後可以爲天下王."(≪管子·戒≫)

돌리고, 잘못된 일은 백성에게 돌렸다. 잘못을 백성에 돌리면 백성이 분노하고, 좋은 일을 자신에게 돌리면 자신은 더욱 교만해질 뿐이다. 백성을 분노하게 만들고, 자신을 교만하게 만드는 일은 바로 몸을 망치는 원인이다.」258)라 하였다.

공자는 ≪論語≫에서 교만해서는 안 된다고 강조하였다. ≪論語·學而≫에서 자공 이 「가난하지만 아첨함이 없으며, 부유하지만 교만함이 없으면 어떠합니까?」고 묻자, 공자는 「괜찮지만, 가난하면서도 즐거워하며 부유하면서도 예를 좋아하는 것만 못하다.」259)라 하였고, ≪論語·子路≫에서는 공자는 「군자는 태연하되 교만하지 않고 소인은 교만하되 태연하지 않다.」260)라 하고, ≪論語·堯曰≫에서 공자는 「군자가 은혜를 베풀되 낭비하지 않으며, 수고롭게 하되 원망하지 않으며, 하고자 하되 탐하지 않으며, 태연하되 교만하지 않으며, 위엄이 있으되 사납지 않은 것이다.」261)라 하였다.

【譯註】

‘[illegible]’자는 자부 ‘水’와 소리부 ‘𡗝’로 이루어진 형성자이다. ‘𡗝’자는 ‘侮(업신여길 모, wǔ)’의 이체자로 ≪郭店楚簡≫은 ‘[illegible]’·‘[illegible]’로 쓴다.262)

⑦ ‘𣶒言多難’

「𣶒」자는 ‘備(갖출 비, bèi)’로 읽는다. ‘備’는 ‘방비하다(防備)’·‘경계하다(警戒)’의 뜻이다. ≪좌전左傳·소공이십사년昭公二十四年≫은 「邊人不備」263)라 하였다.

「비언다난備言多難」의 뜻은 ‘말을 많이 함으로써 환난이 있으니’는 경계하라는 것이다. ≪管子·계戒≫에서는 「한마디 말만 듣고서 만물을 꿰뚫어 아는 것을 도를 안다고 한다. 말을 많이 하는데 온당치 못한 말이 있으면 말을 적게 하는 것만 못하다.」264)라 하였다.

---

258) “管子曰: 善罪身者, 民不得罪也. 不能罪身者, 民罪之. 故稱身之過者, 強也. 治身之節者, 惠也. 不以不善歸人者, 仁也. 故明王有過, 則反之於身. 有善, 則歸之於民. 有過而反之於身, 則身懼. 有善而歸之於民, 則民喜. 往喜民, 來懼身. 此明王之所以治民也. 今夫桀紂則不然,有善則反之於身, 有過則歸之於民. 有過而歸之於民,則民怒. 有善而反之於身, 則身驕. 往怒民, 來驕身, 此其所以失身也.”(≪管子·小稱≫)

259) 子貢曰: “貧而無諂, 富而無驕, 何如?” 子曰: “可也, 未若貧而樂, 富而好禮者也.”(≪論語·學而≫)

260) 子曰: “君子泰而不驕 小人驕而不泰.”(≪論語·子路≫)

261) 子曰: “君子惠而不費, 勞而不怨, 欲而不貪, 泰而不驕, 威而不猛.”(≪論語·堯曰≫)

262) ≪楚系簡帛文字編(增訂本), 750 쪽.

263) “변방사람들이 경계하지 않다.”

264) “聞壹言以貫萬物, 謂之知道. 多言而不當, 不如其寡也.”(≪管子·戒≫)

管仲은 군주의 말에 대하여 상당히 중요하였다.

≪管子·형세해形勢解≫에서는「군주가 말을 할 때 민심을 거역하지 않고, 의리를 거스르지 않으면, 그 말은 천하를 안정시키기에 충분하며, 사람들은 군주가 다시 말하지 않을까 염려한다. 말을 할 때 부자 사이의 친근함을 떨어뜨리고, 군신관계를 소원하게 하고, 천하의 백성들을 해치면, 이 말은 다시 해서는 안 된다. 그러므로 현명한 군주는 이런 말을 하지 않는다. 그러므로 『군주는 말을 하되 두 번 다시 못할 말을 해서는 안 된다』고 한다.」[265]라 하고, 또한「말을 함에 다시 해서는 안 될 말은 믿음이 없는 말이다. 일을 행함에 다시 해서는 안 될 행동은 포학한 행동이다. 그러므로 말을 할 때 믿음이 없으면 백성이 귀부하지 않고, 일을 행함에 포학하면 천하가 원망한다. 백성이 귀부하지 않고 천하가 원망하면, 이는 멸망이 따르는 이유가 생긴다. 그러므로 현명한 군주는 이를 금한다. 그러므로 『무릇 두 번 다시 할 수 없는 말이나 행동을 군주는 하지 않는 것이다』고 한다.」[266]라 하였다.

≪論語≫와 ≪孔子家語≫에서도 역시「신언愼言」에 관해 내용이 언급되어 있다.

≪論語·學而≫에서 공자는「군자가 먹음에 배부름을 구하지 않으며, 거처에 편안함을 구하지 않으며, 일에는 민첩하며 말에는 삼가야 한다」[267]라 하고, ≪孔子家語≫는 ≪관주觀周≫에서 공자의 말을 인용하여 설명하였다.

> 공자가 주나라를 관람하면서 드디어 태조 후직后稷의 사당에 들어가게 되었다. 그런데 사당 오른쪽 뜰 앞에 쇠로 만들어 놓은 동상 하나가 있었다. 그 입은 세 군데나 꿰매져 있었으며 그 등에는 이렇게 새겨져 있었다. 『사람은 옛날에 말을 삼가던 사람이다. 경계할지어다. 말을 많이 하지 말라. 말이 많으면 실패함이 많으니라. 많은 일을 벌이지 말라. 일이 많으면 걱정이 많으니라. 안락할수록 반드시 자신을 경계하라. 그러면 후회할 일이 없으리라. '무엇을 상심하리오? '라고 말하지 말라. 그 재앙이 장차 커질 것이니라. '무엇이 해가 되리오?' 라고 말하지 말라. 그 재앙이 장차 커지리라. '아무도 듣는 자가 없다'라고 말하지 말라. 귀신이 곁에서 엿보고 있느니라. 작은 불길을 끄지 않으면 크게 번지는 불을 어찌 하겠는가? 졸졸 흐르는 물을 막지 않았다가 마침내 큰 강하江河가 되리라. 가느다란 실도 끊어지지 않는다면 혹 그물을 만들 수도 있으며, 털끝만 한 것도 붙들어 매어 두지 않았다가는 장차 도끼자루를 찾아 나서야 하리

265) "人主出言不逆于民心, 不悖于理義, 其所言足以安天下者也, 人唯恐其不復言也. 出言而離父子之親, 疏君臣之道, 害天下之衆, 此言之不可復者也, 故明主不言也. 故曰: '言而不可復者, 君不言也.'"(≪管子·形勢解≫)

266) "言之不可復者, 其言不信也. 行之不可再者, 其行賊暴也. 故言而不信, 則民不附. 行而賊暴, 則天下怨. 民不附, 天下怨, 此滅亡之所從生也! 故明主禁之. 故凡曰: "言之不可復,行之不可再者, 有國者之大禁也."(≪管子·形勢解≫)

267) "子曰: 君子食無求飽, 居無求安, 敏於事而愼於言."(論語·學而≫)

> 라. 진실로 말을 삼가는 것은 복의 근원이로다. '입이 무엇을 상하게 하리오?'라고 하는 것은 재앙의 문이로다. 그러므로 뻣뻣한 자는 제 명에 죽지 못하며, 이기기를 좋아하는 자는 반드시 자기를 대적할 사람을 만나게 된다. 도둑은 그 주인을 미워하고 백성들은 그 윗사람을 원망한다. 군자는 천하에서 자신이 가장 위가 아님을 알기 때문에 남보다 아래에 처하는 것이며, 많은 사람보다 앞서서는 안 될 것임을 알기 때문에 남보다 뒤에 서는 것이다. 온순히 하고 삼가는 덕은 남들로 하여금 사모하게 하는 것이며, 부드럽고 자신을 낮추기만 하면 남들이 그를 넘어서지 않는다. 남들이 모두 저쪽으로 간다 해도 나만은 홀로 여기에서 옳은 길을 지킬 것이며, 남들이 모두 이리저리 옮겨 다녀도 나는 홀로 흔들리지 않아야 하느니라. 나의 지혜를 안으로 감추어 두고 남에게 기능을 드러내지 말라. 그러면 내가 아무리 높고 존귀하다 해도 남들이 나를 해치지 못하게 될 것이니, 누가 능히 이런 일을 해낼 수 있겠는가? 강과 바다가 비록 왼쪽으로 흐른다 해도 온갖 물의 주인이 되는 것은 바로 스스로를 낮추기 때문이다. 하늘의 도는 누구에게 치우쳐 친한 것이 아니니 능히 남에게 낮추면 되느니라. 경계할지어다!』 공자가 이 글을 다 읽고 제자들에게 일렀다. 『제자들아! 이를 기록해 두어라. 이 글은 진실로 이치에 맞고 정황도 믿을 만하다. ≪시경≫에 '두려워하고 조심하기를 마치 깊은 못에 임한 듯, 엷은 얼음을 밟는 듯이 하라'라 하였다. 자신의 몸가짐을 이와 같이 한다면 어찌 입(口)의 과실이 있을까 걱정하겠느냐?』268)

본 죽간은 다음 죽간과 당연히 이어지는 내용으로 볼 수 있다.(다음 죽간의 상단은 약 12자가 잔실되었다.)

【譯註】

정리본은 '滿言多難' 중의 '滿'자를 '경계하다'의 '備'의 의미로 해석하였다. 그런데 앞 구절의 '龏則逑'와 '喬則汙'의 구절과 문장 구조가 맞지 않다. 정리본의 해석에 따른 다면, '滿'은 술어術語이고 '言多難'은 이에 대한 목적어이다. 그러나 '龏則逑' 등의 구조는 가정의 복문 형식으로 되어 있다.

이천홍李天虹은 〈讀≪季康子問於孔子≫劄記〉에서 '備'자를 '다하다(盡)'의 의미로 해석하였

268) "遂如太祖後稷之廟, 廟堂右階之前, 有金人焉, 三緘其口, 而銘其背曰: '古之愼言人也, 戒之哉. 無多言, 多言多敗. 無多事, 多事多患. 安樂必戒, 無所行悔. 勿謂何傷, 其過將長. 勿謂何害, 其禍將大. 勿謂不聞, 神將侍人. 焰焰不滅, 炎炎若何. 涓涓不壅, 終爲江河. 綿綿不絕, 或成網絡. 毫末不劄, 將尋斧柯. 誠能愼之, 福之根也. 口是何傷, 禍之門也. 強梁者不得其死, 好勝者必遇其敵. 盜憎主人, 民怨其上, 君子知天下之不可止也, 故下之. 知眾人之不可先也, 故後之. 溫恭愼德, 使之慕之. 執雌持下, 人莫逾之. 人皆或之, 我獨不從. 內藏我智, 不示人技, 我雖尊高, 人弗我害, 誰能於此. 江海雖左, 長於百川, 以其卑也. 天道無觀, 而能下人,戒之哉!' 孔子既讀斯文也, 顧謂弟子曰: '小人識之, 此言實而中, 情而信. ≪詩≫曰: '戰戰兢兢,如臨深淵,如履薄冰.' 行身如此, 豈以口過患哉?'"(≪孔子家語·觀周≫)

다.[269] 만약에 '진盡'의 의미로 해석한다면, "하고 싶은 말은 꺼리지 않고 모두 말하게 된다면 많은 화를 당하게 된다"로 해석할 수 있다. '비언備言'은 즉 '자세하고 상세하게 말하다'의 뜻이다.

두예杜預의 ≪춘추좌전서春秋左傳序≫ "身爲國史, 躬覽載籍, 必廣記而備言之"[270] 구절 중의 '備言'의 의미와 같다.

269) 李天虹, 〈讀≪季康子問於孔子≫劄記〉, 簡帛사이트, 2006-02-04.
270) "몸이 나라의 사관이면, 몸은 전적에 실려 있는 내용을 두루 살펴보고, 반드시 두루 넓게 기록하여야 하며 자세하고 상세하게 기록하여야 한다."

第 5 篇

舀事皆㝵亓嚾而弖之則邦又棹童百眚送之㠯

第 5 簡

□□□□□□□□□□□□□䍃(擾)事皆㝵(得)亓(其)嚾(勸)而弜(強)之①, 則邦又(有)㮹(姦)童(動)②, 百眚(姓)逘之㠯(以)□□③

【해석】

일이 혼란스럽게 되면 설득하기도 하고 강요하기도 한다. 그러므로 나라는 간사함을 통찰할 수 있게 되고, 백성들이 재물을 바쳐 국군國君에게 보필하는데 힘쓴다.

【說明】

본 죽간은 길이 21.8cm이고, 상단은 약 12자가 잔실되었고, 하단은 두 자가 손상되었다. 단지 두 번째 홈만 보이고, 문자 19 자가 있다.

【上博楚簡原註】

① '䍃事皆㝵亓嚾而弜之'

첫 글자가 알아보기 어렵지만 「䍃」자나 혹은 「悥」자가 아닌가 한다. 이 자는 「擾(어지러울 요, ráo,nǎo,rǎo)」자와 음이 통한다. 「擾」는 '혼란시키다(요난擾亂)' · '침요하다(침요侵擾)'의 뜻이다.

≪史記 · 회음후전淮陰候傳≫은 「山東大擾」[271]라 하고, ≪尚書 · 윤증胤證≫에서 「俶擾天紀」[272]라 하였다.

「㝵」은 「得(얻을 득, dé)」자의 고문이다.

「嚾」은 「讙(시끄러울 환, huān)」이나 「喚(부를 환, huàn)」과 같다. ≪집운集韻≫에서는 「喚자에 대하여 ≪說文解字≫에서는 『訏(클 우 xū)의 뜻이나 혹은 讙(시끄러울 환 huān) 뜻이다.』라 했다. 또한 의미부는 '言'로 쓰기도 한다. 고문에서는 일반적으로 奐과 통한다.」[273]라 하고, ≪玉篇≫에서 「嚾자는 喚자와 같다.」[274]라 하였다. 「嚾」은 「勸(권할 권, quàn)」으로 읽는다.

---

271) "山東大擾"(산동에 큰 혼란이 일어나다).

272) "俶擾天紀"(하늘의 기율을 어지럽히다.)

273) 集韻: "喚, ≪說文解字≫: '訏也.' 或作讙. 亦從言, 古通作奐."

274) 玉篇: "嚾, 與喚同."

「경상慶賞」과 「형벌刑罰」이 댓구로 쓰이고, 「권설勸說」과 「강제强制」가 같이 언급되는 내용으로 ≪管子≫에서 管仲이 주장하는 내용에서 찾아볼 수 있다.

≪管子·권수權修≫에서 「군주가 몸소 두터운 사랑과 이득을 줌으로써 백성을 가까이 하고, 밝은 지혜와 돈독한 예의로 백성을 교화하고, 군주가 솔선수범 실천하여 선도하고, 제도를 정비하여 범법을 예방(한閑)하며, 지방에는 수장(사師)을 두어 설명하고 이끌어야 한다. 그런 다음에 법령을 선포하여 다스리고, 포상으로 권장하며 형벌로 징계(진振)해야 한다. 그래야 백성이 모두 즐겁게 선을 행하며 환난을 일으키는 행위가 발생할 수 없을 것이다.」[275]라 하고, ≪管子·正世≫에서는 「그러므로 상賞이 (백성을) 권면하기에 충분하지 않으면 사민士民을 부릴 수 없고, 형벌이 두렵게 하기에 충분하지 않으면 포악한 사람이 금령 어기기를 가볍게 여긴다. 백성이란 위엄에 굴복한 뒤에야 법을 따르고, 이익을 본 뒤에야 부려지고, 군주의 다스림을 받은 뒤에야 바르고, 편안한 곳을 얻은 뒤에야 고요한 것이다. 무릇 도적을 제압하지 못하고, 사악한 행동이 그치지 않고, 강자가 약자를 협박하고, 다수가 소수를 포학하게 대하면 이것들은 천하에 근심이 되고, 모든 백성의 우환이 된다. 근심과 우환이 사라지지 않으면 백성이 편안하게 생활하지 못하고, 백성이 편안하게 생활하지 못하면 백성은 군주망할 것이다. 무릇 (천하의) 이익은 (나라가) 다스려지는 것보다 큰 것이 없고, 해악은 (나라가) 에게 실혼란한 것보다 큰 것이 없다. 대저 오제五帝와 삼공三王이 공을 이루고 이름을 세워 후세에 드날린 것은, 천하에 이로움을 일으키고 해악을 제거했기 때문이다」[276]라 하고, ≪管子·패언霸言≫에서는 「천하의 재물로 천하의 사람을 이롭게 하고, 높은 위엄을 떨쳐서 천하의 권력을 합하고, 유덕有德한 정치를 시행하여 제후의 친한 이와 결속을 다진다. 간사하고 아첨하는 이를 징벌하여 천하 사람에게 마음의 규범이 되게 하고, 천하의 위엄으로 인하여 성왕의 정벌을 넓힌다. 반역하고 어지러운 나라를 공격하여 공로가 있는 사람에게 상을 내리고, 성현의 덕이 있는 이를 북돋아 성왕의 품행을 밝히면 백성이 안정하게 된다.」[277]라 하였다.

「弖」자는 ≪후마맹서侯馬盟書≫(323)나 ≪포산초간包山楚簡≫(18) 등에서 볼 수 있다.

---

275) "厚愛利足以親之, 明智禮足以教之, 上身服以先之, 審度量以閑之, 鄕置師以說道之. 然後申之以宪令, 勸之以慶賞, 振之以刑罰. 故百姓皆說爲善, 則暴亂之行無由至."

276) "故賞不足勸, 則士民不爲用. 刑罰不足畏, 則暴人輕犯禁. 民者, 服于威殺然後從, 見利然後用, 被治然後正, 得所安然後静者也. 夫盜賊不勝, 邪亂不止, 强劫弱, 衆暴寡, 此天下之所憂, 萬民之所患也. 憂患不除, 則民不安其居. 民不安其居, 則民望絶于上矣. 夫利莫大于治, 害莫大于亂. 夫五帝三王所以成功立名, 顯于後世者, 以爲天下致利除害也."

277) "以天下之財, 利天下之人. 以明威之振, 合天下之權. 以遂德之行, 結諸侯之親. 以好佞之罪, 刑天下之心. 因天下之威, 以廣明王之伐. 攻逆亂之國, 賞有功之勞, 封賢聖之德, 明一人之行, 而百姓定矣."(≪管子·霸言≫)

앞부분이 잔실되어 정확한 의미를 알 수 없다.

【譯註】

‘’자를 정리본은「舀(퍼낼 요, yǎo)」자나 혹은「憂」자가 아닌가 한다라고 하였지만, 일반적인 ‘憂’자와는 상당히 다르다. ≪郭店楚簡≫의 ≪性自命出≫은 ‘「舀」’자를 ‘’·‘’로 쓴다.[278] 본 ‘’자와 형태가 다르다.「憂」자는 즉 ‘憂(근심할 우, yōu)’자의 이체자로 아랫부분을 자부 ‘心’자로 쓴다.

하유조何有祖는 〈≪季庚子問於孔子≫與≪姑成家父≫試讀〉에서 이 자는 ≪郭店楚簡·당우지도唐虞之道≫(제 25간)와 ≪上博楚簡·容成氏≫(제 14간) 중의 ‘남면南面’ 중의 ‘(面)’·‘’과 같다고 하고, 전체적인 뜻은 “모든 일은 그 일의 중요성을 고려하여 행해야한다는 뜻이다. 이 구절은 제 8간의 ‘君子不可以不强, 不强不立’와 관계가 있다고 생각한다.”라 하였다.[279] 그런데 만약에 ‘面’자로 해석하면 전체적인 문맥이 통하지 않는다.

초간에서 일반적으로 ‘面’자로 인식하는 자들은 ‘’(≪郭店楚簡·尊德義≫, 제15간)으로 쓰고, ≪包山楚簡≫은 ‘’으로 쓴다.[280] 유쇠劉釗는 ≪郭店楚簡校釋≫에서 ≪존덕의尊德義≫의 구절 “耋(教)以事, 則民力嗇(嗇)[281]以面利”(제 15간) 중 ‘面’자를 ‘酉’자로 예정하고, 이 자의 소리부분은 ‘舀’이며 ‘啗(먹일 담, dàn)’으로 읽으며, “‘啗’의 본래 의미는 ‘먹다(吃)’이다. 후에 의미가 파생되어 ‘이익을 취하다(획취이익獲取利益)’라는 뜻으로 쓰인다.”[282]고 하였다.

≪전국고문자전戰國古文字典≫은 ≪包山楚簡≫의 ‘’자는 혹은 ‘首’자로 해석하기도 한다 하였다.[283] 또한 복모좌濮茅左 정리본은 ‘’자에 대하여 “첫 글자가 알아보기 어렵지만「舀」자나 혹은「憂」자가 아닌가 하였는데, 사실상 이 자의 아랫부분은 ‘臼’와 윗부분이 ‘首’와 관련이 있다. ≪說文解字≫는 ‘(舀)’자의 혹체或體를 ‘(抗)’이나 ‘(皖)’으로 쓴다 하였다. 혹체에서는 회의자를 형성자로 쓴다.

278) ≪楚系簡帛文字編≫, 677 쪽.

279) 何有祖, 〈≪季庚子問於孔子≫與≪姑成家父≫試讀〉, 簡帛사이트, 2006-02-19. “凡事皆操其權重而行之. 認爲此句似與8簡‘君子不可以不强, 不强不立’相關.”

280) ≪楚系簡帛文字編(增訂本), 801 쪽.

281) ‘嗇’자에 대해서는 그 의미를 분명히 알 수 없지만, “色”자가 소리부분으로 ‘嗇’으로 읽을 수 있다. ‘嗇’자는 ‘穡’자와 통하며, ‘농사’의 의미이다. ≪尙書·盤庚≫에서는 “若農服田力穡”라 하였다.

282) “啗, 本義爲吃, 後引伸爲‘獲取利益’亦稱啗.” ≪郭店楚簡校釋≫, 134 쪽.

283) 何琳義, ≪戰國古文字典≫, 1074 쪽.

‘臼’에서 후에 자부 ‘人’이 추가되어 사람이 함정에 빠져있는 뜻인 회의자 ‘臽(함정 함 xiàn)’자가 되었고[284], ‘爪’가 추가되어 손으로 물건을 퍼내는 뜻인 회의자 ‘舀(퍼낼 요 yǎo)’가 되었다.[285] 후에 ‘臼’자에서 파생된 ‘臽’자와 ‘舀’자가 각각 다른 자의 자부로 쓰이면 그 음과 의미가 달라진다. 만약에 ‘ ’ 중 아랫부분이 ‘臼’라 보고 이를 기본성부라고 여긴다면, 그 음은 ‘臽’이나 ‘舀’의 생략형이 소리부(생성省聲) 중 하나일 것이다. 만약에 ‘臽’생성省聲이라면 ‘啗’으로 읽을 수 읽고, 만약에 ‘舀’의 생략형이 소리부라면 ‘요擾’로 읽을 수 있다. 전체적인 문맥으로 보아, 아랫부분을 ‘舀’의 생략형이 소리부로 보고 ‘요擾’로 읽는 것이 옳을 것 같다.

정리본은 “旻亓嚾而弖之” 중의 ‘嚾’자와 ‘弖’자를 각각 관중이 주장하고 있는 ‘권면勸勉’과 ‘강제强制형벌’의 일종의 나라를 다스리는 원칙으로 이해하고 있다. 그래서 “일이 혼란스럽게 되면 설득하기도 하고 강요하기도 한다. 그러므로 나라는 간사함을 통찰할 수 있게 되고, 백성들이 재물을 바쳐 국군國君에게 보필하는데 힘쓴다.”로 해석하였다. 이러한 해석은 문장 구절 중의 ‘得’자와 ‘則’의 뜻이 잘 드러나지 않는다. ‘嚾’과 ‘弖’은 시국정책이 아니라 ‘요사擾事’로 인해 발생하게 된 결과 즉 ‘소동(讙, 시끄러울 환, huān,guàn,xuān)’이 일어나고 스스로 강력해지려고 하게 된다는 뜻인 것으로 보인다. 그렇게 되면 즉 나라는 백성을 나쁜 동란이 일어나게 된다. ‘送’은 ‘遣(보낼 견, qiǎn)’의 뜻이며, 이러한 자들은 나라에서 축출해내야 하는 것이다.

② ‘則邦又榦童’

「榦」자는 ‘榦(산뽕나무 간, gàn)’이나 ‘杆(나무 이름 간, gān,gǎn)’과 같다. ≪集韻≫에서 「‘杆’은 나무의 이름이며, ‘柘(산뽕나무 자, zhè)’이다. 혹은 ‘檀(박달나무 단, tán)’이라고 하고 혹은 ‘幹(줄기 간, gàn)’이라 한다. 본 죽간에서는 「姦(간사할 간, jiān)」으로 읽는다.

「童」은 ‘動(움직일 동, dòng)’으로 읽는다. 「간동姦動」은 즉 ≪管子·九守≫에서 「첫째 눈으로 멀리 봐야 하고, 둘째 귀로 잘 들어야 하고, 셋째 밝게 살피는 제도를 세워야 한다. 천 리 밖의 은밀한 일까지 밝게 아는 것을 간사함을 통찰(동動)한다고 한다. 간사함이 통찰되면 화변禍變을 막는다.」[286]라 하였다.

284) ≪說文解字≫: “臽, 小阱也. 从人在臼上也.” 段玉裁注: “古者掘地爲臼, 故从人臼, 會意. 臼猶坑也.”
285) ≪說文解字≫: “舀, 抒臼也. 从爪·臼.”
286) “一曰長目, 二曰飛耳, 三曰樹明. 明知千里之外. 隱微之中, 曰動姦. 姦動則變更矣.”

③ **'百眚送之曰□□'**

「曰」자 다음에 두 글자가 손실되었다.

「百眚」은 「백성百姓」과 같다. 자연 재해나 국난을 당할 때, 백성들이 재물을 바쳐 國君에게 보좌하는데 힘쓴다는 의미와 같다.

≪管子·경중정輕重丁≫에 管子가 환공桓公에게 권고하는 말이 있다. 「지진地震이 나면 돌림병의 조짐이 있고 나라에 불행한 일이 생깁니다. 태풍이 오면 돌림병의 조짐이 생깁니다. 한 나라에 창성槍星이 나타나면 군주가 반드시 욕을 당합니다. 나라에 혜성彗星이 나타나면 반드시 피가 흐르는 일(전쟁)이 생깁니다. 병사들이 전쟁에 나가고 혜성이 나타났으니, 반드시 천하의 적들을 정복하라는 啓示입니다. 지금 혜성이 또 제나라 하늘에 나타났으니, 청컨대 공신과 세가들에게 모이라고 명령하고 온 나라에 호령을 내기를, '혜성이 나타났다. 과인은 출병하여 천하의 적들을 정복한 것이다. 오곡·포목·비단을 가지고 있는 사람은 함부로 처리하지 말라. 나라에 전쟁이 있을 것이니 평상시의 값으로 팔라'고 하십시오. 그러하면 공신·세가·백성이 모두 양식과 화폐를 바치고 재물을 상납하여, 나라의 전쟁을 도울 것입니다. 이것을 하늘의 재변災變을 이용하여 백성에게서 재물을 구하는 방법이라고 합니다.」라 하였다.

본 죽간 다음에는 문자가 손실되었다.

【譯註】

'[古字]'자를 정리본은 '送'으로 예정하였다.

≪說文解字≫는 '[古字](送)'자에 대하여 "'보내다(遣)'의 의미. '辵'과 '倂'의 생략형으로 이루어진 자. 주문籒文은 생략하지 않고 '[古字](遾)'로 쓴다."287)라 하였다. 금문 ≪好蚉壺≫는 '[古字]'으로 쓴다.288) '[古字]'자는 ≪說文解字≫의 주문籒文이나 금문 '[古字]'자와 유사한 형태로 모두 '送'의 이체자이다.

당홍지唐洪志는 〈上博簡(五)孔子文獻校理〉에서 '[古字](倂)'자의 생략형이라 하였다.289) ≪說文解字≫는 '[古字](倂)'자에 대하여 "送也. 从人, 㚘聲. 古文曰爲訓字"라 하고, 단옥재段玉裁는 "'倂'자는 지금의 '媵(보낼 잉, yìng)'자이다. ≪釋言≫은 '잉媵은 '장차 보내다'의 의미'라 하였다. '송送'은 '잉媵'이 본래의 의미이다"라 하였다.290) ≪金文編≫은 '倂(媵)'자로 '[古字]'·'[古字]'의 자들

287) "遣也. 从辵, 倂省. [古字](遾), 籒文不省."

288) ≪金文編≫, '0225 送', 99 쪽.

289) 唐洪志, 〈上博簡(五)孔子文獻校理〉(華南師範大學. 碩士學位論文, 2007), 23 쪽.

을 수록하고 있다.[291)]

'弄(불씨 선, zhuàn)'자에 대하여 단옥재段玉裁 ≪설문해자주說文解字注≫는 "≪설문해자≫에는 이 자가 없다. '送'·'佚'·'朕'자는 모두 '弄'가 소리부이다. ≪설문해자≫가 누락한 자 중의 하나이다."[292)]라 하였다. 진초생陳初生은 ≪금문상용자전金文常用字典≫에서 '[古字]'·'[古字]'은 소전小篆에서 '[古字]'으로 변화되었으며, 예변되어 또한 '弄'으로 변하여, 소리부가 '弄'자는 모두가 '送'의 의미라 하였다.[293)] 따라서 '送'·'佚'·'朕'[294)]와 '媵'[295)]자는 모두 '弄(關)'자에서 파생된 자들이다. 하림의何琳儀 ≪戰國古文字典≫에서 '[古字](媵)'(≪잉순媵錞≫) 자는 '女'와 소리부 '朕(나 짐, zhèn)'으로 이루어진 자로 '佚'자의 이체자라 하였다.[296)] ≪集韻≫은 "'佚'자를 혹은 '媵'자로 쓴다."[297)]라 하였다. 따라서 ≪金文編≫ 역시 '1005 媵'자에서 "일반적으로 '佚'으로 쓴다. 이 자는 '朕'자에도 보인다."[298)]라 하였다.

따라서 '[古字]'자는 정리본에 따라 '送'자로 예정할 수 있다. ≪說文解字≫는 '送'자를 '遣(보낼 견, qiǎn)'의 의미로 설명하였듯이, '축출逐黜하다'는 뜻으로 쓰인다. 전체적으로 만약에 백성을 선동하는 간신배가 있으면, 이러한 자는 강한 형법을 사용하여 쫓아내야 한다, 그래서 앞 구절에서 '强'자를 사용하였다. 그래서 ≪管子·패언霸言≫에서는 "간사하고 아첨하는 이를 징벌하여 천하 사람에게 마음의 규범이 되게 하고, 천하의 위엄으로 인하여 성왕의 정벌을 넓힌다."[299)]라 했다.

---

290) "佚, 今之媵字. ≪釋言≫曰: '媵, 將送也.' 送爲媵之本義."
291) ≪金文編≫, '1348 佚', 567 쪽.
292) "許書無此字, 而送佚朕皆用爲聲, 此亦許書脫漏之一也."
293) 陳初生, ≪金文常用字典≫, 176 쪽.
294) ≪金文編≫, 607 쪽. ≪楚系簡帛文字編≫, 783 쪽.
295) ≪金文編≫, 430 쪽.
296) ≪戰國古文字典: 戰國古文聲系≫, 150 쪽.
297) ≪集韻≫: "佚, 字或作媵."
298) ≪金文編≫: "通佚. 朕字重見." '1005 媵'430 쪽.
299) "以好佞之罪, 刑天下之心. 因天下之威, 以廣明王之伐. 攻逆亂之國, 賞有功之勞, 封賢聖之德, 明一人之行, 而百姓定矣."

第 6 篇

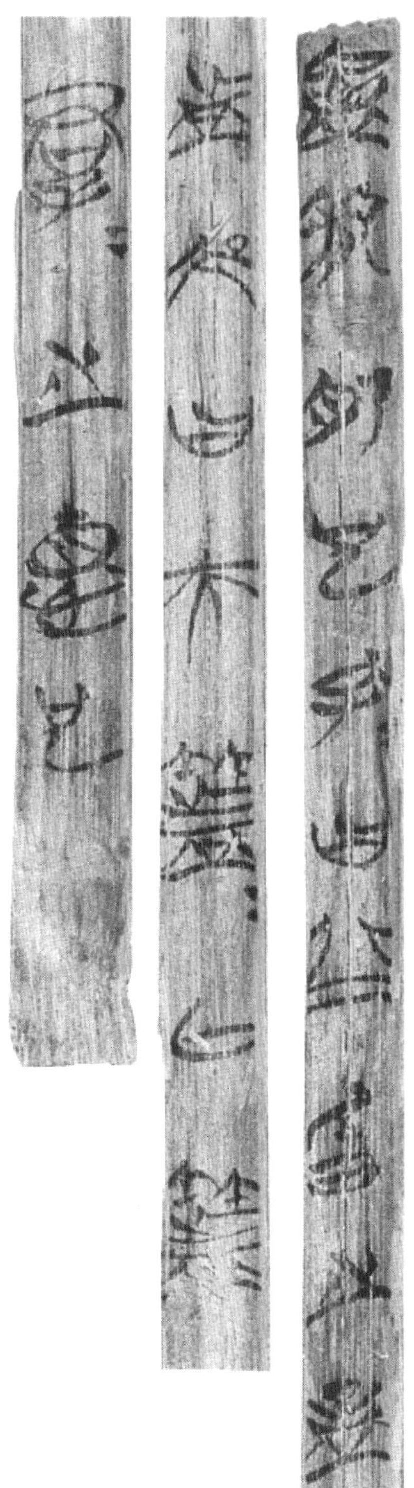

窻秭肥也孔=曰丘昏之孟者吳曰夫箸=㠯箸君=之悳也

第 6 簡

〼』」. 庚子曰: 「〼寍(寍)秜(移)肥也.」① 孔=(孔子)曰: 「丘昏(聞)之孟者(子)吳(餘)曰②: 『夫箸=(書者)㠯(以)箸(著)羣=(君子)之悳(德)也.③

【해석】

「저 비肥를 깨우쳐 주시기를 기꺼이 원합니다.」 공자께서 말씀하셨다. 「나는 맹자오孟子吳에게 들었다. 『문장이란 이른바 군자의 덕을 드러내는 것이다.

【說明】

본 죽간은 길이 20.9cm, 상단은 손상되었고, 하단은 완전하다. 두 번째 홈(계구契口)와 셋 번째 홈의 간격이 18cm고, 셋 번째 홈에서 하단까지는 1.2cm이다. 문자는 24자가 있고, 그 중에 합문合文이 3개 있다.

본 죽간은 상단에 15자가 잔실되었고, 문장의 맥락에 따라 「경자왈庚子曰」은 보충할 수 있다.

【上博楚簡原註】

① '寍秜肥也'

「寍」자는 자부는 '穴'과 '心'이 '皿'자 위에 있다, 자부 '穴'은 '宀'과 의미가 같기 때문에 이 자는 「寍(편안할 녕, níng)」자이다. ≪說文解字≫에서는 '寍'자에 대하여 「'寍'자는 편안하다는 뜻. 자부 '穴'과 '心'이 '皿'자 위에 있는 형태이다. '皿'은 사람이 먹고 마시는 食器로 사람을 편안하게 해 주는 기물이다.」300)라 하고, ≪集韻≫은 「寍자는 일반적으로 '寧(편안할 녕, níng,nìng)'으로 쓴다.」301)라 하였다. ≪說文解字≫에서는 '寧'자에 대하여 「원함을 나타내는 단어이다. 의미부는 '丂'와 소리부 '寍'으로 이루어진 형성자.」302)라 하였다. 「寧」은 '차라리……할지언정'·'오히려……하고 싶다'라는 '寧願(nìngyuàn)'·'寧可(nìngkě)'의 뜻이다. ≪左傳·定公十三年≫에서는 「與其害於民, 寧我獨死」303)라 하였다.

300) "寍, 安也. 从宀, 心在皿上. 人之飲食器, 所以安人."
301) "寍, 通作寧."
302) "寧, 願詞也. 从丂, 寍聲."
303) "백성에게 피해를 끼치니 차라리 나 혼자 죽는 것이 낫다."

「秎」자에 대하여 ≪집운集韻≫은 「'移(옮길 이, yí)'자는 혹은 '秎'자로 쓴다.」[304]라 하였다. 「移」는 '고치다(개변改變)'의 뜻이다. ≪순자荀子·악론樂論≫에서 「낡은 풍속과 습관을 고치다.」[305]라 하였다.

【譯註】

단옥재段玉裁는 '寍'자에 대하여 "'寍'자는 '안녕安寧'의 의미인 '寧'의 정자正字이다. 지금은 '寧(편안할 녕{영}, níng,nìng)'으로 쓰고 '寍'자는 쓰지 않는다."[306]라 하였다.

''자를 정리본은 '秎(移)'자로 예정하고, '바꾸다'의 뜻으로 해석하였다. 그런데 우측 자부 '禾'자는 일반적인 형태와는 다르다.

계욱승季旭昇은 이 자를 '力'과 소리부 '它'로 이루어진 '䘢'자로 예정하고 '施(베풀 시, shī)'의 의미로 쓰인다 하였다.[307] 이 자는 ≪포산초간包山楚簡≫에 자주 보인다.[308]

백해연白海燕 〈≪季康子問於孔子≫集釋〉은 원래 이 자리에 '肥(살찔 비, féi)'자를 잘못 써서 후에 지우고, 그 자리에 '䘢'자를 추가하여 썼기 때문에 아직도 자부 '肉'의 흔적이 남아있어 겹쳐보인다 하였다. 또한 '䘢'자는 '佗'의 이체자이고 본 구절에서는 '施(베풀 시, shī)'의 의미로 쓰인다하였다.[309]

"寧施肥也" 중의 '施'는 '가르켜주다'는 의미이고, '비肥'는 '계강자季康子'의 이름이다. 따라서 본 문장은 "저 肥에게 많은 가르침 해 주시기를 진심으로 부탁드립니다."의 의미이다(부록 참고).

② '孔=曰: 丘昏之孟者㚖曰'

「孔=」는 「공자孔子」의 합문合文이다.

「昏」자는 「聞(들을 문, wén)」으로 읽는다.

「者」는 「子(아들 자, zǐ,zi)」자와 음이 가깝다.

304) "移, 或作秎."

305) "移風易俗."

306) "此安寧正字, 今則寧行而寍廢矣."

307) 季旭昇, 〈上博五芻議(上)〉, 簡帛사이트, 2006-02-18.

308) ≪楚系簡帛文字編≫, 1156 쪽.

309) "我們從整簡的視角入手, 發現可能是書手先將'䘢'字漏寫, 直接寫下一字'肥'字, 寫完'肥'之左邊偏旁'月(肉)', 發現'䘢'字漏寫, 故將'月(肉)'刮除, 未净留痕, 便在其殘留痕蹟上加以改造, 修改爲'力'旁. 楚文字中, '力'旁和'人'旁存在訛混现象, '䘢'可能就是'佗'字." 白海燕, 〈≪季康子問於孔子≫集釋〉, 吉林大學碩士論文(2009), 97 쪽.

「吳」자와 「餘(남을 여, yú)」자는 모두 운모韻母가 어부魚部로 서로 통할 수 있다.

「孟子吳」 즉 진晉나라 때의 「맹자여孟子餘(조최趙衰)」이다. 조최趙衰(?~BC 622년)의 자는 子餘이고, 또한 성자成子·성계成季·맹자여孟子餘라고 부르기도 한다.

≪史記·조세가趙世家≫에서는 「조씨趙氏의 조상은 진秦과 같다.」[310], 「숙夙이 공맹共孟을 낳았다. 이때가 제 나라의 민공閔公 원년이었다. 공맹이 조최趙衰를 낳았다. 조최의 자는 자여(子餘)이다.」[311], (일설에는 「明이 공맹共孟과 조숙趙夙을 낳았고, 숙夙이 성계최成季衰를 낳았다.」[312]고 한다. ≪좌전左傳≫과 ≪국어國語≫에서는 최衰가 조숙趙夙의 아우라고 한다.」, 「조최趙衰가 중위重耳를 따라 도망 나왔다가, 19년만에 진晉나라로 돌아올 수 있었다. 重耳가 진晉 문공文公이 되고, 조최趙衰는 원原의 대부大夫가 되었다. 원에 거주하면서 국정國政을 다스렸다. 문공이 귀국하고 패자의 지위에 오를 수 있었던 것은 대부분 조최의 계책에 의한 것이다. 이에 관한 사적은 진세가晉世家에 기록되어 있다.」[313]라 했다.

≪國語·晉語四≫에서는 「문공이 말했다. 『조최趙衰는 셋 차례나 양보하면서도 의義를 잃지 않았다. 양讓은 현인賢人을 추천하기 위한 것이고, 의義는 덕을 넓이기 위한 것이다. 덕이 널리 펴져야 현인이 나오게 되니 나라에 무슨 우환이 있겠는가. 나는 조최로 하여금 그대를 따르고 보좌토록 할 생각이오.』 이에 조최趙衰를 승진시켜 상군上軍의 부수로 임명했다.」[314], 「진晉나라 양공襄公 6년에 조최趙衰가 사망했다. 시호諡號는 성계成季라 했다.」[315]라 하였다.

조최趙衰가 진晉나라 문공文公 중이重耳를 보좌하여 패업을 이루었고, 또한 「삼양불실의三讓不失義」를 하였다. 그의 현덕賢德이 공자에게 인상이 특히 깊어 특별히 그의 사례를 들었다.

「孟者吳」는 ≪左傳·哀公十一年≫의 「孟之側後入以爲殿」[316] 구절에 대하여 두예杜預가 「지측之側은 맹孟씨의 씨족이며, 자는 반反이다.」[317]라고 한 「맹지측孟之側」이나, ≪책부원귀冊府元龜·장솔부將帥部·불벌不伐≫에서 「맹자측孟子側의 자는 반反이고 노魯나라 맹孟씨 씨족이

310) "趙氏之先, 與秦共祖."

311) "夙生共孟, 當魯閔公之元年也. 共孟生趙衰, 字子餘."

312) "明生共孟及趙夙, 夙生成季衰."

313) "趙衰從重耳出亡, 凡十九年, 得反國. 重耳爲晉文公, 趙衰爲原大夫, 居原任國政. 文公所以反國及霸, 多趙.衰計策, 語在晉事中."

314) "公曰: '夫趙衰三讓不失義. 讓, 推賢也. 義, 廣德也. 德廣賢至, 又何患矣. 請令衰也從子.' 乃使趙衰佐新上軍." (≪國語·晉語四≫)

315) "晉襄公之六年, 而趙衰卒, 諡爲成季."

316) "우군의 孟之側이 늦게 도망해 들어가 맨 뒤가 되었다."

317) "之側, 孟氏族也, 字反."

다.」[318] 중의 「孟子側」과는 다른 인물이다.

【譯註】

정리본은 ‘ ’자를 ‘吳’자 예정하고 ‘孟子側’이 아니라 즉 ‘孟者吳’라 하였다.

그러나 이예李銳는 〈讀≪季康子問於孔子≫劄記〉에서 ‘ ’자는 ‘吳’자와는 다른 자른 ‘昃’자이며, ‘昃’자는 ‘側’자와 통하여 ‘맹지측孟之側’으로 즉 ‘맹자반孟子反’이라 하였다.[319]

‘昃’자는 ≪上博楚簡·昔者君老≫는 ‘ ’으로 쓰고, ≪包山楚簡≫은 ‘ ’으로 쓴다.[320] ‘吳’자는 ≪包山楚簡≫은 ‘ ’로, ≪郭店楚簡·唐虞之道≫는 ‘ ’로, ≪上博楚簡·子羔≫는 ‘ ’로 쓴다.[321] ‘昃’자는 자부 ‘日’을 쓰고, ‘吳’자는 자부 ‘口’로 쓴다. 그런데 자부 ‘口’는 일반적으로 ‘ ’로 쓰는 반면, ‘昃’은 ‘ ’로 쓰며, ‘日’자는 또한 가운데 획 없이 ‘ ’로 쓸 수 있기 때문에 ‘昃’자일 가능성이 높다.

≪論語·雍也≫에서 ‘孟之側’ 즉 孟子反에 대하여 “孟之反은 자랑하지 않는 사람이다. 후퇴하면서 혼자서 뒤에 처져 오고는, 성문城門에 들어갈 무렵에 자기 말들을 채찍질하며, ‘감히 뒤에 처져 온 것은 아니다. 말들이 느렸다’고 말하였다.”[322]라 하였다. 맹지측孟之側의 자字는 지반之反이고, 노魯나라의 대부大夫다. BC 484 년에 노魯나라의 수도首都 밖에서 제齊나라와 접전하다가 대패하여 성내城內로 후퇴하였는데 그 때에 맹지측孟之側은 후퇴군後退軍의 뒤를 지키며 마지막으로 들어왔다. 용맹담대한 자기의 공로功勞를 과장하지 않고 도리어 그것은 자기가 용감한 탓이 아니고 자기의 수레를 끄는 말들이 느렸기 때문이라고 겸손해 하였다. 맹지반孟之反은 ≪論語≫에 공자가 직접 언급하여 찬양하는 것으로 보아 ‘맹지측孟之側’일 가능성이 높다.

③ ‘夫箸=以箸䇞=之悳也’

「夫箸=以箸䇞=之悳也」는 「夫書者以著君子之德也」로 읽는다.

「箸」는 「書(쓸 서, shū)」와 통한다.

「箸=」는 합문合文으로 「서자書者」로 읽는다. 「著(분명할 저, zhù,zhuó)」는 ‘세상에 알리다(현양顯揚)’·‘나타내보이다(현시顯示)’의 뜻이다.

---

318) “孟子側, 字反, 魯孟氏族也.”

319) 李 銳, 〈讀≪季康子問於孔子≫劄記〉, 簡帛硏究사이트, 2006-02-26.

320) ≪楚系簡帛文字編(增訂本)≫, 645 쪽.

321) ≪楚系簡帛文字編(增訂本)≫, 885 쪽.

322) “孟之反不伐, 奔而殿, 將入門, 策其馬曰, ‘非敢後也, 馬不進也.’”

≪예기禮記 · 대학大學≫에서는 「군자를 만나고서는 자기의 나쁜 짓을 가리고 자기의 선함을 드러내려(저著) 한다.」[323]라 하였다. ≪곡량전穀梁傳 · 희공육년僖公六年≫에서 「정백鄭伯의 죄를 드러내다(저著).」[324]라 했다.

「䇂=」는 「군자君子」의 합문合文이다.

본 간은 다음 간과 이어지는 내용이다.

323) "揜其不善而著其善."

324) "著鄭伯之罪也."

第 7 簡

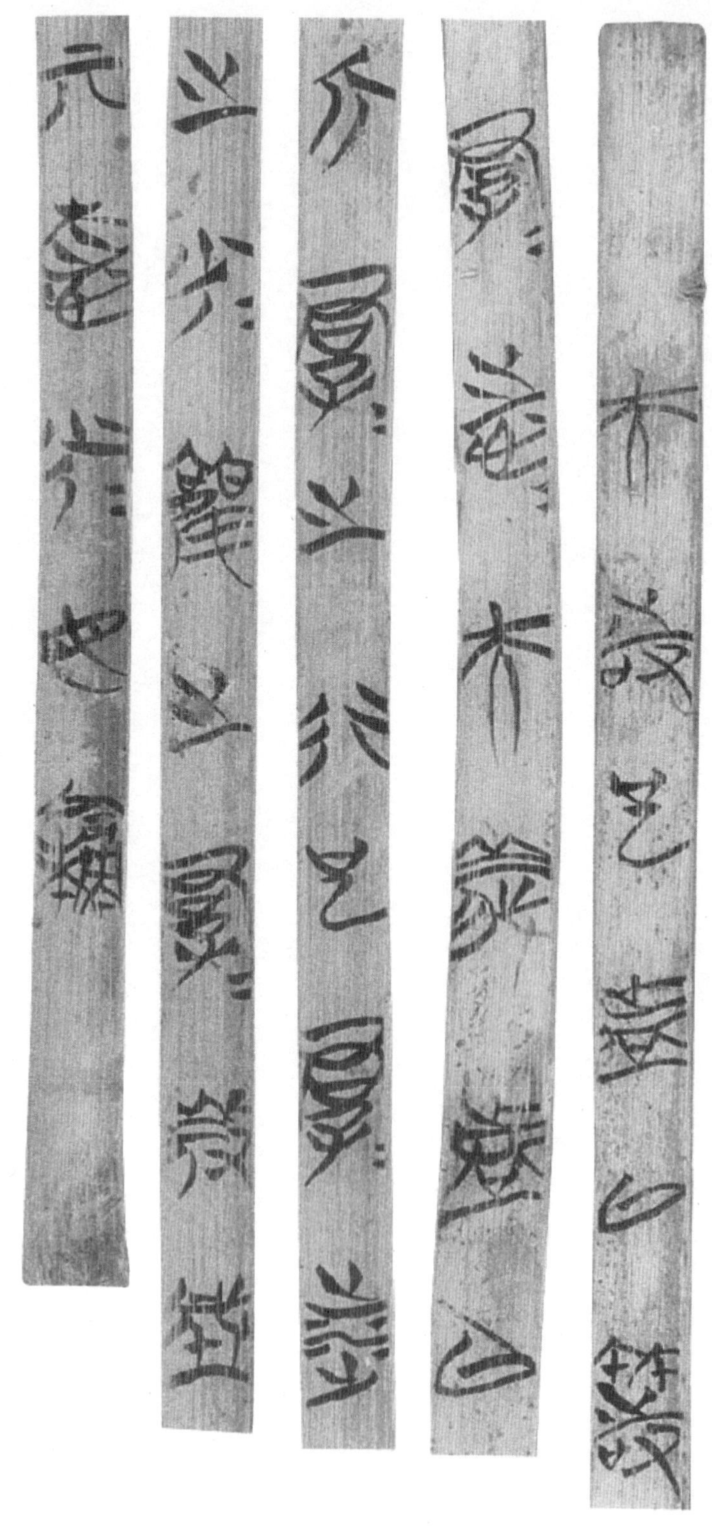

夫時也者㠯等孝=忠=夫義者㠯斤孝=之行也孝=涉之尖=藋之孝=敬城亓悳尖=毋寫

第 7 簡

夫時(詩)也者, 㠯(以)篟(誌)𡥇=(君子)㞢=(之志)①. 夫義者, 㠯(以)斤(謹)𡥇=(君子)之行也②. 𡥇=(君子)涉之③, 尖=(小人)雚(觀)之④, 𡥇=(君子)敬城(成)丌(其)悳(德)⑤, 尖=(小人)毋寐(寐)⑥

【해석】

이른바 시란 군자의 의지를 기록하는 것이고, 의義(의표儀表)란 이로써 군자의 행실을 신중히 하고자 하는 것이다. 군자는 행동으로 실천하지만, 소인은 관찰만 한다. 군자는 그의 정성을 다하여 덕을 실천하지만. 소인은 이에 몽매하다.

【說明】

본 죽간은 길이 39cm이고, 완전한 죽간이다. 첫 번째 홈(계구契口)에서 상단까지 1.4cm, 첫 번째 홈에서 두 번째 홈까지 18cm, 두 번째 홈과 세 번째 홈 사이는 18.3cm, 세 번째 홈에서 하단까지 1.3cm이다. 문자는 모두 38개가 있으며, 그 중에 합문合文이 7개가 있다.

【上博楚簡原註】

① '夫時**也者,** 㠯篟𡥇=㞢='

「時」자는 의미부 '口'와 소리부 '寺'로 이루어져 「詩(시 시, shī)」자와 같다.

≪說文解字≫에서는 '시詩'자에 대하여 「'詩'는 '志(뜻 지, zhì)'이다. '言'과 소리부 '寺'로 이루어진 형성자.」325)라 하고, ≪상서尙書·순전舜典≫에서는 「시는 뜻을 읊은 것이고, 노래는 말을 길게 늘인 것이다.」326)라 했다. ≪시경詩經·관저서關雎序≫에서 「詩는 志를 들러내는 것이며, 마음속에 지니고 있는 것이 지志이고, 언어로 표현한 것이 시詩이다.」327)라 하고, ≪곽점초간郭店楚簡·어총일語叢一≫에서는 「≪시경≫은 古今의 의지를 모은 것이다.」328)라 했다.

「篟」자는 자부 '竹'·'口'와 소리부 '寺'로 이루어진 형성자로 「誌(기록할지, zhì)」로 읽는다. ≪說文解字≫에서 「'지誌'는 '뜻을 기록한 것'이다. 의미부 言과 소리부 志로 이루어진 형성자이

325) "詩, 志也. 從言, 寺聲."
326) "詩言志, 歌永言."
327) "詩者, 志之所之也. 在心爲志, 發言爲詩."
328) "≪詩≫所以會古含(今)之恃也者."

다.」[329]라 하였다.

「羣=」는 「군자君子」의 합문合文이다.

「志=」는 「之志」의 合文이다. 「君子之志(군자의 뜻)」는 ≪孟子≫나 ≪禮記≫등에서도 보인다. ≪예기禮記·제통祭統≫에서는 「무릇 이 세 가지 도道라는 것은 외물外物을 빌려서 군자가 신을 공경하는 뜻을 더하는 것이므로 그 뜻과 함께 더 나아가기도 하고 후퇴하기도 하다. 그 뜻이 가벼우면 세 가지 일도 또한 가볍고, 그 뜻이 무거우면 세 가지 일도 또한 무거운 것으로, 그 뜻이 가벼운 데도 세 가지 일을 밖에서 무겁게 구하려고 하는 것은 비록 성인이라 하더라도 능히 할 수 없는 일이다.」[330]라 하고, ≪맹자孟子·진심盡心≫에서는 「맹자가 말하였다.『흐르는 물은 빈 웅덩이를 채우지 않고는 나아가지 않는다. 군자가 도를 추구함에 있어서도 일정한 성취를 이루지 않으면 통달한 경지에 이르지 못한다.』」[331]라 했다.

군자의 志은 仁義에 둔다.

② '夫義者, 曰斤羣=之行也'

「夫義者」 중 「의義」에 대하여 ≪孔子家語·哀公問政≫은 「'義'란 '마땅함(宜)'이다」[332]하였다.

「斤(도끼 근, jīn)」은 '인자하다(有仁)', '꼼꼼히 살피다(명찰明察)', '삼가하고 신중하다(근신謹愼)' 등의 뜻이다. 예를 들어, ≪集韻≫은 「'斤斤'은 '인자하다'의 뜻.」[333], ≪주송周頌·집긍執競≫은 「밝게 살피셨네.」[334], ≪후한서後漢書·오한전吳漢傳≫에서는 「오한吳漢은 조정朝廷에서 항상 근신謹愼하고 일들을 똑바로 즉시하였다.」[335]라 하고, ≪이아爾雅≫는 「'明明'과 '斤斤'은 '꼼꼼히 살피다(찰察)'의 뜻.」[336]이라 하였다.

공자도 ≪論語≫에서 반복적으로 「義」에 대하여 언급하였다. ≪論語·里仁≫에서는 공자는 「군자는 의義를 밝히고 소인은 이利를 밝힌다.」[337]라 하고, 「군자는 천하에서 해야만 된다는

329) "誌, 記誌也. 从言, 志聲."

330) "凡三道者, 所以假于外而以增君子之志也. 故與志進退, 志輕則亦輕, 志重則亦重. 輕其志而求外之重也, 雖聖人弗能得也."

331) "孟子曰: "流水之爲物也, 不盈科不行; 君子之志于道也, 不成章不達."

332) "義者, 宜也."

333) "斤斤, 仁也."

334) "斤斤其明."

335) "漢在朝廷, 斤斤謹質."

336) "明明斤斤, 察也."

337) "君子喻於義 小人喻於利."(04.16)

것도 없고, 하면 안 된다는 것도 없으며, 단지 의義와 더불어 따를 뿐이다.」[338]라 하고, ≪論語·述而≫에서 공자는 「거친 밥을 먹으며 물을 마시고 팔을 구부려 베고 잠을 잘지라도 낙樂이 또한 그 가운데 있으니, 의롭지 못한 부귀는 나에게는 뜬구름과 같다.」[339]라 하고, ≪論語·公冶長≫에서 공자가 자산을 평하기를 「군자의 도는 네 가지를 지녔으니, 몸가짐이 공손하며 윗사람을 섬김이 공경하며, 백성을 돌봄이 은혜로우며, 백성을 부림이 의로웠다.」[340]라 하고, ≪論語·子路≫에서 공자는 「윗사람이 예禮를 좋아하면 백성들이 감히 공경하지 않는 이가 없고 윗사람이 의를 좋아하면 백성들이 감히 복종하지 않는 이가 없고 윗사람이 신의를 좋아하면 백성들이 감히 성실(정情)하지 않을 이가 없을 것이다.」[341]라 했다.

또한 ≪孔子家語·禮運≫에서는 「그러므로 예禮라는 것은 의義의 열매이니, 의에 맞추어 화합和合하면 그것이 곧 禮이다. 비록 선왕의 예법에 있지 않더라도 義에 적절한 것이면 새로 일으킬 수 있는 것이다. 義라는 것은 사람의 신분에 따라 알맞은 규범이며, 仁의 절도를 나타내는 것이다. 신분에 따라 알맞은 행위로 나타내고 仁을 적당히 베풀 수 있는 예절을 터득한 사람은, 만인을 다스릴 수 있는 강자强者라고 할 수 있을 것이다. 仁이라는 것은 義의 근본이며 순화順和의 본체이니 인仁을 지닌 사람은 만인의 존경을 받는 것이다.」[342]라 하여, 군자는 응당히 義의 중시하고, 신중하게 삼가하여 자신의 본분을 지켜야 하며, 「자신이 바르면 명령하지 않아도 백성이 행하고, 자신이 바르지 않으면 비록 명령하더라도 따르지 않는다.」[343](≪論語·子路≫)는 도리를 알아야한다는 것을 요구하고 있다. 그래서 또한 「군자는 수양을 하지 않을 수 없다.」[344](≪孔子家語·哀公問政≫)는 도리를 알아야 한다는 것이다.

③ '𠮷=涉之'

「𠮷=」는 '군자君子'의 합문合文이다.

「涉(건널 섭, shè)」은 '보행하여 물을 건너다'는 뜻이다. ≪상서尙書·군아君牙≫에서는 「若蹈虎尾, 涉于春冰」[345]이라 하고, ≪시자尸子·치천하治天下≫는 「舍舟而涉」[346]라 했다.

338) "君子之於天下也, 無適也, 無莫也, 義之與比."(04.10)

339) "子曰: 飯疏食飮水, 曲肱而枕之, 樂亦在其中矣. 不義而富且貴, 于我如浮雲."(07.16)

340) "子謂子産, 有君子之道四焉, 其行己也恭, 其事上也敬, 其養民也惠, 其使民也義."(05.16)

341) 子曰: "上好禮, 則民莫敢不敬; 上好義, 則民莫敢不服; 上好信, 則民莫敢不用情."(13.04)

342) "故禮者, 義之實也, 協諸義而協則禮, 雖先王未有可以義起焉; 義者藝之分, 仁之節, 協於藝, 講於仁, 得之者强, 失之者喪; 仁者義之本, 順之體, 得之者尊."

343) "其身正, 不令而行; 其身不正, 雖令不從."(13.06)

344) "君子不可以不修身."(≪中庸≫)

④ '⺌=雚之'

「⺌=」은 '小人'의 합문이다.

「雚(황새 관, guān)」자에 대하여 ≪집운集韻≫은 「'雚'은 물새이다. 혹은 자부 '鳥'를 쓰기도 한다.」[347]라 하였다. 「觀(볼 관, guān,guàn)」의 가차자로 쓰인다. 「君子涉之, 小人觀之」는 군자와 소인 완전히 다른 형태의 처세술을 가리키는 것으로 군자는 행동으로 실천을 하지만 소인은 바라보고 관망만하는 것을 말한다. 그 원인은 군자는 의義를 중시하여 목숨을 버려서라도 義를 지키려하지만, 소인은 이利를 중시하여 이익이 있으면 이를 취하려는 마음이기 때문이다. 또한 君子는 덕을 품어 마음에 거리낌이 없이 정정당당하지만, 소인은 사심을 품어 항상 두려워한다. 그리하여 군자는 대의大義 명분을 위한 것이 감히 못함이 없고, 소인小人은 이익만 생각하니 두려운 마음이 있는 것이다.

⑤ '孯=敬城丌悳'

「 孯=」는 '군자君子'의 합문이다.

「城」은 '成(이룰 성, chéng)'으로 읽는다.

⑥ '⺌=(小人)毋𥧌(寐)'

「⺌=」은 '少人'의 합문이며, '小人'과 같다.

「𥧌」는 '寐(잠잘 매, mèi)'의 이체자異體字이다. 「小人毋寐」는 공자가 훈계하는 말이다. 재여宰予가 어느 날 낮잠을 자자, 공자는 성노하여 재여宰予의 의지가 나약하고 게을러 가르쳐도 쓸모없다고 생각하여 썩은 나무와 똥 묻은 담장과 비유하여 혹독하게 꾸짖고 성공하지 못할 것이라고 했다. ≪論語·公冶長≫에서는 「재여가 낮잠을 잤는데 공자께서 말씀하셨다. 『썩은 나무는 조각할 수 없으며 똥 묻은 흙의 담장은 흙손질할 수 없으니, 재여에게 무슨 책망을 더 하리요.』」[348]했다.

군자는 스스로 포기하거나 뜻을 잃어서는 안 되며, 쉬지 않고 부지런하고 자강자립하며, 항상 말을 조심하고 행동은 신속히 하며, 그의 덕을 성실히 이행하도록 해야 한다는 공자의 가르침이다.

345) "若蹈虎尾, 涉于春冰"(호랑이 꼬리를 밟는 것 같이 하며, 봄 얼음 빙판 위를 걷는 것 같이 하다.)
346) "舍舟而涉"(배를 버리고 물을 건너갔다.)
347) "雚, 水鳥也. 或從鳥."
348) "宰予晝寢. 子曰: '朽木不可雕也, 糞土之墻不可杇也; 於予與何誅?'."

【譯註】

‘毋[illegible](寐(잠잘 매, mèi))’를 혹은 ‘어리석어 알지 못하다’라는 ‘회매晦昧’로 읽기도 한다.[349] 제 10간에서는 ‘[illegible]’자를 ‘[illegible]’로 쓴다(부록 참고).

349) 陳偉, 〈≪季康子問孔子≫零識(續)〉, 簡帛사이트. 2006-03-02.

第 8 篇

也萦戲含語肥也㠯尻邦豙之述曰𡥈=不可㠯不=弖=則不立

第 8 簡

□.』」 庚子曰: 「□也縈(縈), 戱(遂)含(今)語肥也,① 㠯(以)凥(居)邦豙(家)之逑曰②: 『羣=(君子) 不可㠯(以)不=弜=(不强, 不强)則不立③

【해석】

□.』」 계강자가 말했다. 「……서로 간에 얽혀 싸우니, 작금 이를 근심하여 비肥인 저에게 나라에 거처하는 원칙에 대하여 말하기를 『군자는 강하지 않으면 안 되고, 강하지 않으면 바로 설 수 없다.

【說明】

본 죽간은 길이 24.2cm, 죽간의 상단은 잔실되었고, 아랫부분은 완전한 형태이다. 두 번째 홈(계구契口)와 세 번째 홈의 간격이 18cm, 세 번째 홈에서 하단까지는 1.5cm이다. 문자는 모두 26자가 있으며, 그 중에 중문重文이 2 자, 합문合文이 1자 있다.

본 죽간의 상단은 잔실되어 약 12자가 보이지 않는다. 문맥에 따라 「庚子曰」 등 세 자를 보충할 수 있다.

【上博楚簡原註】

① '也縈, 戱含語肥也'

「也」자의 앞에 약 12자가 잔실되었다.

「縈」자는 '縈(얽힐 영, yíng)'으로 읽어야 하는 것이 아닌가 한다. ≪說文解字≫에서는 '縈'자에 대하여 「'얽히다'의 의미. 자부 '糸'와 '熒'의 생략형이 소리부인 형성자.」[350]라 하고, ≪시경詩經·국풍國風·규목樛木≫에서는 「남산에 늘어진 나무, 칡과 머루가 얽히여 있네.」[351]라 했다. 중국 의학서 ≪어찬의종금감御纂醫宗金鑑≫에서는 「脈縈縈如蜘蛛絲者」[352]라 하였다. 「縈」자는 '돌다(旋, 돌 선, xuán,xuàn)'·'감다(繞(두를 요, rào)'와 '감돌다(紆, 굽을 우, yū))'의 뜻이

350) "縈, 收鲞也. 从糸, 熒省聲."

351) "南有樛木, 葛藟縈之."

352) "脈縈縈如蜘蛛絲者"(혈맥이 서로 얽히여 있는 것이 마치 거미줄과 같다.)

있다.

「𢧢」자는 '㓹(가시랭이 예)'의 이체자가 아닌가한다. ≪玉篇≫에서는 「'㓹'자의 음은 '유예절唯芮切'이고, 주문籀文은 '예銳'로 쓴다.」[353]라 하고, ≪集韻≫은 「'㓹'은 '조금다치다(小傷)'의 의미.」[354]라 하고, '銳(날카로울 예, ruì)'자에 대해서는 「≪說文解字≫에서는 『'바늘의 끝과 같이 예리하다(芒)'의 의미』라 했다. 또한 성씨 중의 하나이다. 주문籒文은 '㓹'로 쓴다. 혹은 '棁'자로 쓰기도 하며 생략하여 '兑'로 쓰기도 한다.」[355]라 했다.

이 글자는 ≪包山楚簡≫(一七四, 一八六) 등에서 볼 수 있고, 「遂」로 읽는다. 혹은 「烈」자의 혹체자或體字가 아닌가 한다.

「含」자는 '今(이제 금, jīn)'으로 읽는다.

【譯註】

정리본은 「𦯬」자는 '영縈'으로 해석하고, 「𢧢」자는 '예㓹'의 이체자로 풀이하고 있으나, 더 이상 설명이 없기 때문에 전체적인 뜻을 파악하기가 쉽지 않다.

따라서 본 죽간 구절에 대하여 다양한 의견이 제시되었다.

첫 번째, '縈'자는 '의심쩍다(惑)'의 의미이고, '𢧢今'은 뒤 구절 "不可以不強"을 주장하는 사람이다.[356]

두 번째, '𦯬𢧢今'은 사람 이름으로 '𦯬'은 성씨이고 '𢧢今'은 이름이다.[357] '𦯬𢧢今' 중 '𦯬'자는 '葛(칡 갈, gé,gě)'로 읽기도 하고,[358] '𢧢'자를 혹은 '열烈'·'열列'·'厲(갈 려, lì)'로 읽기도 한다.[359]

진검陳劍은 〈談談≪上博(五)≫的竹簡分篇·拼合與編聯問題〉에서 ''자를, ≪古璽彙編≫은 '葛'자를 ''(0927)·''(0926)·''(4046)·''(2338)로 쓰고, 金文 ≪盛君縈簠≫가 ''로 쓰

353) "㓹, 唯芮切. 籀文銳."

354) "㓹, 小傷也."

355) "≪說文解字≫『芒也.』亦姓. 籒作㓹, 或作棁, 亦省兑."

356) 牛新房, 〈讀上博(五)≪季康子問於孔子≫瑣議〉. "'縈'讀爲'營'或'瞀', 典籍中此二字常訓爲惑. '肥也', 指季庚子在聽了孔子的一番話後, 感到很迷惑, 原因是'𢧢今'告訴他的和孔子所說的不同."

357) 陳劍, 〈談談≪上博(五)≫的竹簡分篇·拼合與編聯問題〉, 簡帛사이트. 2006-02-19. "'縈'字連下讀爲'縈𢧢今', '縈𢧢今'當是人名, '縈'是其氏, '𢧢今'爲其名.

358) 陳劍, 〈談談≪上博(五)≫的竹簡分篇·拼合與編聯問題〉, 簡帛사이트. 2006-02-19. "對比≪古璽彙編≫與'葛'字諸形, 可知此'縈'字也當釋爲'葛'.

359) 唐洪志, 〈上博簡(五)孔子文獻校理〉, 華南師範大學.碩士學位論文, 2007.

고, ≪三體石經·春秋≫는 '[glyph]'로 쓰는 것과 비교하여 '葛'자로 해석하고 '葛'씨라 하였다.[360]

세 번째, 陳劍이 '葛'자를 사람의 성씨로 보는 것과는 달리 본 구절에서는 의문의 '어찌'라는 의미의 '曷'의 뜻으로 쓰인 것이 본다.[361]

'㦰含'은 제 14간의 '㦰(阕)含(今)之先=(先人)' 구절로 보아 '阕今'으로 읽고, 사람 이름으로 쓰일 가능성이 높다.

이수규李守奎 ≪上海博物館藏戰國楚竹書(1-5)文字編≫에서 '葛'자의 이체자로 '萬'자는 '[glyph]'(≪孔子詩論≫제16간)로 쓰고, '萬'자는 '[glyph]'(≪孔子詩論≫제17간)·'[glyph]'(≪孔子詩論≫제17간)로 쓰고, '萦'자는 '[glyph]'(≪周易≫제43간)로 쓰고, '蓁'자는 '[glyph]'(≪采風曲目≫제1간)로 쓰고, '萦'자는 '[glyph]'(≪季康子問於孔子≫제8간)로 쓴다하였다.[362]

≪上博楚簡·周易≫의 제 43간의 '[glyph]'자를 복모좌濮茅左 정리본은 '䔡(처음 률)'로 예정하였다. ≪上博楚簡·周易≫「곤괘困卦」제일 음효(上六)는 "困于䔡蘲(藟), 于劓⿰, 曰: 迲(動)悬(悔), 又(有)悬, 征吉▣"로 쓰는데,[363] 백서본은 "上六: 困于䔡蘲, 于劓⿰, 曰: 迲悬, 又悬, 征吉"로 쓰고, 현행본은 "上六: 困于葛藟, 于臲卼, 曰動悔, 有悔, 征吉"[364]로 쓴다. 정리본은 또한「䔡」자에 대하여 ≪集韻≫은 ≪博雅≫를 인용하여 "'시작하다'의 의미. 일설은 풀이 얇은 막을 뚫고 나온다는 의미라 하였다."[365]라 하고, 이 자는「葎(한삼덩굴 률{율}, lǜ)」로 읽을 수 있는데, ≪廣韻≫은 "'葎'은 가시가 있는 넝쿨."[366]이라 하였다.

≪광아廣雅·석고釋詁≫는 "「䔡」은「처음(始)」이라는 의미"[367]라 하고, 왕념손王念孫 ≪광아소증廣雅疏證≫은 "≪方言≫은 '「竈」와「律」은「처음(始)」의 뜻'이라 하였다.「律」자와「䔡」은 서로 통용된다.)"라 하였다. ≪說文解字≫에서는 '「肁(비소로 조, zhào)」, 시작하다의 뜻. 의미부「戶」와「聿」로 이루어진 자)'라 하였다.「聿」은 또한 '시작하다'의 뜻이며, 음성은「䔡」자와 비슷하고 뜻이 같다. 이른바 일의 시작은 즉 일의 방칙(法)이기 때문에 '시작하다'를「方」이라고도

360) 陳劍, 〈上博竹書"葛"字小考〉, 中國文字研究, 簡帛사이트. 2006-03-10

361) 白海燕, 〈季康子問於孔子集釋〉, 71 쪽.

362) 李守奎, ≪上海博物館藏戰國楚竹書(1-5)文字編≫, 29-30 쪽.

363) ≪上博楚簡(三)≫, 195 쪽.

364) "上六은 칡 넝쿨(葛藟)과 위태로움(臲卼)에 곤궁을 당하다. 움직이면 후회할 일이 있고, 후회를 하고 나아가면 길하다."

365) "䔡, ≪博雅≫, 始也. 一曰艸孚甲出也."

366) "葎, 蔓草有刺."

367) "䔡, 始也."

하고, 「律」이라고 한다. 법칙(法)은 즉 규율(律)이며 또한 방칙(方)이다."[368]라 하였다.

「葎草」는 상과桑科에 속하며 다년생의 만초蔓草이다. ≪玉篇≫은 "「葎」은 「葛」과 비슷하고 가시가 있다"[369]라 하였다. 명明나라 이시진李時珍 ≪본초강목本草綱目≫은 「율초葎草」에 대하여 "이 식물은 줄기에 작고 가는 가시가 있어 사람의 피부를 잘 찌른다. 그래서 「늑초勒草」라고도 하며, 이를 잘못 말하여 「葎草」라고 하고 또한 「내모來苺」라고도 한데 이는 모두 방언의 음이다."[370]라 하였다.

아래는 「䔩」자의 주법고周法高의 중고음中古音 의음擬音으로 ≪廣韻≫의 입성入聲 '술術'운韻에 해당된다.

䔩	liuɪt	術韻(中古音)
葎	liwət	物部(上古音)
葛	kat	月部(上古音)
褐	gat	月部(上古音)
萬	ɣjwaɣ	魚部(上古音)

丁四新≪楚竹書與漢帛書周易校注≫는 '䔩'자는 '생生'뉴紐'물物'부部이고, '葛'자는 '견見'뉴紐'월月'부部로 '生'과 '見'은 인뉴隣紐이고, '物'과 '月'은 방전旁轉관계이기 때문에 '䔩'자를 '葛'자로 읽을 수 있다하였다.[371] 그러나 음성관계도 가깝지 않기 때문에 두 자의 관계를 설명하기가 설득력이 떨어진다.

임청원林淸源은 〈釋「葛」及其相關諸字〉에서 위에서 진검陳劍이 '葛'의 이체자라고 한 자들에 각각 다르게 예정하였다.

즉 ≪三體石經·春秋≫의 ' '자는 '害'자로 예정할 수 있고, '葛'자와 음이 서로 통하기 때문에 假借字로 사용하거나 혹은 소리부분을 바꾼 異體字라 하였다. ≪采風曲目≫의 ' '자는 '萦'자로 예정할 수 있고 식물의 일종이라 하였다. ≪古璽彙編≫' '·' '·' '자와 ≪季康子問於孔子≫' '자는 가운데 부분이 '糸'이고 외곽부분이 '艾'자인 '紋'로 예정할 수 있으며, '艾'로 읽을

368) "≪方言≫: '竈·律, 始也.' 律與䔩通. ≪說文解字≫: '肁, 始開也. 從戶·聿.' 聿亦始也, 聲與䔩近而義同. 凡事之始, 即爲事之法, 故始謂之方, 亦謂之律, 法謂之律, 亦謂之方矣."

369) "葎, 似葛, 有刺."

370) "此草莖有細刺, 善勒人膚, 故名勒草, 訛爲葎草, 又訛爲來苺, 皆方音也."

371) 丁四新, ≪楚竹書與漢帛書周易校注≫, 131 쪽. "䔩從率聲, 生紐物部字, 葛, 見紐月部字. 生見隣紐, 物月二部旁轉, 故䔩可讀作葛."

수 있다하였다. ≪周易≫의 '[illegible]'자는 '䔢'로 예정할 수 있고, '葛'과는 다른 식물명이라 하였다.372) 그러나 '[illegible]'자와 '[illegible]'자는 '艸(炏)'를 아랫부분 중 '糸'을 제외한 부분이 갑골문의 '乂'자인 '乂'와 형태가 비슷하기 때문에 '紋'로 예정할 수 있다했는데, 절대적으로 '冖'이나 '宀'의 변형이다. 이 자는 '縈'자인 '[illegible]'(≪新甲≫)과 매우 유사하다.373) 이 자는 또한 가운데 부분을 생략하여 '[illegible](營)'으로 쓰기도 한다.374) ≪通志·氏族略三≫은 "營氏. ≪風俗通≫, 周成王卿士營伯之後也"라 하였다.375)

따라서 이 자는 '䔢'로 예정하고, '縈'로 읽을 수 있다. 다만 가장 문제가 되는 것은 이 자가 '성씨'의 의미로 사용되는가 아니면 原字의 의미 그대로 '얽히다'·'설키다'의 뜻으로 쓰이냐이다. 이 자 앞에 조사 '也'자가 있고, 제 14간은 "夫𨟭(冏)含(今)之[illegible]=(先人)"과 같이 발어조사 '夫'와 함께 쓰이는 것으로 보아 '𨟭含'은 고유명사로 사람의 이름일 가능성이 높다. 제 14간에서는 성씨를 생략하여 썼고, 제 8간에서는 '營'이라는 성씨를 쓴다. 따라서 제 8간은 전체적으로 "계강자가 말했다. 「……영예금營冏今이 비肥에게 나라를 안전하게 다스리는 방법으로써 『군자는 강하지 않으면 안 되고, 강하지 않으면 올바르게 설 수 없다』라 했습니다."로 해석할 수 있다.

그래서 이수규李守奎 ≪上海博物館藏戰國楚竹書(1-5)文字編≫에서 '葛(칡 갈, gé,gě)'자의 이체자로 나열하고 있는 문자들은 사실상 모두 같은 자가 아니다(부록 참고).

② '曰凥邦豙之逑曰'

「凥(살 거, jū)」자에 대하여 ≪說文解字≫에서는 「'거처하여 휴식하다(처處)'의 의미. 사람인 '尸'가 '几'를 가져다가 그 위에 앉아 휴식한다는 뜻이다. ≪효경≫은 『중니仲尼가 여기에 한가롭게 살았다.』라 했는데, '凥'자는 이와 같이 한가롭게 휴식을 취하다는 의미이다.」376)라 하였다.

「豙」자는 '家(집 가, jiā,gū)'자이다.

「逑」자는 '術(꾀 술, shù,zhú)'자와 통한다. ≪패풍邶風·일월日月≫은 「나에 보답함이 무도無道한 짓만 하는 구나.」377)라 하고, ≪경전석문經典釋文≫은 이에 대하여 「'逑'자는 원래 또한 '術'자로 쓰기도 한다.」378)라 하였다. ≪漢書·賈山傳≫은 「그 공로는 좇아 서술하다.」379)라고

372) 林清源, 〈釋「葛」及其相關諸字〉, 復但大學出土文獻與古文字研究中心, 2008-12-08

373) ≪楚系簡帛文字編≫, 1095 쪽.

374) ≪戰國古文字典: 戰國古文聲系≫, 781 쪽.

375) ≪漢語大字典≫, 2238 쪽 참고.

376) "凥, 處也. 从尸得几而止. ≪孝經≫曰: '仲尼凥.' 凥謂閒居如此."

377) "報我不逑."

하고, 안사고颜師古는 「'術'자는 또한 '述'로 쓴다.」[380]라 했다.

【譯註】

'凥'는 '居(있을 거, jū)'나 '處(살 처, chù,chǔ)'로 읽을 수 있고, '편안하다'는 '安'의 의미로 쓰인다. "凥邦豖之述"은 "居邦家之述"로 즉 '나라를 평온하게 다스릴 수 있는 계략'인 "安邦家之述"이다.

③ '𡥈=不可𠳿不=𢎗=則不立'

「𡥈=」는 '君子' 두 글자의 합문合文이다.

「𢎗」자는 또한 '强(굳셀 강, qiáng,jiàng,qiǎng)'으로 쓴다. ≪包山竹簡≫(一八)이나 ≪郭店楚墓竹簡≫(九·十三·九·十五)등 에서도 찾아볼 수 있다.

「不=𢎗=」는 '不强'의 중문重文이다. 혹은 군자의 도道는 강직함을 숭상하는 것이지 유연함을 숭상하지 않는다는 의미로 이해할 수 있다.

≪대대예기大戴禮記·무왕천조武王踐阼≫는 「사상보가 서쪽을 향해 서서 책의 내용을 말하였다. 『공경이 태만함을 이기는 자는 길하며, 공경함이 없고 태만한 자는 멸망하며, 의로움이 욕심을 이기는 자는 사람이 따르며, 욕망이 의로움을 이기는 자는 흉할 것이다. 모든 일은 단호히 지키지 않으면 소홀히 될 것이며, 공경하지 않으면 올바르게 서지 못한다. 소홀한 자는 멸망하며, 공경한 자는 만세에 이어진다.』 그것을 요약하여 감추어 두고, 행하고자 할 때 행하며, 자손을 위하여 오래도록 남기고자 하는 이 말이 내가 하고자 뜻이다.」[381]라 하고, 이와 유사한 내용으로 ≪후한서後漢書·정홍전丁鴻傳≫는 「신이 듣기에 하늘은 강하지 않으면 안 된다. 강하지 못하면 일월성日月星 세 가지가 빛을 잃게 되어 밝히지 못하게 된다. 군왕은 강하지 않으면 안 된다. 강하지 못하면 나라를 다스리는 관리들이 종횡무도하게 함부로 날뛰게 되는 것이다. 그래서 모든 일이 변고가 일어나는 상황을 잘 살피어 조정의 잘못을 바로잡아 하늘의 뜻을 따라야 하는 것이다.」[382]라 했다.

378) "述本亦作術."

379) "術追厥功."

380) "術亦作述."

381) "師尚父西面道書之言, 曰: '敬勝怠者吉, 怠勝敬者滅,義勝欲者從, 欲勝義者凶. 凡事不彊則枉, 弗敬則不正, 枉者滅廢, 敬者萬世.' 藏之約, 行之行, 可以爲子孫恒者, 此言之謂也."

382) "臣聞天不可以不剛, 不剛則三光不明; 王不可以不强, 不强則宰牧從横. 宜因大變, 改政匡失, 以塞天意."

그래서 후세에는「근본이 강해야 정신이 악한 것을 저항할 수 있으며, 강하지 못하면 재앙을 불러 화를 당하게 된다.」[383],「군대가 강하지 않으면 나라가 부유하지 못하게 되고, 나라가 부유하지 못하면 백성이 안정되지 못하다. 그래서 항상 병력을 강하게 한 다음에 백성을 안정될 수 있다는 본말론本末論이 있다.」[384]라 했다.

본 죽간의 아래에 문자가 보이지 않는다.

---

383) "本强則情神折衝, 不强則招殃致凶."
384) "兵不强, 則國不富. 國不富, 則民不安. 是故始於彊兵, 而終於安民, 本末之論也."

第 9 簡

莫於丘虒〓昏丘」昏之狀𢉖中又言曰孚〓弖則遐悳則民不

第 9 簡

□』. 孔子曰: 「□蓂(異)於丘䜣=(之所)昏(聞)①. 丘ㄴ」, 昏(聞)之牀(臧)虔(文)中(仲)又(有)言曰②: 「羣=(君子)弜(強)則遻(遺)③, 愄(威)則民不④

【해석】

공자가 말하였다. 「□내가 듣는 것과 다르다. 듣기에 장문중臧文仲이 말했다. 『군자가 강하면 백성을 잃을 것이고, 위협을 가하면 백성은 ……하지 않는다.

【說明】

본 죽간은 길이 24cm이고, 상단은 잔실되었으나 하단은 완전한 형태이다. 두 번째 홈(계구契口)와 세 번째 홈의 간격이 18.2cm이고, 세 번째 홈에서 하단까지 1.2cm이다. 문자는 모두 24자가 있으며, 이 중에 合文은 2자이다.

고려해 볼 때, 없어진 부분은 12자가 손상되었다. 문맥을 고려하여 「孔子曰」 세 자를 보충할 수 있다.

【上博楚簡原註】

① '蓂於丘䜣=昏'

「蓂」자에 대하여 ≪說文解字≫는 「'蓂'는 '토란(芓)'의 의미이다. 자부 '艸'와 소리부 '異'로 이루어진 형성자이다.」[385]라 하였다. '異(다를 이, yì)'로 읽는다.

「䜣=」는 '지소之所' 두 글자의 합문合文이다.

「昏」은 '聞(들을 문, wén)'으로 읽다.

【譯註】

'異'자를 ≪包山楚簡≫은 ''로 쓰고, ≪郭店楚簡≫ 중 ≪語叢≫은 ''로 ≪性自命出≫은 ''·''로 쓴다.[386] 위 부분에 '++' 형태가 보이지 않지만, 본 죽간의 ''자의 자형과 유사하다.

385) "蓂, 芓也. 從艸異聲."

386) ≪楚系簡帛文字編(增訂本)≫, 238 쪽.

② '丘ㄴ昏之牀廋中又言曰'

「丘」자 뒤에 구두句讀 부호 'ㄴ'가 있다.

「昏」은 '문聞'으로 읽는다.

「牀廋中」은 '장문중臧文仲'으로, 음이 서로 통한다. 臧文仲(?~기원전 617년)은 '장손진臧孫辰'이라고 부르기도 한다. 노魯나라 公子 구彄의 증손이다. 춘추전국시대 노나라의 대부大夫이며, 성은 장臧이고 이름은 진辰이다. 「문文」은 그의 시호이다.

≪孔子家語·顔回≫에서 공자는 「몸은 죽었어도 그가 한 말은 문장으로 남아있기 때문에 臧文仲이라 한 것이다.」[387]라 하였다. 魯나라 莊公, 閔公, 僖公, 文公을 계속해서 섬겼다. 관문關門을 없애고, 이득을 남길 수 있는 상업을 활성화 시키고자 하였다. 그의 사상 이론은 ≪춘추좌전春秋左傳≫에서 볼 수 있다.

안회顔回는 ≪孔子家語·顔回≫에서 「臧文仲은 비록 그 몸은 죽었지만 그의 말은 영원히 남아 있다.」[388]라 하였다. 염구冉求는 ≪공자가어孔子家語·곡례자공문曲禮子貢問≫에서 「臧文仲은 노나라 정치에 밝아 그의 말은 곧 법칙이 되었으며, 지금까지 없어서는 안되게 되었다.」[389]라 평가했다.

공자는 ≪論語·衛靈公≫에서 「臧文仲은 그 지위를 훔친 자이다. 유하혜의 어짊을 알고도 조정에 더불어 서지 않았다.」[390]라 하고, ≪孔子家語·顔回≫에서 「그러나 그에게는 어질지 못한 것이 세 가지[391]가 있었으며 지혜롭지 못한 것도 세 가지[392]가 있었다.」[393]라 하였듯이, 臧文仲은 현자를 알고 있으면서 추천하지 않았다라고 평가하였다.

그러나 본 죽간에서 공자는 장문중臧文仲의 말을 인용하여 자신의 이론을 설명한 것과 臧文仲의 「언불휴言不朽」[394]·「입언수법立言垂法」[395]이라고 한 것으로 보아 당시 사회의 상당한

387) "身殁言立, 所以爲文仲也."

388) "夫文仲其身雖殁, 而言不朽."

389) "臧文仲知魯國之政, 立言垂法, 于今不可亡."

390) "臧文仲, 其竊位者與. 知柳下惠之賢, 而不與立也."(15.14)

391) "孔子曰: 下展禽, 置六關, 妾織蒲, 三不仁."(공자가 말하였다. 어질지 못한 점 세 가지는, 어진 사람을 자기 아래에 두는 것, 관문을 설치하여 세금을 받은 것, 첩을 시켜 부들자리를 짜게 하는 것이다.)

392) "設虛器, 縱逆祀, 祠海鳥, 三不智."(지혜롭지 못한 세 가지는, 천자가 기르는 동물인 거북을 기르는 헛집을 만들어 놓고 길렀고, 종묘에서 거꾸로 제사지내는 것을 보고도 금하지 않았고, 바다에서 날아온 새를 사당을 지어놓고 기르게 한 것이다.)

393) "然猶有不仁者三, 不智者三."

394) "말이 영원히 남게 되다."

395) "이론을 세워 법칙이 되다."

영향을 끼친 것으로 보인다.

「又」는 '有'로 읽는다.

【譯註】

''자를 정리본은 '度'으로 예정하고 있으나, 계욱승季旭昇은 '㝅'자로 예정하고 '敃(강인할 민, mǐn,mín)'의 이체자라 하였다.396) 사실상 이자에 대한 풀이는 학자마다 의견이 분분하다. 이수규李守奎 ≪上海博物館藏戰國楚竹書(一-五)文字編≫에서 이 자를 '㝅'자로 예정하고 "이 자는 소리부가 '民'이고, 文"으로 읽는다 하였다.397) 이 자는 ≪상박초간上博楚簡≫에서는 ≪공자시론孔子詩論≫·≪성정론性情論≫·≪조말지진曹沫之陳≫이나 ≪자고子羔≫ 등에도 보인다.

≪孔子詩論≫은 "□亞而不度"(제 28간) 중의 '度'자를 ''로 쓰는데, 정리본은 ≪이아爾雅·석수釋獸≫의 「麕·杜麌·牝麜. 其子麆」398)라는 구절을 인용하여, 이 자는 「麆(노루 새끼 조, cū,zhù,zù)」자의 이체자가 아닌가 한다고 하였다. 이령李零 ≪상박초간교독기上博楚簡校讀記≫는 이 구절을 "□惡而不閔"으로 읽고, ≪郭店楚簡≫에서 다수 '文'으로 읽고 소수 '敏'으로 읽으며 대다수의 학자들은 이 자의 소리부가 '民'이라고 여기고 있으며, 이 자는 사실상 '敏(재빠를 민, mǐn)'자의 古文이라고 하였다.399)

이 자를 이학근李學勤 〈試解郭店簡讀'文'之字〉에서 '民省聲'400)이라하고, 이천홍李天虹 〈釋楚簡文字'度'〉에서는 '麟(기린 린{인}, lín)'자의 상형자象形字라 하고, 이가호李家浩는 '閩(종족 이름 민, mǐn)'자의 古文이라고 하였다.401)

''자와 유사한 자로 ≪郭店楚簡≫에는 ''(≪郭店楚簡·緇衣≫26簡)가 있다. 중간부분 '且'와 '又'는 같으나, 윗부분이 서로 다르다. 장수중張守中은 ≪郭店楚簡文字編≫에서는 윗부분이 ''자들을 모두 '䖒'로 예정하고 ''(≪緇衣≫제26간)·''(≪老子丙≫제12간)·''(≪尊德義≫제29간) 등자를 수록하고 있다.402) 유쇠劉釗 ≪郭店楚簡校釋≫은 이들의 자를 '且'의 의미로 해석하였다. 이 자는 소리부가 '且'일 가능성이 매우 높다. 李守奎 ≪上博楚簡(一-五)文字編≫

396) 季旭昇, 〈上博五芻議(上)〉, 簡帛사이트, 2006-02-18.
397) ≪上海博物館藏戰國楚竹書(一-五)文字編≫, 157 쪽.
398) "'균麕' 중에 숫 사슴을 '우麌'라고하고, 암 사슴을 '율麜'라하고, 그 새끼를 '조麆'라 한다."
399) 李零, ≪上博楚簡三篇校讀記≫, 22 쪽.
400) "民 자형의 일부가 생략된 형태가 소리부이다."
401) 季旭昇 主編, ≪上博楚簡(一)讀本≫, 63 쪽 재인용.
402) ≪郭店楚簡文字編≫, 50 쪽.

에서 '䖑'로 예정하고 "簡文에서 일반적으로 접속사인 '且'의 의미로 쓰인다."라 하였다.[403] 《上博楚簡·周易》 제 37간에 "僨虘輮" 구절을 백서본은 "[負]且乘"으로 쓰고, 현행본은 "負且乘"으로 쓴다. 복모좌濮茅左 정리본은 ''자에 대하여 "'虘'자는 '摣'·'䖑'와 같은 자이다. 《集韻》은 '摣, 《說文解字》: 又取也. 或從手'[404]라 하였다.[405] 혹은 자부 '手'를 쓴다.'라 하였다. 이 자는 혹은 「且」로 읽는다."라 하였다.

장수중張守中은 《郭店楚簡文字編》에서 윗부분이 ''인 자들은 모두 '𧇖'자 아래 수록하고 있다.[406] 예를 들어, ''(《尊德義》17簡)·''(《性情論》20簡)·''(《語叢》1簡) 등이 있다. 장수중은 《郭店楚簡文字編》의 '𧇖'자 아래 수록되어 있는 자들은 유쇠劉釗 《郭店楚簡校釋》은 모두 '文'의 의미로 해석하였다.

만약에 유쇠의 주장이 옳다고 한다면, 《楚簡文字編》이 '䖑'로 예정하고 있는 자들은 모두 '且'의 음성과 관련이 있고, '𧇖'자로 예정한 자들은 모두 '文'의 음성과 관련이 있다. 李守奎는 《上博楚簡(一-五)文字編》에서 張守中《郭店楚簡文字編》의 '𧇖'에 해당되는 문자들을 '𡕒'자로 예정하고 "이 자는 소리부가 '民'이고, '文'으로 읽는다."라 하였는데, '民'자는 ''으로도 쓰기 때문에,[407] 이학근李學勤의 주장처럼 '民省聲'이라고 하는 것이 더욱 자형 형태에 가까운 설명이라 할 수 있겠다.

한편 《郭店楚簡·老子甲》 제 1간에 ''자를 정리본 《郭店楚墓竹簡》은 '𢝊'로 예정하고 '詐(속일 사, zhà)'의 의미로 설명하였다. 하지만 구석규裘錫圭는 후에 《糾正我在郭店〈老子〉簡釋讀中的一個錯誤》라는 문장에서 "우리는 이 '𢝊'자를 '慮(생각할 려{여}, lǜ)'자의 의미로 파악할 수 있고, 혹은 이 자는 '慮'자를 잘못 쓴 것으로 이해할 수 있을 것이다."[408]라 하였다.[409] 《郭店楚墓竹簡·緇衣》의 제 33간에 ''자 있는데, 정리본《郭店楚墓竹簡》은 '情'로 예정하고, '慮'로 해석하고 있으며, 《上博楚簡·紂衣》의 17간은 '(慮)'로 쓴다. 楚竹書 '慮'자의 중간부분을 '且'·'目'와는 달리 '胃'의 형태로 쓴다는 것을 알 수 있다. 즉 ''자는 후에 생략하여 '且(혹은 目)를 써서 ''로는 쓸 수 있다. 《郭店楚簡·老子甲》의 "㡭(絶)㑌(僞)弃𢝊" 구절을

403) 李守奎 《上博楚簡(一-五)文字編》, 152 쪽.
404) "'사摣'자에 대하여 《說文解字》에서는 '손가락으로 잡아 취하다'의 의미."
405) 《上博楚簡(三)·周易》, 186 쪽 참고.
406) 《郭店楚簡文字編》, 52 쪽.
407) 《楚系簡帛文字編(增訂本), 1020 쪽.
408) "我們只能把'𢝊'釋爲'慮'或視爲'慮'的誤字."
409) 《郭店楚簡國際學術硏討會論文集》, 27 쪽 참고.

백서본과 현행본은 모두 "絶巧棄利"로 쓴다. '𢡱'에 해당되는 자 '利'와는 음성이 통한다.

따라서 본 구절 중의 '[illegible]'자는 '㝵'으로 예정할 수 있고, '文'의 의미로 쓰인다.

③ '䇂=弖則遗'

「䇂=」는 '군자君子' 두 글자의 합문이다.

「遗」는 곧 '遺(끼칠 유, yí,wèi)'이다. 이 자는 또한 ≪包山竹簡≫(一八), ≪郭店楚墓竹簡≫(≪老子甲≫三八),≪中山方壺≫등에서 볼 수 있다. 「遣」은 '亡'이며, '잃어버리다(결실缺失)'라는 뜻이다. ≪說文解字≫에서는 「'遺'는 '亡'이다.」[410]라 하였다.

강하면 백성과 함께 할 수 없게 되고, 정직함을 잃게 되어 재앙을 부르는 원인이 된다.

【譯註】

≪곽점초간郭店楚簡·존덕의尊德義≫제 21-23간은 "民可叓(使)道【21】之, 而不可叓(使)智(知)之. 民可道也, 而不可弜(强)也. 桀不胃(謂)其民必亂, 而民又(有)【22】爲亂矣. 爰(?)不若也, 可從也而不可及也"[411]라 하였다.

④ '愧(威)則民不[道]'

「道」는 다음 죽간의 첫 글자다.

「愧」는 '愧(부끄러워 할 괴, kuì)'자와 같은 자이며, '威(위엄 위, wēi)'로 읽는다.

「도道」는 '導(이끌 도, dǎo)'로 읽는다. 양화陽華가 진晉나라 평공平公의 질문에 「威則民不導」의 문제에 대하여 답한 적이 있다. ≪國語·晉語八≫에 陽華가 답한 내용이 있다. 「나라를 올바르게 세운 자는 권력에 탐욕하지 말아야 하며, 그 권력을 행할 때 개인의 사욕을 갖지 말아야 한다. 권력에 탐욕을 부리면 백성이 道에 멀어질 것이며, 권력을 행할 때 사욕을 가지면 정치가 올바르지 못한다. 정치가 올바르지 못하면 어떻게 백성을 다룰 수 있을까? 백성을 다루지 못하면 군주가 없는 것과 같다. 그러므로 그 행위가 권력과 탐욕을 다 가지면 이에 생긴 해害가 두 배가 된다. 군주는 늘 부지런히 해야 한다. 이것이 군주의 근본이다.」[412]

410) "遺, 亡也."

411) "백성을 인도할 수는 있으나, 알게 할 수는 없다. 백성을 인도할 수는 있으나, 백성에게 강요할 수는 없다. 걸桀은 그의 민중이 결코 난亂을 일으키지 않으리라 여겼으나 백성이 난을 일으키게 된다. 걸이 덕의에 순응하지 않으니 이에 백성을 따르게 할 수는 있어도 자신의 생각에 맞게 할 수는 없다."

412) "陽畢曰: '"夫正國者, 不可以昵于權, 行權不可以隱于私. 昵于權,則民不導; 行權隱于私, 則政不行. 政不行,

공자 역시 폭정으로 백성을 위협하는 것을 반대하며, 화목한 이상적인 사회를 바랬다. ≪孔子家語·六本≫에서 「형식을 갖추지 못하는 예절도 공경에서 우러나는 것이어야 하며, 복服이 없이 치르는 상喪일지라도 슬픔에서 우러나는 것이어야 하며, 소리가 없는 음악일지라도 즐거운 마음으로 해야 한다. 말을 하지 않아도 믿어야 되며, 움직이지 않아도 위엄이 있으며, 남에게 베풀지 않아도 어진 마음을 가져야 하기 때문이다.」[413]라 하고, ≪孔子家語·刑政≫에서는 「중궁仲弓이 공자에게 물었다. 『옹雍이 듣기로 지극한 형벌은 정치에는 쓰일 곳이 없고, 지극한 정치에는 형벌이 쓸 곳이 없다했습니다. 지극한 형벌이 정치에서 쓰일 곳이 없었던 시절은 걸주桀紂의 시대라고 할 것이고, 지극한 정치에서 형벌이 쓰일 곳이 없었던 시절은 성강成康의 시대라고 할 것인데 믿을 만합니까?』 공자가 말하였다. 『성인이 교화로 다스림에는 반드시 형벌과 정치를 서로 참고해서 쓰는 법이다. 가장 높은 단계라면 덕으로써 백성을 가르치고 예로써 가지런히 하는 것이며, 그 다음 정도라면 정치로써 백성을 인도하고 형벌로써 금지하는 것이다. 형벌이란 반드시 형벌을 베푸는 것이 아니라 교화로 가르쳐도 변화시킬 수 없거나, 인도해 주어도 따라오지 않거나, 의리를 상하게 하고 풍속을 어그러뜨리는 이가 있을 때 어쩔 수 없이 형벌을 쓰는 것이다. 오로지 다섯 가지 형벌을 만든 것은 반드시 천륜天倫에 근거하고자 하는 것이며, 형벌을 집행하는 데 있어서는 가벼운 죄라도 이에서 사면해 줄 수 없는 것이다. 형벌이란 뜻을 따져보면 법이라는 말이며, 법이란 일을 이루어지게 한다는 말이다. 다시 말하면 일을 일정하게 만들어서 고치지 못하게 하기 때문에 마음을 다해서 진심을 다 쏟는다는 것이다.』」[414]라 하였다.

'刑政相參, 以德教民, 以禮齊之, 以政導民'[415]라는 수단을 주장했다.

본 죽간의 내용은 다음 죽간과 이어진다.

【譯註】

'鬼(귀신 귀, guǐ)'자를 초간에서는 일반적으로 '[illegible]'·'[illegible]'로 쓴다.[416] '[illegible]'자 중 字部 '鬼'는

何以導民? 民之不導, 亦無君也, 則其爲昵與隱也, 復産害矣, 且勤君身. 君其圖之!"

413) "無體之禮, 敬也; 無服之喪, 哀也; 無聲之樂, 歡也; 不言而信, 不動而威, 不施而仁, 志." 본 문장은 ≪孔子家語·辨物≫가 아니라 ≪六本≫이다.

414) "仲弓問于孔子曰: "雍聞至刑無所用政, 至政無所用刑. 至刑無所用政, 桀紂之世是也; 至政無所用刑, 成康之世是也. 信乎?"孔子曰: "聖人之治化也, 必刑政相參焉. 太上以德教民, 而以禮齊之, 其次以政焉. 導民以刑, 禁之刑, 不刑也. 化之弗變, 導之弗從, 傷義以敗俗, 于是乎用刑矣. 顓五刑必即天伦, 行刑罰則輕無赦. 刑, 侀也, 侀, 成也. 壹成而不可更, 故君子盡心焉."

415) "형벌과 정치를 서로 참고해서 쓰는 법이고, 백성은 덕으로 교화하며, 예로써 가지런히 하는 것이며, 정치로써 백성을 인도하는 것이다."

'示'가 생략되었다.

제 9간을 제 13, 14, 15간에 이어지는 내용을 볼 수 있다. 전체적인 내용은 계강자가 공자에게 앞 내용(앞 내용은 8간일 수도 있고, 제21, 22간 일 수도 있다.)에 대하여 공자의 의견을 묻자 공자는 훌륭한 말이라도 평가한다. 이어 제 14간에서는 "예금㓹今 선인은 삼대三代가 계속된 사관인데, 어찌 그는 선인으로부터 전해 내려오는 나라를 다스리는 방법을 알려주지 않았습니까?"라 하자, 康子는 다시 예금㓹今이 말하기를 나라를 다스리기를 모두 이와 같다 하였다. 이어 공자는 제 9간에서 㓹今의 견해와는 다르다하며, 장문중臧文仲의 "군자가 강하면 백성을 잃을 것이며, 위협을 가하면 백성을 인도할 수 없다." 주장을 인용하여 설명하였다. 중간 중간에 잔실된 죽간의 문자들이 있기 확정을 할 수 없으나 참고할 만하다.

416) ≪楚系簡帛文字編(增訂本)≫, 816 쪽.

第10篇

道俞則遊衆盟則亡新好型則不羊好殺則复亂是古臤人之居邦豪也[illegible][illegible]夜寤

第 10 簡

道(導), 俞(媮)則遊(失)眾①, 皿(礌)則亡(無)新(親)②, 好型(刑)則不羊(祥)③, 好殺則复(作)𡰥(亂).』④ 是古(故), 臤(賢)人之居邦豪(家)也⑤, 夓(夙)舉(興)夜寐(寐)⑥

【해석】

경멸하면 백성을 잃을 것이다. 포학하게 굴면 반드시 가까이하는 자가 없을 것이며 형벌을 좋아하면 상스럽지 않게 된다. 살인을 좋아하면 난을 일으킨다. 그러므로 현인賢人이 나라에 거처하도록 하며, 아침 일찍 일어나고 밤늦게 잠을 자야한다.

【說明】

본 죽간은 부러진 두 개의 죽간을 짝 맞추기 한 것이다. 앞 죽간의 길이 14.5cm이고, 아래 죽간의 길이는 23.8cm이다. 짝 맞추기 하면 완전한 한 죽간이 된다. 죽간의 길이는 38.3cm이다. 상단과 하단이 편평하게 다듬어져 있다. 첫 번째 홈(계구契口)에서 상단까지 1.5cm, 첫 번째 홈에서 두 번째 홈까지 17.6cm, 두 번째 홈에서 세 번째 홈까지 18.1cm, 세 번째 홈에서 하단까지 1.1cm이다. 문자는 모두 32자가 있다.

【上博楚簡原註】

① '俞則遊眾'

「俞」자는 '媮(박대할 유{훔칠 투}, tōu)'로 읽는다. '경시하다(경시輕視)'·'경멸하다(비박鄙薄)'의 뜻이다.

≪좌전左傳·양공삼십년襄公三十年≫에서는 「노나라의 사신이 진晉에 있다가 돌아와 여러 제후에게 말하자, 계무자季武子는 『진晉나라는 아직 무시할 때가 아니다』라 했다.」[417]라 했다.

「俞」는 혹은 '逾(넘을 유, yú)'자로 읽는다.

「遊」은 초나라 문자 중 '失(잃을 실, shī)'자와 같은 자이다.

≪論語·衛靈公≫에서 공자가 「더불어 말할 만한데도 말하지 않는다면 사람을 잃고 더불어 말할 만하지 않은데도 말한다면 말을 잃으니, 지혜로운 자는 사람을 잃지 않으며 말도 잃지 않는

417) "魯使者在晉, 歸以語諸大夫, 季武子曰: 晉未可媮也." "媮一作偸."(혹은 '투偸'자로 쓰기도 한다.)

다.」[418]라 했다.

【譯註】

'[?]'자를 정리본은 「俞」자로 예정하고 '유牏'나 '유逾'로 읽었다. 그런데 '俞'자는 초간에서 일반적으로 '[?]'·'[?]'·'[?]'·'[?]'로 쓴다.[419] '[?]'자에 대하여 임의광林義光 ≪문원文源≫은 "자부 '舟'와 '余'의 생략형이 소리부인 형성자."[420]이라 하였다.

이 자의 가운데 부분을 '舟'로 이해하거나, '洒(물을 뿌릴 쇄{세} sǎ)'·'鹵(소금 로{노}, lǔ)'로 보기도 한다.[421] ≪上博楚簡·從政甲≫ 제 8간을 장광유張光裕 정리본은 "從正(政)又(有)七幾(機), 獄則興, 愄(威)則民不道■, [?](?)則遊(失)衆■, 恆(怲)則亡新(親), 罰則民逃■"[422]로 석문하였다.[423] 이 중 '[?]([?])'자를 張光裕 정리본은 '잠궐暫闕(잠시 보류하다)'라고 해서 모르는 자로 처리하였다. 주봉오周鳳五는 '淍(파문 주, zhōu)'자로,[424] 하림의何琳儀는 '洒',[425] 황석전黃錫全은 '滷(소금밭 로, lǔ)'자로 각각 해석하였다.[426] 전국문자戰國文字 중 자부 '西'와 '鹵'는 구분하여 쓰지 않고 혼용하기 때문에 황석전黃錫全의 주장에 따라, '滷'로 예정하고 '노망鹵莽(거칠다)'의 의미인 '鹵'로 해석할 수도 있다. 그러나 양정梁靜은 〈上博楚簡≪從政≫硏究〉에서 ≪季康子問於孔子≫편과 대조하여 '嚴(엄할 엄, yán)'자로 해석하고 있다.

> 학자들이 이미 밝힌바 있듯이, 내용적으로 볼 때, ≪從政甲≫ 제8간과 ≪從政甲≫ 제9간 사이에 몇 자를 보충할 수 있다. ≪從政甲≫ 제9간 앞부분에 한 자를 보충하여 "好刑□則民作亂"으로 이해할 수 있다. 그러나 진검陳劍이 이미 지적하였듯이, 이렇게 된다면 ≪從政≫에서 말하는 "칠기七機" 중에 "육기六機"만이 언급되지 않고 있다. 사실상 이 문장은 ≪上博楚簡≫의 ≪季康子問于孔子≫篇에도 보인다. 공자가 장문중臧文仲의 말을 듣는 내용이다. 즉 "듣기에 장문중臧文仲이 말했다. 『군자가 강하면 백성을 잃을 것이고, 위협을 가하면 백성은 …하지

418) "子曰: 可與言而不與之言, 失人; 不可與言而與之言, 失言. 知者不失人, 亦不失言."

419) ≪楚系簡帛文字編(增訂本)≫, 782 쪽.

420) "從舟, 余省聲."

421) 白海燕, 〈≪季康子問於孔子≫集釋〉(2009), 79-80 쪽 참조.

422) 從政에는 일곱 가지 관건이 있다. 만약에 감옥으로 엄격하게 다스리면 백성들은 일어나게 되고, 위협을 가하면 백성들은 어찌할 바를 모르게 되며, 너무 사납게 대하면 백성들이 모이지 않게 되고, 근심걱정이 많으면 신변에 친한 사람이 없게 되고, 형벌을 중시하면 백성들은 도망가게 된다.

423) ≪上博楚簡(二)≫, 222-223 쪽.

424) 周鳳五, ≪讀上博楚竹書〈從政(甲篇)〉札記≫, 簡帛硏究, 2003-06-05.

425) 何琳儀, ≪滬簡二冊選釋≫, 簡帛硏究, 2003-01-14.

426) 黃錫全, ≪讀上博楚簡(二)劄記(壹)≫, 簡帛硏究, 2003-02-25.

않는다. 경멸하면 백성을 잃을 것이다. 포학하게 굴면 반드시 가까이하는 자가 없을 것이며 형벌을 좋아하면 상스럽지 않게 된다. 살인을 좋아하면 난을 일으킨다."라 하였다.

이 두 개의 문장을 비교해 보면, ≪從政≫의 "好刑囗則民作亂" 구절은 본래 "好刑則不祥, 好殺則民作亂"로 썼을 것이다. ≪從政甲≫ 제9간의 앞 잔실된 자는 '殺(죽일 살, shā)'자일 가능성이 있다. 문장을 베껴 쓰는 사람이 중간 부분 "則不祥好" 등 네 자를 누락하여 잘못 쓴 것이다. 그래서 간문은 "好刑殺則民作亂"으로 쓰게 되었고, ≪從政≫의 "칠기七機"가 "육기六機"가 된 것이다. 진검陳劍은 간문 중의 "嚴則失衆" 구절은 ≪論語≫의 "寬則得衆" 구절과 유사한 내용으로 〈陽貨〉와 〈堯曰〉편에 보인다 하였다.[427)]

진검陳劍은 〈上海博物館藏戰國楚竹書≪從政≫篇研究(三題)〉에서 ≪從政≫의 ''자는 '滷'로 예정하고, 簡文에서 이 자는 '鹽(소금 염, yán)'자의 이체자이며, '嚴'의 의미로 쓰인다 하였다.[428)] '鹽'자를 ≪包山楚簡≫은 ''으로 ≪上博楚簡·容成氏≫는 ''과 같이 '盧'로 쓰고,[429)] ≪睡虎地秦墓竹簡≫은 ''으로 쓴다.[430)] ''자와 ''자는 모두 '鹽'의 이체자가 아닌가 한다. ≪從政≫과 ≪季康子問於孔子≫에서는 모두 '嚴'의 의미로 쓰인다. 또한 ≪季康子問於孔子≫를 참고하여 제 8간과 제 9간 사이에 '型(刑)[則不祥, 好殺]' 구절을 보충할 수 있다.

② '畾則亡新'

「畾」자는 '礧(산모양 뢰, léi,lěi,lèi)'자와 같은 자로, 「累(묶을 루, lèi,léi,lěi)」자를 '루纍'로 쓰는 것과 같다.

≪戰國策≫에서는 「係累吾民」라고 하였는데, 포표鮑彪는 「'루累'자는 '루纍'자는 같다」[431)]라 하

427) 梁靜, 〈上博楚簡≪從政≫研究〉, 99 쪽. "學者已經指出從內容容上看, 簡甲8與甲9可以補字連讀, 甲9簡首部分殘缺一字, 連接處簡文爲"好刑囗則民作亂", 但陳劍亦指出如果這樣讀的話, 簡文所講的從政"七機"就只有"六機"了. 其實這段話又見于同批所出的≪季康子問于孔子≫篇, 是孔子聽聞的臧文仲之言. 簡文如下: "丘聞之臧文仲有言曰: '君子强則遺, 威則民不道, 嚴則失衆, 猛則無親, 好刑則不祥, 好殺則作亂.' 二者對比可以看出, 本篇的'好刑囗則民作亂', 可能本來應該是'好刑則不祥, 好殺則民作亂'. 甲9簡首殘缺的一個字可能是'殺', 書手抄寫時誤脫去了中間的'則不祥好'四個字, 從而導致簡文變成了'好刑殺則民作亂', 從政的'七機'也就變成了'六機'. 陳劍指出, 簡文中的'嚴則失衆', 與≪論語≫中講的'寬則得衆'相似, 分別見于〈陽貨〉·〈堯曰〉兩篇."

428) 陳劍, 〈上海博物館藏戰國楚竹書≪從政≫篇研究(三題)〉, 復但大學出土文獻與古文字研究中心, 2008-02-28. "衆所周知, 戰國文字中省略偏旁的現象非常多見, "鹽(鹽)"形省略"皿"旁, 就成爲簡文"滷"字了. "滷"既可釋爲"鹽", 則在簡文中顯然當讀爲"嚴". 從讀音來看, 兩字古音韻母相同(韻部都是談部, 中古都是開口三等字), 其聲母"嚴"爲疑母, "鹽"爲余母, 也有密切關係. 諧聲系統中不少余母字跟舌根音有關.".

429) ≪楚系簡帛文字編(增訂本), 990 쪽.

430) ≪睡虎地秦簡文字編(文物出版社), 177 쪽.

431) "累, 纍同."

였다.

≪說文解字≫에서는 "'罍'자는 '櫑(술통 뢰{뇌} léi)'의 의미. 혹은 자부 '皿'을 쓰기도 한다. 籒文은 '櫑'자를 자부 '缶'와 '回'로 쓴다."[432]라 하였다.

「畾」자는 '礧'로 읽는다.

≪集韻≫은 '礧'자에 대하여 「'擊(칠 격, jī)'의 의미이다. '돌이 내려 굴러오다'는 뜻이다. 일반적으로 轠로 쓴다.」[433]라 하고, ≪한서漢書·진준전陳遵傳≫은 「爲瓽所轠」[434]라 하였다.

위세를 부리거나 타격을 하거나 혹은 심지어 사납고 포학하게 굴면 반드시 가까이 하는 자가 없을 것이다.

≪회남자淮南子·범륜훈氾論訓≫에서도 「은혜를 바라면 나약해지고, 나약해지면 위엄이 없게 된다. 엄격함을 좋아하면 사나워지고, 사나워지면 화합하지 못한다. 사랑만을 바라면 방종해지고, 방종해지면 명령을 따르지 않게 된다. 형벌을 좋아하면 남을 학대하게 되고 학대하게 되면 따르는 자가 없을 것이다.」[435]라 했다. 포학하게 굴면 반드시 가까이하는 자가 없을 것이며, 도道를 잃으면 도우려는 자가 없게 되는 것이다.

「礧(累)」는 또한 '높고 험준하다(고준高峻)'라는 의미가 있다.

≪說苑·雜言≫은 「무릇 산은 높고 높아 만민이 다 우러러보는 바이다.」[436]라 했다.

성인은 늘 자신을 낮추고, 스스로 남보다 못하다고 생각하며 사람들과 가까이 하려고 한다. 예를 들어 ≪論語·子罕≫에서 공자는 「내가 아는 것이 있는가? 아는 것이 없다. 다만 비천한 사람이 나에게 물으면, 내가 아무것도 모른다면 그 질문의 시말을 완전히 파악한 후 그것을 가르쳐주는 데 힘을 다한다.」[437]라 하고, 정자程子는 「성인이 사람들을 가르칠 때, 나아가게 함이 이와 같으나, 오히려 사람들이 너무 높고 멀다하여 가까이 하지 않을까 염려한다. 성인의 도를 반드시 내려서 스스로 낮추니 이렇게 하지 않으면 사람들이 가깝게 여기지 않는다.」[438]라 하였다.

그래서 공자는 「군자가 친자와 돈독하는데 노력하면, 백성들이 인仁에서 흥하게」[439](≪論語

---

432) "罍, 櫑, 或從皿" "籒文櫑從缶·回."
433) "礧, 擊也. 石轉突也. 通作轠."
434) "벽돌에 부딪치다."
435) "故恩推則懦, 懦則不威; 嚴推則猛, 猛則不和; 愛推則縱, 縱則不令; 刑推則虐, 虐則無親."
436) "夫山巃嵸礧嶵, 萬民之所觀仰."
437) "子曰: 吾有知乎哉? 無知也, 有鄙夫問于我, 空空如也, 我叩其兩端而竭焉."
438) "聖人之教人, 俯就之若此, 猶恐衆人以爲高遠而不親也. 聖人之道, 必降而自卑, 不如此則人不親."(≪論語集註≫)
439) "君子篤於親, 則民興於仁."

·泰伯≫)되기 때문에 교화하기가 유리하게 된다라 하였다. 그래서 군자는 절대 위협이나 폭력 혹은 학대를 하지 않아야 되며, 만약에 백성과 달리 높은 자리에 있다고 생각을 하게 된다면 친한 사람이 없게 되는 것이다.

【譯註】

본 구절 역시 ≪從政甲≫의 제 8간의 "愊則亡新"과 유사하다. ≪從政≫의 장광유張光裕 정리본은 '(愊)'자는 '怲(근심할 병, bǐng)'자와 같은 자라 하였다.[440] ≪從政≫의 ''자는 정리본이 '怲'으로 해석하는 것 이외에, '猛(사나울 맹, měng)'·'梗(대개 경, gěng)'·'妨(방해할 방, fáng,fāng)' 등의 의미로 해석하기도 한다.[441]

> '猛'자로 해석하는 자는 원래 자부가 '心'과 '丙'(字部 '口'가 있음)의 형태로 쓴다. '丙'과 '猛'의 음은 서로 통한다. '猛'은 즉 '위엄이 있으나 맹혹하지 않다(위이불맹威而不猛)'의 중의 '猛'의 의미와 같다. ≪左傳·昭公二十年≫은 "그래서 대숙이 정치를 하게 되어 차마 엄격한 정치를 하지 못하고 관대한 정치를 했다. ……공자가 말하였다. '정당하도다! 정치가 관대하면 백성이 거만해진다. 거만하게 되면 엄한 것으로 다스려 거만함을 바로 잡는다. 정치가 엄격하면 백성이 잔학을 받게 된다. 잔학을 받게 되면 관대함을 베풀게 된다. 관대함으로 엄격함을 늦추고, 엄격함으로 관대함을 조이는 것이다. 정치란 이렇게 해서 조화롭게 되는 것이다'"라 하였는데, 이 내용은 "맹즉무친猛則無親"과 대조하여 읽을 수 있다.[442]

초간에서 '盟'자를 ''·''·''으로 쓰는데,[443] 본 구절의 ''자는 ''자와 유사한다. 따라서 이 자는 '盟'자로 예정할 수 있고 '猛'의 의미로 쓰인다. '盟'과 '怲'은 음이 통한다.

③ '好型則不羊'

「型」은 '형刑'으로 읽는다. ≪상군서商君書·화책畵策≫에서는 「형벌로 형벌을 저지한다.」[444]라 하였다.

---

440) ≪上博楚簡(二)≫, 223 쪽.

441) 季旭昇 主編, ≪上海博物館藏戰國楚竹書(二)讀本≫, 76 쪽.

442) 陳釗, 〈上博簡≪子羔≫·≪從政≫篇的拼合與編連問題小議〉, 簡帛硏究, 2003-5-30. "其中"猛"原作从心从"丙"的繁體(加"口"旁)形, "丙"與"猛"音近可通. "猛"即"威而不猛"之猛, ≪左傳·昭公二十年≫云: "大叔爲政, 不忍猛而寬. ……仲尼曰: '善哉! 政寬則民慢, 慢則糾之以猛. 猛則民殘, 殘則施之以寬. 寬以濟猛, 猛以濟寬, 政是以和.'" 可與簡文講"從政"的"猛則無親"參讀."

443) ≪楚系簡帛文字編(增訂本)≫, 661 쪽.

444) "以刑去刑."

「羊」은 '祥(상서로울 상, xiáng)'으로 읽는다. 「牀廈中」(장문중臧文仲)은 군자가 형벌을 좋아해서는 안 되고, 형벌을 좋아하면 불행하게 된다고 여겼다.

≪주례周禮·추관사구秋官司寇·대사구大司寇≫에서는 「大司寇라는 직책은 나라의 경전 세 가지를 맡아서 관리하고, 왕이 실행하고자한 형벌을 실행하여 나라를 관리 감독한다. 첫째, 새로 세운 나라의 형벌은 경전輕典을 사용하고, 둘째, 평화로운 나라를 다스릴 때는 중전中典을 사용하고, 셋째, 나라가 혼란스러울 때는 중전重典을 사용한다. 또한 다섯 가지 형벌로 만민의 잘못을 교정한다. 하나는 야형野刑으로 농공農功을 격려하고 노동력을 사찰하고자 하는데 있다. 둘째는 군형軍刑으로 명령을 준수하는 자를 격려하고, 직분을 다하지 못하는 자를 사찰하고자 한다. 셋째는 향형鄕刑으로 덕행을 격려하고 효도를 하지 못하는 자를 감독하고자 하는 것이다. 넷째는 관형官刑으로 능력있는 자를 격려하고 맡은 직책을 행하지 못하는 자를 감독하고자 하는 것이다. 다섯째는 국형國刑으로 근면 성실한 자는 격려하고 폭력을 관리감독하고자 하는 것이다. 감옥을 만들어 불량한 유민遊民을 모아 두고자 하며, 만약에 사람을 해치는 자가 있으면 이들을 감옥에 가두어 그들이 할 수 있는 일들을 하도록 한다. 또한 그들이 저지른 죄를 명백히 드러내어 수치심을 느껴 잘못을 고치도록 한다. 그래서 죄를 뉘우치고 개정을 하면 석방을 하여 자유롭게 중원을 왕래하도록 한다. 다만 삼년 동안은 일반 백성과 다르게 취급한다. 이렇게 하여도 개과천선하지 않고, 감옥을 탈출하면 사형시킨다.」[445]라 하였다.

공자는 '형刑'에 대하여 ≪論語≫에서 아래와 같이 인식하였다.

「백성 인도하기를 정령으로써 하고 일정하게 하기를 형벌로써 하면, 백성은 형벌을 모면할 수 있지만 부끄러워함은 없다. 인도하기를 덕德으로써 하고 일정하게 하기를 예禮로써 한다면, 부끄러워함이 있고 또 善에 이르게 된다.」[446](≪論語·爲政≫)

「군자는 덕德을 생각하고 소인은 편안함을 생각하며, 군자는 법을 생각하고 소인은 이익을 생각한다.」[447](≪論語·理仁≫)

「일을 이루지 못하면 예악禮樂이 흥하지 못하고, 예악禮樂이 흥하지 못하면 형벌刑罰이 합당

445) "大司寇之職, 掌建邦之三典, 以佐王刑邦國, 詰四方. 一曰刑新國用輕典; 二曰刑平國用中典; 三曰刑亂國用重典. 以五刑糾萬民: 一曰野刑, 上功糾力; 二曰軍刑, 上命糾守; 三曰鄕刑, 上德糾孝; 四曰官刑, 上能糾職; 五曰國刑, 上愿糾暴. 以圜土聚教罢民, 凡害人者, 寘之圜土而施職事焉, 以明刑耻之, 其能改過, 反於中國, 不齿三年. 其不能改而出圆土者, 殺."

446) "道之以政, 齊之以刑, 民免而無耻; 道之以德, 齊之以禮, 有耻且格."

447) "君子懷德, 小人懷土; 君子懷刑, 小人懷惠."

하지 못하고, 형벌이 합당하지 못하면 백성이 손발을 둘 곳이 없어지게 된다.」[448](≪論語·子路≫)

공자는 먼저 예禮로 다스리고 안 될 경우에는 무력으로 해결하는 것을 주장하며 역시 형벌을 반대하여, ≪공자가어孔子家語·시주始誅≫에서는 「이미 백성을 가르치되 먼저 도덕으로써 복종하게 해야 하나, 도덕으로 가르쳐도 안 될 경우에는 어진 사람을 시켜 그들이 잘하도록 권장하여야 한다. 그래도 불가할 경우 그 뒤에야 하는 수 없이 위력으로 겁을 주어야 하는 것이다. 이같이 하여 3년만 지나면 백성이 바르게 될 것이니 그 중에 혹 간사한 백성이 있어 이 교화를 따르지 않는 자가 있을 때에는, 비로소 부득이 형벌로써 다스리게 된다면 아무리 어리석은 백성일지라도 누구나 저지른 죄를 알게 될 것이다. ≪시경≫에 『천자를 도와 백성으로 하여금 미혹함에 빠지지 않도록 하라.』하였다. 이로써 옛날에는 위엄을 가지고 있지만 이를 시험하지 않았고, 형법이 있었지만 이를 사용하지 않았던 것이다. 그런데 지금은 그렇지가 못하다. 그 가르침을 어지럽히고 그 형벌을 번거롭게 하여 백성으로 하여금 미혹하게 하여 함정에 몰아넣고 있다. 또 여기에 계속해 제압을 하는 까닭에 형벌은 갈수록 번잡해지고 도적은 막을 수 없게 되고 말았다.」[449]라 하였다.

관중管仲이 그의 「祥(상서로울 상, xiáng)」과 「不祥」이론을 제의했다. 즉 ≪管子·任法≫에서 말하였다. 「주나라 문서周書에 이르기를 '나라의 법은, 법과 집행이 일치하지 않으면 나라를 맡은 군주는 좋지 않다. 백성이 법을 따르지 않으면 좋지 않다. 나라에서 법을 자주 바꾸어서 백성을 관장하면 좋지 않다. 여러 신하들이 예의로 가르치지 않으면 좋지 않다. 여러 관리들이 법을 어겨 가며 정사를 처리하면 좋지 않다'고 하였다.」[450]

「好型(刑)則不羊(祥)」은 그때 당시 사람들의 공통된 인식이었다.

④ '好殺則叓𨈇'

「叓」자는 의미부 '又'와 소리부 '乍'로 이루어지며, 혹은 '拃(쥐어짤 잔, zhǎ)'자가 아닌가 한다.

≪集韻≫에서는 「'拃'자는 '더듬어 찾다(摸, 찾을 모, mō,mó)'는 뜻.」[451]이라 하고, ≪玉篇≫에서는 「'拃'의 음은 '측판절側板切'이고, '더듬어 찾다(摸拃)'라는 뜻이다.」[452]라 하였다.

448) "事不成, 則禮樂不興; 禮樂不興, 則刑罰不中; 刑罰不中, 則民無所錯手足."

449) "既陳道德以先服之, 而猶不可, 尚賢以勸之又不可, 即廢之; 又不可, 而後以威憚之. 若是三年, 而百姓正矣. 其有邪民不從化者, 然後待之以刑, 則民咸知罪矣. ≪詩≫云: '天子是毗, 俾民不迷.' 是以威厲而不試, 刑錯而不用. 今世則不然, 亂其教, 繁其刑, 使民迷惑而陷焉, 又從而制之, 故刑弥繁, 而盜不勝也."

450) "≪周書≫曰: "國法, 法不一, 則有國者不祥; 民不道法, 則不祥; 國更立法以典民, 則不祥; 群臣不用禮義教訓, 則不祥; 百官服事者離法而治, 則不祥." "

451) "拃, 摸也."

「乍」자는 '作(지을 작, zuó,zuō,zuò)'으로 읽는다.

「𤔔」자는 고대의 '亂(어지러울 란, luàn)'자이다. '又'자를 생략하여 쓴다. ≪集韻≫은 「'亂'자의 고문자는 『𤔔』으로 쓴다.」[453]라 했다.

공격하는 것을 좋아하고 죽이는 것을 즐기면 전란이 빈번히 일어나게 된다는 사실은 역사상 많은 전례가 있다.

예를 들어, 주紂 왕은 사람을 이용하여 사람 죽이기를 좋아했다. 그래서 ≪史記·殷本紀≫에서는 「제후들이 은殷을 배반하고 주군에 합류하는 제후가 8백이나 되었다. 제후들이 모두 이렇게 말했다. 『주紂를 정벌해야 합니다.』」[454]라 하였고, ≪史記·齊太公世家≫에서는 「26년, 무공이 죽자, 아들 여공 무기無忌가 자리에 올랐는데, 여공은 포악했으므로 호공의 아들이 다시 제나라에 들어오자 제나라 사람들은 그를 받들려고 그와 함께 여공을 쳐서 죽였다. 호공의 아들도 싸우다 세상을 떠났다. 제나라 사람들은 즉시 여공의 아들 赤을 군주로 세웠으니 이 사람이 文公이다. 문공은 여공을 죽이려고 모의한 자들 일흔 명을 주살했다」[455]라 하였다. 포악한 여공厲公은 결국은 자신에게 그 화가 미쳤다.

경여庚輿가 포악하고 사람 죽이기를 좋아해서 국인國人들이 그를 쫓아냈다. ≪春秋·昭公二十三年≫에서는 「가을 7월에 거莒나라 庚輿가 달려와 의탁했다.」[456]에 대하여 모기령毛奇齡은 「경여庚輿가 14년 동안 정무를 다루었다. 포악하고 사람 죽이는 것을 좋아해 국인國人들이 그를 쫓아냈다. 제齊나라 사람들이 교공郊公을 받아들이고 庚輿가 달려와 의탁했다.」라 했다.

송宋나라 군주 언偃은 다른 나라를 공격하거나 죽이는 것을 좋아했다가 결국 나라도 망하고 본인도 죽임을 당했다. ≪史記·宋微子世家≫에서는 「11년에 군주 언偃은 스스로 자리에 올라 왕이라 칭하였다. 동쪽으로는 제나라를 쳐부수고 성 다섯 개를 빼앗았고, 남쪽으로는 초나라를 쳐부수고 땅 300 里를 빼앗았으며, 서쪽으로는 위나라 군대를 패배시켰다. 그리하여 제나라와 위나라는 송나라의 적대국이 되었다. 언이 쇠가죽 주머니에 피를 채워 걸고는 활을 쏘아 맞추니, 그것을 이름 지어 '사천'이라고 했다. 그는 술과 여인에 빠져들었다. 모든 신하들 중에 간언하는

452) "拃, 側板切. 摸拃也."

453) "亂古作『𤔔』."

454) "諸侯叛殷會周者八百. 諸侯皆曰: '紂可伐矣.'"

455) "二十六年, 武公卒, 子厲公無忌立. 厲公暴虐, 故胡公子复入齊, 齊人欲立之, 乃与攻殺厲公. 胡公子亦戰死. 齊人乃立厲公子赤爲君, 是爲文公, 而誅殺厲公者七十人."

456) "秋七月莒子庚輿來奔."

자가 있으면 그 자리에 쏘아 죽이곤 했다. 이에 제후들은 모두 말했다. 『송나라의 걸왕이다.』『송나라 왕은 주왕이 했던 만행을 다시 저지르고 있으니, 죽이지 않을 수가 없습니다.』 모두들 제나라가 송나라를 정벌해야 한다고 말했다. 송나라 왕 언이 왕의 자리에 오른 지 사십칠 년 만에, 제나라 민왕은 위나라, 초나라와 함께 송나라를 정벌하여 송나라 왕 언을 죽이고 마침내 송나라를 멸망시키고는 그 땅을 세 나라가 나누어 가졌다.」[457]라 했다.

공자는 정치는 선善으로 해야한다했다. 계강자季康子가 일찍이 공자에게 정치를 대해 「만일 무도한 사람을 죽여서 도가 있는 데로 나아가게 한다면 어떠합니까?」[458]라 하자, 공자는 「그대는 정사政事를 하는데 어찌 죽임을 쓰느냐? 그대가 선하고자 하면 백성이 선해질 것이니, 군자의 덕은 바람이요 小人의 덕은 풀이라서 풀에 바람이 가해지면 반드시 쓰러진다.」[459](≪論語·颜淵≫)라 하였다.

「牀廈中」(臧文仲)이 제의한 「好殺則㸒(作)𨶜(亂)」은 인류 역사상 검증된 진리이다.

⑤ '是古臤人之居邦豪也'

「古」는 '故(옛 고, gù)'로 읽는다.

「臤」자는 '賢(어질 현, xián)'자의 고문자이다. ≪集韻≫은 「'賢'자는 ≪說文解字≫에서 『재능이 많다.』라 했다. 또는 善이나 大의 의미라고도 한다. 또는 성씨 중의 하나이다라 한다. 고문자는 '臤' 혹은 '贒'으로 쓰기도 한다.」[460]라 하고, ≪설무계전說文繫傳≫은 「≪설문해자≫는 "'賢'자는 '재능이 많다'라는 의미이. 의미부 貝와 소리부 臤으로 이루어진 형성자이다."이라 하였다. 서개徐鍇은 생각은 다음과 같다. "臤은 신하가 일을 행하는 것이다. 신하를 등용하고자 하는 것은 마치 화폐를 가지고 사용하는 것과 같고, 화폐를 많이 축적하여 모으고자 하는 것과 같다. ≪시경≫에서 말하길 『아름다운 많은 선비들이 이 왕국에서 출생하였으니.』라 했다."」[461]라 하였다.

⑥ '㛿䢅夜寣'

「㛿」자는 의미부 「女」와 소리부 「殀」으로 이루어진 형성자이다. 자전에 보이지 않는 자이다.

---

457) "君偃十一年, 自立爲王. 東敗齊, 取五城; 南敗楚, 取地三百里; 西敗魏軍, 乃与齊·魏爲敵國. 盛血以韋囊, 悬而射之, 命曰'射天'. 淫於酒婦人. 群臣谏者辄射之. 於是諸侯皆曰'桀宋'. '宋其复爲紂所爲, 不可不誅'. 告齊伐宋. 王偃立四十七年, 齊魏楚伐宋, 殺偃王, 遂滅宋而三分其地."

458) "如殺無道, 以就有道何如?"

459) "子爲政, 焉用殺? 子欲善而民善矣. 君子之德風, 小人之德草, 草上之風必偃."

460) "賢, ≪說文≫: 『多才也』. 一曰善, 大也. 又姓. 古作臤·贒."

461) "賢, 多才也. 從貝臤聲. 臣鍇: '臣執事也. 欲其用之, 如貝之行也, 如貝之積聚也. ≪詩≫: 思皇多士, 生此王國.'"

'夙(일찍 숙, sù)'으로 읽는다. ≪集韻≫에서는 「'夙'자는 고문자 '㚨'이다.」[462]라 하고, ≪說文解字≫에서는 「'㚨'자는 '일찍 삼가다'라는 뜻. 의미부 丮이나 夕으로 된다. 정무를 다루는데 저녁이 되어도 쉬지 않고 아침에 일찍 출근하여 삼가 일을 보는 것이다.」[463]라 하고, 서현徐鉉은 「속자는 '夙'으로 와전하여 쓴다.」[464]라 했다.

「𧺆」자는 의미부 「止」와 소리부 「興」으로 이루어진 자이며, 사전에 보이지 않는다. '興(일 흥, xīng,xìng)'으로 독음한다. ≪說文解字≫에서는 「'興'은 '일어나다(起)'의 뜻이다. 字部 '舁'와 '同'으로 이루어진 자이며, '同'은 '힘을 함께 모으다(力)'라는 의미이다.」[465] 라 하였다.

「寐」자는 '寐(잠잘 매, mèi)'자의 이체자異體字가 아닌가한다.

「㚨𧺆夜寐」는 '숙흥야매夙興夜寐'로 읽는다. ≪시경≫에서 자주 보이는 구절이다. 예를 들어, 〈대아大雅·억抑〉은 「일찍 일어나고 밤늦게 자 뜰 안을 쓸고 닦네.」[466]라 하고, 〈위풍衛風·맹氓〉은 「일찍 일어나 밤늦게 자고 하루아침도 못 쉬었네.」[467], 〈소아小雅·소완小宛〉은 「일찍 일어나고 밤늦게 자, 너 낳은 부모 욕되게 말라.」[468]라 하였다.

또한 ≪左傳·襄公七年≫에서는 「일찍부터 밤 늦게까지 정치를 다스린 것을 보아 백성을 불쌍히 여긴 것을 안다.」[469]라 하고, ≪회남자淮南子·수무훈修務訓≫에서는 「탕湯임금이 아침 일찍 일어나고 저녁 늦게 잠자며, 모든 지혜를 모아 정무에 힘썼다. 가벼운 부세로 백성이 편안하고 부유하게 살도록 하고, 은덕을 베풀어 가난함을 구제하였으며, 죽은 자가 있으면 조문하고 병든 자가 있으면 위로하였다. 또한 고아나 과부를 부양했다. 그래서 백성들이 탕왕을 친히 잘 따랐고 정령은 원활하게 잘 실행되었다.」[470]라 하였다.

군자는 열심히 나라를 통치하고 올바르게 정치를 하며, 일찍부터 늦게까지 정무를 다스려 백성의 고통을 살펴야한다는 요구이다.

본 죽간의 아래 부분은 잔실되었다.

---

462) "夙, 古作㚨."
463) "㚨, 早敬也. 从丮. 持事雖夕不休, 早敬者也."
464) "今俗書作夙譌."
465) ≪說文解字≫: "興, 起也. 从舁, 从同. 同力也."
466) "夙興夜寐, 灑掃庭內."
467) "夙興夜寐, 靡有朝矣."
468) "夙興夜寐, 無忝爾所生."
469) "夙興夜寐, 朝夕臨政, 此以知其恤民也."
470) "湯夙興夜寐, 以致聰明. 輕賦薄斂, 以寬民氓. 布德施惠, 以振困窮. 吊死問疾, 以養孤孀. 百姓親附, 政令流行."

第11簡

宗佝氏古夫敀邦甚難民能多一矣乚庚子曰毋乃肥之昏也是左庳古女虘子之足肥也孔=

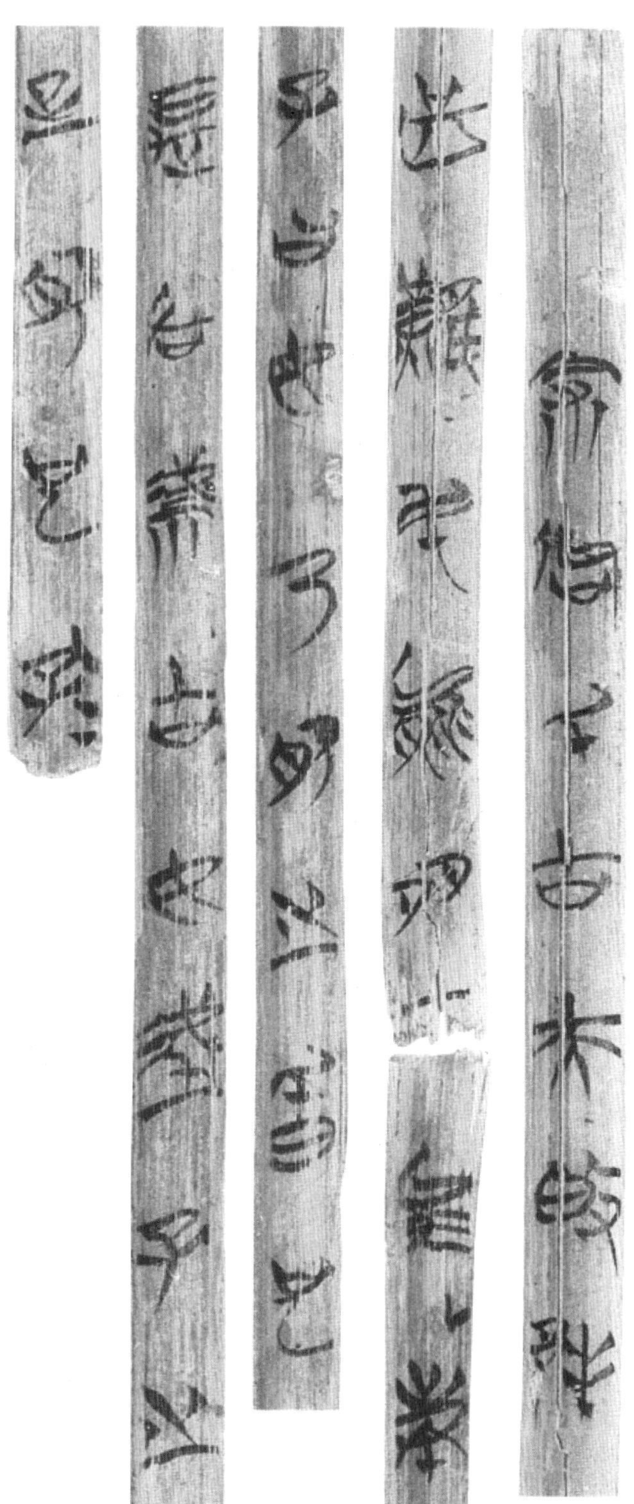

第 11 簡

宨佝.① 氏(是)古(故), 夫敀(迫)邦甚②, 難民能多一矣③』.」庚(康)子曰:「毋乃肥之昏也④, 是左(佐)虖(乎)⑤? 古(故)女(如)䇓(吾)子之足肥也⑥.」孔=(孔子)曰 ⑦:

【해석】

매우 힘써 일하다. 그런 고로 나라가 핍박을 당하면 난민이 많아진다. 저 비肥가 어리석어 보좌하기가 어렵지요? 하지만 저 비肥를 깨우쳐 주십시오. 공자가 말하였다.

【說明】

본 죽간은 두 개의 죽간으로 짝 맞추기 한 것이다. 위 죽간의 길이는 14.4cm이고, 아래 죽간의 길이는 21.7cm이다. 짝 맞추기 한 후 죽간의 상단은 가지런히 평탄한 형태이고, 하단은 한 글자가 잔실되었다. 죽간의 길이는 36.1cm이며, 첫 번째 홈(계구契口)에서 상단까지 1.4cm, 첫 번째 홈에서 두 번째 홈까지 17.9cm이다.

죽간의 하단에는 한 글자가 잔실되었다. 문자는 모두 36자이며, 그 중에 합문合文이 1개이다.

【上博楚簡原註】

① 宨佝

「宨」자는 '㴱(깊을 삼 sēn)'자가 아닌가 한다. 형태가 비슷하다.

≪자휘字彙≫에서는「'㴱'자는 음이 '稅(구실 세, shuì)'이고 '심深'의 뜻이다. 조趙나라와 위魏나라 사이의 언어다.」[471]라 하였다.

「佝(꼽추 구, gōu)」자에 대하여, ≪說文解字≫에서는「'佝'자는 '務(일 무, wù)'의 뜻이며, 의미부 人과 소리부 句으로 이루어진 형성자이다」[472]라 하고, ≪集韻≫은「'怐(어리석을 구, gòu,kòu)'자는 '어리석다'라는 의미이다. 혹은 의미부가 '人'을 쓰기도 한다.」[473]라 하였다.

구절의 의미나, 이 문자에 대해서는 좀 더 연구가 필요하다.

---

471) "㴱, 音稅, 深也. 趙魏間語."
472) "佝, 務也. 從人句聲."
473) "怐, 愗愚也. 或從人."

【譯註】

'심구深佝' 중 '深'은 부사 '대단히'라는 의미이고, '佝'는 '劬(수고로울 구, qú)'자와 통하여 '바쁘게 일하다'의 뜻으로 쓰인다.[474]

② '氏古, 夫敀邦甚'

「氏古」는 '시고是故'로 읽는다.

「敀(핍박할 박, bó)」자에 대하여 ≪說文解字≫에서는 「'박敀'자는 '좁혀오다(迮, 닥칠 책, zé,zuò)'의 뜻이다.」[475]라 하고, ≪玉篇≫은 「'敀'자는 '부착하다(附, 붙을 부, fù)의 뜻'이다.」[476]라 하고, ≪廣韻≫은 「'敀'자는 '迫(닥칠 박, pò,pǎi)'자와 같다. '逼(닥칠 핍, bí)'의 뜻이고, '近, 가까울 근, jìn)'이기도 하고 '急(급할 급, jí)'이기도 하며, '附(붙을 부, fù)'이기도 한다.」[477]라 하였다.

'급히 다그치다(急附)'의 뜻이다.

③ '難民能多一矣'

「矣(어조사 의, yǐ)」자 아래에 구두부호가 있다.

【譯註】

'一'자까지가 짝 맞추기 한, 두 개 중 앞 죽간에 속한다. '[illegible]'와 같은 상태이기 때문에 '一'이 어떤 자의 일부 필획인지 혹은 단지 '一' 한 자인지 현재로는 자세히 알 수가 없다.

또한 '夫敀邦甚難民能多' 구절에 대한 이해가 쉽지 않다.

진위陳偉는 〈≪季康子問孔子≫零識(續)〉에서 '敀(핍박할 박, bó)'자를 '伯(맏 백, bó,bǎi)'으로 해석하여 '백방伯邦'은 '군국君國'이라는 뜻이고, '多'를 '移(옮길 이, yí)'로 읽고 '移一'은 '가지런히 하다'라는 '제일齊一'의 뜻이라 하였다.[478] 계욱승季旭昇은 "백성이 더욱 궁핍하게 되면 국가는 도리어 안락하게 되고, 백성이 재난을 당하면 국가의 능력은 더욱 좋아진다. ……깊은 심사숙고해야 성인이 될 수 있고, 많은 어려움이 있어야 나라가 흥하게 된다의 뜻과 비슷하다."의 의미라 하였다.[479] 그러나 이러한 주장은 모두 이해가 쉽게 되지 않는다.

474) 李銳, 〈讀≪季康子問於孔子≫劄記〉, 簡帛硏究사이트, 2006-02-26.
475) "敀, 迮也."
476) "敀, 附也."
477) "敀, 迫同. 逼也, 近也, 急也, 附也."
478) 陳偉, 〈≪季康子問孔子≫零識(續)〉, 簡帛사이트. 2006-03-02

따라서 본문은 정리본의 주장에 따라 "夫敀邦甚難民能多"를 문자 내용 그대로 해석하기로 한다. 즉 '敀'자는 '迫'의 읽으며, 전체적으로 "나라의 백성을 심하게 핍박하면, 백성에게 어려움이 많아지게 된다."로 이해하기로 한다.

④ '毋乃肥之昏也'

「昏」은 '어리석다'라는 뜻이다.

≪후한서後漢書·황보숭전皇甫嵩傳≫에서는 「우매한 군주 하에 오래 동안 머무를 수가 없다.」[480]라 하였다.

【譯註】

'昏'은 초간에서 '어리석다'는 '昏' 이외에도 '問' 혹은 '聞'의 의미로 자주 쓰인다.

⑤ '是左虖'

「左」자는 '佐(도울 좌, zuǒ)'자와 통하며, '보좌하다'는 뜻이다. ≪묵자墨子·난수雜守≫에서 「可以左守事者」[481]라 하였다.

「虖(울부짖을호, hū,hú,hù)」자에 대하여 ≪集韻≫은 「'乎'자는 고대에 '虖'자로 쓴다.」[482]라 하였다.

【譯註】

'左'자를 혹은 '잘못하다'·'실수하다'의 의미인 '差(어긋날 차,chā,chà)'로 읽기도 하나, 전체적인 문맥으로 보아 '보좌하다'라는 의미로 해석하는 것이 옳을 것 같다.

⑥ '古女虗子之足肥也'

「古女虗子之足肥也」는 「故如吾子之足肥也」로 읽는다.

「虗」자는 '吾(나 오, wú)'자로 쓰인다.

---

479) 季旭昇, 〈上博五芻議(上)〉, 簡帛사이트, 2006-02-18. "人民窘迫, 國家反而能安樂. 人民受災難, 則能力會更好……殷憂啟聖, 多難興邦的意思相近."

480) "昏王之下, 難以久居."라 하였다.

481) ≪墨子·雜守≫: 「可以左守事者.」(꿋꿋이 지킬 수 있는 자이다.)

482) "乎, 古作虖."

「疋(발 족, zú)」자에 대하여 ≪集韻≫은 「'疋'자는 '益(더할 익, yì)'이다.」[483]라 하였다. '疋'자는 또한 '疋(발 소, shū)'자와 같은 자로 '疏(트일 소, shū)'로 읽는다. ≪說文解字≫에서 '疏'자는 또한 '㽰'자로 쓴다. ≪說文解字·㐬部≫은 '疏(疏)'자에 대하여 「'통하다(通)'의 의미이다. 의미부 '㐬'나 '疋'로 이루어진 자이며, '疋'는 소리부이기도 하다.」[484]라 하고, 단옥재段玉裁는 「'㽰'자는 '소통하다'의 뜻이다. '疏'자와 '㽰'자의 소리와 의미는 모두 같으며, 모두 의미부가 '疋'로 되어있다. '疋'자는 그래서 '통하다'의 뜻으로 쓰인다.」[485]라 했다.

⑦ 孔=曰

「孔= 」은 합문 '孔子'이다. 아래에 '曰'자를 보완할 수 있다.

본 죽간의 아래 부분에 문자가 잔실되었다.

【譯註】

제 11간 중 "宖佝. 氏(是)古(故), 夫敀(迫)邦甚, 難民能多一【11A】" 구절까지가 두 개의 죽간 중 앞부분에 해당된다. 【18B】 부분을 【11A】와 연결되는 내용으로 보기도 한다. 【18B】의 내용은 "밭이 비옥하면 즉 백성이 평안하게 되고, 땅이 피폐하게 되면 백성은 입지하여 살 곳이 없게 된다. 그런고로 현인(賢人)은 나라를 다스림에 매우 중요한 일이고, 현인은 나라를 위하여 몸과 마음을 다하며, 능히 조상을 받들어 모신다."라 하여 마지막 부분이 '현인'에 관한 내용이기 때문에, 【11A】의 앞부분이 "나라를 위해 힘써 일하다"라는 내용 역시 현인의 일종의 행동양식으로 볼 수 있어 연결되는 내용으로 볼 수 있다.

483) "疋, 益也."

484) "疏, 通也. 从㐬, 从疋, 疋亦聲."

485) "㽰, 通也. 疏與㽰音義皆同, 皆從疋者, 疋所以通也."

第12簡

安=复而輮之則邦又穫𡗕=虒=善亦善之𡗕=虒=貞

第 12 簡

「☐安=(安焉)①. 乍又(作)而𨌨(乘)之②, 則邦又(有)穫③. 先=所=(先人之所)善, 亦善之④. 先=所=(先人之所)㝵(變)⑤

【해석】

「☐어찌 그러하겠습니까? 일을 하는데, 그것을 계승하면 곧 나라에 얻음이 있을 것이다. 선인이 이른바 좋아하는 바는 또한 이를 좋아하고, 선인이 이른바 변화하는 바

【上博楚簡原註】

본 간의 길이는 21.5cm이고, 죽간의 상단은 파손되었으며, 하단부분은 평평하고 가지런하게 다듬어진 완전한 형태다. 두 번째 편선 홈과 세 번째 편선 홈의 간격은 18.2cm이고, 세 번째 편선 홈과 가장 하단과의 간격은 1.3cm이다. 현존하는 문자는 22자이고, 그 중 合文이 4개이다. 본 간의 상단에 잔결된 문자가 15자가 있다.

① '安='

「安」자는 중문重文으로 「안언安焉」의 의미이다.

② '乍又而𨌨之'

「乍又」자는 「作(지을 작, zuó,zuō,zuò)」으로 읽는다.

「𨌨」은 ≪고문사성운古文四聲韻≫에서는 「乘(탈 승, chéng,shèng)」자를 또한 「승𨌨」자로 쓴다. 「乘」자는 '계승하다'의 뜻이다. ≪尙書·君奭≫에서는 「在亶乘玆大命(이 큰 명을 타고서).」라 하였다.486)

③ '則邦又穫'

「又」는 「有」로 읽는다.

486) ≪尙書·君奭≫: "公曰: '前人敷乃心, 乃悉命汝, 作汝民極.' 曰: '汝明勖偶王, 在亶乘玆大命, 惟文王德丕承, 無疆之恤！'" (공이 말하였다. 옛분들이 그분들의 마음을 펴시어 모든 일을 당신에게 알려주신 것은 당신을 백성들의 인도자로 삼기위해서다. 말하기를 '그대는 함께 임금을 보좌하고 정성을 다하여 이 위대한 천명을 받들어라. 오직 문왕의 덕을 계승하고 한없는 걱정을 잊지 마라'라 하였다.)

「穫(벼 벨 확, huò)」자는 「矱(자 확, huò)」자와 통한다. 「확矱」은 '법도'이다. ≪관자管子·주합宙合≫에서는 「성공의 기술에는 반드시 큰 법도가 있다」[487]라고 하였다. 「穫」자는 또한 '거둬들이다(수성收成)'나 '수확하다(수확收穫)'의 의미로 쓰인다. ≪초사楚辭·구장九章≫에서는 「누가 심지 않고서 수확을 할 수 있겠는가?」[488]라고 하였다.

선인의 업적을 계승하는 것이다. 즉 위에서는 그 은혜를 베풀고, 아래서는 그 힘써 일하고, 군주가 신의와 성실함을 이행하면 신하는 속이지 않고 미혹되지 않는다. 선인을 본받아 나라와 가정에 정성을 기울이면 나라에는 반드시 큰 수확이 있을 것이다.

≪예기禮記·예운禮運≫에서는 「그러므로 나라를 다스리되 예절로써 아니라면 마치 쟁기가 없이 밭을 가는 것과 같고, 예절로 하되 정의에 근본하지 아니하면 마치 밭을 갈아놓고 씨앗을 심지 않은 것과 같으며, 정의로 하되 학술적으로 연구하지 않으면 마치 씨앗을 심어놓고 김을 매지 않음과 같으며, 학술적으로 연구하되 그것을 사랑으로 화합하지 않으면 마치 김을 매고도 수확하기 않은 것과 같고, 사랑으로 화합하되 음악으로 즐기지 아니하면 마치 수확하고 먹지 않은 것과 같고, 음악으로 즐기되 정체성에 통달하지 않으면 마치 먹어도 살찌지 않음과 같으니라.」[489]라 하였다.

④ '㒫=䢅=善, 亦善之'

「㒫=」는 「선인先人」 두 자의 합문合文이다.

「䢅=」는 「지소之所」 두 자의 합문이다.

「善(착할 선, shàn)」자는 '깨우치고 이끌어 착하게 되도록 한다(선화善化)'·'좋아하다(희애喜愛)'·'성공하다·이루다(성공成功)'의 의미이다.

≪좌전左傳·양공삼십일년襄公三十一年≫에서 「좋아하는 것은 나는 실행하고」[490]라고 하였고, ≪左傳·희공이십년僖公二十年≫에서는 「성패가 갈리는 것은 자신에게 있는 것으로, 어찌 다른 사람 때문이겠는가?」[491]라고 하여 선왕의 명덕을 밝히고, 선인의 선善을 드러내며, 문왕文

487) ≪管子·宙合≫: "成功之術, 必有巨矱."

488) ≪楚辭·九章·抽思≫: "孰不實而有穫?"

489) ≪禮記·禮運≫: "故治國不以禮, 猶無耜而耕也. 爲禮不本於義, 猶耕而弗種也. 爲義而不講之以學, 猶種而弗耨也. 講之於學而不合之以仁, 猶耨而弗獲也. 合之以仁而不安之以樂, 猶獲而弗食也. 安之以樂而不達於順, 猶食而弗肥也."

490) ≪左傳·襄公三十一年≫: "其所善者, 吾則行之."

491) ≪左傳·僖公二十年≫: "善敗由己, 而由人乎哉!"

王과 은대殷代 어진 선철先哲들의 덕행을 본받으려 하였다. 선善을 행함과 시작은 선인에게 있고, 선善을 계승하고 서술함은 후세 사람에게 있다.

≪상서尚書·무후지명文侯之命≫에서는 「왕이 이렇게 말했다. "의화義和여! 그대는 그대의 드러나신 선조를 밝히라. 그대는 문왕文王과 무왕武王을 본받아 그대의 임금과 뜻을 같이하고 뜻을 이어서 앞서 나라를 편안하게 한 분들에게 소급하여 효도하라. 그대는 닦아서 나를 어려움에서 막은 것이 많으니 그대와 같은 이를 내가 아름답게 여기노라!」[492] 라 하였다.

⑤ '𢍜=𢍏=叓(變)'

「叓」은 「변變(변할 변, biàn)」으로 읽는다.

본 죽간은 다음 죽간과 이어지는 내용이다. (다음 죽간의 상단에는 문자가 잔실되어 있는데, 혹은 보충할 수도 있다).

【譯註】

''자를 정리본은 「변變」으로 읽고 있는데, 그러나 사실상 초간의 '弁(고깔 변, biàn)'자와 형태가 매우 유사하고, '變'으로 해석하면 전체적인 내용 이해가 쉽지 않기 때문에 진사붕陳斯鵬은 〈楚簡"史"·"弁"續辨〉에서 이 자를 '弁'으로 예정하고 '使(하여금 사, shǐ,shì)'의 용법으로 쓰인다 하였다.[493] 초간에서 '弁'[494]자와 '史[495]'는 자형이 매우 유사하기 때문에 자주 혼용하는 경우가 있다. ≪上博楚簡≫ 중 ≪자고子羔≫는 '𡖊'으로 쓰고, ≪종정갑從政甲≫은 '𠭥'으로 쓴다. 따라서 ''자는 '史'로 예정할 수 있고, '使'로 읽는 것이 아닌가 한다. '使'는 '따르다'·'좇다'의 의미인 '從(좇을 종, cóng)'의 뜻이 있다. 본 ≪季康子問於孔子≫에서 ''자는 본 죽간 이외에 제 14간과 제 15간에도 보인다. 정리본은 제 14간의 ''자에 대하여 "초나라 문자에서 이 자는 또한 「使」자의 용법으로 쓰인다. 이곳에서는 「史」로 읽는다."라 하였다(부록 참고).[496]

492) ≪尚書·文侯之命≫: "父義和！汝克紹乃顯祖, 汝肇刑文·武, 用會紹乃辟, 追孝于前文人. 汝多修, 扞我于艱, 若汝予嘉."

493) 陳斯鵬, 〈楚簡"史"·"弁"續辨〉, 古文字研究(第27輯). 中華書局, 2008, 404 쪽.

494) ≪楚系簡帛文字編(增訂本)≫, 787 쪽.

495) ≪楚系簡帛文字編(增訂本)≫, 287 쪽.

496) ≪上博楚簡(五)≫, 222 쪽. "在楚文字中也用作「使」, 在此讀爲「史」."

第13簡

而行之民必備矣古子㠯此言𠃊爲奚女孔=曰緐丘𠃊簹之則敓

第 13 簡

亦變之☐.」庚子曰:「☐而行之, 民必備(服)矣. 古(故)子㠯(以)此言ㄴ」, 爲奚女(如)?」孔=(孔子)曰:「繇(由)丘ㄴ, 雚(觀)之, 則㪆(微)

【해석】

또한 그것을 변화시킵니다.」 계강자가 말하였다.「☐하고 그것을 행하면 백성들이 반드시 따를 것이다. 당신은 이와 같은 말을 어떻게 생각하십니까?」 공자가 말하였다.「제가 생각하기엔, 그것을 평가한다면 섬세한(정미精微하다)

【上博楚簡原註】

본 간의 길이는 24.8cm이다. 상단이 파손되었으며, 하단은 평평하고 가지런하다. 두 번째 편선 홈과 세 번째 편선 홈의 간격은 18.2cm이고, 세 번째 편선 홈과 가장 하단의 간격은 1.5cm이다. 현존하는 문자는 24자이고, 그 중 合文이 한 개 이다. 상단의 잔결된 13자 중, 앞 간의 문장 내용을 고려하여「亦變之」와「庚子曰」여섯 자를 보충할 수 있다.

① '古子㠯次言」, 爲奚女'

「古」는「故(옛 고, gù)」로 읽는다.

「言」자 아래 구두점「ㄴ」가 있다.

「女」는「如(같을 여, rú)」로 읽는다.

② '孔=曰: 繇丘ㄴ, 雚(觀)之'

「孔=」은「孔子」두 자의 合文이다.

「繇」는「繇(역사 요, yáo,yóu,zhòu)」와 같다. ≪집운集韻≫에서「'요繇'자에 대하여 ≪說文解字≫에서 '따르다'의 의미이다라 하였다. 혹은 '憂(근심할 우, yōu)'나 또는 '由(말미암을 유, yóu)'의 의미로 쓰인다. 이 자를 혹은 '䌛'자로 쓰기도 한다」497)라 하였다.

「丘」자 아래 문장부호「ㄴ」가 있다.

---

497) ≪集韻≫: "繇, ≪說文解字≫: '隨從也', 一曰憂也, 由也. 或作䌛."

「雚」자는 「觀(볼 관, guān,guàn)」으로 읽는다. ≪集韻≫에서 「'喚(부를 환, huàn)자는 '호완절 呼玩切'이다. ≪說文解字≫에서는 『'부르다(評)'의 의미이다.』라 하였다. 이 자는 '嚾(지껄일 훤, tuàn)'으로 쓰기도 하며, 또한 의미부로 '言'을 쓰기도 한다. 고대에는 '奐'자와 통용하였다.」[498] 라 하였다. 「관觀」자는 고문古文에서는 「雚」으로 쓰거나 혹은 「雚」자의 생략형을 썼다.

【譯註】

'丘'자 다음에 문장 부호 「ㄴ」은 아마도 잘못 쓴 것으로 보인다.[499]

③ '則㪔[言也已]'

「言也已」 세 글자는 다음 간에 속한다.

「미㪔」자는, ≪古文四聲韻≫에서는 ≪古尙書≫를 인용하여 「微(작을 미, wēi)」자를 「㪔」자로 쓴다. 일반적으로 「微」자로 쓴다. ≪說文解字·人部≫에서는 「'微'는 '미묘하다(眇)'의 뜻이다. 의미부는 '人'과 '攴'이고, 소리부는 豈의 생략형인 형성자이다.」[500]라 하였고, 단옥재段玉裁는 「무릇 고대 언어에서 '㪔眇'라는 단어는 지금은 '미묘微妙'로 쓴다. '眇(애꾸눈 묘, miǎo)'는 '작다'라는 뜻인데, 파생되어 일반적으로 '세세한 것, 세밀한 것(細)'을 가르키는 의미로 쓰인다. '微'는 '숨어 은밀히 행하다'라는 뜻이다. 후에 '微'자로 쓰고, '㪔'자를 쓰지 않게 되었다.」[501]라 하였다. ≪설문계전說文繫傳≫에서는 「'㪔'는 '妙(묘할 묘, miào)'라는 의미이다. 의미부는 '人'과 '攴'이고, 소리부는 '豈'의 일부 생략 형태이다. 서개徐鍇가 생각건대, "≪尙書≫에서 말하길, '人心은 위태하고 道心은 세밀하다.'[502]라고 하였다. 만물은 정밀하고 적은 것이다. 그래서 사람은 능히 도를 넓혀야하기 때문에, 고로 사람(人)이 가지(攴)를 가지고 조작하는 것으로 의미를 표시하고 있다. 이는 또한 도구를 이용하는 것과 같다. 재주 역시 사람이 도구를 이용하는 것이니, 고로 능히 '세밀(微)'함에 하여야 만이 정밀(精微)하게 되는 것이다."」[503]라 하였다.

「미微」는 깊고 그윽하고, 정세하고 묘하며, 은밀히 감추는 것이다.

---

498) ≪集韻≫: "喚, 呼玩切. ≪說文解字≫: '評也', 或作嚾, 亦从言. 古通作奐."

499) 蘇建洲, 〈≪上博(五)楚竹書≫補說〉, 簡帛사이트. 2006-02-23.

500) ≪說文解字·人部≫: "微, 眇也. 从人·从攴, 豈省聲."

501) 段玉裁注: "凡古言微眇者即今之微妙字. 眇者小也, 引伸爲凡細之偁. 微者隱行也. 微行而㪔廢矣."

502) ≪尙書·虞書·大禹謨≫: "人心惟危, 道心惟微."

503) ≪說文繫傳≫: "微, 妙也, 从人·攵, 豈省聲. 臣鍇按: ≪尙書≫曰: '人心惟危, 道心惟微.'物精則少也, 人能弘道, 故必从人支所操也, 猶器用也, 才亦人之器用也, 故能入於微, 此精微也."

≪순자荀子·해폐解蔽≫에서는「전일(全一)한 것을 길러서 정묘해지면 영화롭더라도 자신은 알지를 못하는 것이다.」[504]라 하였고, ≪열자列子·설부說符≫에서는「사람들과 함께 비밀 이야기를 해도 되겠습니까?」[505]라 하였으며, ≪한서漢書·예문지藝文志≫에서는「옛날에 중니仲尼가 죽으니 뜻 깊은 이야기들이 없어졌고, 칠십자七十子가 세상을 떠난 뒤에는 대의大義가 어그러졌다. 그러므로 춘추春秋는 나뉘어져 다섯이 되고, 시詩는 나뉘어져 넷이 되었으며, 역易에는 몇 갈래의 전傳이 생겼다. 전국시대戰國時代에는 합종合縱과 연횡連衡으로 갈려 서로 진眞과 위僞를 다투고, 제자諸子의 설說은 분연하게 어지러워졌다.」[506]라 하였다.

본 죽간의 내용은 다음 죽간과 이어진다.

【譯註】

'敚'자는 '미微'의 의미 이외에 '美(아름다울 미, měi)'의 의미로 자주 쓰인다. '美言'은 '좋은 이야기'라는 뜻으로 '미언微言'의 '심오한 견해'라는 뜻하고는 정도의 차이가 있다.[507] ≪論語·顔淵≫에서 계강자季康子가 공자에게 나라를 다스릴 무도無道한 자를 죽여서 道가 있는 데로 나아가게 하면 어떻겠냐고 묻자 "그대가 정사政事를 함에 어찌 죽임을 쓴단 말인가. 그대가 선善하고자 하면 백성들이 善해질 것이니, 군자의 덕德은 바람이요 소인의 덕은 풀이다. 풀에 바람이 가해지면 풀은 반드시 쓰러진다."[508]라는 등등의 내용으로 보아 '미언微言'의 수준은 아니고, '미언美言'의 수준 정도 이해하면 될 것 같다.

---

504) ≪荀子·解蔽≫: "養一之微, 榮矣而未知."

505) ≪列子·說符≫: "人可與微言乎?"

506) ≪漢書·藝文志≫: "昔仲尼沒而微言絕, 七十子喪而大義乖. 故≪春秋≫分爲五, ≪詩≫分爲四, ≪易≫有數家之傳. 戰國從衡, 眞僞分爭, 諸子之言紛然殽亂."

507) 季旭昇, 〈上博五芻議(上)〉, 簡帛사이트, 2006-02-18.

508) "季康子問政於孔子曰, 如殺無道, 以就有道, 何如. 孔子對曰, 子爲政, 焉用殺. 子欲善, 而民善矣. 君子之德風, 小人之德草, 草上之風必偃."(≪論語·顔淵≫)

第14篇

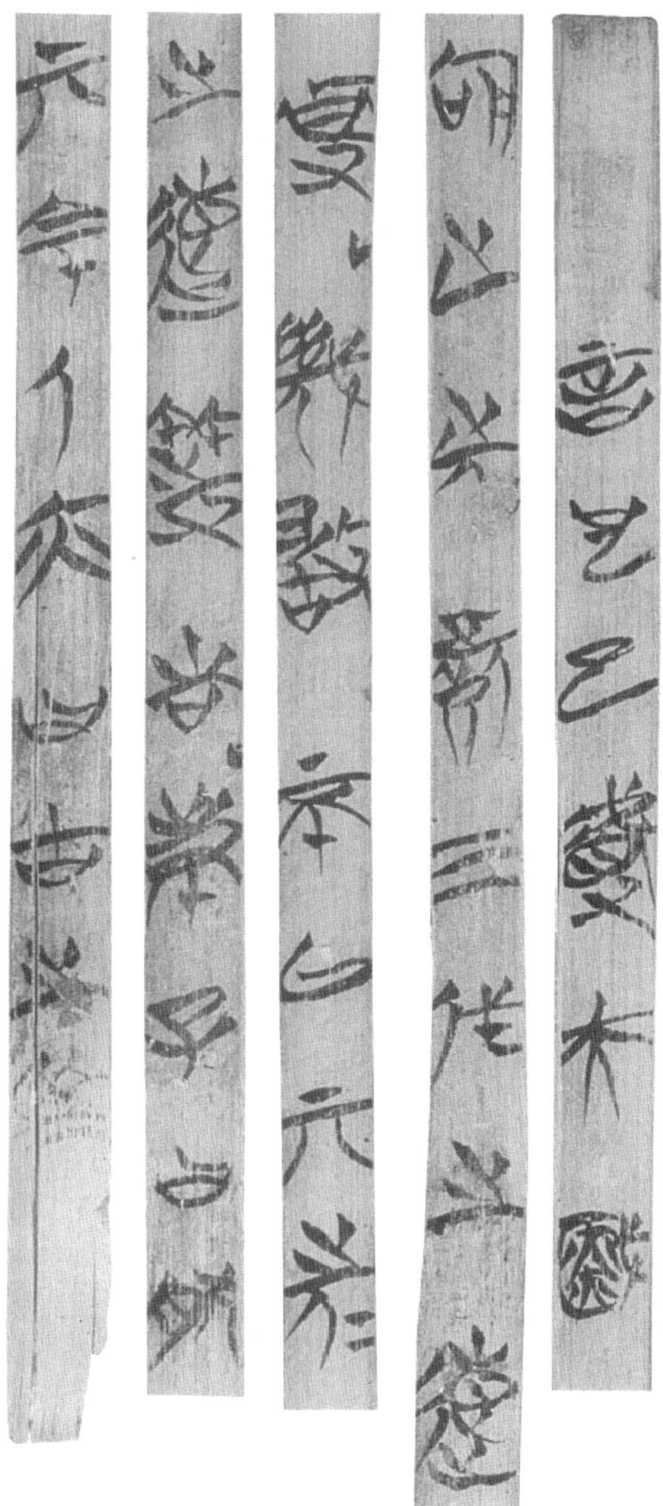

言也已虐夫戱含之𡗜=𡧻三代之連㝵」幾敢不㠯亓𡗜=之連等告」庚子曰肰亓宔人亦曰古之爲

第 14 簡

言也已. 虘(且)夫殹(𠜂)含(今)之𡶬=(先人)[①], 𠬍(喪)三代之連(傳)㕜(史) ㄴ[②], 幾(豈)敢不㠯(以)亓(其)𡶬=(先人)之連(傳)等告 ㄴ[③].」 庚(康)子曰: 「肰(然)亓(其)宔(主)人亦曰[④]: 『古之爲[⑤]

【해석】

말인 것입니다. 또한 마침내 오늘날 선인先人 삼대三代의 전해지는 역사가 사라졌으니 어찌 감히 선인의 전해지는 것들을 알리겠습니까?」 강자康子가 말하였다. 「그리하여 그 주인 또한 말하길, 『옛날에

【上博楚簡原註】

본 간의 길이는 38.8cm이고, 상·하단 부분이 평평하고 가지런하다. 첫 번째 편선 홈과 가장 상단의 간격은 1.4cm이고, 첫 번째 편선 홈과 두 번째 편선 홈의 간격은 17.9cm, 두 번째 편선 홈과 세 번째 홈의 간격은 18.2cm, 세 번째 편선 홈과 가장 하단까지의 간격은 1.3cm이다. 모두 39자이며, 그 중 合文이 두 개이다.

① '虘夫殹含之𡶬='

「虘」자는 '且(또 차, qiě,jū)'의 의미로 쓰였다.

「殹」자는 「𠜂(시랭이 예)」자의 이체자가 아닌가 한다. 본 편의 제 8간 주해注解를 참고할 수 있다.

「含」자는 「今(이제 금, jīn)」으로 읽는다.

「𡶬=」는 「先人」 두 자의 合文이다.

【譯註】

「殹含」은 제 8간에도 보인다. '예금𠜂今'으로 사람의 이름이 아닌가 한다(부록 참고).

② '𠬍三代之連㕜ㄴ'

「𠬍」자는 「喪(죽을 상, sāng,sàng)」자이다.

「連」는 의미부 '辵'과 '叀'으로 이루어진 회의자이다. ≪설문계전說文繫傳≫에서는 '叀(삼가할

전, zhuān)'자에 대하여, 「'叀'자는 '오로지(專)' 혹은 '조심하며 삼가다'의 뜻이다. 의미부는 '幺'의 생략형이고, '屮'는 초목의 잎이 막 나와 겨우 보인다는 뜻이며, '屮'는 또한 소리부(역성자亦聲字)이기도하다. 무릇 부수가 '叀인 자들은 의미부가 모두 '叀'이다.」[509]라 하였고, ≪集韻≫에서도 「'叀'은 '專(오로지 전, zhuān)'으로 쓰기도 한다.」[510]고 하다. 「連」자는 「遵」·「遄(빠를 천, zhuán)」자와 같은 자이며, 모두 「傳(전할 전, chuán,zhuàn)」으로 읽는다.

「㚔」자는 초나라 문자에서는 또한 「使」자로 쓰이고, 여기서는 「史」로 읽는다.

【譯註】

'[illegible]'자를 정리본은 「㝃」자로 예정하고 「喪」자와 같은 자라 하였다. 그러나 이 자의 윗부분은 ≪郭店楚簡·唐虞之道≫ 중의 '世(대 세, shì)'자 '[illegible]'·'[illegible]'[511]자와 같기 때문에 '𦬁'로 예정하고 '世'로 읽을 수 있다. 대대로 '계승하다'는 뜻이다.[512] 또한 이 자는 초간에서의 '喪'자인 '[illegible]'·'[illegible]'자와 다르다(부록 참고).[513]

③ '幾敢不󠄀以亓先=之連等告ㄴ

「幾」는 「豈(어찌 기, qǐ,kǎi)」자와 통한다.

「亓」자는 「其(그 기, qí,jī)」자와 같다.

「先=」는 「선인先人」 두 글자의 合文이다.

「等(가지런할 등, děng)」은 '동등하다'·'같다'의 의미이다. ≪사기史記·진섭세가陳涉世家≫에서는 「今亡亦死, 擧大計亦死, 等死, 死國可乎?」[514]라 했다.

「告」자의 아래에는 문장부호인 「ㄴ」가 있다.

---

509) ≪說文繫傳≫: "叀, 專, 小謹也. 从幺省, 屮財見也, 屮亦聲. 凡叀之屬皆從叀. 臣鍇曰: 叀, 專也. 幺, 小子也. 言人之專謹若小子也. 幺屮財有所爲也."

510) ≪集韻≫: "叀, 或作專."

511) ≪楚系簡帛文字編(增訂本)≫, 209 쪽.

512) 陳劍, 〈談談≪上博(五)≫的竹簡分篇·拼合與編聯問題〉, 簡帛사이트. 2006-02-19

513) ≪楚系簡帛文字編(增訂本)≫, 126 쪽.

514) ≪史記·陳涉世家≫: "今亡亦死, 擧大計亦死, 等死, 死國可乎?"(똑같이 죽을 바에는 나라를 위해 죽는 것이 좋지 않겠는가?)

【譯註】

'[illegible]'자는 자부 '竹'과 소리부 '寺'로 이루어진 자이다. 정리본은 문자 그대로 '等'의 의미로 해석하고 있으나, 앞 구절이 '連叀(傳史)'로 쓰는 것으로 보아 문장 구조상 '전지傳志'로 의 '志'의 의미로 해석하는 것이 옳을 것 같다.515) ≪예기禮記 · 제통祭統≫은 "옛날 군자는 선조의 아름다웠던 점을 논술하였고, 명문銘文을 만들어 후세에 명시하기로 마음먹었다. 또한 그에 의해 자신의 선조의 끝에 들어갈 수가 있었고, 또 국가나 집안의 좋은 장식으로도 할 수 있었다. 자손의 종묘사직을 지키는 자가 그 선조에게 아름다운 점이 없는데도 이것을 찬양하면 속이는 것이다. 선행이 있는데도 이를 알지 못하는 것은 자손의 불명이고, 알아도 전하지 않는다면 불인不仁이다. 이 세 가지가 군자가 부끄럽게 여기는 바이다."516)라 하였다(부록 참고).

④ '庚子曰: 肰亓宔人亦曰'

「肰(개고기 연, rán)」은 「然(그러할 연, rán)」으로 읽는다. ≪說文解字≫에서는 '肰'자에 대하여 「'개 고기'의 의미. 의미부 '犬'과 '肉'으로 이루어진 자이다. '然'으로 읽는다.」517)라 하였다.

「宔(신주 주)」자는 「主(주인 주, zhǔ)」자와 통한다. ≪說文解字≫에서는 '宔'자에 대하여 「'宔'는 '종묘의 마름돌'이다. 의미부 '宀'과 소리부 '主'로 이루어진 형성자이다.」518)라 하였고, ≪설문계전고이說文繫傳考異≫에서는 「'宗廟主石'을 ≪說文解字≫에서는 '宗廟宔祏'으로 쓴다.」519)라 하였다.

【譯註】

'主人'은 앞에서 언급한 '예금厥今'을 가리킨다.

기소군冀小軍은 〈≪季康子問於孔子≫補說〉에서 제 13간과 제 14간의 내용을 백화문으로 "계경자가 물었다. '그렇다면 당신의 그의 말이 어떻다고 생각하십니까?'. 공자가 말하였다. '내가 보기엔 그의 말은 훌륭합니다. 더욱이 그의 선인 예금厥今은 삼대三代에 걸쳐 계승된 사관인데, 그는 어찌 선인들의 나라를 다스리는 방법을 알려주지 않았습니까!' 계경자는 말했다. '그렇습니

515) 陳劍, 〈談談≪上博(五)≫的竹簡分篇 · 拼合與編聯問題〉, 簡帛사이트. 2006-02-19

516) "古之君子, 論譔其先祖之美, 而明著之後世者也, 以比其身, 以重其國家如此. 子孫之守宗廟社稷者, 其先祖無美而稱之, 是誣也, 有善而弗知, 不明也, 知而弗傳, 不仁也, 此三者, 君子之所恥也."

517) ≪說文解字 · 肉部≫: "肰, 犬肉也. 从犬 · 肉. 讀若然."

518) ≪說文解字 · 宀部≫: "宔, 宗廟宔石也. 从宀, 主聲."

519) ≪說文繫傳考典≫: "宗廟主石, 今≪說文解字≫'宗廟宔祏'."

다. 예금閔今은 고대의 나라를 다스리는 군주들은 모두 이 방식을 이용하였습니다'."[520]라 번역하였다. 참고할 만하다.

⑤ '古之爲[邦者必以此]'

[邦者必以此] 다섯 글자는 다음 간에 속한다.

「爲」는 '다스린다'는 뜻이다. ≪論語 · 里仁≫에 「能以禮讓爲國乎?」[521]라는 구절이 있다.

본 죽간은 다음은 죽간과 내용이 이어진다.

520) 冀小軍, 〈≪季康子問於孔子≫補說〉, 簡帛사이트, 2006-06-26. "季庚子問: '那麽, 您認爲他的話怎麽樣'. 孔子說: '依我看, 話倒是不錯. 況且閔今的先人是三代遞傳的史官, 他怎麽會不把先人所傳的治國方法告訴您呢.' 季庚子說: '是這樣的. 葛閔今也說: 古代治理國家的人都用這個方法的'."

521) ≪論語 · 里仁≫: "能以禮讓爲國乎?"(예와 양보로 충분히 국가를 다스릴 수 있습니까?)

第15簡

邦者必吕此孔=曰言則㛟矣然亞勿𠭁𡘾=㡯=瀤勿记肰則民逄不善𧵩父兄子俤而爯賕

第 15 簡

邦者必㠯(以)此.』」孔=(孔子)曰:「言則媺(媺)矣. 然亞(惡)勿叀(變)①, 𫝀=(先人)之所=(之所)灋勿记(起)②, 肰(然)則民迼(坐)不善③, 䊝(迷)父兄子俤(弟)而爯賕④

【해석】

나라를 다스리기를 이와 같이 하였다.』라 하였습니다.」 공자가 말하였다.「훌륭한 말씀이군요. 그러나 악이 변하지 않고 선인의 법도가 일어나지 않는다면 백성들이 장차 불선不善하게 될 것이며, 부모자식과 형제를 미혹케 하여 뇌물을 받고 천거하게 됩니다.

【上博楚簡原註】

본 간은 두 개의 부러진 죽간을 합친 것으로, 상단은 40.9cm이고 하단은 24.2cm이다. 짝맞추기를 한 후 죽간은 완전한 형태이고, 전체 길이는 39.1cm이다. 상·하단은 평평하고 가지런하다. 첫 번째 편선 홈과 두 번째 편선 홈 간의 간격은 18.2cm이며 두 번째 편선 홈과 세 번째 편선 홈 간의 간격도 18.2cm이다. 세 번째 편선 홈과 가장 하단까지의 간격은 1.2cm이다. 문자는 37자이며 그 중 合文이 3개이다.

① '然亞勿叀'

「亞」자는「惡(악할 악, è)」의 의미로 쓰였다.「惡」의 내용은 무엇인가? 공자가 노나라의 사구가 되었을 때, 7일 만에 정치를 어지럽히던 대부大夫 소정묘少正卯를 죽였다. 이 때문에 자공子貢이 공자에게 물었다. 이에 대한 내용이 ≪공자가어孔子家語·시주始誅≫에 기록되어 있다.

> 소정묘는 노나라에 알려진 사람이온데, 오늘날 부자께서 정사政事를 하심에 처음으로 그를 죽이시니 혹자는 부자께서 실수하신 것이 아닌가 합니다」[522], 그러자 공자는 천하의 죄악 다섯 가지를 제시하였다.「거기 좀 앉아라. 내가 너에게 그 연유를 얘기해주겠노라. 천하에 큰 죄악 다섯 가지가 있다. 절도 같은 것은 여기에 해당도 되지 않는다. 그 다섯 가지 죄악이 무엇인고 하니, 첫째 마음이 역逆하고 험한 것, 둘째 행실이 괴벽하고 굳은 것, 셋째 거짓된 말을 하고 변론을 하는 것, 넷째 추한 것만 기억하고 넓게 아는 것, 다섯째 그릇된 일만 따라서 하고 자기

522) ≪孔子家語·始誅≫: "夫少正卯, 魯之聞人也, 今夫子爲政, 而始誅之, 或者爲失乎?"

몸을 윤택하게 하는 것 등이다. 이 다섯 가지 가운데 한 가지만 범한 것이 있어도 죽음을 면치 못할 것인데, 소정묘는 이 다섯 가지 큰 죄악을 모두 범하고 있다. 왜 그런고 하니, 그 거처하는 곳에 가 보면 무리를 모아 당파를 이루고 있고, 그 말솜씨를 보면 자기보다 높은 자리에 있는 사람에게는 쩔쩔매고 자기보다 못한 사람 앞에서는 잘난 체하며, 강한 모습을 보면 옳은 일은 반대하고 자기 혼자만 서 있다. 이런 자는 사람 중의 간웅이니 이를 제거해 버리지 않을 수 없느니라. 저 은殷나라 탕왕湯王은 윤해尹諧를 죽였고, 주周나라 문왕은 반정潘正을 죽였다. 주공周公은 관숙管叔과 채숙蔡叔을 죽였고, 제祭나라 태공太公은 화사華士를 죽였다. 관중管仲은 촌을村乙을 죽였고, 정鄭나라 자산子産은 사하史何를 죽였다. 이 일곱 사람은 모두 세대는 다르지만 죽을죄는 다 마찬가지인 것이니 그런 이유 때문에 용서할 수가 없는 것이다. ≪시경≫에 이르기를, '마음속에 걱정함이 어찌 그리 심하냐? 그것은 뭇 소인들에게 노염을 받기 때문이로다. 소인들이 당파를 이루는 것이 참으로 걱정이로다'라 했느니라.[523)]

「叓」자는 「변變」의 의미로 쓰였다. 「亞勿叓」은 「악물변惡勿變」으로 읽어야 한다.

【譯註】

정리본은 '叓'자를 '변變'으로 해석하고 있다. 그렇다면 본 구절을 "惡勿變"으로 해석하여 '나쁜 점을 변화시키지 않다'라는 의미가 되고, "夫=旂=灋勿记" 중의 '灋'을 '형법刑法'로 해석한다면 '선인이 남겨 놓은 법은 부흥시키지 않다'라는 의미로 해석한다면 일반적인 상황이 맞지 않게 된다.

본 구절에서 '叓'자는 '使(하여금 사, shǐ,shi)'의 의미로 해석하고, '灋'는 '廢(폐할 폐, fèi)'의 의미로 하여, '勿'은 '이러한 좋지 않은 일은 하지 말아라'라는 의미로 해석하는 것이 옳을 것 같다. 만약에 이러한 해석이 맞다면, 제 '15B'간 앞부분에 "夫=(先人)旂=(之所)"의 구절을 보충할 수 있다(부록 참고).[524)]

② '夫=旂=灋勿记'

「夫=」은 「선인先人」 두 글자의 합문이고, 「旂=」는 「지소之所」 두 글자의 합문이다.

523) ≪孔子家語·始誅≫: "孔子曰: 居, 吾語汝以其故. 天下有大惡者五, 而竊盜不與焉. 一曰心逆而險, 二曰行僻而堅, 三曰言僞而辯, 四曰記醜而博, 醜謂非義五曰順非而澤, 此五者有一於人, 則不免君子之誅, 而少正卯皆兼有之. 其居處足以撮徒成黨, 撮聚其談說足以飾褒榮衆, 其强禦足以反是獨立, 此乃人之姦雄者也, 不可以不除. 夫殷湯誅尹諧·文王誅潘正·周公誅管蔡·太公誅華士·士之爲人虛僞亦聚黨也而韓非謂華士耕而後食鑿井而飮信其如此而太公誅之豈所以謂太公者哉管仲誅付乙·子産誅史何, 是此七子, 皆異世而同誅者, 以七子異世而同惡, 故不可赦也. 詩云: '憂心悄悄, 慍于群小, 小人成群, 斯足憂矣.'"

524) 陳偉, 〈≪季康子問孔子≫零識(續)〉, 簡帛사이트. 2006-03-02.

「灋(법 법, fǎ)」자에 대하여, ≪說文解字≫는 「'灋'는 '刑(형벌 형, xíng)'의 뜻이다. 평평함이 물과 같아 의미부 '水'를 사용한 것이고, '廌(법 치, zhì)'는 정직하지 못한 사람을 들이받는 동물이다. 그래서 의미부 '去'를 사용한 것이다. 지금은 생략한 형태인 '법法'으로 쓰고, 고문은 '佱'으로 쓴다.」[525]라 하였다.

「辿」자는 「起(일어날 기, qǐ)」자의 古文이다. ≪說文解字≫에서는 「起」자에 대하여 「'起'는 '일어설 수 있다'의 의미. 의미부 '走'와 소리부 '已'로 이루어진 형성자이다. '起'자의 고문은 의미부 '辵'을 써서 '辿'로 쓴다.」[526]라 하였다. 「起」는 '발생하다'·'흥기하다'의 의미이다. ≪여씨춘추呂氏春秋·직간直諫≫에 「온갖 간사한 일들이 한꺼번에 일어나다.」[527]라 하였다.

공자는 성조聖祖의 도와 전법典法을 중시하여 벌을 밝히고 법령을 신칙하였다.

≪공자가어孔子家語·현군賢君≫에서 공자가 말하였다.

> 옛날의 하夏나라 걸桀 왕은 귀貴하기로는 그 몸이 천자요 부富하기로는 사해를 모두 차지하고 있었지만, 성조聖祖의 도를 잊어버리고 그 법을 무너뜨려 종묘의 제사까지 폐해 버리고 음탕한 놀이만 일삼으며 술에 취해 있게 되므로 아첨하는 신하들은 임금의 눈치만 살피면서 그 마음을 유인하고 충성스런 선비들은 입을 다물고 말을 하지 않았습니다. 그런 때문에 온 천하 사람들이 걸을 죽이게 되었고 은나라 탕왕이 그 나라를 차지하게 되었던 것입니다. 이것이 바로 자기 몸조차 잊어버렸던 예입니다.[528]

공자는 「덕과 법으로써(이덕이법以德以法)」으로 다스리는 것을 주장하였지만, 「형刑」을 「책策」으로 쓰지 아니할 수 없었다. ≪공자가어孔子家語·집비執轡≫에서 공자가 말하였다.

> 공자가 말했다. "정치란 덕으로 해야 하며 법으로 해야 한다. 이 덕과 법은 백성을 다스리는 도구로서 마치 말을 모는데 자갈과 굴레가 있어야 하는 것과 마찬가지다 즉 임금은 사람, 관리는 말고삐, 형법은 채찍에 비유할 수 있다. 남의 임금이 되어서 정치를 하자면 그 고삐와 채찍을 바로잡아야 하는 것이다".[529]

525) ≪說文解字≫: "灋, 刑也. 平之如水. 从水; 廌, 所以觸不直者; 去之, 从去. 法, 今文省. 佱, 古文."」
526) ≪說文解字≫: "起, 能立也. 从走, 已聲. 辿, 古文起从辵."
527) ≪呂氏春秋·直諫≫: "百邪悉起."
528) ≪孔子家語·賢君≫: "孔子曰: '昔者夏桀, 貴爲天子, 富爲四海, 忘其聖祖之道, 壞其典法, 廢其世祀, 荒於淫樂, 耽湎於酒, 佞臣諂諛, 窺導其心, 忠士折口, 逃罪不言, 天下誅桀, 而有其國, 此謂忘其身之甚矣.'"
529) ≪孔子家語·執轡≫: "子曰: '以德以法. 夫德法者, 禦民之具, 猶禦馬之有銜勒也. 君者, 人也, 吏者, 轡也, 刑者, 策也, 夫人君之政, 執其轡策而已.'"

덕과 법을 아는 자는 덕이 있다고 하며, 능히 덕과 법을 행하는 자는 행실이 있다고 하며, 덕과 법을 능히 성취하는 자는 공이 있다고 하며, 능히 덕과 법으로 다스리는 자는 지혜가 있다고 하는 것이다. 이런 까닭으로 천자는 관리를 논할 적에 덕과 법이 행해지고 정치가 다스려지는 데에 공이 이루어진다고 하는 것이다. 결론을 내린다면 매년 12월에 법을 바르게 하고, 매년 정월에 관리의 성격을 논하는 것은 다스리는 요령인 것이다.[530]

【譯註】

초간에서 '灋(법 법, fǎ)'자는 '廢(폐할 폐, fèi)'의 의미로 자주 쓰인다. 계욱승季旭昇은 〈上博五芻議(上)〉에서 "亞勿㝠, 失=歬=灋勿记"를 "惡勿變, 先人之所廢勿起"로 읽고, "나라가 잘못이 있으나 이를 개선하지 않고, 선조들이 잘못을 저지른 일이 있으나 이를 드러내지 않으면, 백성들은 불선不善한 범죄犯罪를 저지르고, 부모 형제간의 도덕규율이 미혹하게 되며, 뇌물을 주고받으며 거래를 하게 된다."[531]로 번역하였다. 계욱승의 해석 중 '灋'자를 '폐廢'의 의미로 해석하는 경우는 옳은 것 같다(부록 참고).

③ '肰(然)則民逄(坐)不善'

「肰」는 「然」의 의미로 쓰였다.

「逄」는 의미부 '辵'과 소리부 '坐'로 이루어진 형성자이며, 「坐」로 읽는다. ≪史記·田叔列傳≫에서는 「법에 저촉되어 벼슬을 잃었다」[532]라 하였다. 혹은 부사의 용법으로 쓰였을 경우, '축逐'·'편便'·'점漸'과 '장將' 등의 의미로 쓰인다.

공자는 일찍이 법으로써 「民坐不善(백성이 不善에 처하지)」 못하도록 하는 주장을 강조하였다. ≪孔子家語·五刑解≫에서 공자는 「예와 법을 베풀고 오교五教를 닦아 다스려도 백성들이 혹시 감화되지 않는 자가 있으면 이것은 반드시 그 법을 거듭 밝혀서 가르치기를 견실하게 해야 한다.」[533]라 하며, 이렇게 해야지만 비로소 「형벌에 빠져서 옥에 갇히는 백성이 없게 된다.」[534]라고 여겼다.

---

530) ≪孔子家語·執轡≫: "能德法者爲有德, 能行德法者爲有行, 行下孟反能成德法者爲有功, 能治德法者爲有智. 故天子論吏而德法行, 事治而功成, 夫季冬正法, 孟春論吏, 治國之要."

531) 季旭昇, 〈上博五芻議(上)〉, 簡帛사이트, 2006-02-18. "國家有缺失卻不肯改變, 先人所荒廢的事情不肯復興, 那麼人民就會爲不善而犯罪, 迷失了父子兄弟的倫常, 而去行賄收賂."

532) ≪史記·田叔列傳≫: "叔坐法失官."

533) ≪孔子家語·五刑解≫: "禮度既陳, 五教畢修, 而民猶或未化, 尚必明其法典以申固之."

534) "無陷刑之民."

≪孔子家語·五刑解≫에서는 또한 「대체로 백성들이 간사해지고 도둑질하고 법을 법으로 알지 않으면 망령된 행동을 하는 것은 무엇인가가 부족한 데서 생기게 되는 것이며 부족하다는 것은 법이 없는 데서 생기게 되는 것이다. 법이 없으면 적게는 행동이 게을러지고 크게는 사치하는 습관이 생겨 이를 각각 절제할 줄 모르는 것이다. 그러므로 위에서 법이 있으면 백성들이 저들의 행동을 절제할 줄 알게 되며, 백성들이 저들의 행동을 절제할 줄 알게 되면 자연 법을 범하지 않게 되는 것이다. 아무리 간사한 자와 도둑질하는 자와 법을 법으로 알지 아니하며 망령된 행동을 하는 자들을 잡아 가두는 감옥이 있다고 할지라도 형벌을 범하는 백성이 없게 된다는 것이다. 불효한 자식은 어질지 못한 데서 생기게 마련이고, 어질지 못하다는 것은 원래 초상 치르고 제사지내는 데에서 뚜렷이 생겨나게 되는 것이다. 그런 때문에 상제라는 예를 밝히는 것은 어질고 사랑하는 마음을 가르치는 것이다. 어질고 사랑하는 마음을 능히 갖는다면 초상 때나 제사지내는 데에 있어서 남의 자식 된 도리를 게을리 하지는 않을 것이다. 그렇다면 이 초상 치르고 제사지내는 예를 밝히는 데 따라서 백성들이 효도하게 된다는 것은 뻔한 일이다. 까닭에 아무리 불효한 자를 잡아 가두는 감옥이 있다 할지라도 그러한 형벌에 빠지는 백성이 없게 된다는 것이다. 윗사람을 죽이는 것은 불의한 데서 생기는 것이다. 이 의리라는 것은 귀천을 구별하고 존비를 밝히는 것이다. 귀천에 구별이 있고 존비에 질서가 있다면 백성들이 윗사람을 높이고 어른을 공경하지 않는 자가 없을 것이다. 다음으로 조빙이라는 예는 의리를 밝히는 것이다. 의리를 반드시 밝힌다면 백성들에게 법을 범하라고 시킨 대도 이들은 결코 범법의 행동을 하지 않을 것이다. 그렇다면 아무리 윗사람을 죽이는 자를 잡아 가두는 감옥이 있다 할지라도 형벌에 빠져서 옥에 갇히는 백성은 없을 것이다.」[535]라 하였다.

「불선不善」한 자가 있으면 충忠으로써 그를 교화시킨다.

공자는 ≪孔子家語·好生≫에서 「옛날의 군자는 충성으로 무기를 삼고 어진 것으로 몸을 호위해서 담장 밖을 나가지 않고서도 천리 밖 일을 알았었다. 착하지 못한 사람이 있으면 충성으로 감화를 시키고 횡폭한 사람이 있으면 어진 것으로 복종시켰다. 그러니 칼을 무엇에 쓰겠느냐?」[536]

535) ≪孔子家語·五刑解≫: "凡民之爲奸邪·竊盜·靡法·妄行者, 生於不足, 不足生於無度, 無度則小者偷盜, 大者侈靡, 各不知節. 是以上有制度, 則民知所止, 民知所止, 則不犯. 故雖有奸邪賊盜, 靡法妄行之獄, 而無陷刑之民. 不孝者生於不仁, 不仁者生於喪祭之禮明, 喪祭之禮所以教仁愛也, 能教仁愛, 則喪思慕祭祀, 不解人子饋養之道, 言孝子奉祭祀不敢解生時饋養之道同之也喪祭之禮明, 則民孝矣. 故雖有不孝之獄, 而無陷刑之民. 殺上者生於不義, 義所以別貴賤, 明尊卑也, 貴賤有別, 尊卑有序, 則民莫不尊上而敬長. 朝聘之禮者, 所以明義也, 義必明則民不犯, 故雖有殺上之獄, 而無陷刑之民."

536) ≪孔子家語·好生≫: "孔子曰: 古之君子忠以爲質, 仁以爲衛, 不出環堵之室, 而知千裏之外, 有不善則以忠化之, 侵暴則以仁固之, 何持劍乎？"

라 했다.

【譯註】

본 구절 중의 '연然'자는 전체적인 문장을 이해하는데 중요한 역할을 한다. '然'자는 고문장에서 다양한 역할을 한다. 예를 들어 설명하면 아래와 같다.

a. 魯仲連曰: "然. 梁之比於秦, 若僕耶?"537) (≪戰國策 · 趙策三≫)
b. 子曰: "雍之言然."538) (≪論語 · 雍也≫)

위의 문장 중 '然'은 모두 형용사로서 '그렇다' · '맞다'는 의미를 나타내는데, a는 응답 용법으로 문두에서 단독으로 문장을 구성하였고, b에서는 술어로 쓰였다.

c. "足下事皆成, 有功. 然足下卜之鬼乎!"539) (≪史記 · 陳涉世家≫)
d. "吾得斗升之水然活耳."540) (≪莊子 · 外物≫)

위의 예문은 접속사로 쓰인 것인데, c에서는 '전환'을, d에서는 '승접'을 나타낸다.

e. "項王黙然不應."541) (≪鴻門宴≫)
f. "其游如父子然."542) (≪史記 · 魏其武安侯列傳≫)

위의 예문 중 '然'은 조사인데, e에서는 형용사 '黙(묵묵할 묵, mò)' 뒤에 쓰여 사물의 동작이나 상태를 나타내고, '黙然'은 부사어에 충당되었다. f에서는 '如'와 함께 쓰여 '마치 ~과 같다'는 비유의 의미를 나타낸다.

만약에 역접전환을 나타내는 접속사의 용법(하지만, 但是)으로 해석하여 '만약에 이와 같이

537) "노중련이 '맞습니다. 그렇다면 양나라는 진나라에 대해서는 하인과 같습니까?'라고 말했다."
538) "공자가 '옹의 말이 맞다'고 하였다."
539) "그대는 일이 모두 이루어지고 성공할 것입니다. 그러나 [그대는] 귀신에게 점괘를 물어보시지요!"
540) "나는 약간의 물을 얻으면 곧 살 수 있다."
541) "항왕이 묵묵히 대답하지 않았다."
542) "그들의 교유는 마치 부자와 같았다."

된다면', 즉 여기에서는 하지 말아야 되는데 이를 실행하지 않았을 경우에는 '然' 다음은 그 나쁜 결과가 발생하는 내용이 된다.

그런데 만약에 승접으로 해석하게(그래서, 于是) 된다면, 즉 하지 말아야 될 내용을 하지 않게 되었을 경우에는, '然' 다음에는 좋은 결과가 발생한 내용이 된다. 혹은 이와 반대되는 내용들을 실행하여야 하는 내용들이다. 즉 그래서 '迅'자를 '권勸하고 제지하다'의 '懲(징계 징, chéng)'의 의미로 해석하거나 '眯(눈에 티 들 미, mī,mí)'자를 '위로하다(안무安撫)'의 의미로 해석하고,[543] '賕'자를 '仇(원수 구, chóu,qiú)'로 해석하여 '친하지 않는 자를 천거하다(舉賢不惟親)'로 해석하기도 한다.[544]

본 ≪季康子問於孔子≫에서 전후 문맥이 승접으로 내용이 연결되는 경우에는 일반적으로 '而'나 '則'자가 쓰기 때문에 본문에서는 '然'을 전환의 용법으로 해석하여, 이 다음 구절의 내용은 나쁜 결과가 발생하는 내용으로 이해하기로 한다.

'연후然後'·'연즉然則'·'연이然而'가 고대한어와 현대한어에서 모두 보이지만, 그 용법이 완전히 같지는 않다. '然則'의 경우는 '그렇다면'이라는 의미의 승접 관계를 나타내기도 하고, '그런데'라는 의미의 전환관계를 나타내기도 한다. '然而' 역시 '그래서'·'그러나' 등 승접과 전환의 용법이 모두 있다. 이것은 접속사의 성질을 갖고 있기는 하지만, 현대한어의 접속사와는 달리 아직은 하나의 복음절 단어로 굳어지지 않은 때문인 것으로 보인다.

정리본은 ''자를 의미부 '辵'과 소리부 '坐'로 이루어진 형성자라 하였는데, 오른쪽 부분이 '좌坐'와는 형태가 다르다.

초간 중 ''자의 오른 쪽 자부와 형태가 비슷한 자로 ≪容成氏≫에는 ''(제31간)·''(재39간)·''(제 48간) 등이 있다. 이령李零 정리본에 의하면 이 자가 포함된 구절은 각각 "高山陞(登)"[545]·"於是唐(乎)新(慎)戒陞(登)臤(賢)"[546]·"乃〈陞〉[降]文=王=(文王)"[547]로 쓰고, 제 48간의 '陞'자에 대해서는 '降'자를 잘못 쓴 것이라 하였다.[548] ≪郭店楚簡≫의 ≪五行≫은 ''(12簡)으로, ≪性自命出≫은 ''(3簡)으로, ≪成之聞之≫는 자부 '彳'을 생략하고 ''으로 쓰기도 한다.[549] ≪上博楚簡·周易≫의 제 32-34간에서는 '규괘楑(睽)卦' 다섯 번 째 음효陰爻(

543)陳偉, 〈≪季康子問孔子≫零識(續)〉, 簡帛사이트. 2006-03-02

544) 劉國勝, 〈上博(五)零劄(六則)〉, 簡帛사이트. 2006-3-31

545) "높은 산에 오르다."

546) "행동을 신중하게 경계하며 현인을 등용하였다."

547) "문왕에게 투항하였다."

548) ≪上博楚簡(二)≫, 271, 275, 288 쪽.

六五)는 "㥁(悔)亡(無), 陞(陞)宗𩚔(噬)肤(膚), 䢔(往)可(何)咎"으로 쓰는데, 백서본은 "㥁亡, 登宗筮膚, 往何咎?"으로 쓰고 현행본은 "悔亡, 厥宗噬膚, 往何咎?"[550]로 쓴다.[551] 이 중 '𨑩(陞)'자는 백서본은 '등登'자로 쓰나, 현행본은 '궐厥'자로 쓴다. '厥(그 궐, jué)'자를 고문자는 '氒'로 쓴다. '氒'자를 금문은 '𠃌'·'𠃌' 등으로 쓰고,[552] ≪郭店楚簡·緇衣≫는 '𠃌'으로 쓴다.[553] '陞'자 중의 '升'자를 ≪郭店楚簡·唐虞之道≫는 '𠄐'로 쓰는데, '氒'자와 매우 근사하다. 따라서 현행본의 '厥'자는 고문자 '升'자를 '氒'자로 잘못 인식한 것으로 보인다.[554] ≪上博楚簡·周易≫제 48-49간의 '간괘艮卦' 두 번째 음효 구절을 "六二: 艮丌(其)足, 不陞(拯)丌陵(隨), 丌(其)心不悸"로 쓰는데, 백서본은 "根亓肥, 不登亓隋, 亓心不快"로 쓰고, 현행본은 "艮其腓, 不拯其隨, 其心不快"로 쓴다.[555] 이에 대해 濮茅左 정리본은 '𨑩(陞)'자에 대하여 "의미부 '阜'·'止'와 소리부 '升'으로 이루어진 형성자이다. '陞(오를 승, shēng)'으로 읽는다. ≪集韻≫은 '陞은 오르다의 의미이다. 혹은 생략형을 쓰기도 하고, 또한 자부 足을 쓰기도 한다. 일반적으로 升으로 쓴다.'[556]라 하였다. 혹은 「抍(들 승, shēng,zhěng)」으로 읽는다. ≪集韻≫은 '抍자를 고문에서는 혹은 承·橙·拯·丞으로 쓴다.'라 했다."[557]라 하였다.

따라서 본 구절의 '𨑩'자는 '辵'과 '升'으로 이루어진 '迚'으로 예정할 수 있고, '승抍'이나 '증拯'의 가차자로 쓰인다.

④ '䁇(迷)父兄子俤(弟)而毋賕'

「䁇」자는 「眯(눈에 티 들 미, mī,mèi,mí)」자와 같고, 「眛(어두울 매, mèi)」자로 쓰기도 한다. ≪박아博雅≫에서 「'眯'는 '厭(싫을 염, yàn)'의 뜻이다. 혹은 '眛'로 쓰기도 한다.」[558]라 하였다. ≪좌전左傳·희공이십사년僖公二十四年≫에서는 「다섯 가지 빛깔의 문양을 분별하지 못하는 것을 '昧'라 한다.」[559]라 하였다. 「미昧」자는 「迷(미혹할 미, mí)」로 읽는다. 「迷」자는 '미오迷誤(시

549) ≪楚系簡帛文字編(增訂本)≫, 1191 쪽.
550) "후회가 없으니, 그 종묘에서 연회를 여니, 가면 무슨 잘못이 있겠는가?"
551) ≪上博楚簡(三)≫, 179-182 쪽.
552) ≪金文編≫, 817 쪽.
553) ≪楚系簡帛文字編(增訂本)≫, 1050 쪽.
554) 丁四新, ≪초축西與漢帛書≪周易≫校注≫, 102 쪽 참고.
555) ≪上博楚簡(三)≫, 200-202 쪽.
556) "陞, 登也. 或省, 亦從足, 通作升."
557) "抍, 古或作承·橙·拯·丞."
558) ≪博雅≫: "眯, 厭也. 或作昧."

비를 잘 분별하지 못하여 생긴 잘못)'·'미혹迷惑(시비를 가리지 못하다, 미혹되다, 판단력을 잃다)'의 뜻이다. ≪상서尙書·순전舜典≫에서는「빠른 바람과 우레 치는 비에도 혼란되지 아니하다.」[560]라 하였고, ≪시경詩經·소아小雅·절남산節南山≫에서는「백성들 미혹케 하지 말았어야 했네.」[561]라 하였다. 또한 ≪장자莊子·도척盜跖≫에서는「천하의 임금들을 미혹시키다.」[562]라 하였다.

「爯(둘을 한꺼번에 들을 칭, zhǎo)」에 대하여, ≪설문계전說文繫傳≫은「'爯'은 '함께 들다'의 의미. 의미부 '爪'와 '冓'의 생략형으로 이루어진 회의자이다. 서개徐鍇가 생각건대, '말 한마디로 둘을 드는 것'의 뜻이다.」[563]라 하였다. 뜻은「稱(일컬을 칭, chēng,chèn)」과 가깝다.「稱」은 '천거薦擧한다'는 의미이다. ≪尙書·牧誓≫에서는「너의 창을 들다.」[564]라 하였고, ≪禮記·儒行≫에서는「안에서 천거함에 친한 사람을 피하지 아니하다.」[565]라 하였다.

「賕(뇌물 구, qiú)」는 뇌물(물회物賄)을 뜻하며, 탐욕스럽고 추잡한 짓을 하여 뇌물을 주는 것이다. ≪상서尙書≫에 나오는「惟貨惟求」[566]가 가리키는 것은 바로「물회物賄(뇌물)」이다. 또한 ≪급취편急就篇≫에서「뇌물을 받고 법을 굽혀 상대방에게 분노를 산다.」라고도 하였다.[567] ≪사기史記·활계열전滑稽列傳≫에서는「두려워하는 것은 뇌물을 받고 법을 사곡하는 것이다.」[568]라 하였다. 만약 법전과 금령禁令이 없다면 사람들이 미혹되고「뇌물을 받고 법을 굽혀(수구왕법受賕枉法)」영화를 누리려고 할 것이다. 초楚 장왕莊王은「수구왕법受賕枉法」을 방지하기 위해 충성을 다하고 청렴하게 초나라를 다스리는 자에게 상을 베풀었다.

≪史記·滑稽列傳≫에서는「장왕이 주연을 베풀었을 때, 우맹이 앞으로 나아가 잔을 올리니, 장왕은 깜짝 놀랐다. 장왕은 손숙오가 다시 살아온 것으로 여겨 그를 재상으로 삼으려 했다. 우맹이 말했다. "집으로 돌아가 아내와 상의 하고 나서 사흘 뒤에 재상이 되도록 해주십시오." 장왕이 이것을 허락하자, 사흘 뒤에 우맹이 다시 찾아왔다. 왕이 물었다. "그대의 아내는 뭐라고 하오?" 우맹이 말했다. "제 아내는 이렇게 말했습니다. '삼가 재상을 하지 마십시오. 초나라의

---

559) ≪左傳·僖公二十四年≫: "不別五色之章爲昧."
560) ≪尙書·舜典≫: "烈風雷雨弗迷."
561) ≪詩·小雅·節南山≫: "俾民不迷."
562) ≪莊子·盜跖≫: "以迷天下之主."
563) ≪說文繫傳≫: "爯, 並擧也. 从爪, 冓省. 臣鍇曰, 一言擧二也."
564) ≪尙書·牧誓≫: "稱爾戈."
565) ≪禮記·儒行≫: "內稱不避親."
566) ≪尙書 呂刑≫: "惟貨惟求(來)"(뇌물을 쓰다.)
567) ≪急就篇≫: "受賕枉法忿怒仇."
568) ≪史記·滑稽列傳≫: "恐受賕枉法."

재상이란 할 만한 것이 못됩니다. 손숙오 같은 분은 초나라의 재상이 되어 충성을 다하고 청렴하게 초나라를 다스려 초나라 왕을 패자로 만들었습니다. 그런데 손숙오가 죽자 그의 아들은 송곳조차 세울 만한 땅도 없고 가난하여 땔나무를 져서 스스로 먹을 것을 마련하고 있습니다. 손숙오처럼 될 바에야 스스로 목숨을 끊는 편이 낫습니다.'" 그리고 나서 다음과 같은 노래를 불렀다. '산골에 살며 힘들게 밭을 갈아도 먹을 것을 얻기 어렵네. 몸을 일으켜 관리가 되어도 탐욕스럽고 비루한 자는 재물을 남기며 치욕을 돌아보지 않네. 몸은 죽어도 집은 넉넉하게 하려면서 또 두려워하는 것은 뇌물을 받고 법을 굽혀 부정을 일삼다 큰 죄를 지어 패가망신 하는 거라네. 어찌 탐욕스런 관리가 될 수 있겠는가. 청렴한 관리가 되려고 법을 받들어 맡은 일을 지키며 죽을 때까지도 나쁜 일을 하지 않겠네. 청렴한 관리 또한 어찌 될 수 있겠는가! 초나라 재상 손숙오는 평생 청렴했건만 이제 처자식은 가난하여 땔나무를 져서 품칠을 하네. 청렴한 관리도 한 것이 못되네.' 장왕은 우맹에게 사과하고 손숙오의 아들을 불러들여 침구寢丘의 땅 400호를 봉지로 주어 아버지의 제사를 모시게 했다. 이 이후로 10대까지 계속 되었다.」[569]라 하였다.

본 죽간의 아래 부분에 빠진 문자가 있다.

【譯註】

유국승劉國勝은 〈上博(五)零割(六則)〉에서 '賕(뇌물 구, qiú)'자를 '仇(원수 구, chóu,qiú)'자로 읽고, 자신과 대립되는 사람일지라도 현자라면 천거해야한다고 이해하였다.[570] 그러나 전체적인 문맥과 앞 문장이 '동사+목적어 구조'로 되어 있고, '賕(뇌물 구, qiú)'가 이미 뚜렷하게 잘못된 사회적 현상을 지적하고 있는 내용이기 때문에 굳이 '仇(원수 구, chóu,qiú)'로 읽을 필요가 없을 것 같다. 앞 "肰(然)則民逘(坐)不善" 구절 주석 내용 참고.

569) ≪史記·滑稽列傳≫: "莊王置酒, 優孟前爲壽. 莊王大驚, 以爲孫叔敖複生也, 欲以爲相. 優孟曰: '請歸與婦計之, 三日而爲相." 莊王許之. 三日後, 優孟複來. 王曰: "婦言謂何?' 孟曰: '婦言愼無爲, 楚相不足爲也. 如孫叔敖之爲楚相, 盡忠爲廉以治楚, 楚王得以霸. 今死, 其子無立錐之地, 貧困負薪以自飮食. 必如孫叔敖, 不如自殺.' 因歌曰: '山居耕田苦, 難以得食. 起而爲吏, 身貪鄙者餘財, 不顧恥辱. 身死家室富, 又恐受賕枉法, 爲奸觸大罪, 身死而家滅. 貪吏安可爲也! 念爲廉吏, 奉法守職, 竟死不敢爲非. 廉吏安可爲也! 楚相孫叔敖持廉至死, 方今妻子窮困負薪而食, 不足爲也!' 於是莊王謝優孟, 乃召孫叔敖子, 封之寢丘四百戶, 以奉其祀. 後十世不絕."

570) "意思大概是說能夠疑惑於父兄子弟而舉薦讎人. 因民能審知不善, 故能舉賢不惟親, 不辟怨." 劉國勝, 〈上博(五)零割(六則)〉, 簡帛사이트. 2006-3-31.

第16篇

之必敬女寘客之事也君曰𡚸豊

第 16 簡

□之必敬①, 女(如)𠟭(則)客之事也②. 君曰: 『𦾔(薦)豊(禮)③

【해석】

반드시 공경해야 한다. 이와 같이 하는 것이 곧 손님이 해야 하는 일이다. 군자가 말하였다. 『제물을 바침에 예를 다하고

【上博楚簡原註】

본 간이 길이는 40.8cm이다. 죽간의 상단부분이 훼손되었고, 하단부분은 평평하고 가지런하다. 세 번째 편선 홈과 가장 하단의 간격은 0.9cm이다. 현존하는 글자는 13자이며 죽간 상단에 약 23자가 훼손되었다.

① 必敬

「敬」자는 '근신勤愼하다'·'신중愼重하다'나 '공경恭敬하다'의 의미이다.

≪예기禮記·치의緇衣≫에서 공자가 말하기를, 「군자는 사람을 말로써 유도하고, 사람을 행실로써 단속하나니 그러므로 말은 반드시 그 마칠 바를 고려하고, 행동은 반드시 그 폐단을 살피면 인민이 말함에 삼가고 행동함에 신중하나니, ≪시경≫에 이르기를 '그대가 말을 냄에 신중히 하며, 그대의 위엄 있는 거동을 경건히 하라'하고, ≪대아≫에 말하기를 '그윽하고 그윽하신 문왕이여, 아, 계속하여 환하시어 공경에 멈추시도다'했다.」571)라 하였다.

공자가 노魯나라 애공哀公의 물음에 답하면서 군자는 반드시 경敬해야 한다는 이치를 일찍이 논술한 적이 있다. ≪예기禮記·애공문哀公問≫에서 「옛날의 정치를 함에는 사람을 사랑함이 중대하였으니 사람을 사랑하도록 다스리는 원리는 예절이 중대하고, 예절을 다스리는 원리는 공경이 중대하고, 공경이 지극한 것으로는 성대한 혼례가 중대하나이다. 성대한 혼례가 지극한 것이니 성대한 혼례가 이미 지극하므로 면류관을 쓰고 친히 신부를 맞이함은 친하려는 것이니, 친하려는 사람은 몸소 하는 것이라. 이런 까닭으로 군자는 공경심을 일으켜 친히 하나니 공경심

571) ≪禮記·緇衣≫: "子曰, 君子道人以言, 而禁人以行. 故言必慮其所終, 而行必稽其所敝, 則民謹於言而愼於行, 愼重, 恭敬. 詩云, 愼爾出話, 敬爾威儀. 大雅曰, 穆穆文王, 於緝熙敬止."

을 버리면 이것은 친함을 버리는 것이라. 사랑하지 아니하면 친하지 않고, 공경하지 아니하며 바르지 아니하나니, 사랑과 공경은 그 정치의 근본이다.」라고 하였고, 또한 「옛날 3대에 밝은 제왕의 정치에는 반드시 그 처자를 공경하는 것이 도리가 있게 하였으니 아내는 어버이를 섬기는 주부인 것이니 감히 공경하지 않으리까. 자식은 어버이의 후손이니 감히 공경하지 않으리까. 군자는 공경하지 않음이 없으나 자기 자신을 공경함이 중대하니 자기 자신이라는 것은 어버이의 가지이니 감히 공경하지 않으리이까. 자기 자신을 잘 공경하지 않으면 이것은 그 어버이를 아프게 함이요, 그 어버이를 아프게 하면 이것은 그 근본을 해치는 것이요, 그 근본을 해치면 가지도 따라서 망하니 세 가지의 것은 백성이 형상으로 본받으므로 몸으로써 몸에 미치며, 자식으로써 자식에 미치며, 아내로써 아내에 미치나니 임금이 이 세 가지 것을 행하시면 천하에 감격할 것이고, 태왕의 도이니 이와 같이 하시면 국가가 따르리이다.」라 하였고, 또한 「군자가 말을 지나치게 하여도 곧 민중이 수식하는 말을 지으며, 행동을 지나치게 하여도 곧 민중이 법칙으로 삼나니, 군자가 말은 수식하는 말을 지나치지 않게 하며, 행동은 본받은 법칙을 지나치지 않게 하면 백성이 명령하지 아니하여도 공경하나니, 이와 같으면 그 몸을 잘 공경한 것이요, 그 몸을 잘 공경하면 능히 그 어버이를 온전히 이룩하리이다.」[572]라 하였다.

② '女[illegible]客之事也'

「女」자는 「如(같을 여, rú)」자로 읽는다.

「[illegible]」자는 자서字書에 보이지 않는 자이다. 「則(법칙 칙{곧 즉,본받을 측}, zé)」으로 읽는다.

③ '君曰:[illegible]豊'

「[illegible]」자는 「廌(법 치, zhì)」자가 아닐까 한다. 「위韋」자나 「민民」자의 형태와는 다르다.

《說文解字》에서는 「'치廌'는 해치(解廌)라는 짐승이다. 외뿔달린 산소(山牛)와 비슷하고, 정직하지 못한 사람을 들이받아 송사를 해결하게 하는 것이다. '豸(발 없는 벌레 치, zhì)'자의 일부

572) 《禮記·哀公問》: "古之爲政, 愛人爲大. 所以治 愛人, 禮爲大. 所以治禮, 敬爲大. 敬之至矣, 大昏爲大. 大昏至矣！大昏既至, 冕而親迎, 親人也. 親之也者, 親之也. 是故, 君子興敬爲親, 舍敬, 是遺親也. 弗愛不親; 弗敬不正. 愛與敬, 其政之本與？", "昔三代明王之政, 必敬其妻子也, 有道. 妻也者, 親之主也, 敢不敬與？子也者, 親之後也, 敢不敬與？君子無不敬也, 敬身爲大. 身也者, 親之枝也, 敢不敬與？不能敬其身, 是傷其親; 傷其親, 是傷其本; 傷其本, 枝從而亡. 三者, 百姓之象也. 身以及身, 子以及子, 妃以及妃, 君行此三者, 則愾乎天下矣, 大王之道也. 如此, 則國家順矣.", "君子過言, 則民作辭; 過動, 則民作則. 君子言不過辭, 動不過則, 百姓不命而敬恭. 如是, 則能敬其身; 能敬其 身, 則能成其親矣."

가 의미부인 상형자이다」[573]라 하였다.

본 구절에서는 「薦(천거할 천, jiàn)」로 읽는다. 「薦」은 '진헌進獻(임금께 예물을 바침)', '상공上供(제물을 바침)'한다는 뜻이다. ≪의례儀禮·향사예鄕射禮≫에는 「마른 포나 젓갈 등을 내놓는다.」[574]라 하고, ≪예기禮記·월령月令≫에서는 「이달에 농부가 이에 곡식을 올리며, 천자가 새 곡식을 맛보되 먼저 종묘에 드리다.」[575]라 하였다.

「豊(높은 그릇 례, lǐ)」자는 「禮(예도 례, lǐ)」로 읽는다. ≪說文解字≫에서는 「'豊'은 '예를 행하는 그릇'이다. 의미부 豆로 이루어진 상형자이다. '禮'자와 음이 같다.」[576]라 하였다.

천자와 제후 등의 예禮는 혹은 많은 것을 귀함으로 삼고, 혹은 적은 것을 귀함으로 삼고, 혹은 높은 것을 귀함으로 삼고, 혹은 文을 귀함으로 삼는다. 천례薦禮는 많은 것을 귀함으로 삼는다. ≪예기禮記·예기禮器≫에서는 「천자의 제기는 26이요, 제공은 16이요, 제후는 12요, 상대부는 8이요, 하대부는 6이니라.」[577]라 하였다.

예禮는 당시 일정한 규범이 있었다. 공자는 ≪예기禮記·예기禮器≫에서 「장문중臧文仲이 어찌 예절을 알리오. 하보불기夏父弗綦가 제사의 순서를 뒤바꾸어도 저지하지 아니하니라. 제물을 장만하는 부엌에서 나무를 태워 불을 놓으니 무릇 부엌이라는 것은 늙은 며느리가 제사 지내는 것이므로 제물을 오지그릇에 담고, 술병으로 술통을 하니라.」라 하였고, 또 「이런 까닭으로 군자가 큰 황소를 잡아서 제사 지내거든 예절이라 이르고, 필부가 큰 황소를 잡아서 제사 지내거든 훔쳤다고 이르느니라. 관중이 제기에 조각을 하고, 면류관 끈을 붉은색으로 하며, 기둥의 머리에 산을 그리고, 동자기둥에 마름을 새기는데 군자가 그를 보고 넘친다고 말한다. 안평중이 그 선조를 제사 지내도 돼지고기가 제기를 가리지 아니하며, 세탁한 의관으로 조회한대, 군자가 옹졸하다고 말하니라. 이런 까닭으로 군자가 예절을 거행함에는 신중하지 않을 수 없나니 민중의 벼리이므로 벼리가 흩어지면 민중이 어지러우니라.」라 하였다.[578]

---

573) ≪說文解字≫: "廌, 解廌獸也. 似山牛一角, 結訟令觸不直, 象形从豸省."
574) ≪儀禮·鄕射禮≫: "薦脯醢."
575) ≪禮記·月令≫: "是月也, 農乃登穀. 天子嘗新. 先薦寢廟."
576) ≪說文解字≫: "豊, 行禮之器也. 从豆, 象形. 讀與禮同."
577) ≪禮記·禮器≫: "天子之豆二十有六, 諸公十有六, 諸侯十有二, 上大夫八, 下大夫六."
578) ≪禮記·禮器≫: "臧文仲安知禮！夏父弗綦逆祀, 而弗止也, 燔柴於奧. 夫奧者, 老婦之祭也, 盛於盆, 尊於瓶." "是故君子大牢而祭, 謂之禮, 匹士大牢而祭, 謂之攘. 管仲鏤簋朱紘, 山節 藻棁, 君子以爲濫矣. 晏平仲祀其先人, 豚肩不掩豆. 浣衣濯冠以朝, 君子以爲隘矣. 是故, 君子之行禮也, 不可不愼也. 衆之紀也, 紀散而衆亂. 孔子曰, 我戰則克, 祭則受福. 蓋得其道矣."

본 죽간의 아래 부분에 빠진 문자가 있다.

【譯註】

본 죽간은 일반적으로 ≪上博楚簡·昔者君老≫의 제 2간 다음에 이어지는 내용으로 본다.579) ≪上博楚簡·昔者君老≫의 진패분陳佩芬 정리본은 제 2간을 “至命於闇=(閤門), 㠯(以)告䢵=人=(寺人, 寺人)內(入)告于君=(君, 君)曰: ‘卲(召)之.’ 大(太)子內(入)見, 女(如)祭祀之事”580)로 석문하였다.581) ≪昔者君老≫의 구절과 대조하면 본 ‘’자는 ‘賓(손 빈, bīn)’의 이체자이고 자부는 ‘刀’가 아니고 ‘人’이다. ‘君’은 ‘군왕’을 가리킨다. 태자가 군왕을 조견할 때의 내용이다. 초간에서 ‘賓’자는 ‘’·‘’·‘’·‘’582)으로 쓴다(부록 참고).

---

579) 李守奎, ≪上博楚簡(一-五)文字編≫, 797 쪽.

580) “……궁중 옆 문에 도착하여 寺人에게 조견하겠다는 사실을 알리면, 寺人은 宮으로 들어가 군왕에게 보고한다. 군왕이 ‘태자를 召見하겠다’라고 하면 태자는 안으로 들어가 제사를 지내는 것처럼 정중하게 군왕을 배알한다.”

581) 馬承源 主編, ≪上博楚簡(二)≫, 243 쪽.

582) ≪楚系簡帛文字編≫, 603 쪽.

第17簡

者因古册豊而章之毋逆百事旨青行之

第 17 簡

☒』☒」[庚][子][曰]:「☒者, 因古𥫩(典)豊(禮)而章之①, 毋逆百事②, 旨(皆)青(請)行之③.」

【해석】

☒』☒」 계강자가 말하였다.「☒한 자는 고전古典의 예禮에 따라 명백히 드러내고 모든 일에 거역함이 없기 때문에 모두 그것을 행하기를 청하였다.

【上博楚簡原註】

본 간의 길이는 19cm이며 상단이 훼손되었고, 하단은 가지런하고 편평하다. 두 번째 편선 홈과 세 번째 편선 홈 간의 간격은 17.8cm이고, 세 번째 편선 홈과 가장 하단의 간격은 1.2cm이다. 현존하는 문자는 16자이다.

상단에 18자가 훼손되었는데 문맥 상「庚子曰」이 세 자를 보충할 수 있다.

① '因古𥫩(典)豊(禮)而章之'

「𥫩」은「冊(책 책, cè)」자의 古文이 아닌가 한다.

≪說文解字≫에서는「'冊'은 '부명符命(하늘이 제왕이 될 만한 사람에게 내리는 상서(祥瑞)로운 징조 혹은 임금의 명령)'의 뜻이다. 제후들이 나아가 왕에게 받는 것이다. 긴 것과 짧은 것이 있으며 가운데에 두 번 묶은 것을 상형하였다. 笧은 冊의 고문으로 의미부 竹로 이루어진 자이다.」[583]라 하였다.「典(법 전, diǎn)」으로 읽는다.

「章(글 장, zhāng)」은 법규 조관條款이다. ≪사기史記·고조기高祖紀≫에서는「어른들께 법령 세 가지만 약조하겠습니다.」[584]라 하였다. 혹은「彰(밝을 창,zhāng)」인 '뚜렷하다'는 의미로도 쓰였을 수도 있다. ≪좌전左傳·소공삼십일년昭公三十一年≫에서는「혹자는 이름을 감추고자 하나 그 이름을 명백히 드러낸다.」[585]라 하였다.

583) ≪說文解字·冊部≫: "冊, 符命也. 諸侯進受於王也. 象其札一長一短, 中有二編之形. 笧, 古文冊, 从竹."
584) ≪史記·高祖紀≫: "與父老約法三章耳."
585) ≪左傳·昭公三十一年≫: "或欲蓋而名章."

【譯註】

‘[illegible]’자는 ≪신채갈릉초묘죽간新蔡葛陵楚墓竹簡≫의 ‘冊’자 ‘[illegible]’ · ‘[illegible]’자와 같다.[586] “因古典禮而章之” 중의 ‘因’자는 ‘……따라서’의 의미이고, ‘고전례古典禮’는 ‘예로부터 내려오는 고전적에 실려있는 예제禮制’를 가리킨다. ‘章(글 장, zhāng)’은 ‘밝혀 드러내다’의 ‘彰(밝을 창, zhāng)’의 의미이다.

② ‘毋逆百事’

「逆(거스를 역, nì)」은 순종하지 않고 위반하는 것이다.

≪史記 · 周本紀≫에서는 「餘嘉乃勳, 毋逆朕命」[587]이라 하였다. ≪荀子 · 非十二子≫에서는 「言辭而逆」[588]이라 하였다. 또한 가의賈誼의 ≪진정사소陳政事疏≫에서도 역시 「令行而不逆」[589]이라 하였다. 자형은 ≪郭店礎墓竹簡 · 性自命出≫(제10, 17간), ≪上海博物館藏戰國楚竹書(一) · 性情論≫(제5, 10간)에도 보인다.

③ ‘旨(皆)靑(請)行之’

「旨」자는 「皆(다 개, jiē)」로 읽는다. 모두 고운古韻이 모두 지부脂部에 속한다.

「靑」자는 「請(청할 청, qǐng)」으로 읽는다.

본 죽간의 아래 부분에 빠진 문자가 있다.

【譯註】

제 17간은 “옛 고전적의 예의禮義 제도에 따라 이를 명백히 드러낸다.”라 하였기 때문에, 제 7간의 “의표儀表라는 것은 이로써 군자의 행실을 신중히 하고 삼가 하고자 하는 것이다.” 내용과 연결되는 내용으로 보인다.

586) ≪楚系簡帛文字編≫, 198 쪽.

587) ≪史記 · 周本紀≫: “餘嘉乃勳, 毋逆朕命.”(그대의 공적을 가상히 여기고 있으니 짐의 명을 거스르지 마시오.)

588) ≪荀子 · 非十二子≫: “言辭而逆.”(변설하되 떳떳한 도리를 거역하는 일.)

589) ≪陳政事疏≫: “令行而不逆.”(명령을 행하고 거스르지 않는다.)

第18簡

忎日子之言也已砫丘也昏孯=田肥民則安膳民不鼓氐古馭人大於邦而又㝵心能爲視

第 18 簡

忌(辤)曰:「子之言也已砫(主)①. 丘也昏(聞)君=(君子)田肥民則安②, 𦢊(邪)民不鼓③. 氏(是)古(故), 臤(賢)人大於邦④, 而又(有)𠬝(劬)心⑤, 能爲䙷

【해석】

말하길,「당신이 하신 말씀처럼 역시 매우 중요한 문제입니다. 저 구니丘尼가 듣기에 군자…… 밭이 비옥하게 하여 백성이 평안해지도록 하며, 간사하고 아첨하는 소인小人이 유세하거나 선동하지 않게 해야 한다. 그래서 현인賢人은 나라에 가장 중요한 일이며, 다스림에 몸과 마음을 다하고, 능히 볼 수 있는 능력이 있습니다.

【上博楚簡原註】

본 간은 두 개의 부러진 간을 하나로 합친 것으로, 상단의 길이는 14.3cm, 하단의 길이는 24.3cm이다. 두 간을 합하면 죽간은 완전한 형태가 되며, 전체 길이 38.6cm가 된다. 상 · 하단은 편평하고 가지런한 모양이다. 첫 번째 편선 홈과 가장 상단의 간격은 1.3cm이고, 첫 번째 편선 홈과 두 번째 편선 홈의 간격은 17.8cm이며, 두 번째 편선 홈과 세 번째 편선 홈의 간격은 18.2cm이다. 세 번째 편선 홈과 가장 하단의 간격은 1.3cm이다. 모두 37자이며, 그 중 合文이 1개 있다.

① '忌曰: 子之言也已砫'

「忌」의 의미부는 '心'이며「𤔲」의 생략한 형태가 아닌가 한다.「辝(말씀 사, cí)」로 읽으며,「사辤」와 같은 자이다. ≪說文解字≫에서는「'辤'는 '받지 않고 사양하다'의 의미. 의미부 '辛'과 '受'로 이루어진 회의자이다. 죄를 지으면 당연히 이를 피해야 한다라는 뜻이다. 주문籒文에서 '辤'자는 의미부가 台인 '辝'로 쓴다.」590)라 하였다.

「忌」는 또한「辭(말 사, cí)」의 의미로 쓰였을 수도 있는데, '알려 주다(告辭)'의 의미이다.

「子」는 '계강자季康子'를 가리킨다.

「砫」는「主(주인 주, zhǔ)」의 의미로,「主」는 '전행專行(제 마음대로 결정하고 행함)하는 것'을

590) ≪說文解字≫: "辤, 不受也. 从辛·从受, 受辛宜辤之. 辝籒文辤从台."

말한다. ≪한비자韓非子·내저설內儲說≫에서는 「지위가 높아지자 정무를 제멋대로 주관했다.」[591] 라 하였다. 혹은 「重(무거울 중, zhòng,chóng)」의 의미로 쓰였을 수도 있는데, 「砫(돌 감실 주, zhǔ)」자와 「重」자는 성모가 쌍성관계로 서로 통한다.

본 죽간의 「砫」자의 자형은 ≪郭店楚墓竹簡·緇衣≫의 「[ ]」(제44간)와 같다.≪上海博物館藏戰國楚竹書(一)·紂衣≫에서는 생략하여 「[ ]」(제22간)으로 쓰기도 한다. 혹은 이 자를 「厚(두터울 후, hòu)」로 해석하기도 한다.

【譯註】

정리본은 '[ ]'자를 '중重' 혹은 '후厚'로 해석하였다.

≪郭店楚簡·老子甲≫ 제 4간은 현행본 "處上而民不重"[592] 중의 '重'자를 '[ ]'자로 쓰고 백서본 역시 '重'으로 쓴다.[593] ≪郭店楚簡·老子甲≫제 33간 "含德之厚"[594] 중의 '厚'자를 '[ ]'로 쓰고, 백서본과 현행본 역시 모두 '厚'자로 쓴다.[595] 또한 ≪郭店楚簡·老子甲≫제 36간의 "厚(厚)贓(藏)必多貢(亡)" 구절을 백서본과 현행본은 "多藏必厚亡"[596]으로 쓴다. 즉 ≪郭店楚簡≫의 '[ ](厚, 厚)'자를 모두 '厚'로 쓴다. ≪郭店楚簡·緇衣≫제 2간 "以視民厚"[597] 중의 '[ ](厚)'자를 ≪上博楚簡≫은 '[ ]'로 쓰고, 예기본禮記本은 '厚'로 쓴다. '厚'자를 소전은 '[ ]'로 쓰고 고문은 '[ ]'로 쓴다. 금문은 '[ ]'·'[ ]'·'[ ]' 등으로 쓴다.[598] ≪說文解字≫는 "'厚'자를 산이 넓고 높은 의미이며, '厂'과 '[ ](㫗)'로 이루어진 회의자."라 하였다.[599] '㫗'자는 '亯'('亨'·'享'·'烹'자의 고체, 제기의 모양)자가 거꾸로 된 형상이다. 그릇을 위아래로 바꿔가면서 반복해서 끓여 맛이 중후해짐의 의미이다. 고문에서는 '厚'와 '㫗'자는 서로 같은 의미로 쓰인다. 따라서 '厚'자 중의 '㫗'는 '역성亦聲'의 역할을 하고 있음을 알 수 있다. 금문의 '厚'자 하단 부분은 용기容器의 모양으로 ≪上博楚簡≫의 '[ ]'형태와 매우 흡사하다.

591) ≪韓非子·內儲說≫: "貴而主斷."
592) "위에 있어도 백성들은 부담을 느끼지 않는다."
593) 최남규 공저, ≪郭店楚簡老子考釋≫, 17 쪽.
594) "덕이 중후함을 가지고 있다."
595) 최남규 공저, ≪郭店楚簡老子考釋≫, 130 쪽.
596) "많이 간직하게 되면 반드시 많이 잃게 된다." 최남규 공저, ≪郭店楚簡老子考釋≫, 17 쪽, 143 쪽.
597) "백성에게 후덕함을 보여주다."
598) ≪金文編≫, 380 쪽.
599) "厚, 山陵之厚也. 从㫗, 从厂. 垕, 古文厚, 从后·土."

≪郭店楚簡·老子甲≫제 5간 ‘’자를 정리본은 ‘厚’자로 예정하고, 이령李零≪校讀記≫는 ‘重’자로 예정하였다. 정리본은 “辠(罪)莫厚虐(乎)甚欲” 구절을 李零은 “罪莫重乎貪欲”[600]로 읽었고, 백서본은 “罪莫大於可欲”으로 쓰고, 현행본은 “禍莫大於不知足”으로 쓴다. ‘’자에 해당되는 자를 ‘大’로 쓴다. ‘重’자와 ‘大’자가 ‘厚’자에 비하여 음성상 더욱 근사하다.

유쇠劉釗는 ≪郭店楚簡校釋≫에서 ≪郭店楚簡·老子甲≫의 제 4간의 ‘’자를 “이 자는 ‘石’과 ‘毛’로 이루어진 자이고, ‘厚’자의 이체자가 아닌가 한다. ‘厚’나는 고전전에서 ‘重’의 의미로 쓰인다.”[601]라 하고, 제 5간의 ‘’자에 대해서는 “‘石’과 소리부 ‘主’로 이루어진 형성자이다. ‘重’으로 읽는다.”[602]라 하여 아랫부분은 각각 전자는 ‘毛’로 후자는 ‘主’로 써서 구별하였다.[603] ≪楚系簡帛文字編≫ 역시 ‘㐶’로 예정하는 자들을 ‘重’자에 수록하고,[604] ‘𥐓’자로 예정하는 자들은 모두 ‘厚’자에 수록하고 있다.[605]

그러나 앞에서 이미 언급하였듯이, ≪郭店楚簡老子甲≫제 33간의 ‘重’자를 ‘’자로 쓰는 것으로 보아 고전적에서는 이미 ‘重’과 ‘厚’를 구별 없이 쓰고 있음을 알 수 있다. ≪說文解字≫는 ‘厚’자의 고문을 ‘(垕)’로 쓰고 ‘后’와 ‘土’로 이루어진 형성자라 하였는데, ‘’자 중의 윗부분 ‘’이나 ‘’자 중의 ‘’으로 변한 것으로 보인다. 또한 금문 중 아랫부분 ‘’나 혹은 ‘’는 ‘’ 중의 ‘土’나 ‘’·‘’자 중의 아랫부분 ‘’나 ‘’로 변했으며, 楷書자에서는 ‘子’로 변한 것으로 보인다. 이러한 자는 ‘重’자 중 ‘石’과 ‘主’로 이루어진 ‘’·‘’자와 자형이 비슷하고 의미 또한 비슷하기 때문에 후에 구별 없이 쓰는 것으로 보인다.

따라서 본 구절에서는 ‘’자는 ‘石’과 ‘主’로 이루어진 자로 ‘重’ 혹은 ‘厚’의 의미로 해석할 수 있다.

② ‘丘也昏孯=田肥民則安’

「昏」은 「聞(들을 문, wén)」으로 읽는다.

「전비田肥」는 좋은 밭이라는 의미이다. 밭이 비옥하면 수확량이 늘어날 수 있다. 옛날에는 밭이 비옥하고 메마른 데에 등급이 있었고, 수입이 달라 백성이 부유해지는데 연관이 있었다.

600) “죄는 심한 탐욕 때문에 생기는 것보다 심한 것이 없다.”
601) “從石從毛, 疑爲厚字異體. 厚古訓爲重.”
602) “從石主聲, 讀爲重.”
603) 劉釗, ≪郭店楚簡校釋≫, 6-7 쪽.
604) ≪楚系簡帛文字編≫, 766 쪽.
605) ≪楚系簡帛文字編≫, 522 쪽.

≪주례周禮≫에 따르면 밭을 분배하는 제도가 있었는데 밭이 비옥하면 적게 주고, 밭이 척박하면 많이 주었다.

≪주례周禮·수인遂人≫에서는 「토지를 균등하게 하여 정사를 평화롭게 한다. 야野의 토지를 상지上地와 중지中地와 하지下地의 3등급으로 판단하여 전리田里에 골고루 분배한다. 상지上地는 한 집마다 1전一廛의 집터와 100묘(백묘百畝)의 밭과 50묘의 채전을 주며 여타의 집에도 또한 이와 같이 한다. 중지中地는 한 집에 1전一廛의 집터와 100묘의 밭과 200묘의 채전을 주며 여타의 집에도 또한 이와 같이 한다. 하지下地는 한 집에 1전一廛의 집터와 100묘의 밭과 200묘의 채전을 주고 나머지 집들도 또한 이와 같이 한다.」[606]라 하였다.

소진蘇秦이 처음에 연횡설連橫說을 유세하려고 진나라 혜왕에게 강조하여 말하였다. ≪전국책戰國策·진책秦策一≫에서는 「땅은 기름지고 백성은 많고 부유하며, 전차가 만승이요 날쌘 군사가 백만에 달하며, 비옥한 들판이 천리나 되고 비축된 물자가 많으며, 지리 환경이 공격하고 지키기에 편리하니 이른바 '천연의 보고'인지라 천하에서 가장 강대한 나라입니다.」[607]라 하였다.

또한 ≪순자荀子·부국편富國篇≫에서는 「나라를 풍족하게 하는 방법은, 절약해서 쓰고 백성이 넉넉토록 해 주며 그 나머지는 잘 저축하여 두는 것이다. 절약하여 쓰는 것은 예로써 하고 백성이 풍족하도록 해 주는 일은 정치로써 한다. 저 여유로운 백성들이므로 넉넉함이 많은 것이다. 백성이 풍족하면 백성이 부유하게 되고 백성이 부유하면 밭이 비옥하여 경작하기 쉽고 밭이 비옥하여 경작하기 쉬우면 곡식의 소출이 평소의 백배는 된다. 위에서는 법에 따라서 취득하고 아래에서는 예에 따라서 절약하여 쓴다면 그 여유로움이 언덕이나 산과 같아서 때때로 불사르지 않으면 저장할 곳이 없을 정도일 것이니, 군자가 어찌 여유 없음을 근심하겠는가? 그러므로 절약하여 쓰고 백성을 풍족하게 해 준 것을 알면 반드시 인자하고 의로우며 진실한 성인聖人이라는 이름이 날 것이며 또 부유와 여유가 언덕이나 산이 쌓인 것과 같을 것이다. 이러한 데에는 다른 이유가 없고 절약하여 쓰고 백성을 풍족하게 해 준 데서 생기는 것이다.」[608]라 하였다.

606) ≪周禮·遂人≫: "辨其野之土, 上地·中地·下地, 以頒田里. 上地, 夫一廛, 田百畝, 萊五十畝, 餘夫亦如之; 中地, 夫一廛, 田百畝, 萊百畝, 餘夫亦如之; 下地, 夫一廛, 田百畝, 萊二百畝, 餘夫亦如之."

607) ≪戰國策·秦策一≫: "田肥美, 民殷富, 戰車萬乘, 奮擊百萬, 沃野千裏, 蓄積饒多, 地勢形便, 此所謂天府, 天下之雄國也."

608) ≪荀子·富國篇≫: "足國之道: 節用裕民, 而善臧其餘. 節用以禮, 裕民以政. 彼裕民, 故多餘. 裕民則民富, 民富則田肥以易, 田肥以易則出實百倍. 上以法取焉, 而下以禮節用之, 餘若丘山, 不時焚燒, 無所臧之. 夫君子奚患乎無餘 ? 故知節用裕民, 則必有仁聖賢良之名, 而且有富厚丘山之積矣. 此無他故焉, 生於節用裕民也. 不知節用裕民則民貧, 民貧則田瘠以穢, 田瘠以穢則出實不半; 上雖好取侵奪, 猶將寡獲也. 而或以無禮節用之, 則必有貪利糾譑之名, 而且有空虛窮乏之實矣. 此無他故焉, 不知節用裕民也."

여기서 「전비田肥」가 백성이 안정되고 나라가 태평해지는 중요한 조건임을 알 수 있다.

③ '𦞠民不鼓'

「𦞠」는 「邪(간사할 사, xié,yé)」로 읽는다. 「𦞠」와 「邪」자는 고운古韻이 같다. 「사민𦞠民」은 간사하고 아첨하는 소인小人이다.

「鼓(북 고, gǔ)」는 원래 북을 치며 공격하러 나아가는 것을 가리킨다. ≪사기史記·송미자세가宋微子世家≫에서는 「다른 사람이 진열을 갖추지 못했을 때 북을 두드리지 않는 법이다」[609]라 하였다. 이 의미가 파생되어 소인이 「말솜씨를 자랑하며 유세遊說하거나 선동煽動한다.」는 의미를 갖게 되었고, 여기에서 다시 변해서 옳지 않다는 의미가 된 것이다. 혹은 「尌(세울 주, zhù)」로 읽을 수도 있다. ≪說文解字≫에서는 「'尌'는 '세우다'의 의미이다.」[610]라 하였다.

【譯註】

'𦞠民不鼓'은 '田肥民則安' 구절과 반대되는 내용인 것으로 보인다. 따라서 '𦞠'자는 '肥'의 반의어인 것으로 보인다. 그래서 이 자를 '惰(게으를 타, duò,huī)'[611]자나 '瘠(파리할 척, jí)'[612]으로 읽는다. '瘠'자는 '𦜼(膌)'자와 같은 자로, ≪說文解字≫는 "'마르다'의 의미. '肉'과 소리부 '脊'으로 이루어진 형성자. '膌(파리할 척, jí)'자의 古文은 자부 '疒'·'朿'인 '𤵸'으로 쓰며, '朿'는 또한 소리부이기도 하다(역성亦聲)."[613]라 하였다.

따라서 본 구절 '땅이 비옥하면 백성이 풍유하게 되어 평안하고, 피폐한 땅을 가지게 되면 백성이 안락하게 입지할 수 없게 된다'는 뜻이다.

④ '臤(賢)人大於邦'

「人」자는 원래 쓰다가 누락된 자인데, 나중에 사이에 보충하여 썼기 때문에 특히 작게 썼다.

현인은 나라를 잘 다스리기 때문에, 현인을 중시하였다.

≪설원說苑·정리政理≫에서 공자가 말했다. 「큰일을 하려면 바로 그렇게 해야 되느니라. 옛

609) ≪史記·宋微子世家≫: "不鼓不成列."

610) ≪說文解字≫: "尌, 立也."

611) 季旭昇, 〈上博五芻議(上)〉, 簡帛사이트, 2006-02-18.

612) 陳劍, 〈談談≪上博(五)≫的竹簡分篇·拼合與編聯問題〉, 簡帛사이트. 2006-02-19

613) "瘦也. 从肉, 脊聲. 𤵸, 古文膌从疒·从朿, 朿亦聲."

날 요堯·순舜은 자기 몸을 낮추어 천하의 일을 듣고 보았다. 그래서 어진 이를 모셔 오기에 힘썼다. 그 어진 이를 등용하는 것이 곧 백복百福의 근본이며, 세상을 밝게 볼 수 있는 기틀이다. 너 부제不齊가 다스리는 땅은 너무 좁구나. 그 다스리는 땅이 넓었더라면 요堯·순舜의 뒤를 이을 수 있을 텐데!」[614]라 하였다.

그래서 현인을 존경하는 것은 나라를 다스리는데 있어 매우 큰 일(大事)인 것이다.

≪설원說苑·존현尊賢≫에서는 또한「임금으로서 천하를 편안히 다스리고 그 이름을 후세까지 드날리고 싶어 하는 자는, 반드시 어진 이를 높이고 스스로 선비보다 낮추어야 한다. 그래서 역易에『스스로 위에 있으면서 아랫사람보다 낮추면 그 도가 크게 빛나리!』라고 하였고, 또한『귀한 자가 천한 자보다 더 아래에 처하면 크게 백성을 얻을 수 있다.』무릇 명석한 왕이란 그 덕을 베풀되 아랫사람보다 더 낮은 쪽에 처하며, 멀리 있는 사람을 품어 가까이 이르도록 하는 것이다. 조정에 어진 이가 없다는 것은 홍곡鴻鵠에게 깃과 날개가 없는 것과 같아, 비록 1천리를 날기를 소망해도 그 뜻대로 날아 이를 수가 없다. 이 까닭으로 강과 바다에서 노는 자는 배에 의탁해야 하고, 먼 길을 가는 자는 수레에 의탁해야 하듯이, 패왕霸王을 이루고자 하는 자는 어진 이에 의탁해야 되는 것이다. 이윤伊尹·여상呂尚·관이오管夷吾·백리해百里奚는 바로 패왕에게 있어서의 배나 수레와 같은 역할을 한 인물들이다.」[615]라 하였다.

⑤ '而又㽘心'

「㽘」는 字書에는 보이지 않는다.「句(글귀 구, jù,gōu)」의 음과 같고,「劬(수고로울 구, qú)」의 의미로 쓰인다.「劬」는 '위로하다(위로慰勞)', '근면하며 열심히 하다(근분勤奮)'의 의미이다.

≪예기禮記·내칙內則≫에서는「임금에게 보이거든 곧 수고했다고 치하하니라.」[616]라 하였고, ≪귀전부歸田賦≫에서는「비록 밤낮으로 일하더라도 수고롭게 여기지 말라.」[617]라 하였으며, ≪후한서後漢書·열녀전列女傳≫에서는「새벽부터 밤늦게까지 마음을 수고롭게 하고, 부지런히 일하여도 수고로움을 고하지 말라.」[618]라 하였다.

614) ≪說苑·政理≫: "欲其大者, 乃於此在矣. 昔者堯·舜清微其身, 以聽觀天下, 務來賢人, 夫舉賢者, 百福之宗也, 而神明之主也, 不齊之所治者小也, 不齊所治者大, 其與堯·舜繼矣."

615) ≪說苑·尊賢≫: "人君之欲平治天下而垂榮名者, 必尊賢而下士. 易曰: '自上下下, 其道大光.' 又曰: '以貴下賤, 大得民也.' 夫明王之施德而下下也, 將懷遠而致近也. 夫朝無賢人, 猶鴻鵠之無羽翼也, 雖有千裏之望, 猶不能致其意之所欲至矣; 是故遊江海者托於船, 致遠道者托於乘, 欲霸王者托於賢; 伊尹·呂尚·管夷吾·百裏奚, 此霸王之船乘也."

616) ≪禮記·內則≫: "見於公宮則劬."

617) ≪歸田賦≫: "雖日夕而忘劬."

현인은 나라를 다스림에 마음과 몸을 다한다.

본 간은 다음 간과 이어지는 내용이다.

【譯註】

정리본이 “能爲視”로 읽고 있는 ‘시視’자를 ‘’로 쓴다. 이 자는 ≪上博楚簡·魯邦大旱≫ 제2간 “厎民智(知)敓(說)之事, 視也” 구절 중 ‘시視’자에 해당되는 자를 ‘’로 쓰는데,619) 본 구절 중의 ‘’자와 완전히 같다. ‘’자를 마승원馬承源 정리본은 ‘視’로 예정하고 있으나, 그러나 만약에 ‘視’로 해석한다면 문맥이 통하지 않는다. 황덕관黃德寬은 이 자를 ‘鬼(귀신 귀, guǐ)’의 이체자異體字로 보고, ≪戰國楚竹書(二)釋文補正≫에서 “이 자는 ‘示’와 소리부 ‘鬼’로 이루어진 형성자로 ‘鬼’자의 이체자이다. 그 이유는 첫째 ‘視’자를 ≪郭店楚簡≫과 ≪上海楚簡≫에서 모두 자부 ‘目’과 ‘人’으로 쓴다. 아시다시피 ‘見’자와 ‘視’자의 다른 점은 자부 ‘人’ 중 아래부분을 구부려 쓰고 안 쓰고의 차이다. 그러나 자부가 ‘示’인 ‘視’자는 아직 보이지 않고 있다. 두 번째로 ≪郭店簡·老子乙≫는 ‘畏’자를 ‘’로 쓰고, ≪民之父母≫는 ‘威’자를 ‘’로 쓰는데, 본 ‘’자와 자형이 상당히 유사하다. 다만 위 부분 ‘鬼’와 ‘目’이 다를 뿐이다. 고문자에서 자부 ‘目’은 ‘田’과 구별 없이 쓰이곤 한다. ……정리본이 예정한 ‘視’자는 ≪民之父母≫의 ‘威’나 ≪老子乙≫篇 중의 ‘畏’의 의미로 쓰이는 자와 같다. ≪陳昉簋≫ “恭盟鬼神” 중의 ‘鬼’자도 ‘示’와 소리부 ‘鬼’로 쓴다. 따라서 ‘’자는 ‘鬼’로 해석해야 옳고, 본 구절은 ‘일반 백성은 기우제와 귀신을 섬기는 것만 알지, 형법刑法과 덕치德治는 알지 못한다’라는 의미다.”라 하였다.620) 진위陳偉 역시 황덕관黃德寬의 주장에 찬성하고 “事, 視也”는 “事鬼也”로 해석해야 한다고 하였다. “정리본이 단독적으로 해석하고 있는 ‘事’와 ‘鬼’자는 합성어로 읽어야 옳다. ‘事鬼’는 즉 ‘귀신을 섬기다’의 의미이다. ≪論語·先進≫은 ‘계로가 귀신 섬기를 것을 묻자 공자는 말하였다. ‘사람도 섬길 수 없는데 어떻게 귀신을 섬길 수 있겠는가!’라고 했다. 이는 ‘事神’이란 용어를 다른 전적

618) ≪後漢書·列女傳≫: “夙夜劬心, 勤不告勞.”

619) ≪上博楚簡(二)≫, 205 쪽.

620) ≪上海博物館藏戰國楚竹書研究續編≫, 439 쪽 참고. “我們以爲此字應當分析爲从示·鬼聲, 即‘鬼’之異文. 一是‘視’字在郭店·上海楚簡中均从目从人作, 與‘見’之別在‘人’之腿部的彎曲與否, 這已是大家的共識, 尚未見从‘示’的‘視’. 二是此字的寫法與郭店簡≪老子≫乙之‘畏’作, 本書≪民之父母≫中的‘威’作, 構形非常接近, 不同之处在于一作鬼頭, 一作目. 其實古字中‘目’寫作‘田’司空見慣, ……因此, 我們有理由認爲此處所謂的‘視’, 與≪民之父母≫的‘威’和≪老子≫乙篇的‘畏’是一個字的不同寫法和用法. ≪陳昉簋≫‘恭盟鬼神’之‘鬼’也从示·鬼聲, 故可將此字讀作‘鬼’. 如此, 此簡意謂: ‘庶民只知道求雨而事鬼神, 却不知道刑與德’, 文意通暢明白.”

에서도 사용하고 있는 것을 볼 때, ‘鬼’는 ‘鬼神’이라는 의미라는 것을 알 수 있다.”[621]라 하였다.

≪上博楚簡≫에서 ‘鬼’자는 ‘(鬼)’(≪亙先≫3簡正)·‘(槐)’(≪柬大王泊旱≫6簡)·‘(祟)’(≪競建內之≫7簡) 등으로 쓴다.

따라서 ‘’자는 ‘䰠’자로 예정할 수 있고, “能爲䰠”는 ‘능히 선조 조상을 받들어 모시다’의 의미이다(부록 참고).

621) ≪上海博物館藏戰國楚竹書硏究續編≫, 117 쪽 참고. “即原來斷讀的‘事’·‘鬼’二字當連讀. 事鬼, 即奉事鬼神. ≪論語·先進≫記: ‘季路問事鬼神. 子曰: 未能事人, 焉能事鬼？’ 既爲‘事鬼’一讀提供了傳世典籍方面的辭例, 同時也表明‘事鬼’的‘鬼’可以兼賅鬼神.”

第19簡

降耑以比民之傍敚弃亞毋適訢少㠯畣大足言而簪猷之毋欽遠毋詣移亞人勿歆好

第 19 簡

降耑(端)以比①, 民之㑥(勸)敚(微)②, 棄亞(惡)毋適③, 訢(愼)少㠯(以)龕(合)大④, 足言而宻(密)獸(守)之⑤. 毋欽遠⑥, 毋詣移⑦; 亞(惡)人勿歕(戕), 好⑧

【해석】

맨 아래와 끝을 상호 비교하여, 백성에게 미세한 것을 권하고 악한 것을 버리게 하고 남에게 모든 일은 완전하게 갖추어 다 잘하기를 요구하지 않으며, 작은 것들을 삼가 크게 하는 것을 신중하게 하고, 자기 말은 실행하여 이루어지도록 하고, 말은 꼼꼼히 지키도록 하여야 한다. 공경하는 마음을 자신으로부터 멀어지지 않도록 하고, 교만한 행위를 이행하지 않도록 하여야 한다. 싫어하는 사람을 죽이지 않고, 좋아하는 사람을

【上博楚簡原註】

본 간은 길이는 38.8cm이고 완전한 간으로, 상 · 하단은 평평하고 가지런하게 다듬어져 있다. 첫 번째 편선 홈과 상단의 간격은 1.2cm이고, 첫 번째 편선 홈과 두 번째 편선 홈과의 간격은 18cm이며, 두 번째 편선 홈과 세 번째 편선 홈의 간격은 18.3cm이다. 세 번째 편선 홈과 하단과의 간격은 1.3cm이다. 모두 34자이다.

① 降耑以比

「降(내릴 강{항복할 항}, jiàng,xiáng)」자에 대하여 ≪說文解字≫에서는「'降'은 '아래로 내려가다'의 의미. 의미부 '𨸏'와 소리부 '夅'으로 이루어진 형성자이다」[622]라 하였다. '아래로 내려간다'는 의미이다.

≪說文解字≫에서는 '耑(시초 단, duān,zhuān)'자에 대하여「사물이 처음 만들어진 머리 부분이다. 윗부분은 생겨나는 형상을 본뜬 것이고, 아래는 그 뿌리를 의미한다.」[623]라 하였고, 단옥재는「'제題'는 이마이다. 사람 몸은 이마가 가장 위에 있고 사물의 가장 처음 보이는 것이 바로 그 이마이다. 옛날에는 발단發端의 뜻으 이 '耑'자를 썼는데, 지금은 '단端'자를 쓰고 '耑'자는

622) ≪說文解字≫: "降, 下也. 从𨸏, 夅聲."
623) ≪說文解字≫: "耑, 物初生之題也. 上象生形, 下象其根也."

쓰지 않는다.」[624]라 하였다. '위로 올라간다'는 의미이다.

「比(견줄 비, bǐ,bì)」는 '비교하다'의 뜻이다.

≪주례周禮·내재內宰≫에서는「크고 작은 것」[625]이라 하였다. 정과 반과 같이 두 가지 완전히 다른 방면에서 문제를 분석하고 문제를 인식하고 문제를 처리하고, 문제를 해결하는 것이다.

【譯註】

''자를 정리본은 '降'으로 예정하고 있다. ≪郭店楚簡·性自命出≫의 ''이나 ≪上博楚簡·性情論≫의 ''자와 유사하다.[626]

"降耑以比" 중의 '강降'은 가장 아래 있는 것 즉 단점과 같은 좋지 않은 것을 대표하고, '단耑'은 가장 끝에 있는 즉 장점과 같은 좋은 점을 가리키는 것으로 보인다.

② 民之儚散

「儚」는「勸(권할 권, quàn)」으로 읽고,「散」자는「微(작을 미, wēi)」자와 같은 자이다.

≪集韻≫은「'散'자에 대하여 ≪說文解字≫에서는『'미묘하다'의 의미』라 하였다. 서현徐鉉이 말하길, '耑'자의 일부가 의미부이다. '耑'은 사물이 처음 생겨나는 맨 앞머리인데, 아직 미미한 것이다. '미微'자와 통한다.」[627]라 하였다.「微」는 싹이 트는 모양으로, 눈에 잘 보이지 않는 징조이다. ≪주역周易·계사繫辭≫에는「(군자는) 미세한 것과 밝게 드러난 것을 다 안다.」[628]라 했다.

【譯註】

''자를 정리본은 '儚'자로 예정하고, '勸(권할 권, quàn)'으로 읽는다. 그러나 오른쪽 윗부분이 잘 보이지 않고, 초간 '畨(番)'자의 윗부분 '釆'와 비슷하기 때문에 '辨(분별할 변, biàn)'으로 읽기도 한다.[629] 그러나 형태가 잘 보이지 않기 때문에 정리본에 따라 '勸'으로 읽기로 한다.

624) 段玉裁注: "題者, 額也. 人體額爲最上, 物之初見卽其額也. 古發端字作此, 今則端行而耑廢."
625) ≪周禮·內宰≫: "此其小大."
626) ≪楚系簡帛文字編≫, 1191 쪽.
627) ≪集韻≫: "散, ≪說文解字≫: '妙也.' 徐鉉曰: 从耑省, 耑物初生之題, 尙微也. 通作微."
628) ≪周易·繫辭≫: "知微知彰."
629) 季旭昇, 〈上博五芻議(上)〉, 簡帛사이트, 2006-02-18.

③ 棄亞毋適

「亞」는 「오惡」의 의미로 쓰였다. ≪상서尙書·강고康誥≫에서는 「몸에 병이 있는 것처럼 하면 오직 백성들이 허물을 모두 버릴 것이다」[630]라 하였다. 이에 대하여 공안국孔安國은 「악한 것을 교화시켜 선하게 함이 질병을 제거하고자 하는 것과 같으니, 그 도리로써 다스리면 백성들이 악한 것을 버리고 선한 것을 닦는데 힘을 다할 것이다」[631]라 하였다.

≪左傳·成公十三年≫에서는 「나와 그대는 동심동덕同心同德하여 원한을 버리고 옛 덕德을 회복시켜 선군들의 공덕을 추념追念하도록 합시다.」[632]라 하였다.

공자는 일곱 가지 가르침을 백성을 다스리는 근본으로 삼아 악을 버리기를 물을 대는 것과 같이 하도록 하였다.

≪대대예기大戴禮記·주언主言≫에서는 「증자가 물었다. "일곱 가지 교훈이란 무엇을 말하는 것입니까?" 공자가 대답했다. "윗사람이 늙은이를 공경하면 아랫사람이 더욱 효도를 할 것이며, 윗사람이 나이를 따져서 존경하면 아랫사람은 더욱 마음이 너그러워질 것이며, 윗사람이 어진 이를 친절히 대하다면 아랫사람은 더욱 친구를 가려서 사귈 것이며, 윗사람이 덕을 좋아하면 아랫사람은 더욱 모든 일을 숨기지 않을 것이며, 윗사람이 재물 탐하는 것을 싫어하면 아랫사람은 더욱 재물을 가지고 서로 다투기를 부끄러워할 것이며, 윗사람이 청렴하고 겸양한다면 아랫사람은 더욱 절개를 지킬 것이다. 백성들이 모두 유별有別하여 바르게 하면 바르게 될 것이니 수고로울 일이 없다. 이것이 일곱 가지 교훈이다. 이 일곱 가지 교훈은 백성을 다스리는 근본이니 가르쳐 바로잡는 것이 올바른 것이다. 윗사람은 백성들의 표상이니, 표상이 바르면 그 무엇이 바르지 않겠는가? 그런 고로 군자가 먼저 인仁에 서면 대부가 충성하고 선비가 신의가 있고, 백성은 도탑고, 장인이 바탕이 되며 상인이 삼가고, 여자와 어린아이와 부녀자가 성실하다. 이것이 일곱 가지 교훈의 지향하는 것이다. 이 일곱 가지를 온 천하에 베풀어도 사람들이 이를 원망하지 않을 것이며, 보통의 집안에 들인다 해도 막히지 않을 것이다. 그런 고로 성인이 예로써 등별하고 의로써 세우며, 순리대로 행동한다면 백성들이 나쁜 것을 버리기를 마치 끓는 물에 눈이 녹아 없어지듯 빨리 할 것이다.」[633]라 하였다.

630) ≪尙書·康誥≫: "若有疾, 惟民其畢棄咎."
631) "化惡爲善, 如欲去疾, 治之以理, 則惟民其盡棄惡修善."
632) ≪左傳·成公十三年≫: "吾與女同好棄惡, 復修舊德, 以追念前勳."
633) ≪大戴禮記·主言≫: "曾子曰: '敢問: 何謂七教？' 孔子曰: '上敬老則下益孝, 上順齒則下益悌, 上樂施則下益諒, 上親賢則下擇友, 上好德則下不隱, 上惡貪則下恥爭, 上強果則下廉恥, 民皆有別, 則貞·則正, 亦不勞矣, 此謂七教. 七教者, 治民之本也, 教定是正矣. 上者, 民之表也. 表正, 則何物不正？是故君先立於仁, 則大夫忠,

「適(갈 적, shì)」은 남에게 모든 일을 완전하게 갖추어 다 잘하기를 요구(책비責備)하는 것이다. ≪孟子·離婁≫에서는 「(등용한) 인물을 군주와 더불어 (일일이 다) 허물(지적)할 수 없다.」[634]라 하였다. 또한 「敵(원수 적, dí)」자와 통해 능력이나 세력이 엇비슷하여 서로 견줄 만하다(필적匹敵)는 의미로 쓰일 수도 있다. ≪예기禮記·연의燕義≫에서는 「감히 대적하지 못하는 의리이다.」[635]라 하였다.

【譯註】

'[illegible]'자를 정리본은 '적適'자로 예정하고 있으나, '辵'과 소리부 '帚'로 이루어진 형성자 '逮'자로 '歸(돌아갈 귀, guī)'의 이체자이다. ≪上博楚簡·孔子詩論≫의 '[illegible]'나 ≪包山楚簡≫의 '[illegible]'자와 완전히 같다.[636] '勿逮'는 '물귀勿歸'는 '다시 이를 되돌려 반복하지 마라'는 뜻이다(부록 참고).

④ '訢少曰酓大'

「訢」은 「愼(삼갈 신, shèn)」자로 읽는다.

「少」는 「小(작을 소, xiǎo)」와 통한다.

「酓」은 「答(대답할 답, dá,dā)」자의 古字이다. ≪集韻≫에서는 「'荅'은 '대하다'의 의미. 고문자는 '酓'이나 '畗'자로 썼다. 일반적으로 '荅'자로 쓴다.」[637]라 하였다. ≪춘추번로春秋繁露·순천지도循天之道≫에서는 「군자는 소소한 것들을 삼가 하여 크게 실패할 것들을 없애는 것이다.」[638]라 하였다.

⑤ '足言而訔獸之'

「足」은 '이루다(成)"의 의미이다.

「족언足言」에 대하여, ≪孔子家語·正論解≫에서는 「공자가 이 말을 듣고 자공에게 말했다. "옛 글에 이런 말이 있다. 즉 언변으로 자기의 뜻을 성공시키고, 문장으로 자기의 말을 성공시킨

而士信·民敦·工璞·商慤·女憧·婦空空, 七者教之志也. 七者布諸天下而不窕, 內諸尋常之室而不塞. 是故聖人等之以禮, 立之以義, 行之以順, 而民棄惡也如灌.'"

634) ≪孟子·離婁≫: "人不足與適也."

635) ≪禮記·燕義≫: "莫敢適之義也."

636) ≪楚系簡帛文字編≫, 129 쪽.

637) ≪集韻≫: "荅, 當也. 古作酓·畗. 通作答."

638) ≪春秋繁露·循天之道≫: "君子愼小物而無大敗也."

다고 했다. 말을 하지 않으면 누가 그 사람의 뜻을 알 수가 있으며, 또 말을 한다 해도 문장으로 기록하지 않으면 그 뜻이 멀리 갈 수 있겠느냐. 이것으로 본다면 이제 진晉나라는 백伯이 되고 정鄭나라는 진陳나라를 쳐 버렸으니, 글이 아니면 그 공을 나타낼 수가 없을 것이다. 그러나 말에 있어서는 언제나 삼가야 하는 법이다".」[639]라 하였다.

「寍」자는 ≪包山楚簡≫(255)에서도 볼 수 있는데, 「宓(성 밀, mì)」자로 해석할 수도 있다. ≪集韻≫은 「宓은 조용한 것이고 편안한 것이다. 혹은 '密'자로 쓰기도 한다.」[640]라 하였다.

「獸」자는 「守(지킬 수, shǒu)」의 의미로 쓰였다.

【譯註】

''자를 정리본은 '足'자로 예정하고 있는데, 이 자는 '疋(발 소, shū)'자로 예정할 수 있다. '疋'자는 또한 '疏(트일 소, shū)'와 같은 자이다. '말은 적게 하되, 말한 약속은 잘 지켜야 한다'는 뜻이다.

⑥ *毋欽遠*

「欽(공경할 흠, qīn)」자는 '공경', '근신'의 의미이다. ≪상서尙書·윤정胤征≫에서는 「천자의 위엄 있는 명령을 공경히 받들기를 바란다.」[641]라 하였고, ≪상서尙書·순전舜典≫에서는 「제帝가 말씀하셨다. "그러하다! 가서 공경하라."」[642]라 하였다.

「흠欽」자는 혹은 「咸(다 함, xián)」자와 통한다.

「咸」은 '화목하고 한 마음'이라는 의미이다. ≪左傳·僖公二十四年≫에 「옛날 주공은 2숙(二叔: 주공의 동생인 관숙과 채숙)이 제 명에 죽지 못한 것을 슬퍼했습니다」[643]라 하였다. 「遠」은 '사이가 두텁지 않고 서먹서먹하다(소원疏遠)'와 '헤어져 떠나간다(이거離去)'는 의미이다. ≪論語·衛靈公≫에서는 「소인은 멀리 할 것이다.」[644] 라 하였고, ≪論語·顔淵≫에서는 「나쁜 사람들이 있기가 어려워졌다.」[645]라 하였다.

639) ≪孔子家語·正論解≫: "孔子聞之, 謂子貢曰: '誌有之, 誌古之書也言以足誌, 言以足成其誌文以足言, 加以文章以足成其言不言誰知其誌, 言之無文, 行之不遠. 有言而無文章雖行而不遠也晉爲鄭伯入陳, 非文辭不爲功, 小子愼哉.'"

640) ≪集韻≫: "宓, 默也, 安也. 或作密."

641) ≪尙書·胤征≫: "欽承天子威命."

642) ≪尙書·舜典≫: "帝曰兪往欽哉."

643) ≪左傳·僖公二十四年≫: "昔周公弔二叔之不咸."

644) ≪論語·衛靈公≫: "遠佞人."

【譯註】

정리본은 '毋欽遠' 구절 중 '흠欽'은 '화목하는 마음'이고, '遠'은 '멀어지다'라 하여 '화목하는 마음이 멀어지면 안된다'는 뜻으로 이해하는 것 같다. 그러나 이러한 문장 구조는 일반적인 형식과 다르다. "毋欽遠"과 그 다음 구절 "毋詣迻"은 댓구형식으로 '勿+動目構造'의 구조가 아닌가 한다. 따라서 "毋欽遠"은 '멀리 있는 것을 부러워하지 말라' 즉 다른 나라나 혹은 내가 가지고 있지 않은 것을 부러워하지 말라는 뜻이 아닌가 한다.

⑦ '毋詣迻'

「詣(이를 예, yì)」자는 「倪(어린이 예, ní)」자와 통하여 '교만하다'는 의미이다. ≪管子·正世≫에서는 「백성이 피곤하면 게으르고 쇠약해지지 않도록 할 수 없다」[646]라 하였다.

≪說文解字≫에서는 「迻(옮길 이, yí)」자에 대하여 「'迻'자는 '옮기다'의 뜻. 의미부 辵과 소리부 多로 이루어진 형성자이다.」[647]라 하였다. '마음에 쏠려 따라 간다(추향趨向)'는 의미이다.

【譯註】

정리본은 '毋詣迻' 중 '예詣'자는 '교만하다'라는 의미로, '이迻'자는 '마음이 쏠리다'로 해석하였다. 전체적으로 '교만한 마음을 갖지 않아야한다'로 해석하는 것 같다. 그러나 앞 구절과 댓구 구조로 되어 있어, 정리본이 '詣'자로 예정하고 있는 ''자와 '迻'자로 예정하고 있는 ''자는 각각 '欽'과 '遠'자의 반의어가 아닌가한다.

''자의 오른쪽 부분이 잘 보이지 않지만, 정리본의 '詣'의 예정이 옳은 것 같다. 그러나 '倪'의 의미가 아니라 '指(가리킬 지, zhǐ)'의 의미로 쓰이는 것이 아닌가 한다. '詣'와 '指'자는 모두 소리부가 '旨'이다. '指'자는 '지적하여 책망하다(지책指責)'·'질책하다(척액斥責)'의 의미가 있다.[648]

''자를 정리본은 '迻'자로 예정하고 있는데, 오른쪽 부분이 '多'형과는 다르고, '豕'자이다. ≪包山楚簡≫과 ≪望山楚簡≫은 '豕'자를 각각 ''·''로 쓴다.[649] 따라서 이 자는 '逐(쫓을

645) ≪論語·顏淵≫: "不仁者遠矣."

646) ≪管子·正世≫: "力罷, 則不能毋墮倪."

647) ≪說文解字≫: "'迻, 遷徙也. 从辵, 多聲."

648) 楊澤生, 〈≪上博五≫零釋十二則〉, 簡帛사이트. 2006-03-20

649) ≪楚系簡帛文字編≫, 844 쪽.

축, zhú)'자로 예정할 수 있다. 이 '逐'자를 계욱승季旭昇은 '추방하다(방축放逐)'의 의미로 보고 전체적으로 "추방된 사람을 탐방하지 말아라"로 해석하였다.650)

양택생楊澤生은 자부 '豕'와 '爾'로 쓰이는 자가 상호 통용된 예를 들어, '逐'자는 '邇(가까울 이, ěr)'의 가차자로 쓰인다 하였다. 의미상으로 보면, '遠'과 '邇'자는 반의어이기 때문에 적절하겠으나, 음성상으로 통하지 않는다. '逐'자는 단옥재段玉裁가 '축생성豖省聲(豖자의 일부가 생략된 형태가 소리부이다)'이라 설명하였듯이, '豕(돼지 시, shǐ)'가 아니라 '豖(발 얽은 돼지 걸음 축, chù)'자의 일부가 생략되어 소리부분으로 쓰인 것이다. ≪說文解字≫의 일부 판본은 '逐'자를 '돈생성豚省聲'이라 하였는데, '豚(돼지 돈, tún)'자 역시 자부는 '豕'가 아니라 '豖'이다. 예를 들어, '璽(도장 새, xǐ)'자에 대하여, ≪說文解字≫는 소리부가 '爾'이고, '豕'의 고음이 '지支'부部로 '지脂'部와 방전旁轉관계로 통가자로 쓰일 수 있다. 왜냐하면 이 때의 음은 '豕'가 아니라 '豖'이기 때문이다. 그런데 자부로 쓰일 때는 '豕'와 '豖'이 형태가 비슷하기 때문에 자주 혼용되어 사용된다. 따라서 양택생楊澤生의 주장을 믿을만한 주장이 아니다.651)

璽	sjie	脂部
邇	njie	脂部
逐	diəwk	覺部
豕	$st^{h}jie\gamma$	支部
豖	$t^{h}iewk$	屋部

"毋詣逐"은 '詣'자는 '그리워하다'나 '탐방하다'의 의미가 아니라, 이와는 반대로 '指'의 의미인 '질책하다'는 뜻으로 쓰인다. 따라서 전체적으로 "잘못을 저질러 추방된 자를 너무 질책하지 말아라."로 해석할 수 있다. 혹은 "毋欽遠" 구절은 "毋詣逐" 구절과 관련이 있는 내용으로, '遠'이 곧 '逐'이 관련이 있는 의미로, 전체적으로 "멀리 떨어져 있는 그 추방된 사람을 흠모하여, 추방된 사람을 탐방하지 말라."라는 의미로 해석할 수도 있을 것 같다. 그러나 '勿'자를 두 번 반복하는 것으로 보아, 각각 독립된 내용으로 쓰인 것이 아닌가 한다. 따라서 본문은 "잘못을 저질러 추방된 자를 너무 질책하지 말아라."로 해석하기로 한다(부록 참고).

650) 季旭昇, 〈上博五芻議(上)〉, 簡帛사이트, 2006-02-18. "不要去拜訪那些被放逐的."
651) 楊澤生, 〈≪上博五≫零釋十二則〉, 簡帛사이트. 2006-03-20

⑧ 亞人勿戕, 好[人勿貴]

「人勿貴」 이 세 자는 다음 죽간에 속하는 자이다.

「亞」자는 「惡」으로 읽는다.

「戕」자는 자서에는 보이지 않지만, 「戕(죽일 장, qiāng)」자의 의미로 쓰인다. 「戕」자는 '살해하다', '상해를 입히다', '허물고 파손하다(훼괴毁壞)'는 의미이다. ≪左傳·襄公三十一年≫에서는 「혼(閽: 문지기)이 대오(戴吳: 餘祭)를 살해했소.」[652]라 하였고, ≪亢倉子·用道≫에서는 「몸을 상하게 하여 수명을 단축시키다.」[653]라 하였다. ≪左傳·襄公二十八年≫에서는 「배를 부수고 다리를 파괴하라.」[654]라 하였다.

「貴(귀할 귀, guì,guǐ)」자는 '중요하다', '귀할 수 있다', '존경하다'라는 의미이다. ≪論語·學而≫에서는 「예禮의 작용은 어떤 일에 부딪쳤을 때, 그것을 하방하게 처리하는 것을 귀하게 여겼다」[655]라 하였고, ≪荀子·儒效≫에서는 「비록 궁색한 마을이나 누추한 집에 숨어 살더라도 사람들이 귀하게 여기지 않음이 없다.」[656]라 하였다. 악한 사람을 미워하고, 친한 사람을 친히 여기고, 귀한 사람을 귀하게 여기는 것과 상반된다. 같은 민족이면 벼슬이 있어도 법에 저촉되었을 때 마땅히 형벌을 내리고, 서민도 이와 다르지 않다. 군주는 그 친함을 사사로이 하지 않고, 신하는 그 신분을 사사로이 하지 않는다. 몸을 바르게 하고, 나라를 바르게 하고 천하를 바르게 해야 한다. 공자는 ≪孔子家語·致思≫에서 「무왕은 그 몸을 바르게 함으로써 그 나라까지 바르게 하였으며, 그 나라를 바르게 함으로써 천하까지도 바르게 하였다. 무도한 자를 쳐 버리고 죄 있는 자를 벌하여 한 번 움직여 천하를 바르게 하였으니, 이로써 그의 계획한 일이 이루어진 것이다. 세월은 일정한 규칙에 따라 바뀌기 때문에 만물이 다 나서 성장하게 되는 것이요, 왕자는 그 도를 극진히 하기 때문에 만백성이 다 다스려지는 것이다. 그러므로 주공은 자기 몸에서부터 착한 도를 행했기 때문에 그 성실함이 지극했던 것이다.」[657]라 하였다.

본 죽간은 내용은 다음 죽간과 이어진다.

652) ≪左傳·襄公三十一年≫: "閽戕戴吳."
653) ≪亢倉子·用道≫: "戕身損壽."
654) ≪左傳·襄公二十八年≫: "戕舟發梁."
655) ≪論語·學而≫: "禮之用, 和爲貴."
656) ≪荀子·儒效≫: "雖隱於窮閻漏屋, 人莫不貴之."
657) ≪孔子家語·致思≫: "武王正其身以正其國, 正其國以正天下, 伐無道, 刑有罪, 一動而天下正, 其事成矣. 春秋致其時而萬物皆及, 王者致其道而萬民皆治, 周公載己行化, 載亦行矣言行已以行化其身正不令而行也而天下順之, 其誠至矣."

【譯註】

‘’자를 ‘공贛’자로 예정하기도 한다.[658] 하지만, ‘흠欽’자를 ‘’(≪上博楚簡 容成氏≫)·‘’(≪郭店楚簡·尊德義≫)으로 쓰는데, ‘’자의 오른쪽 자부 ‘欠’와 ‘欽’자의 동일하기 때문에 정리본의 ‘贛’자 예정이 옳다.

“亞人勿歖, 好人勿貴”의 내용이 너무 명백한 댓구를 이루는 문장이기 때문에 오히려 학자들마다 각각 다르게 해석하기도 한다. ‘좋은 사람과 나쁜 사람을 사심으로 결정하지 해서는 안된다’는 것은 곧 “군주는 그 친함을 사사로이 하지 않고, 신하는 그 신분을 사사로이 하지 않는다.”는 내용과 같다.

658) 季旭昇, 〈上博五芻議(上)〉, 簡帛사이트, 2006-02-18.

第20篇

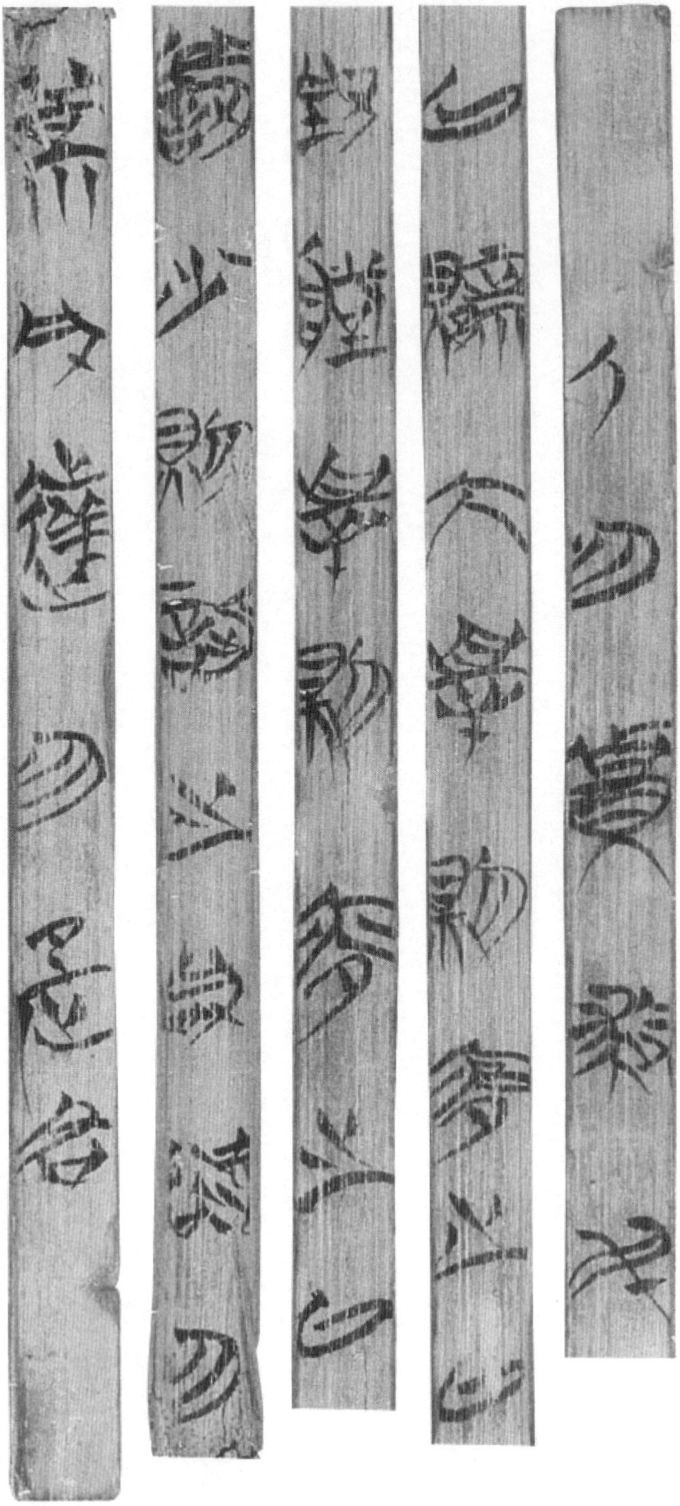

人勿貴救民㠯睬大辠則夜之㠯型壄辠則夜之㠯罰少則訛之凡欲勿崇凡遊勿[illegible]各

第 20 簡

人勿貴, 救民已(以)睞(親)①, 大辠(罪)則夜(處)之已(以)型(刑)②, 壓(臧)辠(罪)則夜(處)之已(以)罰③, 少(小)則訿之④. 凡欲勿崇(狂)⑤, 凡遊(失)勿佹(危)⑥, 各

【해석】

좋은 사람만을 귀하게 여기지 않는다. 백성을 구하는데 친親으로써 하고, 큰 죄는 형刑으로써 다스리고, 뇌물을 받은 죄는 벌罰로써 다스리며, 작은 죄는 꾸짖는다. 무릇 욕망을 위하여 사리를 분별하지 못하고 날뛰지 말고, 잘못을 하여 위험에 처하지 마라. 각각

【上博楚簡原註】

본 간의 길이는 38.8cm이며, 완전한 간으로 상·하단이 모두 평평하고 가지런하게 다듬어져 있다. 첫 번째 편선 홈과 상단의 간격은 1.5cm이고, 첫 번째 편선 홈과 두 번째 편선 홈의 간격은 17.9cm이며, 두 번째 편선 홈과 세 번째 편선 홈의 간격은 18.2cm이다. 세 번째 편선 홈과 하단의 간격은 1.2cm이다. 모두 34자이다.

① 救民已睞

「睞」자는 「親(친할 친, qīn)」자와 같다.

관자管子와 공자孔子는 모두 '친親'을 중시하였다. '친親'으로써 백성을 구하고자 하고고 천하가 평안해지기를 바랬다. 「親」은 정치의 근본이다. 관자는 정치의 흥망이 민심에 있다고 생각하여 '친민정치親民政治'를 제기하였다.

≪管子·牧民≫에서는 「정치가 흥하는 것은 민심을 따르는 데 있고, 정치가 피폐해지는 것은 민심을 거스르는 데 있다. 백성은 근심과 노고를 싫어하므로 군주는 그들을 편안하고 즐겁게 해줘야 한다. 백성은 가난하고 천한 것을 싫어하므로 군주는 그들을 부유하고 귀하게 해줘야 한다. 백성은 위험에 빠지는 것을 싫어하므로 군주는 그들을 보호하고 안전하게 해줘야 한다. 백성은 후사가 끊기는 것을 싫어하므로 군주는 그들이 잘 살도록 해줘야 한다. 백성을 편안하고 즐겁게 해주면, 백성은 군주를 위하여 근심과 노고도 감수한다. 보호하고 안전하게 해주면, 백성은 군주를 위하여 위험에 빠지는 것도 감수한다. 잘 살도록 해주면, 백성은 구주를 위하여 생명을 희생하는 것도 감수한다. 형벌은 백성이 두려워하도록 하기에 부족하고, 죽이는 짓은 백성의

마음을 복종시키기에 부족하다. 그러므로 형벌이 많으나 (백성의) 뜻이 그것을 두려워하지 않으면 법령이 시행되지 않는다. 많은 사람을 죽여도 (백성이) 마음으로 복종하지 않으면 윗사람의 자리는 위태롭다. 백성이 원하는 네 가지 욕망을 채워주면 멀었던 사람도 저절로 가까워진다. 반대로 백성이 싫어하는 네 가지를 행하면 가까웠던 사람도 배반한다. 그러므로 '(백성에게) 주는 것이 도리어 받는 것'임을 아는 것이 정치의 보배다.」[659]라 하였다.

공자는 「사랑을 세우는 것을 부모로부터 시작(입애자친시立愛自親始)」할 것과 「위아래가 서로 친하게(상하상친上下相親)」여길 것을 주장하였다. ≪孔子家語·哀公問政≫에서는 「공자가 말했다. "남을 사랑하는 마음을 세우는 요령은 부모를 사랑하는 데서부터 시작하는 것이니 백성을 가르치는 데는 화목하게 해야 하며, 공경하는 마음을 세우는 요령은 어른을 공경하는 데서부터 시작하는 것이니 백성을 가르치는 데는 순리로 해야 하는 것입니다. 자애와 화목으로 가르치면 백성들도 모두 부모가 있는 것을 귀하게 여길 것이며, 공경하는 것으로 가르치면 백성들도 모두 명령을 귀하게 알 것입니다. 백성들이 이미 부모에게 효도하고 또 명령을 순종하게 된다면 비단 노나라만이 아니라, 온 천하를 다스린다 할지라도 옳을 것입니다".」[660]라 하였다. ≪孔子家語·王言解≫에서는 「공자가 말했다. "윗사람이 아랫사람에게 친절히 하는 것은 마치 수족이 마음과 뜻대로 움직이는 것과 같을 것이며, 아랫사람이 윗사람에게 친절히 하는 것은 마치 어진 자식이 사랑하는 어미를 생각하는 것과 같은 것이다. 윗사람과 아랫사람이 서로 친절하기를 이같이 하기 때문에 명을 내리면 따르게 되고 무슨 일이고 시키기만 하면 빨리 행하게 되는 것이다. 백성이 그 덕을 생각하며 가까이 있는 자는 즐겨 복종하고 멀리 있는 자는 와서 따르게 되니 이것이 정치의 지극한 것이다".」[661]라 하였다.

【譯註】

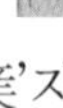

‘’자를 정리본은 '賺'자로 예정하고 '親'의 의미로 쓰인다라 하였다. 그런데 오른쪽 부분은 '亲'자와 다르다. 이 자는 '見'과 소리부 '辟'으로 이루어진 형성자이다.[662] ≪上博楚簡·紂衣≫

659) ≪管子·牧民≫: "政之所興, 在順民心. 政之所廢, 在逆民心. 民惡憂勞, 我佚樂之. 民惡貧賤, 我富貴之, 民惡危墜, 我存安之. 民惡滅絕, 我生育之. 能佚樂之, 則民爲之憂勞. 能富貴之, 則民爲之貧賤. 能存安之, 則民爲之危墜. 能生育之, 則民爲之滅絕. 故刑罰不足以畏其意, 殺戮不足以服其心. 故刑罰繁而意不恐, 則令不行矣. 殺戮眾而心不服, 則上位危矣. 故從其四欲, 則遠者自親; 行其四惡, 則近者叛之, 故知予之爲取者, 政之寶也."

660) ≪孔子家語·哀公問政≫: "孔子曰: '立愛自親始, 教民睦也; 立敬自長始, 教民順也; 教之慈睦, 而民貴有親; 教以敬, 而民貴用命. 民既孝於親, 又順以聽命, 措諸天下無所不可.'"

661) ≪孔子家語·王言解≫: "上之親下也, 如手足之於腹心. 下之親上也, 如幼子之於慈母矣. 上下相親如此, 故令則從, 施則行, 民懷其德, 近者悅服, 遠者來附, 政之致也."

는 ‘辟(임금 벽, bì)’자를 ‘’으로, ≪郭店楚簡 五行≫은 ‘’으로 쓴다.[663] ‘辟’은 ‘형법刑法’이라는 의미이다. 따라서 이 자는 ‘䢐’으로 예정하고 ‘벽辟’으로 읽는다(부록 참고).

② ‘大辠則夜之㠯型’

「辠(허물 죄, zuì)」자에 대하여 ≪說文解字≫는 「‘辠’는 ‘법을 어기다’의 뜻. 의미부 ‘辛’와 ‘自’로 이루어진 회의자이며, 법을 어긴 사람이 코앞에 닥친 고행을 근심하는 것이다. 진秦나라에서 ‘辠’자가 ‘皇’자와 비슷하여 ‘罪’자로 고쳐썼다」[664]라 하였다.

「夜」자는 「處(살 처, chù,chǔ)」로 읽는다. 「夜」자와 「處」자는 음이 서로 비슷하다. 예를 들어, ≪管子·四稱≫에서 「政令不善, 默默若夜, 辟若野獸, 無所朝處」[665]라 하였다.

【譯註】

‘夜’자를 정리본은 ‘處’의 의미로 해석하였다. ‘夜’자는 ‘赦(용서할 사, shè)’의 의미로도 쓰인다.[666] ‘處’는 죄과에 따라 처리하지만, ‘赦’를 형벌로 그 죄과를 다스리되, 죄과를 관대하게 처리하는 의미가 담겨있다. ≪郭店楚簡·五行≫제 38-39 간에서는 “대죄大罪가 있어 중형重刑으로 다스림을 강간剛簡(강하고 간결함)이라한다. 작은 죄라고 사면해 준 것다는 것은 은닉한 것이다. 대죄가 있으나 중형으로 다스리지 않으면 법을 행하기가 어렵고, 소죄가 있으나 용서해 주지 않으면 道를 분명히 드러나지 않는다.”라 하였다.[667] 그러나 본 법에 따라 집행해야 한다는 내용이기 때문에 굳이 ‘赦’의 의미로 해석할 필요가 없을 것 같다.

③ ‘⿱臧土辠則夜之㠯罰’

「⿱臧土」자는 ≪包山楚簡≫(176, 205)에도 보이는데, 의미부 「土」와 소리부 「臧」자로 이루어진 형성자이며, 「臧(착할 장, zāng)」의 의미로 쓰인다.

---

662) 季旭昇, 〈上博五芻議(上)〉, 簡帛사이트, 2006-02-18.

663) ≪楚系簡帛文字編≫, 813 쪽.

664) ≪說文解字·辛部≫: “辠, 犯法也. 从辛, 从自. 言辠人蹙鼻苦辛之憂. 秦以辠似皇字, 改爲罪.”

665) ≪管子·四稱≫: “政令不善, 默默若夜, 辟若野獸, 無所朝處.(정령이 선하지 않고, 어둡기가 밤과 같았다. 비유하자면 야수가 멋대로 돌아다니고, 서로서로 말이 통하지 않는 것 같았다).”

666) 陳劍, 〈談談≪上博(五)≫的竹簡分篇·拼合與編聯問題〉, 簡帛사이트. 2006-02-19

667) ≪郭店楚簡·五行≫“又(有)大(罪)而大**豉**(誅), 之東〈柬(簡)〉也. 又(有)少(小)辠(罪)而亦(赦)之, 匿也. 又(有)大辠(罪)而弗大38 **豉**(誅)也, 不□也. 又(有)少(小)辠(罪)而弗亦(赦)也. 弗亦(赦)也, 不**菐**於道也.”(第 38-39 簡)

≪後漢書·袁安列傳≫에서는「정호政號가 엄격하고 분명하여 일찍이 장죄贓罪로 사람을 국문鞫問한 것이 없었다.」[668]라 하였다.

≪後漢書·楊震列傳≫에서는「당시 중상시中常侍 후람侯覽의 동생 참參이 익주자사益州刺史가 되었는데 뇌물죄를 많이 짓고, 주州를 포학하게 다스렸다.」[669]라 하였다. 벌로써 악惡을 징계하고, 상으로써 선善을 권면해야 한다. 선을 상 주지 않고, 악을 벌하지 않으면 천하가 다스려지지 않고 혼란스러워진다.

④ '少則訿之'

「少」는 '작은 죄'의 뜻이다.

「訿」자는「呰(헐뜯을 자, zǐ,zī)」자로도 쓴다. ≪일주서逸周書·태자진太子晉≫에서는「원망하고 헐뜯음이 없다」[670]라 하였다. 공자는 작은 죄, 큰 죄, 죽을죄를 잘 다스려야 한다고 여겼다. ≪孔子家語·入官≫에서는「백성들에게 조금 허물이 있을지라도 반드시 그 착한 점이 없는가 구해 봐서 그 허물을 용서해 주어야 하며, 백성에게 큰 죄가 있을지라도 반드시 그 까닭을 알아봐서 어진 것으로 돕고 감화시켜야 하며 만일 죽을죄가 있다 하더라도 그 사람을 살려서 착하게 만들어야 한다. 그런 까닭에 위와 아래가 모두 친절하여 서로 떠나지 않고 도와서 덕화가 흘러 막히지 않는 것이다. 그런 까닭에 덕이란 것은 곧 정치의 시초라고 말한 것이다. 정치를 화합하게 하지 못하면 백성들이 그 명령에 복종하지 않으며, 명령을 좇지 않으면 백성들은 나랏일에 익숙하지 못하며, 나랏일에 익숙하지 못하면 그들을 부릴 수가 없게 되는 것이다. 군자로서 자기가 한 말에 신임을 얻고자 한다면 먼저 자기의 마음을 허하게 가져야 하며, 정치를 신속히 행하고자 한다면 자기 몸부터 무슨 일이고 먼저 행해야 하며, 백성들이 자기 명령에 잘 복종하게 하려면 무슨 일이든지 올바른 도로 다스려야 하는 것이다.」[671]라 하였다.

668) ≪後漢書·袁安列傳≫: "政號嚴明, 然未曾以臧罪鞠人."

669) ≪後漢書·楊震列傳≫: "時, 中常侍侯覽弟參爲益州刺史, 累有臧罪,暴虐一州."

670) ≪逸周書·太子晉≫: "莫有怨訾."

671) ≪孔子家語·入官≫: "民有小罪, 必求其善, 以赦其過, 民有大罪, 必原其故, 以仁輔化, 如有死罪, 其使之生, 則善也. 是以上下親而不離, 道化流而不蘊, 蘊滯積也故德者政之始也, 政不和則民不從其教矣, 不從教, 則民不習, 不習則不可得而使也. 君子欲言之見信也, 莫善乎先虛其內, 虛其內謂直道而行無情故也欲政之速行也, 莫善乎以身先之, 欲民之速服也, 莫善乎以道禦之."

【譯註】

'訿'자를 '貲(재물 자, zī)'의 의미로 풀이하기도 한다.[672] ≪說文解字≫는 '貲'자에 대하여 "작은 죄는 재화를 주고 대속하다."[673]라 하였다. 그러나 ≪郭店楚簡·五行≫에서 "작은 죄를 용서해 주지 않으면 도道를 분명히 드러나지 않는다"라 하였듯이, 소죄는 사면해주는 것이 고대 사회의 형법 개념 중에 하나이었기 때문에, '訿'자는 '꾸짖어 나무라다'라는 의미로 해석하기로 한다.

⑤ '凡欲勿祟'

「祟」자는 의미부 '示'와 소리부 '尙'으로 이루어진 형성자이며, 여기서는 「狂」의 의미로 쓰였다. 이 자는 금문 ≪아릉군감郪陵君鑑≫과 ≪包山楚簡≫(222)에도 보인다.

공자가 말한 「사람에게는 세 가지 죽음이 있는데 그것은 모두 명이 아니다」라고 한 것은, 모두 심히 어떤 광적인 욕심으로 식욕食欲·권리욕(권욕權欲)·패권욕(패욕覇欲) 등이 심하여 그칠 줄 모르는 것을 말한다.

≪孔子家語·五儀解≫에서는 「공자가 대답하여 말했다. "사람에게는 세 가지 죽음이 있는데 그것은 모두 명命이 아니고 오직 자기가 저질렀기 때문입니다. 잠자는 것과 거처하는 것을 제때에 못하고 먹고 마시는 것을 절조 있게 하지 못하고 쉬고 일하는 것을 지나치게 하는 자는 병이 그 사람을 죽이게 되며, 아랫자리에 있으면서 위로 그 임금을 넘보아 자기의 하고 싶은 것과 욕심을 한없이 구하는 자는 형벌이 그를 죽이게 되며, 적은 수효를 가지고 많은 것을 대항하거나 약한 자가 강한 자를 업신여기거나 노여워하기를 함부로 하거나 모든 행동에 있어 제 힘을 생각지 못하면 병기가 그를 죽일 것입니다. 이 세 가지로 죽는 것은 모두 자기 스스로 저질렀기 때문입니다. 그러나 저 지혜 있는 선비와 어진 사람은 몸가짐을 절도 있게 하고 움직이고 쉬는 것을 의리로 하며 기뻐하고 노여워함을 제때에 맞게 해서 자기 성품을 해롭게 하지 않는 것이니, 이들이 또한 천수를 누린다 함은 마땅한 일이 아니겠습니까?"」[674]라 하였다.

---

672) 季旭昇, 〈上博五芻議(上)〉, 簡帛사이트, 2006-02-18.

673) ≪說文解字≫: "小罰以財自贖也."

674) ≪孔子家語·五儀解≫: "孔子對曰: '然, 人有三死, 而非其命也, 行己自取也. 夫寢處不時, 飮食不節, 逸勞過度者, 疾共殺之; 居下位而上幹其君, 嗜欲無厭而求不止者, 刑共殺之; 以少犯衆, 以弱侮強, 忿怒不類, 動不量力者, 兵共殺之. 此三者死非命也, 人自取之. 若夫智士仁人, 將身有節, 將行動靜以義, 喜怒以時, 無害其性, 雖得壽焉, 不亦可乎?'"

【譯註】

‘崇’자를 계욱승季旭昇은 ‘장長’을 해석하여, 전체적으로 “욕망이 계속해서 커지지 않도록 해야한다.”의 뜻이라 하였다.[675] 참고할 만하다. 그러나 이 또한 ‘狂(미칠 광, kuáng)’의 의미로 ‘모두 심히 식욕(食欲)·권리욕(權欲)·패권욕(霸欲) 등이 심하여 그칠 줄 모르는 것’과 결국은 같은 의미이다.

⑥ ‘凡遊勿危’

「危」자는 「跪(꿇어앉을 궤, guì)」자와 같은 자이다. 여기서는 「危(위태할 위, wēi)」의 의미로 쓰였다.

본 죽간의 아래 부분에 빠진 문자가 있다.

【譯註】

‘危’자를 정리본은 ‘跪’자로 예정하고 ‘危’의 의미로 해석하였다. ≪包山楚簡≫의 ‘危’자와 비슷한 형태이다.[676]

‘凡遊勿危’은 ‘범실물위凡失勿危’로 읽고 ‘잘못을 저질러 위험에 처하지 않도록 하라’는 뜻이다.

제 20간의 내용을 제 23간의 내용이 연결되는 것으로 보기도 한다. 제 20간 뒷부분에서는 “무릇 욕망을 위하여 욕심을 버리지 못하고 몸부림치지 말고, 잘못을 저질러 위험에 빠지지 말아야 한다.”라 하였다. 그래서 이 내용은 제 23간의 앞부분 “마땅히 사물의 변화에 따라 원만하게 대처하여 이루어져야한다.”와 연결이 된다.

675) 季旭昇, 〈上博五芻議(上)〉, 簡帛사이트, 2006-02-18. “欲望不要讓它不斷增長.”
676) ≪楚系簡帛文字編≫, 195 쪽.

第21簡

㫤=則民㹁之毋信予曾因邦虎=臤而壓之大辠殺

第 21 簡

□□□□□□猶如君子[illegible]=悬=([illegible]悓[illegible]悓)則民癹(然)之①. 毋信予(諛)曾(憎)②, 因邦𠩺=(之所)臤(賢)而舉(興)之③. 大辠(罪)殺④

【해석】

□□□□□□마치 군자가 관청에서 비유하여 논하니 백성이 그리 한 것과 같다. 아첨하고 증오하는 말을 믿지 않으니 나라의 현인賢人이 흥하였다. 큰 죄는 죽이고,

【上博楚簡原註】

본 간의 길이는 24.2cm로, 상단이 파손되었고, 하단은 편평하고 가지런하다. 두 번째 편선 홈과 세 번째 편선 홈 간의 간격은 18cm이고, 세 번째 편선 홈과 네 번째 편선 홈 간의 간격은 1.4cm이다. 현존하는 글자는 21자이며, 그중 중문重文이 1개, 합문合文이 1개 있다.

① '[illegible]=悬=則民癹之'

「[illegible]=悬=」에서 앞 글자는 훼손되었는데, 두 글자 모두 중문重文이다.

「悬」자는 「悓(비유할 견, qiàn)」자와 같다.

≪類篇≫에서는 '견悓'자에 대하여 「≪說文解字≫에서는 "'俔'자는 '비유하다'의 의미. 혹은 '한견閒見(염탐하다)'의 뜻이라 한다. ≪시경≫은 '俔天也妹677)'라 하였다"라 하였다. 혹은 이 자를 의미부 '心'을 써서 '悓'으로 쓰기도 한다.」678)라 하였다.

「견悓」자는 「磬(경쇠 경, qìng)」자나 「罄(빌 경, qīng)」자와 통할 수도 있다.

≪大雅·大明≫에서는 「큰 나라에 따님이 계셨는데, 하늘의 소녀 같으셨네.」679)라 하였고, 모형毛亨은 「'俔'은 '석경'의 의미.」680)라 하였다. ≪禮記·樂記≫에서는 「석경의 소리는 단단하고 맑게 경하고 충동적으로 울리니 단단하고 맑게 경하고 충동적으로 울리면 변별력을 세우게 되고, 변별하면 죽음에 이르게 되나니 군자는 석경의 소리를 들으면 제후를 봉하여 준 강토를 지키

677) "하늘의 소녀 같다."
678) ≪類篇≫: "悓, ≪說文解字≫: '譬喻也.' 一曰聞見, 引≪詩≫'俔天之妹.' 或从心.'"
679) ≪詩·大雅·大明≫: "大邦有子, 俔天之妹."
680) "俔, 磬也."

기 위하여 죽은 신하를 생각하며」[681]라 하였다. 군자가 석경의 소리를 들으면 제후를 봉하여 준 강토를 지키기 위해 죽은 신하를 생각하고, 백성이 석경의 소리를 들으면 형벌과 법의 위엄을 밝힌다는 것이다.

혹은 문맥 상 「悓」자의 앞에 「猶如君子聽」 이 다섯 글자를 보충할 수도 있을 것 같다.

간문에 있는 「㬎」의 자형은 「㒞」자와 차이가 있다.

「㸐」자는 字書에는 보이지 않지만 「然(그러할 연, rán)」자가 아닌가 한다.

【譯註】

제 8간은 군자가 강해야 하는지에 대한 물음이다. 따라서 본 21간과 내용이 연결되는 것으로 볼 수 있다.

‘’자의 윗부분은 제 18간 ‘(禵)’자의 字部 ‘鬼’자와 같다. 따라서 이 자는 ‘愧’자로 예정할 수 있다. ‘愄(맘 착할 외, wēi)’자의 이체자가 아닌가한다. ‘愄’자를 ≪包山楚簡≫은 ‘’로 쓴다.[682] ‘愄=’은 ‘외위畏威’로 읽는 것이 아닌가 한다.[683] ≪左傳·昭公元年≫은 “노나라는 비록 죄가 있기는 하나 그 나라를 대표해서 온 당사자가 자신에게 닥칠 재난을 피하지 않고 있어, 주맹자主盟者를 경외하고 두려워하면서 내릴 명령을 공경스럽게 기다렸다.”[684]라 하고, ≪國語·周語上≫은 “덕망을 그리워하고 경외하고 두려워하여 능히 왕실 세대를 계승하고 번창케 하였다.”[685]라 하였다.

정리본은 ‘悓’자 앞에 ‘猶如君子聽’ 등 다섯 자를 보충할 수 있다고 하였는데 현재로썬 확신할 수 없기 때문에 잠시 보류하기로 한다.

② ‘毋信予曾’

「予」자는 음이 「諛(아첨할 유, yú)」자와 통한다. ≪史記·殷本紀≫에서는 「비중費中은 아첨을 잘하다.」[686]라 하였다.

「曾」자는 「憎(미워할 증, zēng)」의 의미로 쓰였다.

681) ≪禮記·樂記≫: “石聲磬, 磬以立辨, 辨以致死. 君子聽磬聲則思死封疆之臣.”

682) ≪楚系簡帛文字編≫, 936 쪽.

683) 唐洪志, 〈上博簡(五)孔子文獻校理〉, 華南師範大學. 碩士學位論文, 2007

684) “魯雖有罪, 其執事不辟難, 畏威而敬命矣.”

685) “懷德而畏威, 故能保世以玆大.”

686) ≪史記·殷本紀≫: “費中善諛.”

≪說文解字≫에서는 '憎'자에 대하여 「'미워하다'의 의미.」[687]라 하였다. ≪荀子·大略≫에서는 「군자가 증오하는 것이다.」[688]라고 하였다. 「譖(참소할 참, jiàn,zèn)」자의 의미로 쓰였을 수도 있다. 아첨하는 말과 악의가 있는 말을 믿지 말아야 한다는 것이다.

「予」자는 「舒(펼 서, shū)」자의 의미로 쓰였을 수도 있는데, '발설發泄'한다는 뜻이다. ≪楚辭·九章≫에서는 「근심을 떨치고 슬픔 속에서도 즐겨 하리니.」[689]라 하였고, 사마천司馬遷의 ≪보임소경서報任少卿書≫에서는 「그 분노하는 마음을 떨쳐버리다.」[690]라고 하였다.

【譯註】

'玄'자를 ≪郭店楚簡·老子甲≫은 '□'으로 쓰고, ≪上博楚簡·子羔≫는 '□'으로 쓴다. 본 '□'자와 같다. '玄曾'은 '현참玄譖'으로 읽고 '마치 심오한 의미를 지닌 듯이 하는 참소'라는 뜻이 아닌가한다(부록 참고).

③ '因邦䓪=臤而舉之'

「䓪」는 「之所」 두 글자의 합문合文이다.

「舉」자는 「興(일 흥, xīng,xìng)」의 의미로 쓰였다. 「因邦之所=賢而興之」는 '군주가 능히 아첨하는 말을 분별해 낼 수 있고 간언을 받아들일 수 있다'는 말이다. 간언을 수용하는 것은 나라가 흥하는 원인이 되고, 간언을 거절하는 것은 나라가 망하는 원인이 된다. 공자는 ≪論語·述而≫에서 「그 장점들을 골라 뽑아서 배우고 그 단점은 가려내어 고칠 것이다.」[691]라 하였다. 역사적으로 탕湯왕은 간언을 수용하여 흥했고, 주紂왕은 간언을 거절하여 망했으며, 무武왕은 간언을 수용하여 흥했고, 진秦은 간언을 거절하여 망했다……. 역대로 흥하고 망하는 것은 모두 군주에게 달려 있었으니, 그 근본이 되는 것을 궁구하여 대중의 지혜와 많은 사람들의 계책과 힘을 발휘해야만 비소로 진정으로 나라가 흥하게 되는 현명한 방법이 되는 것이다.

④ '大辠殺[之]'

「之」자는 다음 죽간에 속한다. ≪상서尙書·강고康誥≫에서는 「大罪」에 대하여 「큰 죄가 있을

687) ≪說文解字≫: "憎, 惡也."
688) ≪荀子·大略≫: "君子之所憎惡也."
689) ≪楚辭·九章≫: "舒憂娛哀兮."
690) ≪報任少卿書≫: "舒其憤思."
691) ≪論語·述而≫: "擇其善者而從之, 其不善者而改之."

지라도 의도적이지 않으면, 모르고 지은 죄이며 재앙으로 우연히 된 것이니, 이미 그 죄를 말하여 다하였거든 이에 죽이지 말아야 하는 것이다.」[692]라 하였다. 「大罪」에 대한 처벌은 「사형」이라는 극형인데, 제 20간의 「大辠(罪)則夜(處)之㠯(以)型(刑)」과 ≪康誥≫의 내용은 완전히 다르다.

본 죽간은 다음 죽간과 이어지는 내용이다.

692) ≪尙書·康誥≫: "乃有大罪, 非終, 乃惟眚災: 適爾, 旣道極厥辜, 時乃不可殺."

第22簡

之臧皋型之少皋罰之句能固戰㓕速毋外才遂=㵾比繇邦相懷毀衆必亞善㕟人

第 22 簡

之, 臧(臧)辠(罪)型(刑)之[①], 少(小)辠(罪)罰之[②]. 句(苟)能固戰[③], 袚(滅)速毋死(恒)[④]! 才(災)後=(後之)殜(世)比亂(亂)[⑤], 邦相懷毀[⑥], 衆必亞(惡)善[⑦], 臤(賢)人

【해석】

뇌물을 받은 죄는 형刑으로 다스리며, 작은 죄는 벌罰을 내려야 진실로 전쟁에서 강할 수 있다. (잘못이 있으면) 속히 멸하여 남겨두어서는 안 된다.(그렇지 않으면) 비로소 후세에 세상에 혼란스러워져 나라의 재상이 의심하고 훼멸했고, 무리들이 반드시 선을 싫어하게 된다. 현인

【上博楚簡原註】

본 간은 두 개의 부러진 죽간을 짝 맞추기 한 것으로, 상단은 14.2cm이고, 하단은 24.8cm이다. 짝 맞추기 한 후 완전한 형태로 총 길이가 39cm이고 상·하단이 평평하고 가지런하게 다듬어져 있다. 첫 번째 편선 홈과 상단의 간격은 1.5cm이고, 첫 번째 편선 홈과 두 번째 편선 홈 간의 간격은 17.8cm이며, 두 번째 편선 홈과 세 번째 편선 홈 간의 간격은 18.2cm이다. 세 번째 편선 홈과 하단의 간격은 1.4cm이다. 현존하는 글자는 33자이며, 그 중 合文이 한 개 있다.

① '臧辠型之'

「臧辠型之」은 「장죄형지臧罪刑之」라고 읽어야 한다. 처벌이 「臧(臧)辠(罪)則夜(處)之㠯(以)罰」에 비해 한 단계 더 엄격하다.

【譯註】

문장 내용으로 보아 '장죄臧辠'는 '대죄大罪'와 '소죄小罪'의 중간 단계에 속하는 죄이다. 어떤 죄인지 확실히 알 수 없으나, '臧(착할 장, zāng)'은 '개인적인 이익을 위하여 거둬들이는 죄'의 한 종류로 '가렴주구苛斂誅求'와 같은 행위가 아닌가한다. 혹은 ≪左傳·文公十八年≫에서는 "남을 훼손시키는 것은 도적이고, 도적을 숨겨주는 것은 도적을 은익한 죄이다."[693]라 하였다(부록 참고).

693) "毁則爲賊, 掩賊爲藏."

② ‘少辠罰之’

≪尙書·康誥≫에서는「小罪」에 대하여「처벌하는 것을 삼가고 분명하게 하라. 사람이 작은 죄가 있을지라도 모르고 지은 죄가 아니면 이는 의도적인 것이다. 스스로 의도적으로 법에 어긋난 일을 한 것이니, 그 죄가 작더라도 죽이지 않을 수 없을 것이다.」[694]라 하였다.「小罪罰之」역시 마찬가지로 비교적 한 단계 더 엄격하며 ≪康誥≫와는 다르다.

③ ‘句能固戰’

「句」는「苟(진실로 구, gŏu)」의 의미로 쓰였다.

≪國語·齊語≫에서는「고전固戰」에 대하여「거처함에는 함께 즐거워하고 일을 행하는 데는 함께 화합하고 죽음에는 함께 슬퍼하였다. 그러므로 지킴에는 함께 견고해야 하고, 전쟁에는 함께 강력하게 하였다. 임금이 전사戰士를 지닌 것이 3만 人이어서 천하에 횡행하여 무도한 사람들을 벌주고 주周나라의 울타리가 되었으니, 천하 대국의 임금이라도 능히 당할 자가 없었다.」[695]라 하였다. 병법兵法 중에서 소위 ‘출병할 때는 병사가 충분해야 하고, 머무를 때는 식량이 충분해야 수비가 견고해지고 전투에서 강해진다.’는 것이다. 여기서는 험한 지형에 의지해 완강히 저항함을 가리킨다.

【譯註】

‘’자는 제 19간의 ‘’자와 같은 자가 아닌가 한다. 즉 ‘獸’자로 예정할 수 있고, ‘守(지킬 수, shŏu)’의 의미로 쓰인다.

정리본은 이 자를 ‘戰’으로 예정하고 ‘固戰’은 ‘전쟁에 강하여야 한다’는 의미로 해석하고 있으나, 전후 문맥으로 보아 맞지 않은 것 같다. 이 구절은 올바른 형법으로 다스리면 나라가 어떤 결과에 유지할 수 있다는 내용인 것으로 보인다. 따라서 본 구절은 “구능고수句能固獸”로 예정하고 “구능고수苟能固守”로 읽을 수 있다. 올바른 형법으로 나라를 다스리면 확실히 나라가 견고하게 유지될 수 있고 백성이 군주를 따르게 된다는 뜻이다(부록 참고).

694) ≪尙書·康誥≫: “敬明乃罰. 人有小罪, 非眚, 乃惟終自作不典; 式爾, 有厥罪小, 乃不可不殺.”

695) ≪國語·齊語≫: “居同樂, 行同和, 死同哀. 是故守則同固, 戰則同彊. 君有此士也三萬人, 以方行於天下, 以誅無道, 以屛周室, 天下大國之君莫之能禦也.”

④ '𢓜速毋死'

「𢓜」는 의미부 '彳'과 소리부 '威'로 이루어진 형성자이며, 자서에는 보이지 않고, 「滅(멸망할 멸, miè)」로 읽는다.

「速(빠를 속, sù)」자의 자형은 《상박초간(四)·간대왕박한柬大王泊旱》「速祭之㝁(吾)瘬鼠疠(病)」(제5간) 구절과 ≪包山楚簡≫, ≪郭店楚簡≫ 등에도 보인다.

「死」는 「恒(항상 항, héng)」과 같아 '오랫동안 항상'이라는 의미이다. ≪詩經·小雅·小明≫에서는 「언제나 편히 살려고만 해서는 안 되는 법.」[696]이라 하였다.

⑤ '才逡=殜比𤔔'

「才逡=殜比𤔔」은 「재후지세비난災後之世比亂」으로 읽어야 한다.

「才」는 「災(재앙 재, zāi)」자의 가차자假借字이다.

「逡=」는 「後之」 이 두 글자의 합문合文이다. ≪說文解字≫에서는 '後'자에 대하여, 「'늦다'의 의미. 의미부 '彳'·'幺'·'夊'로 이루어진 회의자로 '後(늦다)'라는 뜻을 나타낸다. 古文은 의미부가 '辵'인 '逡'로 쓴다.」[697]라 하였다.

≪集韻≫에서는 「殜(앓을 엽, yè)」자에 대하여 「'殜'은 '시름시름 병을 앓는다'는 뜻이다」[698]라 하였는데, 여기서는 「世」로 읽는다.

「𤔔」자는 「亂(어지러울 란, luàn)」자의 古文이다.

【譯註】

정리본은 '才'자를 '災'자로 해석하였는데, 혹은 어조사인 '哉(어조사 재, zāi)'로 해석하고 앞 구절에 속하는 자로 보기도 한다. 그러나 '22B'간은 전체적으로 나라에 재앙이 일어났을 때의 상황을 설명하는 것으로 보이나, 전체적으로 확실히 알 수 없기 때문에 잠시 정리본에 따라 해석하기로 한다.

⑥ '邦相懷毁'

「相(서로 상, xiāng,xiàng)」은 보조하는 사람이나 중신重臣이다. ≪論語·季氏≫에서는 「장님

696) ≪詩經·小雅·小明≫: "無恒安處."
697) ≪說文解字≫: "遲也. 从彳幺夊者. 後也. 逡, 古文後从辵."
698) ≪集韻≫: "殜, 殗殜病也."

이 위험에 처했는데 부축하러 가지 않고, 막 넘어지려고 해도 붙잡아주러 가지 않는다면, 어찌 조수로 쓸 필요가 있겠느냐?」[699]라 하였고, ≪呂氏春秋·非相≫에서는「재상이라는 것은 모든 관직의 우두머리이므로.」[700]라 하였다.

⑦ '衆必亞善'

「衆必亞善」은 재앙이 있은 후 혼란해진 세상의 사회도덕 현상을 반영한 것이다. 무릇 마음이 악하고 선한 것은 모두 사사로운 것이다. 길흉의 근원은 선악善惡에 있으니 마땅히 악惡을 막고 선善을 드러내야 천하가 순조로워진다. ≪論語·述而≫에서 공자가 말하길,「인품과 덕성을 배양하지 않고, 학문을 강습하지 않으며, 의가 거기에 있음을 듣고도 오히려 몸소 그곳으로 가지 못하며, 결점이 있어도 고치지 못하는 것, 이러한 것들이 모두 내가 우려하는 것이다」[701]라 하였다.

본 죽간은 다음 죽간과 이어지는 내용이다.

【譯註】

'衆必亞善'은 "衆必惡善"으로 읽고, '오惡'는 동사 '싫어하다'는 뜻이다.

---

699) ≪論語·季氏≫: "危而不持, 顚而不扶, 則將焉用彼相矣."
700) ≪呂氏春秋·非相≫: "相也者, 百官之長也."
701) ≪論語·述而≫: "德之不修, 學之不講, 聞義不能徙, 不善不能改, 是吾憂也."

第23簡

堂亓曲吕城之肰則邦坪而民頋矣此孯=從事者之所商䢺也

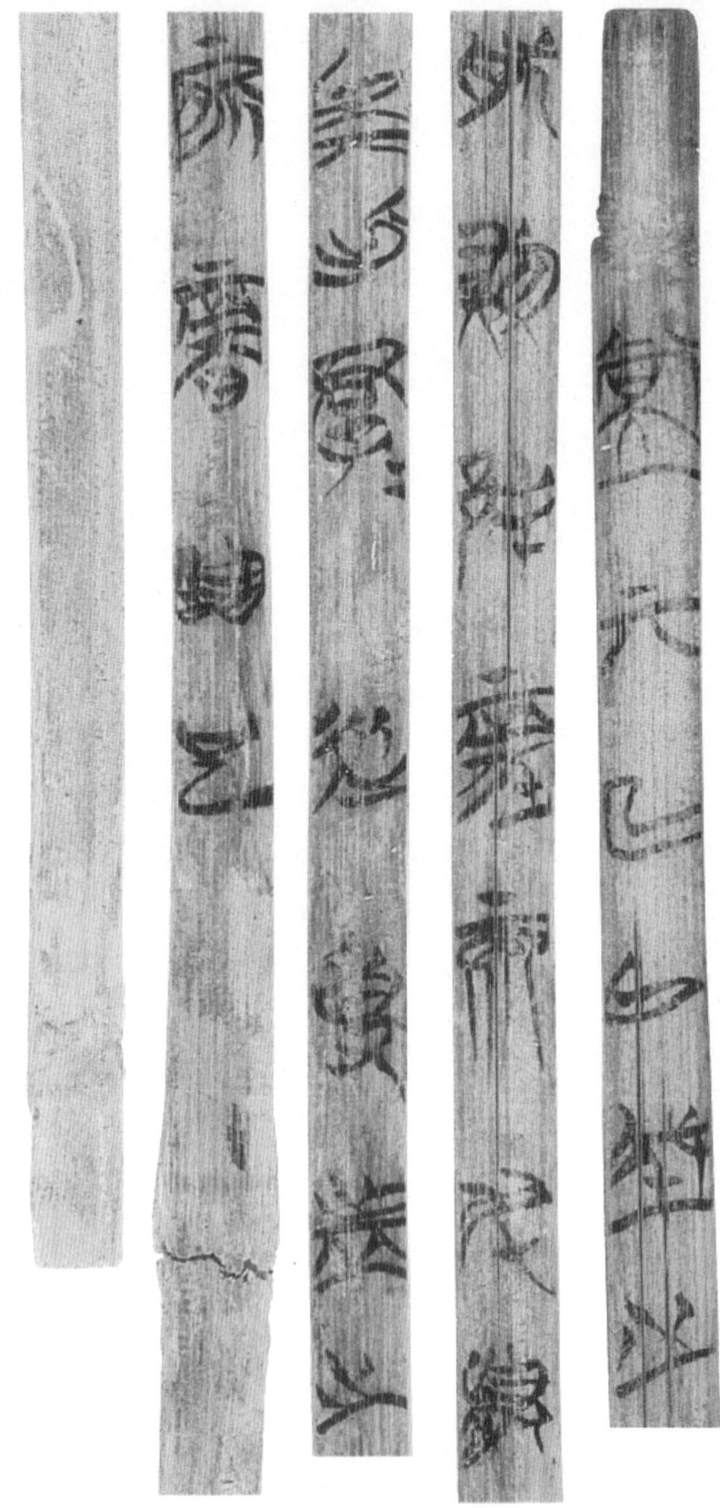

第 23 簡

堂(當)亓(其)曲㠯(以)城(成)之①. 肰(然)則邦坪(平)而民頤矣②. 此君=(君子)從事者之所商𢶃也③.」

【해석】

마땅히 변화에 따라 사물을 대하고 한 쪽에만 얽매이지 않으면 사물의 얻음이 있을 것이다. 그리하면 곧 나라가 태평해지고 백성이 평안해진다. 이는 군자가 일을 함에 있어 기본적으로 추구해야 하는 것이다.」

【上博楚簡原註】

본 간의 길이는 39cm로 완전한 죽간이다. 상·하단이 평평하고 가지런하다. 첫 번째 편선 홈과 상단 간의 간격은 1.2cm이고, 첫 번째 편선 홈과 두 번째 편선 홈 간의 간격은 18.2cm이며, 두 번째 편선 홈과 세 번째 편선 홈 간의 간격은 18.4cm이다. 세 번째 편선 홈과 하단 간의 간격은 1.2cm이다. 모두 25자이며 그 중 合文이 한 개 있다.

① '[叡人]堂亓曲㠯城之'

「叡人」 두 글자는 앞 간에 속한다.

「堂」자는 「當(당할 당, dāng,dàng)」으로 읽는다.

「曲以成之」는 「曲成」과 의미가 같다. ≪周易·繫辭上≫에서는 「그 지극함이 만물에 고르게 끼쳐져 남김이 없고」[702]라 하였는데, 한강백韓康伯은 「곡성曲成이라는 것은 변화에 따라 사물을 대하고 한 쪽에만 얽매이지 않으면 마땅히 사물의 얻음이 있을 것이다.」[703]라 하였다. 「백성을 위하는 정치는 마땅히 백성의 뜻에 합치하고, 백성의 뜻이 받아들여야 하고, 정책이 알맞게 베풀어서 사용되어져야 한다. 덕이 있는 자가 그 일에 종사하게 하고, 관직에 있는 자는 그 재주를 펼칠 수 있게 하고, 백성에게 쉽게 다가가야 하며, 모든 방면에 두루 응하여 빠트리지 않아야 한다.」[704] 이는 공자가 ≪論語≫에서 인용하여 말한 「'착한 사람이 계속해서 백 년 동안 나라를

702) ≪周易·繫辭上≫: "曲成萬物而不遺."

703) "曲成者, 乘變以應物, 不係一方者也, 則物宜得矣."

704) "養民之政, 宜合而受之, 布而用之, 有德事其事, 在官殿其才, 平易近民, 曲成而不遺."

다스리면 잔악한 것을 이기고, 학살을 면하게 할 수 있다'라고 했는데, 이 말은 참으로 옳은 말이구나!」(≪論語·子路≫)[705]라는 것과 자산子産에 대해 말했던 「그는 군자의 도에 걸맞은 네 가지 행위를 갖고 있으니, 그 자신의 몸가짐이 장엄하고 공경스럽고, 임금을 섬기는데 책임감이 강하고 진지하며, 백성들을 가르치고 기르는 것이 은혜로웠으며, 백성들을 부리는데 도리에 맞게 하였다.」(≪論語·公冶長≫)[706]의 개념과 일치한다.

② 肰則邦坪而民頫矣

「평坪」자는 곧 「平(평평할 평, píng)」자와 같은 자이다.

≪集韻≫은 「'坪'은 '平'이다.」[707]라 하였다.[708]

「頫(안색이 부드러워질 유)」자는 본 편 제 1간의 설명을 참고하기 바란다. 이와 같이 정치에 근면하고 백성을 기르면 나라가 태평해지고 백성이 안정된다.

같이 언급된 '신교身教'·'언교言教'·'감화感化'와 '형덕刑德'은 모두 「邦坪(平)而民頫」의 관건이다. 이러한 것들은 모두 공자의 「자기반성(반기反己)」 개념과 관련이 있다.

≪孔子家語·賢君≫은 「그렇습니다. 내가 남을 사랑하면 그 사람도 나를 사랑하게 되며, 내가 남을 미워하면 그 사람도 나를 미워하게 되며, 자기를 얻을 줄 아는 자는 남을 얻는 것도 알게 되는 것이니 이것이 이른바 자기 집 담을 나가지 않고서도 천하의 일을 알 수 있다는 말이 바로 이런 까닭입니다」, 「나는 이웃나라끼리 서로 친하게 지내면 영구히 나라를 유지할 수가 있으며, 임금은 은혜를 베풀고 신하는 충성을 다해 섬기면 도시가 늘어서게 될 것이며, 죄 없는 자를 죽이지 않고 죄 있는 자를 놓아주지 않으면 백성들이 미혹하지 않을 것이며, 선비에게 녹(祿)을 후하게 주면 자기들의 힘을 다하게 될 것이며, 하늘을 높이 받들고 귀신을 공경하면 해와 달도 흐려지지 않을 것이며, 도를 숭상하고 덕을 귀히 여기면 성인도 저절로 올 것이며, 능한 사람을 올려 쓰고 능하지 못한 자를 내쳐 버리면 관부도 잘 다스려질 것입니다.」[709]라 하였다.

705) ≪論語·子路≫: "善人爲邦百年, 亦可以勝殘去殺矣. 誠哉是言也."

706) ≪論語·公冶長≫: "有君子之道四焉: 其行己也恭, 其事上也敬, 其養民也惠, 其使民也義."

707) ≪集韻≫: "坪, 平也."

708) 정리본은 '坪'자로 예정하고 있으나, '坪'자가 아니라 '土'와 '旁'으로 이루어진 '塝'자이다. '坪'과 '平'자의 가차자로 쓰인다.

709) ≪孔子家語·賢君≫: "'其可也, 愛人者則人愛之, 惡人者則人惡之, 知得之己者則知得之, 人所謂不出環堵之室而知天下者, 知反己之謂也.'" "丘聞之, 鄰國相親, 則長有國; 君惠臣忠, 則列都得之; 不殺無辜, 無釋罪人, 則民不惑; 士益之祿, 則皆竭力; 尊天敬鬼, 則日月當時; 崇道貴德, 則聖人自來; 任能黜否, 則官府治理."

③ 此孝=從事者之所商□也

「孝=」는 「君子」 두 글자의 합문이다.

≪集韻≫에서는 「商(밑동 적, dī)」자에 대하여 「‘商’은 ‘화(和)하다’의 의미」[710]라 하였고, ≪廣韻≫에서는 「‘商’은 ‘근본이다’」[711]라 하였다. 혹은 「適(갈 적, shì)」으로 읽는다. 자형은 ≪包山楚簡≫(154)에도 보인다.

공자가 말했다. 「얼굴 모습을 공손하게 하면 환난을 멀리할 수 있으며, 마음을 공경하게 가지면 남들이 자기를 사랑해 주게 되며, 충성스러우면 여러 사람이 모두 화목할 것이며, 믿음성 있게 마음을 가지면 남들이 모두 신임을 할 것이다. 이 네 가지를 부지런히 하면 나라의 정치도 잘할 수 있을 것이다.」(≪孔子家語·賢君≫[712]) 군자가 능히 공경하고 충신하며, 「인仁과 덕德으로써」[713]하는 큰 의무를 주장하면 반드시 나라와 백성을 다스리는데 나라가 평안하고 백성이 편안하게 된다. 이 또한 군자가 나라를 다스리는 관건이 되는 것이다.

「□」자는 혹은 「趨(달릴 추, qū)」자가 아닌가 하는데, 좀 더 연구가 필요하겠다.

【譯註】

하유조何有祖는 ‘□’자를 ≪上博楚簡·周易≫(제48간)의 ‘□’자와 ≪容成氏≫(제22간)의 ‘□’자와 비교하여 ‘廷(조정 정, tíng)’자로 예정하였다.[714] ≪廣雅·釋詁三≫에서는 “‘廷’은 ‘공평하다’의 뜻”[715]이라 하고, ≪廣韻≫은 “‘廷’은 ‘공정하다’의 뜻”[716]이라 하였다. 하지만 ‘공정하다’라는 의미로 해석하면 전체적인 뜻이 통하지 않는다. 혹은 이 자는 ‘廷’자로 예정하고 ‘呈(드릴 정, chéng)’으로 읽어야 하는 것이 아닌가 한다. 즉 ‘商廷’은 ‘적정適呈’으로 읽고, ‘앞으로 추구해 나아가다’라는 뜻이다. 본 구절은 ‘이는(앞 문장의 내용) 군자가 일을 함에 있어서 가장 추구해 나아갈 것이다’는 뜻이다(부록 참고).

710)≪集韻≫: “商, 和也.”

711)≪廣韻≫: “商, 本也.”」

712)≪孔子家語·賢君≫: “恭則遠於患, 敬則人愛之, 忠則和於眾, 信則人任之, 勤斯四者, 可以政國.”

713)“㤅(仁)之㠯(以)悳(德).”

714)何有祖, 〈≪季庚子問於孔子≫與≪姑成家父≫試讀〉, 簡帛사이트, 2006-02-19.

715)“廷, 平也.”

716)“廷, 正也.”

≪季康子問於孔子≫ 主要参考文獻

荊門市博物館, ≪郭店楚墓竹簡≫, 北京文物出版社, 1998
季旭昇 主編, ≪上海博物館藏戰國楚竹書(二)·讀本≫, 臺灣萬卷樓, 2003
馬承源 主編, ≪上海博物館藏戰國楚竹書(五)·季康子問於孔子≫, 上海上海古籍出版社, 2005
楊伯峻, ≪論語譯注≫, 上海中華書局, 1980
高明, ≪古文字類編≫, 上海中華書局, 1980
郭錫良, ≪漢字古音手冊≫, 北京大學出版社, 1986
何琳儀, ≪戰國古文字典≫, 上海中華書局, 1998
≪辭源(修訂本)≫, 北京商務印書館, 1988
高亨, ≪古字通假會典≫, 濟南齊魯書社, 1989
李零, ≪郭店楚簡校讀記(增訂本)≫, 北京北京大學出版社, 2002
李零, ≪上海博物館藏戰國楚竹書(二)釋文≫, 上海上海古籍出版社, 2002
李守奎, ≪楚文字編≫, 上海華東師範大學出版社, 2003
宗福邦 主編, ≪故訓匯纂≫, 北京商務印書館, 2003
李守奎·孫偉龍, ≪上海博物館藏戰國楚竹書(1-5)文字編≫, 北京作家出版社, 2007
王輝, ≪古文字通假字典≫, 上海中華書局, 2008
王力, ≪同源字典≫, 北京商務印書館, 1982
白於藍, 〈曾侯乙墓竹簡中的"鹵"和"櫓"〉, ≪中國文字≫, 中國文字編輯委員會.
藝文印書館, 2003【白於藍 2003】
白海燕, 〈≪季康子問於孔子≫集釋〉, 吉林大學碩士論文, 2009.
李丹丹, 〈≪季康子問於孔子≫集釋及相關問題研究〉, 哈爾濱大學, 2010.
陳秉新, 〈≪上海博物館藏戰國楚竹書(二)≫補釋〉, 江漢考古.2004, (2)
陳劍, 〈上博簡≪子羔≫·≪從政≫篇的竹簡拼合與編聯問題小議〉, 文物, 2003
陳劍, 〈上博竹書≪仲弓≫篇新編釋文(稿)〉, 簡帛研究, 2004-04-08.
陳劍, 〈上博竹書≪曹沫之陳≫新編釋文(稿)〉, 簡帛研究, 2005-02-11
陳劍, 〈釋上博竹書≪昭王毀室≫的"幸"字〉, 漢字研究. 學苑出版社, 2005.
____, 簡帛사이트, 2005-02-16
陳劍, 〈談談≪上博(五)≫的竹簡分篇·拼合與編聯問題〉, 簡帛사이트. 2006-02-19
陳劍, 〈上博竹書"葛"字小考〉, 中國文字研究, 簡帛사이트. 2006-03-10
陳劍, 〈釋西周金文中的" "(贛)字〉, 北京大學古文獻研究所集刊. 北京燕山出版社.1999.
陳劍, 〈金文字詞零釋(四則)〉, 復旦大學出土文獻與古文字研究中心, 2008-01-29.

陳劍, 〈≪上博(六)·孔子見季桓子≫重編新釋〉, 復旦大學出出土獻與古文字研究中心, 2008-03-21
陳劍, 〈上海博物館藏戰國楚竹書≪從政≫篇研究(三題)〉, 復但大學出土文獻與古文字研究中心, 2008-02-28.
陳斯鵬, 〈戰國簡帛文學文獻探論〉, 中山大學. 博士學位論文. 2005
陳斯鵬, 〈讀≪上博竹書(五)≫小記〉, 簡帛사이트, 2006-04-01
陳斯鵬, 〈楚簡"史"·"弁"續辨〉, 古文字研究(第27輯). 中華書局, 2008
陳桐生, 〈從出土文獻看孔子刑罰思想〉, ≪鄭州大學學報(哲學社會科學版)≫, 2008
陳偉, 〈郭店楚簡≪六德≫諸篇零釋〉, 武漢大學學報. 1999.
陳偉, ≪郭店竹簡別釋≫, 湖北教育出版社, 2003.
陳偉, 〈讀≪魯邦大旱≫劄記韶〉, 簡帛研究, 2003-01-27
陳偉, 〈≪上海博物館藏戰國楚竹書(二)≫零釋〉, 簡帛研究, 2003-3-17
陳偉, 〈讀新蔡簡劄記(三則)〉, 簡帛研究, 2004-01-30
陳偉, 〈郭店簡別釋〉, ≪江漢考古≫, 武漢湖北教育出版社, 2005
陳偉, 〈上博五≪季康子問於孔子≫零識〉, 簡帛, 2006-02-20.
陳偉, 〈≪季康子問孔子≫零識(續)〉, 簡帛, 2006-03-02
陳偉武, 〈上博簡考釋掇瑣.古文字研究〉, 中華書局, 2008
戴家祥, ≪牆盤銘文通釋≫, 上海師範大學學報(哲社版), 1979
董珊, 〈讀≪上博藏戰國楚竹書(四)≫雜記〉, 簡帛研究, 2005-02-18
范常喜, 〈≪弟子問≫≪季庚子問於孔子≫劄記三則〉, 簡帛, 2006-08-02
范常喜, 〈≪上博五·三德≫簡 12·20補議〉, 簡帛, 2007-04-28
范常喜, 〈≪上博二·從政乙≫劄記二則〉, 簡帛, 2007-05-15
范常喜, 〈上博楚竹書文字補釋八則〉, ≪古文字研究≫, 中華書局, 2008
房振三, ≪楚地簡帛思想研究(三)≫, 湖北教育出版社, 2007
馮勝君, ≪二十世紀古文獻新證研究≫, 齊魯書社, 2006
馮勝君, 〈郭店≪緇衣≫"渫"字補釋—兼談戰國楚文字"葉"·"枼"·" "
之簡的形體區別〉, ≪中國簡帛學國際論壇 2007會議≫, 2007
福田哲之, 〈上博四≪內禮≫附簡·上博五≪季康子問於孔子≫第十六簡的歸屬
問題〉, 簡帛사이트, 2006-03-07
福田哲之, 〈上博五≪季康子問於孔子≫的編聯與結構〉, ≪楚地簡帛思想研究(三)≫, 湖北教育出版社, 2007
高亨, 〈孔子思想三論〉, ≪哲學研究≫, 1962
郭齊勇, 〈上博楚簡所見孔子爲政思想及其與≪論語≫之比較〉, ≪中國哲學≫, 2007
何琳儀, 〈滬簡二冊選釋〉, 簡帛研究, 2003-01-14

何有祖, 〈≪季庚子問於孔子≫與≪姑成家父≫試讀〉, 簡帛, 2006-02-19.
何有祖, 〈上博五零釋(二)〉, 簡帛, 2006-02-24.
何有祖, 〈讀≪上博六≫劄記〉, 簡帛사이트, 2007-07-09.
侯乃峰, 〈上博（五）幾個固定詞語和句式補說〉, 簡帛, 2006-03-2
侯乃峰, 〈讀簡帛散劄〉, 簡帛, 2006-11-26
黃錫全, 〈讀上博楚簡劄記〉, 廖名春 主編, ≪新出楚簡與儒學思想國際學術研討會論文集≫, 清華大學思想文化研究所·臺北輔仁大學文學院, 2002
黃錫全, 〈讀上博楚簡(二)劄記(壹)〉, 簡帛研究, 2003-02-25
冀小軍, 〈≪季康子問於孔子≫補說〉, 簡帛사이트, 2006-06-26.
季旭昇, ≪說文新證≫, 臺灣藝文印書館, 2001.
季旭昇, 〈上博五芻議(上)〉, 簡帛, 2006-02-18.
季旭昇.〈上博五芻議(下)〉, 簡帛. 2006-02-18
季旭昇, 〈談覃鹽〉, 復旦大學出土文獻與古文字研究中心, 2006-02-18
李零, 〈楚國銅器銘文編年匯釋〉, ≪古文字研究≫, 中國古文字研究會, 中華書局, 1986
李零, 〈讀≪楚系簡帛文字編≫〉, ≪出土文獻研究≫(第五輯), 科學出版社, 1999
李零, 〈郭店楚簡中的“敏”字和“文”字〉, 中國古文字研究會. 中山大學古文字研究所. 古文字研究(24 輯), 中華書局, 2002
李銳, 〈郭店楚簡≪窮達以時≫校釋〉, 2002
李銳, 〈讀≪季康子問於孔子≫劄記〉, 簡帛研究, 2006-02-26.
李銳, 〈讀上博五劄記(二)〉, 四川大學哲學研究所. 2006-02-27
李銳, 〈讀上博(五)補劄〉, 四川大學哲學研究所. 2006-02-28
李銳, 〈讀≪孔子見季桓子≫劄記〉, 四川大學哲學研究所. 2008-03-28
李銳, 〈讀楚簡劄記(四則)〉, 古文字研究. 吉林大學古文字研究室. 中華書局 2008
李守奎, 〈楚文字編及歸字說明〉, 華東師範大學出版社, 2003
李守奎, 〈楚文字考釋獻疑〉, 古文字論稿. 安徽大學出版社,2008
李守奎, 孫偉龍, 〈上博簡標識符號五題〉, 簡帛. 2008-10-14
李天虹, 〈讀≪季康子問於孔子≫劄記〉, 簡帛, 2006-02-04.
李天虹, 〈≪季康子問於孔子≫“訛”字小議〉, 簡帛, 2007-08-14.
李學勤, 〈讀≪周禮正義·天官≫筆記〉, 四川大學哲學研究所, 2004-4-29
廖名春, 〈楚簡〈季庚子問於孔子〉篇研究〉, 簡牘所見中國古代史“國際學術研討會”, 2006.
林清源, 〈釋“葛”及其相關諸字〉, 復旦大學出土文獻與古文字研究中心, 2008-12-8
林素清, 〈讀上博楚竹書(五)劄記兩則〉, 新出楚簡國際學術研討會會議論文集(上博簡卷), 湖北教育出版社, 2006.

劉國勝, 〈上博(五)零剳(六則)〉, 簡帛, 2006-3-31
劉洪濤, 〈上博竹書≪民之父母≫研究〉, 北京大學碩士學位論文, 2008
劉信芳, 〈上博藏五試解讀〉, 簡帛사이트. 2006-03-18
劉信芳, 〈上博藏五試解四則〉, 新出楚簡國際學術研討會會議論文集(上博簡卷). 湖北教育出版社, 2007.
魯家亮, 〈讀上博楚竹書(五)劄記二則〉, 簡帛사이트, 2006-02
牛新房, 〈讀上博(五)≪季康子問於孔子≫瑣議〉, 簡帛사이트, 2006-03-09.
歐陽禎人, 〈≪上博簡·五≫學術價值考論〉, 四川大學哲學研究所, 2006-05-13.
裘錫圭, 〈≪太一生水≫"名字"章解釋——≪太一生水≫的分章問題〉, 古文字研究(22 輯), 中華書局, 2000
單育辰, 〈上博五短剳(三則)〉, 簡帛사이트, 2006-04-30
單育辰, 〈≪曹沫之陳≫文本集釋及相關問題研究〉, 吉林大學碩士學位論文, 2007
單育辰, 〈上博竹書研究三題.簡帛研究〉, 廣西師範大學出版社, 2008
蘇建洲, 〈≪郭店≫≪上博(二)≫考釋五則〉, 中國文字, 中國文字編輯委員會, 藝文印書館, 2003
蘇建洲, 〈上海藏戰國楚竹書(二)校釋〉, 臺灣師範大學. 博士學位論文, 2004
蘇建洲, 〈初讀≪上博五≫淺說〉, 簡帛사이트, 2006-02-18
蘇建洲, 〈≪上博(五)楚竹書≫補說〉, 簡帛사이트, 2006-02-23
蘇建洲, 〈≪上博五≫補釋五則〉, 簡帛사이트, 2006-03-29
蘇建洲, 〈對≪說文解字≫古文"虎"字的一點補充〉, 簡帛사이트, 2006-06-02
蘇建洲, 〈上博(四)≪曹沫之陳≫家 18"纏"字小考〉, 簡帛사이트, 2006-10-21
唐洪志, 〈上博簡(五)孔子文獻校理〉, 華南師範大學碩士學位論文, 2007
萬婧, 〈上博五≪季康子問於孔子≫·≪君子爲禮≫·≪弟子問≫等三篇集釋〉, 武漢大學碩士學位論文, 2007
王貴元, 〈上博五剳記二則〉, 簡帛사이트, 2006-03-03
王化平, 〈讀上博五≪季康子問於孔子≫剳記六則〉, 簡帛사이트, 2006-03-03
王化平, 〈簡帛文獻中的孔子言論研究〉, 四川大學碩士學位論文, 2006
王輝, 〈≪上博楚簡(五)≫讀記〉, 中國文字, 藝文印書館, 2006
徐富昌, 〈上博楚竹書≪周易≫異體字簡考〉, 古文字研究(27 輯), 2008
禤健聰, 〈上博楚簡(五)零剳(一)〉, 簡帛사이트, 2006-02-24.
禤健聰, 〈上博楚簡(五)零剳(二)〉, 簡帛사이트, 2006-02-24.
禤健聰, 〈楚簡釋讀瑣記(五則)〉, ≪古文字研究≫(27 輯), 中華書局, 2008
禤健聰, 〈上博(七)零剳三則〉, 簡帛사이트. 2009-01-14
許慜慧, 〈≪上海博物館藏戰國楚竹書(五)·季庚子問於孔子≫研究〉, 臺灣師範大學, 2008
徐新偉, 〈楚文字字形系統再認識一≪楚文字編≫補證〉, 華東師範大學博士學位論文, 2008
楊澤生, 〈戰國竹書研究〉, 中山大學, 2002

楊澤生, 〈談出土秦漢文字“脊”和“責”的構形〉, 古文字硏究(24 輯), 中國古文字硏究會, 中山大學古文字硏究所, 中華書局, 2002
楊澤生, 〈≪上博五≫劄記兩則〉, 簡帛사이트. 2006-02-28
楊澤生, 〈≪上博五≫零釋十二則〉, 簡帛사이트. 2006-03-20
張玉金, 〈論出土戰國文獻中的兼詞“焉”〉, 古文字硏究(27 輯), 中華書局, 2005
周波, 〈“侮”字歸部及其相關問題考論〉, 復旦大學出土文獻古文字硏究中心, 2008-12-23
≪서경≫, 유교문화연구소 옮김, 성균관대학교 출판부, 2011.
≪관자≫, 김필수 외 옮김, 소나무, 2006.
≪새 시대를 위한 禮記(2권)≫, 서정기 譯註, 한국학술정보(주), 2011
≪춘추좌전(2권)≫, 좌구명 지음, 신동준 옮김, 한길사, 2006.
≪순자≫, 李止漢 解譯, 자유문고, 2003.
≪열자≫, 열자 지음, 김학주 옮김, 연암서가, 2011.
≪한서예문지≫, 李世烈 解釋, 자유문고, 2005.
≪사기세가≫, 사마천 지음, 김원중 옮김, 민음사, 2010.
≪論語譯注≫, 楊伯峻 譯注, 李章佑·朴鐘淵 韓譯, 중문, 2002.
≪공자가어≫, 공안국 著, 이민수 옮김, 을유문화사, 2003.
≪여씨춘추≫, 여불위 지음, 정하현 옮김, 소명출판
≪시경≫, 金學主 譯著,明文堂, 2010
≪장자≫, 장자 지음, 김학주 옮김, 연암서가, 2010.
≪한비자≫, 한비 지음, 김원중 옮김, 글항아리, 2012.
≪주례≫, 池載喜, 李俊寧 解譯, 자유문고, 2002.
≪설원≫, 劉向 撰輯, 林東錫 譯註, 東文選, 1997.
≪주역≫, 유덕선 譯解, 홍문관, 2012
≪맹자집주≫, 成百曉 譯註, 傳統文化硏究會, 2008.
≪춘추번로≫, 南基顯 解譯, 자유문고, 2005.
≪국어≫, 許鎬九 외 譯註, 國語, 傳統文化硏究會, 2005.

8

君子爲禮

장광유張光裕 정리整理

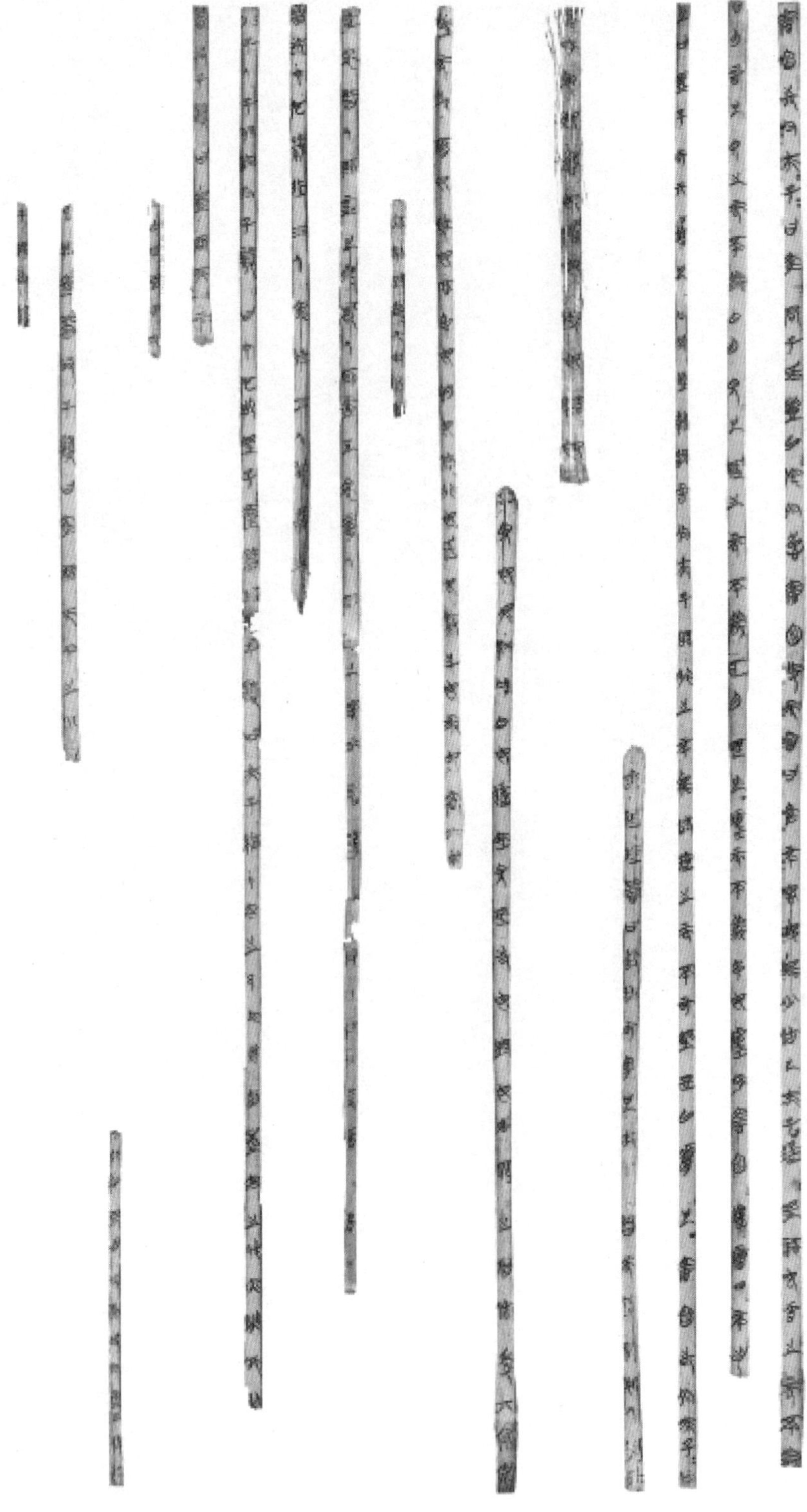

【說明】 (장광유張光裕)

≪군자위례君子爲禮≫는 다음 편인 ≪제자문弟子問≫의 내용과 비슷하며, 대부분 공자孔子와 문하의 제자들의 문답으로 구성되어 있다. 두 편을 합하면 총 41간이 되지만 파손된 부분이 많아서, 두 편을 순서에 따라 편련編聯하기가 매우 어렵다. 하지만 자세한 분석을 통해, 즉 죽간 홈(계구契口)의 위치와 문장 서술 풍격風格 및 특징을 자세히 살펴봄으로써 대략적으로 두 가지로 분류될 수 있다. 예를 들어, 「而」·「也」·「子」·「其」·「韋」 등의 글자는 운필運筆 혹은 형체形體는 모두 각각 그 독특한 필법을 가지고 있다. 이러한 특징과 간문의 내용을 참고하여 ≪君子爲禮≫와 ≪弟子問≫ 두 편으로 나눌 수 있다.

≪君子爲禮≫는 모두 16간이며, 편명篇名은 제1간의 「君子爲豊(禮), 以依於悬(仁)」[1]이라는 구절에서 발췌했다. 본 편 중에는 안연顏淵이 공자를 모시고[2] 답문하는 내용을 기술하였으며, 그 중에 예禮와 인仁의 관계를 더욱 분명하게 밝히고 있다. 예를 들어, 제1간과 2간에서 「言之而不義, 口勿言也; 視之而不義, 目勿視也; 聖(聽)之而不義, 耳勿聖(聽)也; 違(動)而不義, 身毋違(動)安(焉)」[3]이라 하였는데, ≪論語·顏淵≫의 「顏淵問仁. 子曰: 『克己復禮爲仁. 一日克己復禮, 天下歸仁焉. 爲仁由己, 而由人乎哉?』 顏淵曰: 『請問其目.』子曰:『非禮勿視, 非禮勿聽, 非禮勿言, 非禮勿動.』 顏淵曰:『回雖不敏, 請事斯語矣.』」[4]의 내용과 서로 비슷하다. 간문簡文과 ≪論語≫ 두 문헌에서 각각 서로 「불의不義」와 「비례非禮」를 강조하고 있으나, 실제로 이 두 항목은 같음을 알 수 있다. 또한 이외에도 예禮·의義·인仁 세 가지의 관계에 대하여 공자 문하생들의 논술이 다수 수록되어 있다. 이러한 내용은 ≪공자가어孔子家語·예운禮運≫에도 보이고 있으나 이보다 더욱 상세하게 서술하고 있다.

본 편에서는 「불의不義」하면 「물언勿言」·「물청勿聽」·「물동勿動」해야 한다하고, 이와 반대

1) "군자가 예를 행함에 있어 인仁에 근본을 두어야 한다."
2) "顏淵侍於夫子."
3) "말을 함에 의롭지 않으면, 입은 말하지 말며, 보는 것이 의롭지 않으면 눈은 보지 말며, 듣는 것이 의롭지 않으면 귀는 듣지 말며, 행동이 의롭지 않으면, 몸은 움직이지 말아야 한다."
4) "顏淵이 仁德에 대해 물었다. 孔子께서 말씀하셨다. "자기를 억제하고, 말과 행동이 모두 禮에 맞도록 하는 것이 곧 인이다. 일단 이렇게 하면 천하 사람들이 모두 너를 어진 사람이라고 칭찬할 것이다. 인덕을 실천함에 있어 완전히 자기 자신에 의지해야지, 어찌 다른 사람을 의지할 것이냐?" 顏淵이 말했다. "그 행동 강령을 묻고자 합니다." 孔子께서 말씀하셨다. "예에 맞지 않은 일은 보지 말 것이며, 예에 맞지 않은 말은 듣지 말 것이며, 예에 맞지 않은 말은 하지 말 것이며, 예에 맞지 않는 일은 하지 말 것이다." 顏淵이 말하였다. "제가 비록 우둔하나, 선생님의 이 말씀을 실행하겠습니다."

가 되면「비례非禮」하고「불의어인不依於仁」하다는 이치를 밝히고 있다.

또한 본 편에서는 '주의해야하는 용의容儀'에 대해서 언급하고 있는데, 이는 ≪禮記≫의 ≪곡례曲禮≫와 ≪옥조玉藻≫ 등과 비교해 볼 수 있다.

그밖에 제10, 11간은 공자를「중니仲尼」로 칭하고 있는 것도 매우 진귀한 기록이다.

본 편의 완전한 죽간은 길이가 54.1cm에서 54.5cm이다. 완전한 죽간은 죽간 제일 윗부분에서 첫 번째 홈까지의 길이(天頭)가 10.5cm이며, 처음 홈에서 두 번째 홈은 13.2cm, 두 번째 홈에서 세 번째 홈까지는 19.5cm, 세 번째 홈에서 끝 부분까지의 길이(地脚)는 10.3cm이다.

第 1 篇

唐囦哢於夫=子=曰韋君子爲豊以依於急唐囦复而會曰韋不毋弗能少居也夫子曰迲虗語女言之而不義

第 1 簡

彥(顏)囦(淵)時(侍)於夫=子=(夫子. 夫子)[1]曰: 「韋(回), 君子爲豊(禮), 以依於㤅(仁)①[2].」 彥(顏)囦(淵)復(作)而倉(答)曰: 「韋(回)不𢘅(敏), 弗能少居也.」[3] 夫子曰: 「坐(坐)[4], 虗(吾)語女(汝)②. 言之而不義,

【해석】

안연이 공자를 모셨다. 공자께서 말씀하셨다. "안회야, 군자가 예를 행함에 있어 인仁에 근본을 두어야 한다." 안연이 읍揖하고서 대답하였다. "저는 민첩하지 않아서, (가르침을 받기 위해) 잠시 머물러서는 아니 되겠습니다." 공자께서 말씀하셨다. "앉아라, 내 너에게 말하겠다. 말을 함에 의롭지 않으면,

【上博楚簡原註】

죽간의 길이는 54.1cm로 완전한 상태이다. 문자는 모두 44자이고 그 중 두 자는 중문重文이다.

① '君子爲豊, 以依於㤅'

「이의어인以依於㤅(仁)」 구절은 ≪論語·述而≫의 「志於道, 據於德, 依於仁, 遊於藝.」[5)]에서 볼 수 있으며, 또한 본 죽간의 「彥(顏)囦(淵)時(侍)於夫子」에서 그 다음 죽간의 「身毋蓮(動)安(焉)」 구절까지의 대화는 ≪論語≫의 '顏淵問仁' 장章에서 논한 주요 논점과 일치한다. ≪論語·顏淵≫의 「顏淵問仁. 子曰: 『克己復禮爲仁. 一日克己復禮, 天下歸仁焉. 爲仁由己, 而由人乎哉?』 顏淵曰, 『請問其目.』 子曰: 『非禮勿視, 非禮勿聽, 非禮勿言, 非禮勿動.』顏淵曰: 『回雖不敏, 請事斯語矣.』」[6)] 구절 중 「克己復禮爲仁」과 「非禮」는, 본 편의 「君子爲豊(禮), 以依於㤅(仁)」과

5) "도道에 목표를 두고, 덕德에 근거하며, 인仁에 의지하고, 예藝 가운데서 노닐어야 할 것이다."

6) "안연이 인덕仁德에 대해 물었다. 공자께서 말씀하셨다. '자기를 억제하고, 말과 행동이 모두 예禮에 맞도록 하는 것이 곧 인이다. 일단 이렇게 하면 천하 사람들이 모두 이 사람을 어진 사람이라고 칭찬할 것이다. 인덕을 실천함에 있어 완전히 자기 자신에 의지해야지, 어찌 다른 사람을 의지할 것이냐?" 안연이 말했다. "그 행동 강령을 묻고자 합니다." 공자께서 말씀하셨다. "예에 맞지 않은 일은 보지 말 것이며, 예에 맞지 않은 말은 듣지 말 것이며, 예에 맞지 않은 말은 하지 말 것이며, 예에 맞지 않는 일은 하지 말 것이다. 안연이 말하였다." 제가 비록 우둔하나, 선생님의 이 말씀을 실행하겠습니다."

「言之而不義, 口勿言也; 視之而不義, 目勿視也; 聖(聽)之而不義, 耳勿聖(聽)也; 違(動)而不義, 身毋違(動)安(焉)」 구절과 사용된 단어는 비록 다르더라도 서로 각각 그 의미를 충분히 표현해 내고 있다. 「불의不義」하면 즉 「물언勿言」, 「물시勿視」, 「물청勿聽」, 「물동勿動」하여야 하고, 이와 반대면 「비례非禮」하거나 「불의어인不依於仁」하다는 이치를 분명하게 나타내고 있다.

≪춘추번로春秋繁露·옥영玉英≫에는 "보통사람의 성품은 의를 좋게 여기지 않는 것이 없다. 그러나 의에 능하지 못한 자들은 이익에 무너지기 때문이다. 그러므로 군자는 종일토록 이익에 이르지 않는 것을 말하고, 말에 부끄러움이 없게 하고자 할 따름이다. 말이 부끄럽게 되면 그 근원을 막아버리는 것이다."[7]라는 구절은 인성론人性論에서 출발하여 '의義'와 '이利', '군자君子'의 관계를 언급한 것으로서, 「言之而不義, 口勿言也」에 대한 적절한 표현이라고 할 수 있다.

공자 문하생들은 '예禮'·'의義'와 '이利'의 삼자의 관계에 대해서 일찍이 자주 언급하였다. ≪공자가어孔子家語·예운禮運≫에서 이에 대해 상세하게 논하고 있다. 예를 들어, "그러므로 예란 의리의 열매라고도 한다. 모든 의리를 합쳐 모으게 되면 이것이 곧 예인 것이다. 비록 선왕의 예법에 이러한 예禮가 없을지라도 의에 참작하여 적절한 것이면 새로 일으킬 수 있는 것이다. 그래서 도의는 육예六藝의 본분本分이고, 어진 것의 절도節度가 되는 것이기 때문에, 육예六藝를 합쳐 바르게 행위로 나타내고 예의를 터득한 사람은 인으로 다스릴 수 있다. 이것을 얻는 자는 자연 강해질 것이요, 이것을 잃는 자는 자연 약해질 것이다. 인仁이란 의義의 근본이요 순順의 본체이다. 이것을 얻는 자는 자연 높아질 것이다. 그러므로 나라를 다스리는 데 있어 예로 아니하고 보면 모습이 없이 밭을 가는(경耕) 것과 마찬가지일 것이며, 예로 한다 하더라도 의리에 근본을 두지 않는다면 밭을 갈기만 하고 씨를 뿌리지 않는 것과 마찬가지이며, 학문으로 익히기는 한다 할지라도 어진 것으로 행하지 않고 보면 이것은 매주기만 하고 곡식을 거두지 않는 것과 마찬가지이다. 다음으로 어진 것으로 합한다 할지라도 풍류로 편안히 해주지 않는다면 이것은 곡식을 거두어 놓고도 안 먹는 것과 마찬가지이며, 풍류로 편안하게 해준다 할지라도 순하게 해주는 데 도달하지 못하면 이것은 마치 먹기는 해도 살찌지 못하는 것과 마찬가지이다."[8]라 하였다.

---

7) ≪春秋繁露·玉英≫: 「凡人之性, 莫不善義, 然而不能義著, 利敗之也; 故君子終日言不及利, 欲以勿言愧之而已, 愧之以塞其源也.」

8) ≪孔子家語·禮運≫: 「故禮者義之實也, 協諸義而協則禮. 雖先王未之有, 可以義起焉. 義者, 藝之分, 仁之節. 協於藝, 講於仁, 得之者強, 失之者喪. 仁者, 義之本, 順之體, 得之者尊. 故治國不以禮, 猶無耜而耕; 爲禮而不本於義, 猶耕而不種; 爲義而不講於學, 猶種而弗耨. 講之以學, 而不合之以仁, 猶耨而不獲; 合之以仁, 而不安之以樂, 猶獲而不食. 安之以樂, 而不達於順, 猶食而不肥.」

② '逘, 虛語女'

「逘」는 자서字書에서 보이지 않는 글자이다. 자부字部 「𡉈」의 형태는 일찍이 ≪包山楚簡≫(243) 「𡉈山一粘.」 구절 중에 보인다. 이 글자는 의미부 「亻」을 추가하여 「侳」(簡237)로 쓰거나, 혹은 의미부 「山」을 추가하여 「𡶜」(簡214)자로 쓴다. 하지만 이 자의 의미에 대해서는 아직 확실치 않다.

「逘, 言語女」의 구절 형식은 문헌에서 자주 쓰인다. 「言語女」의 앞에는 이따금 「거居」가 쓰인다. 예를 들어, ≪論語·陽貨≫에서는 「子曰, 『由也, 女聞六言六蔽矣乎?』 對曰, 『未也.』 『居, 吾語女. 好仁不好學, 其蔽也愚……』.」[9]라 하고, ≪荀子·宥坐≫에서는 「孔子爲魯攝相, 朝七日而誅少正卯……孔子曰: 居, 吾語女.」[10]라 하였다. 혹은 「來」자를 쓰기도 한다. 예를 들어, ≪墨子·非儒≫에서는 「孔丘窮於陳蔡之間, 菜羹不糂, 十日……. 孔丘曰: 『來, 言語女…….』」[11]라 하였다. 혹은 「坐」자를 쓰기도 하는데, ≪說苑·雜言≫에서는 「子夏問仲尼曰: 『顏淵之爲人也, 何若?』 曰: 『回之信, 賢於丘也…….』 曰: 『坐, 言語女…….』」[12]라 하였다.

본 간문簡文 「逘」자는 「거居」·「래來」와 「좌坐」자와 다르지만, 글자에 의미부 「辵」을 쓰는 것으로 보아 행동거지와 관련이 있는 자이며, 그 의미는 또한 「居」·「來」나 「坐」와 서로 같을 것이다. 「𡉈」자의 자형은 아마도 「[illegible]」이나 「[illegible]」이 와변된 형태가 아닌가 한다. 「𡉈」·「侳」와 「𡶜」 등 세 글자는 ≪상박초간上博楚簡≫에서 자주 보인다. 이 자는 「起」자와 대조되는 개념으로 쓰이는 말이기 때문에 「坐」로 해석하는 것이 합당하다.

또한 ≪상박초간(四)·간대왕박한柬大王泊旱≫제18간의 「邦家以軒轗, 社稷以逘歟.」[13] 구절 중의 「逘」자는 「危(위태할 위, wēi)」로 읽으며 「跪(꿇어앉을 궤,guì)」의 의미로 쓰인다.

---

9) "공자께서 말씀하셨다. "중유야! 너는 여섯 가지 인품(품덕品德)이 있으면 여섯 가지 병폐가 있게 된다는 것을 들어본 적이 있느냐?" 자로가 대답하였다. "없습니다." 공자께서 말씀하셨다. "앉거라! 내가 너에게 말해 주리라. 인덕을 좋아하되, 학문을 좋아하지 않으면, 그 병폐는 사람들에게 쉽게 우롱 당하는 것이고……."

10) "공자가 노나라의 섭상이 되어서 조정에 나간 지 7일 만에 소정묘를 처형하였다. …… 공자가 말했다. "앉아라! 내 너희들에게 말하리라!"

11) "공자가 진나라와 채나라 사이에서 쫓기고 있을 때, 싸라기도 없는 명아주 국물로 열흘을 견디어야 했다. …… 공자가 대답했다. "오너라! 내 너에게 말해주리라."

12) "자하가 공자에게 물었다. "안연의 사람됨이 어떠합니까?" 공자께서 말씀하셨다. "안회는 미덥고, 나보다 현명하다……." 공자께서 말씀하셨다. "앉거라, 너에게 말해주겠다……."

13) "국가가 혼란하게 되고, 사직이 위험하게 되었다."

【譯註】

1. '㐎(顏)囦(淵)時(侍)於夫子'

「顔淵侍於夫子」와 같은 구절 형식은 경전에서 자주 쓰인다. ≪禮記·孔子閑居≫에서는 「孔子閑居, 子夏侍」[14]라 하고, ≪仲尼燕居≫에서는 「仲尼燕居, 子張·子貢·言遊侍」[15]라 하였다. ≪孔子家語·論禮≫에서 또한 「子夏侍坐於孔子」[16]라는 문구로 문장의 첫머리를 시작하는데, 이는 당시 공자 이후의 유학자들이 자신의 견해를 밝히거나 학설이론체계를 세울 때 사용하는 일종의 기본 문장형식이다.[17]

2. '君子爲豊, 以依於𡰥'

「君子爲禮, 以依於仁」 중의 「위예爲禮」는 '행동하다'나 '일을 하다'나 '실천하다'는 의미를 포함하고 있다. 이의 구체적 행동양식은 이 다음 죽간에서 언급하는 「言之」·「視之」·「目之」·「聽之」·「動」이다. 「依(의지할 의, yī)」자는 「據(의거할 거, jù,jū)」자와 같은 뜻으로 '근본으로 한다'라는 뜻이다. 즉 모든 실천과 행동은 인을 근본으로 삼아야 한다(以仁爲本)는 것이다.[18]

'예禮'자에 대하여 ≪說文解字≫는 "'禮'는 '행하는 바'이다. 신을 섬기고 복에 구하는 일이다. 이는 의미부 '示'와 '豊'로 이루어진 글자이며, '豊'은 또한 소리부 역할을 한다."[19]라 하였다. 이효정李孝定은 ≪갑골문자집석甲骨文字集釋≫에서 "신을 섬기는 일을 예禮라 하고, 신을 섬기는 기물을 '豊'라 하고, 희생품犧牲品이나 옥백玉帛을 풍성하게 그릇에 담아 올리는 것을 '豐'이라한다. 사실상 이들 자는 모두 같은 자이다."[20]라 하였다. 사실상 '豊'자는 '醴(단술 례{예}, lǐ)'자의 초문이 아닌가한다. 즉 제사를 지낼 때 사용하는 '술(酒醴)'이다.

공영달孔穎達은 '예기禮記'에 대해서 정강성鄭康成의 ≪서序≫를 인용하여 「踐而行之曰履」[21]라 하고, ≪국어國語·오어吳語≫의 「而後履之」[22] 구절에 대하여 위노韋昭는 「履, 行也」[23]라

14) "공자가 한가롭게 집에 계시거늘 자하가 곁에서 모시더니."
15) "중니가 한가롭게 계시거늘 자장과 자공과 언유가 곁에 모시더니."
16) "자하가 공자를 모시고 앉다."
17) 徐少華, 〈論竹書≪君子爲禮≫的思想內涵與特徵〉, 哲學中國網, 2007.
18) 廖名春, 「≪上博五·君子爲禮≫篇校釋箚記」, 簡帛研究, 2006. 「「君子行事, 要本於仁.」
19) ≪說文解字≫: 「禮, 履也, 所以事神致福也. 從示從豊, 豊亦聲. 𠃞(𠃞), 古文禮.」
20) ≪甲骨文字集釋≫: 「以言事神之事則爲禮, 以言事神之器則爲豊, 以言犧牲玉帛之腆美則爲豐. 其始實爲一字也.」
21) "실천하고 행하는 것을 이履라 한다."
22) "그런 이후에 실행해야 하다."

하였다. ≪荀子·大略≫에서는 「禮者, 人之所履也」[24]라 하였고, ≪漢書·公孫弘傳≫의 「禮者, 所履也」[25]에 대한 안사고顔師古는 「禮, 履而行之」[26]라 하였다.

≪說文解字≫는 '(豐)'자에 대하여 "제기에 가득 찬 모양이다. 자부 '豆'는 제기의 모양의 형상이다. 혹은 ≪향음주예鄕飮酒禮≫에서는 豊이라는 제후국이 있다한다. 고문은 '(𧰼)'으로 쓴다."[27]라 하고, '(豊, 禮)'자에 대하여 "예를 올릴 때 사용하는 제기. 자부 '豆'는 제기의 형상이다. '예禮'의 음과 같다"[28]라 하였다. 사실상 '풍豐'자는 '豊'자의 고문자古文字로 두 개의 제기에 옥이 가득 찬 형상으로 같은 자이나 후에 음과 의미가 분화된 것으로 보인다. 아래는 주법고周法高의 의음擬音이다.

禮	ler	脂部
豊 (中古音)	$p^{h}j$əwŋ	中部

3. '弗能少居也'

료명춘廖名春은 〈≪上博五·君子爲禮≫篇校釋箚記〉에서 「소거少居」는 본래 '짧은 시간'을 나타내는데, 여기서는 '짧은 시간 안에 인식하는 것을 가리킨다'고 했다.[29] 「弗能少居」는 짧은 시간 안에 깨닫고 이해할 수 없음을 말한다. 만약에 「민敏(총명)」하다면 「少居(잠시 동안에 머물러도 이해)」할 수 있으나, 「불민不敏(총명하지 못하다)」하기 때문에 「弗能少居(잠시 동안 머무르나 이해)」할 수 없는 것이다. 「居(있을 거, jū)」는 '멈추다(止)'나 '머무르다(停)'의 뜻이다. 「少居」는 머무르는 시간이 짧음을 의미한다. 「弗能少居」는 '안회가 오래 머물며 공자에게 상세한 설명을 듣고자 하는 것'이다. 그래서 공자가 「앉거라, 내가 너에게 말해 주겠다.」[30]라 한 것이다. '少'는 '稍(적을 초, shāo,shào)'로 읽는다.

초간에서 '거居'자는 ''(≪淸華簡·楚居≫04)로 쓴다. ≪淸華簡·楚居≫에서는 '凥(살 거, jū)'자를 ''로 쓰고, ≪郭店楚簡≫에서는 ''로 쓴다. '處(살 처, chù,chǔ)'와 같은 자이다.[31]

23) "이履는 행하는 것이다."
24) "예禮란 사람이 실천하는 것이다."
25) "예禮는 실행하는 바이다."
26) "예禮는 실천하고 행하는 것이다."
27) ≪說文解字≫: "豐, 豆之豐滿者也. 从豆, 象形. 一曰鄕飮酒有豐侯者. 𧰼, 古文豐."
28) ≪說文解字≫: "豊, 行禮之器也. 从豆, 象形. 讀與禮同."
29) 廖名春, 〈≪上博五·君子爲禮≫篇校釋箚記〉, 簡帛硏究, 2006. "'少居'本形容時間短. 此指短時間領會."
30) 「坐, 吾語汝.」

‘凥’와 ‘居’는 의미가 같으나 같은 자는 아니다.[32]

4. ‘逊’

‘[illegible]’자는 의미부 ‘辵’과 소리부 ‘[illegible]’으로 이루어진 자이다. ≪君子爲禮≫ 정리본은 ‘逊’로 예정하고 ‘坐(앉을 좌, zuò)’의 의미로 쓰인다 하였다. 초간에서는 ‘坐’자를 일반적으로 ‘[illegible]’·‘[illegible]’로 쓴다.[33] 갑골문이 ‘坐’자를 ‘[illegible]’·‘[illegible]’ 등으로 쓰는 것으로 보아,[34] 초간 ‘[illegible]’자는 윗부분이 사람의 의미인 ‘[illegible]’이나 ‘[illegible]’이 변형이고 아랫부분 ‘土’는 사람이 앉는 자리의 모양인 ‘[illegible]’의 형태가 변한 것으로 보인다. 정리본은 「[illegible]」자의 자형은 아마도 ‘[illegible]’이나 ‘[illegible]’이 변형된 형태가 아닌가라 하였다.[35]

31) ≪楚系簡帛文字編≫, 1168 쪽.

32) 李學勤 主篇, ≪淸華大學藏戰國竹簡(壹)≫, 182, 注 4. 楚簡은 ‘署’자를 의미부 ‘日’과 소리부 ‘凥’인 ‘[illegible]’(≪郭店楚簡·緇衣≫09)로 쓴다.

33) ≪楚系簡帛文字編≫, 1133 쪽.

34) ≪甲骨文編≫, 298 쪽.

35) ≪上博楚簡(五)·君子爲禮≫, 張光裕 整理, 255 쪽. “「[illegible]」或由「[illegible]」及「[illegible]」二形訛變.”

第 2 篇

口勿言也視之而不義目勿視也聖之而不義耳勿聖也■𨗨而不義身毋𨗨安𢉖國退䜭日不出

第 2 簡

口勿言也; 視之而不義, 目勿視也; 聖(聽)之而不義, 耳勿聖(聽)也; 𨗨(動)[1]而不義, 身毋𨗨(動)安(焉)①.」 彥(顏)囦(淵)退, 謱(數)[2]日不出②[3], ☑

【해석】

입은 말하지 말며, 보는 것이 의롭지 않으면 눈은 보지 말며, 듣는 것이 의롭지 않으면 귀는 듣지 말며, 행동이 의롭지 않으면 몸은 움직이지 말아야 한다." 안연이 물러나 며칠간 두문불출杜門不出하였다.

【上博楚簡原註】

죽간의 길이는 50.5cm이다. 상단은 편평扁平하게 다듬어진 완전한 형태이고, 하단은 파손되어 있다. 현존하는 문자는 모두 37자이다.

① '視之而不義, 目勿視也; 聖之而不義, 耳勿聖也; 𨗨而不義, 身毋𨗨安'

「勿言」, 「勿視」, 「勿聽」, 「勿𨗨」에 대해서는 앞에서 이미 설명하였다.

② '謱日不出'

「謱」는 「數(셀 수, shù,shǔ,shuò)」자이다. ≪중산왕석정中山王譻鼎≫의 「方數百裏」36)에서 「數」를 「譽」로 썼는데, 형체가 간문簡文과 유사하다.

【譯註】

1. '𨑝'

'𨗨'자는 의미부 '辵'과 소리부 '童'으로 이루어진 형성자로 '動(움직일 동, dòng)'자의 이체자다. ≪說文解字≫는 '動(動)'자에 대하여 "'움직이다'의 의미이다. 의미부 '力'과 소리부 '重'으로 이루어진 자이다. 고문은 의미부 '辵'을 써서 '𨑝(𨑝)'으로 쓴다."라 하였다.37)

---

36) '영토를 방대하게 섭렵하였다'는 의미이다.

37) ≪說文解字≫: "作也. 从力, 重聲. 𨑝, 古文動从辵."

2. '[illegible]'

'[illegible]'자는 의미부 '言'과 소리부 '[illegible]'으로 이루어진 형성자이다.38) '婁(별 이름 루, lóu)'자를 ≪包山楚簡≫은 의미부 '女'를 써서 '[illegible]'·'[illegible]'로 쓴다.39) ≪중산왕석정中山王嚳鼎≫의 「方數百里」 중의 '數'자를 '[illegible]'로 쓰고, ≪중산왕석호中山王嚳壺≫는 '[illegible]'로 쓴다.40)

3. '顔回退, 數日不出'

료명춘廖名春은 〈≪上博五·君子爲禮≫篇校釋箚記〉에서 「顔回退, 數日不出」의 내용이 안회가 공자의 말씀을 고심하며 생각하며 두문불출하는 것이라 하였다.41)

38) '[illegible]'자는 '婁'자의 생략형으로 의미부 '臼'와 '角'로 이루어진 자인데, '角'은 또한 소리부 역할(亦聲)을 하기도 한다. 何琳義, ≪戰國古文字典: 戰國古文聲系≫, 336 쪽.

39) ≪楚系簡帛文字編≫, 1015 쪽.

40) ≪金文編≫, '0386 [illegible]', 151 쪽.

41) 廖名春, <≪上博五·君子爲禮≫篇校釋箚記>, 簡帛硏究, 2006

第 3 편

之曰虗子可其䐢也曰肰虗新䎗言於夫子欲行之不能欲迲之而不可虗是以䐢也■唇困咭於夫=子=曰

第 3 簡

[問]之曰: 「虗(吾)子可(何)其𦝫(惰)也①1?」 曰:「肰(然), 虗(吾)新(親)䎽(聞)言於夫子, 欲行之不能, 欲迲(去)之而不可, 虗(吾)是以𦝫(惰)也.」 彥(顏)囦(淵)時(侍)於夫=子=(夫子, 夫子)曰:

【해석】

묻기를 "그대는 어찌 그리 우물쭈물하고 있는가?"라 하였다. 대답하기를 "그렇습니다. 내가 스승님으로부터 친히 들었는데, 실천하고자 하나 하지 못하고 거역하고 싶으나 하지 못하고 있습니다. 그래서 이렇게 삼가 하지 못하고 있습니다."라 하였다. 안연이 공자를 모시고 있었는데, 공자께서 말씀하셨다.

【上博楚簡原注】

죽간의 길이는 54.5cm로 완전한 상태이다. 문자는 모두 42자이고 그 중 두 자는 중문重文이다.

① '[問]之曰: 虗子可其𦝫也'

「𦝫」는 '着(差)'와 '肉'으로 이루어진 자이다. 고문자에서 「차差」와 「좌左」는 서로 통하기 때문에, 이 자는 「脅」로 예정할 수 있다. 서주西周 ≪빈공수豳公盨≫ 「天命禹, 敷土, 墮山, 濬川.」42) 구절 중 「墮(떨어질 타, duò,huī)」자는 두 개의 「左」를 쓴다. ≪포산초간包山楚簡≫의 「墮」자 형태 또한 이와 같다. 간문에서는 「虗(吾)子可(何)其𦝫也」로 쓰거나 혹은 「虗(吾)是以𦝫也」로 쓰는데, 「𦝫」자는 「惰(게으를 타, duò,huī)」로 읽어야 문맥이 통한다.

【譯註】

1. '𦝫(瘦)'

≪說文解字≫에서는 '𨺹(隓(폐할 휴, duò,huī))'자에 대하여 "≪說文解字≫: "성의 성벽이 부서지는 것을 '隓'이라 한다. 의미부 '𠂤'와 소리부 '差'으로 이루어진 자이다. 전문篆文은 '𡐦'로 쓴다."43)라 하였다. '隓'자는 '𡐦'나 '墮(떨어질 타, duò,huī)'와 같은 자이다. ≪包山楚簡≫은

42) "하늘이 우임금에게 명을 내려, 땅을 넓히고 산을 무너뜨리고 하천을 파냈다."

43) ≪說文解字≫: "隓, 敗城𨸏曰隓, 从𠂤, 差聲. 𡐦(𡐦), 篆文."

'陸(墮)'자를 '𨻰' · '𡐦'로 쓴다.44)

료명춘廖名春은 〈≪上博五·君子爲禮≫篇校釋箚記〉에서 안회가 두문불출한 것은 스승 공자의 가르침을 아직 깨닫지 못했기 때문이고, 「欲行之不能, 欲去之而不可」 구절은 안회가 천상天象과 인사人事에 관한 내면의 모순적 세계를 깨닫지 못했음을 말하는 것이라 했다. 또한 '膄'자는 '瘦'의 가차자로 쓰인다하였다.

'顏回退, 數日不出'(제2간)은 안회가 두문불출하고 스승인 공자의 말을 고뇌하는 내용이고, '欲行之不能, 欲去之而不可'는 천상天象과 인사人事의 모순 앞에서 결국은 해결할 수 없음을 나타내는 말이다. '欲行之不能'은 「爲禮, 以依於仁」45)을 말하고, 「言之而不義, 口勿言也; 視之而不義, 目勿視也; 聽之而不義, 耳勿聽也; 動而不義, 身毋動焉」은 마음으로는 '실천하고(欲行)' 싶으나, 실질적으로는 '하지 못함(不能)'을 말한다. '欲去之而不可'는 인에 근본 해야 한다는 진리를 거역하고 싶지만 오히려 그러한 자신을 용서하지 못하는 마음이다. 이는 '반역한(去之)'다면 이지理智에 반하는 것이라는 것을 인식하고 있기 때문이기도 하다. 안회가 수양修養을 할 때 겪었던 이러한 심리적 모순은 '君子爲禮, 以依於仁'이 중요하면서도 몸소 실천하기는 쉽지 않음을 나타낸다. ≪시자尸子·일문佚文≫에서는 "민자건이 살찌었다.46) 자공이 말했다. '어찌하여 살이 쪘습니까?' 자건이 말했다. '내가 나와서 아름다운 수레와 말을 보니 그것을 원하였고, 선왕의 말씀을 들으니 또 그것을 원하였습니다. 두 마음이 서로 싸우다 지금은 성왕의 말씀이 이겼습니다. 그리하여 살이 찐 것입니다.'"라 하였다. ≪한비자韓非子·유노喩老≫에서는 또한 "자하가 증자를 만났다. 증자가 말하기를 '어찌하여 살이 쪘습니까?'라 물었다. '싸워 이겨서 살찌게 되었습니다.'라 대답하였다. 증자가 다시 말하기를 '무슨 뜻입니까'라고 물었다. 자하가 대답하였다. '내가 집에 들어앉아 선왕의 법도를 배워 보니 마음에 끌리고 밖에 나가서 부귀의 즐거움을 알아보니 또 마음에 끌렸습니다. 이 두 가지 것들이 가슴속에서 싸워 승부를 알 수 없었기 때문에 수척하였습니다. 지금은 선왕의 도리 쪽이 이겼기 때문에 살찌게 되었습니다.'"47)라 하였다. ≪史記·禮書≫에서는 "주나라 왕조가 쇠미해지면서 예악禮樂이 없어지거나 무너져, 신분이 높거나 낮거나 서로 〔그 본분을〕어겨 관중管仲의 집에 삼귀(三歸, 세 명의 여자)를 두기도 했다. 법도를 따르고 정도를 지키는 사람은 세상에서 모욕을 당하고, 사치스럽고 분수에 넘치는 일을 하고, 위아래 구분을 두지 않는 사람은 출세하게 되고 영광스럽게 되었다고들 한다. 비록 자하는 〔孔子〕문하의 뛰어난 제자였지만 오히려 이렇게 말했다. '밖에 나가서는 화려함을 추구하고 아름다움을 꾸미면서 기뻐하고, 들어와서는 선생의 도를 듣고 즐거워하여 두 가지 마음이 서로 싸우고 있어 스스로 해결할 수 없다.' 하물며 보통 사람 이하의 인물들은

44) ≪楚系簡帛文字編≫, 1192 쪽.
45) "예를 행함에 인을 근본으로 하는 것."
46) "얼굴이 환하고 보기 좋아졌다는 의미이다."
47) 韓非 저, 이운구 역, ≪한비자≫, 도서출판 한길사, 2002, 347쪽.

점점 잘못된 교육에 빠져들어 익숙한 풍속에 감화되었음에랴?"라 하였다. 자하가 언급한 '臞(여윌 구, qú,jù)'는 곧 간문에서 안연이 언급한 '瘠(파리할 척, jí)'과 같은 의미이다. '兩心相與戰'48)·'兩者戰於胸中, 未知勝負'49), '二者心戰, 未能自決'은 즉 간문의 「欲行之不能, 欲去之而不可」50)과 의미가 서로 통한다. 공자의 학설을 전수받을 때 안연을 막론하고, 민자건閔子騫·자하 등 공자 제자들이 보편적으로 복잡한 사상적 고민을 경험했다는 것을 알 수 있다.)51)

음성이나 문맥으로 보아 료명춘의 주장이 믿을 만하다(부록 참고).

48) "두 마음이 서로 싸우다."

49) "이 두 가지 것들이 가슴속에서 싸워 승부를 알 수 없다."

50) "두 가지 마음이 서로 싸우고 있어 스스로 해결할 수 없다."

51) 廖名春, 〈≪上博五·君子爲禮≫篇校釋箚記〉, 簡帛硏究, 2006. 「簡二"顔回退, 數日不出", 顔回閉門不出, 苦思孔子之言. 簡二"欲行之不能, 欲去之而不可", 顔回天人交戰, 非常矛盾, 最後仍未解決問題. "欲行之不能", 指"爲禮, 以依於仁", "言之而不義, 口勿言也; 視之而不義, 目勿視也; 聽之而不義, 耳勿聽也; 動而不義, 身毋動焉", 心"欲行"而"不能", 事實上做不到. "欲去之而不可", 想不聽卻自己也不原諒自己, 因爲意識到"去之"則違反理智. 顔回修養的心理矛盾, 表現出"君子爲禮, 以依於仁"的重要而不容易. 可參≪尸子·佚文≫: "閔子騫肥. 子貢曰: '何肥也?' 子騫曰: '吾出, 見美車馬則欲之; 聞先王之言則又欲之. 兩心相與戰, 今先王之言勝, 故肥.'" ≪韓非子·喩老≫: "子夏見曾子, 曾子曰: '何肥也?'對曰: '戰勝, 故肥也.'曾子曰: '何謂也?'子夏曰: '吾入見先王之義則榮之, 出見富貴之樂又榮之, 兩者戰於胸中, 未知勝負, 故臞. 今先王之義勝, 故肥.'"≪史記·禮書≫: "周衰, 禮廢樂壞, 大小相踰, 管仲之家, 兼備三歸. 循法守正者見侮於世, 奢溢僭差者謂之顯榮. 自子夏, 門人之高弟也, 猶云'出見紛華盛麗而說, 入聞夫子之道而樂, 二者心戰, 未能自決', 而況中庸以下, 漸漬於失教, 被服於成俗乎?""子夏"所謂"臞", 與簡文顔淵所謂"瘠"同. "兩心相與戰"·"兩者戰於胸中, 未知勝負", "二者心戰, 未能自決"即簡文"欲行之不能, 欲去之而不可". 可見, 在接受孔子學說時, 無論顔淵, 還是閔子騫·子夏, 孔子弟子普遍都經歷過複雜的思想鬥爭.」

第 4 簡

囟⿺辶己逾⿱⺮石日敢爾可胃也夫子智而□信斯人欲其

第 4 簡

囦(淵)记(起)①1, 逾笞(席)曰:「敢䎽(問)可(何)胃(謂)也? 夫子2智(知)而□3信斯人, 欲其4

【해석】

안연이 일어나 앉은 자리를 넘어 앞으로 나아가 말했다. "감히 묻건대 무엇을 일컫는 것입니까?" 공자께서 말씀하셨다. "지혜롭고 진심으로 믿음이 있으면, 그 사람이 그 ~을 하고자 한다.52)

【上博楚簡原注】

죽간의 길이는 27.6cm로 상단은 파손되었으며, 하단은 편평扁平하게 다듬어진 완전한 형태이다. 현존하는 문자는 모두 19자이다.

① '囦记, 逾笞曰'

「记」는 「起(일어날 기, qǐ)」로 읽는다. 「유석逾席」은 문헌에서 「월석越席」으로 쓰기도 한다. ≪예기禮記·중니연거仲尼燕居≫에서 「子貢越席而對曰……」53)라 하였다.

【譯註】

1. '迲笞'

'记'자 다음 '[illegible]'자를 정리본은 '逾(넘을 유, yú)'자로 예정하고, "'유석逾席'은 문헌에서 '월석越席'으로 쓰기도 한다"라 하였다. 그러나 이 자를 '避(피할 피, bí)'나54) 혹은 '迲(갈 겁, qiè)'자로 예정하기도 한다.55) 문자의 형태로 보아 '迲'자가 옳은 것 같다. 초간에서 '兪'자는 '[illegible]'(≪孔子詩論≫)로 쓰고,56) '去'자는 '[illegible]'(≪郭店楚簡·老子乙≫로 쓰고,57)

52) 陳劍의 견해에 따라 정리본과 구두점을 달리하여 해석하였다.
53) "자공이 자리를 넘어 앞으로 나아가 대답하여 말하기를."
54) 陳劍, 〈談談≪上博(五)≫的竹簡分篇·拼合與編聯問題〉, 2006-02-19
55) 周波, 〈上博五札記(三則)〉, 武漢大學簡帛硏究中心, 2006-02-26.
56) ≪楚系簡帛文字編≫, 782 쪽.
57) ≪楚系簡帛文字編≫, 497 쪽.

'辟'자는 ' '(≪上博楚簡 · 纣衣≫)로 쓴다.[58] ' '자의 오른쪽 자건은 '去'자의 자형과 가장 가깝다. '迲'자를 초간에서는 ' '(≪郭店楚簡 · 老子乙≫) · ' '(≪上博楚簡 容成氏≫) 등으로 쓴다.[59] 고전에서는 일반적으로 '월석越席' · '피석避席' 등으로 쓰이고, '겁석迲席'과 의미가 같다.[60] ≪禮記 · 仲尼燕居≫에서는 "子貢越席而對曰"[61]라고, ≪孔子家語 · 顔回≫에서는 "公聞之, 越席而起"[62], ≪呂氏春秋 · 愼大覽≫에서는 "武王避席再拜之, 此非貴虜也, 貴其言也."[63]라 하였다.

2. '제3간→제9A간→제4간

주파周波는 〈上博五補釋二則〉에서 진위陳偉가 〈談談≪上博(五)≫的竹簡分篇 · 拼合與編聯問題〉에서 제4간의 '부지夫智'사이에 '子'자가 없고 '夫'자는 발어사發語詞로 용법으로 쓰인다고 주장에 반대하고, '지智'자 다음은 공자가 안연에게 대답한 내용으로 '夫'자와 '智'자 사이에 '曰'이 누락된 것이라 하였다.[64] 고전적에서는 공자의 제자가 "敢問何胃(謂)也?"라고 물으면 "夫子曰" 혹은 "孔子曰"으로 공자가 대답하는 형식이 자주 쓰인다. 예를 들어, ≪大戴禮記 · 主言≫에서 "曾子曰: 『敢問何謂也 ? 』 孔子曰: 『昔者明主以盡之天下良士之名……』"[65]라 하였고, ≪禮記 · 仲尼燕居≫에서 「子貢越席而對曰: 『敢問何如 ? 』 子曰: 『敬而不中禮, 謂之野……』"[66] 등이 있다. ≪君子爲禮≫편에서 공자가 대답하는 부분은 모두 「夫子曰」로 시작하는데, 이 문장만이 유독 「夫子」로 시작한 것은 매우 의외이다. 제1간의 서술방식은 제3+9A+4간과 유사하며 모두

58) ≪楚系簡帛文字編≫, 813 쪽.

59) ≪楚系簡帛文字編≫, 174 쪽.

60) 周波, 「上博五劄記(三則)」, 武漢大學簡帛硏究中心, 2006.

61) "자공이 자리를 넘어 앞으로 나아가 대답하여 말하기를……."

62) "정공이 이 말을 듣고 앉은 자리를 뛰어넘어." 월석越席은 앉은 자리를 뛰어넘음. 펄쩍 뛰어 일어설 만큼 놀라는 모습이다. 이운구, ≪순자2≫, 한길사, 2006, 370쪽.

63) "무왕이 자리를 비키며 〔그 포로에게〕 두 번 절하였다. 이것은 포로를 존대하는 것이 아니라 그가 한 일을 존대한 것이다."

64) 周波, 〈上博五補釋二則〉, 武漢大學簡帛硏究中心, 2006-04-05. "陳偉先生云: "在原釋文中, 4號簡的'夫智'之間有一個'子'. 據圖版, 其實很難看得出來. 這個地方的空間比一般二字間距略大. 但其右側有一個契口(홈), 這一間距當是爲了躲避編繩, 而不是因爲另有一字. 如果這一推斷不誤, 則這個'夫'字可能祇是發語詞."同時, 簡文"敢問何謂也"以下, 陳先生均以爲是顔淵所說. 我們的觀點與之有所不同. ……陳劍先生將簡文讀爲: "淵起, 逾(?避?)席曰: '敢問何謂也?'夫子: '智而囗信, 斯人欲其……"我們同意陳劍先生"敢問何謂也"爲顔淵問, "智而……"爲孔子回答的看法."

65) "증자가 말했다. "감히 묻건대 이 말은 무슨 뜻입니까?" 공자께서 말씀하셨다. "옛날에 현명한 군주는 천하의 현명하고 재능 있는 인재의 이름을 알아야 했다."

66) "자공이 자리를 넘어 앞으로 나아가 대답하여 말하기를 감히 묻건대 어떻게 하나이까? 공자가 말씀하시기를 공경하되 예절에 맞지 아니함을 일컬어 촌스럽다고 한다."

「夫子曰……顔淵曰……夫子曰」이라고 쓴다. 제1간에서 공자는 안연의 말에 대해 대답을 한 것이므로 「夫子曰」의 「曰」자를 작은 글씨로 가장자리에 썼다. 글자의 자리를 차지하지 않은 것은 당초에 빠뜨린 글자를 이후에 보충하여 채워놓은 것이다. 이는 제4간의 「夫子」 다음에도 한 글자가 빠졌을 가능성이 높다. 따라서 간문은 "夫子曰: 『智而□信, 斯人欲其……』"로 쓰는 것이 아닌가 한다.[67)]

3. '𢘍(必)'

'信'자 앞의 '□'자를 정리본은 알지 못하는 자로 보았다. 답건총禤健聰은 〈上博楚簡(五)零札(二)〉에서 아랫부분 의미부 '心'과 윗부분 소리부 '比'로 이루어진 '𢘍'자로 예정하고 '比'로 읽었다.[68)] 답건총禤健聰은 또한 ≪郭店楚簡·成之聞之≫ "智而比卽, 則民谷(欲)其智(知)之述也"(제17간)[69)] 구절 중의 '비즉比卽'은 '비절比節'로 읽으며 '비심比信'과 의미가 같다 하였다. ≪集韻≫은 "節, 信也."[70)]라 하였고, ≪周禮·地官·掌節≫에서는 "掌節, 掌守邦節而辨其用, 以輔王命."[71)]이라 하였다. '부절符節'은 곧 믿음을 상징하기 때문에 '성심誠心'의 뜻으로 쓰이고, ≪禮記·射禮≫는 "其容體比于禮, 其節比于義"라 하였다. 이송유李松儒는 〈上博五≪君子爲禮≫考釋一則〉에서 '節'과 '信'은 가차자로 쓰인다하였다.[72)]

4. 제9A→4→9C→9B→9D간

료명춘廖名春은 〈≪上博五·君子爲禮≫篇校釋箚記〉에서 ≪君子爲禮≫의 편련을 '3→9→4'로 보고 "夫子智而□信斯人欲其" 구절은 "獨知人所惡也"[73)]라는 말과 의미상 관련이 있다하였다.[74)] 제 3간과 제 4간, 제 9간의 죽간의 편련에 주장은 정리하면 대략 아래와 같다. 이들 죽간에 편련에 대해서는 제 9간에서 살펴보도록 한다.

---

67) 周波, 〈上博五補釋二則〉, 武漢大學簡帛研究中心, 2006

68) 禤健聰, 〈上博楚簡(五)零札(二)〉, 武漢大學簡帛研究中心, 2006-02-26

69) "훌륭한 정책이 지혜로우면서 믿음이 있으면, 민중들은 그 총명한 운영이 원활하게 완성되기를 원할 것이다."

70) ≪集韻≫: "節, 信也."('절節'은 곧 '신뢰(信)'이다).

71) ≪周禮·地官·掌節≫: "掌節, 掌守邦節而辨其用, 以輔王命."(掌節은 국가의 符節(信標)을 관장하여 그 쓰임을 분별하고 왕의 명령을 보좌한다.)

72) 李松儒, 〈上博五≪君子爲禮≫考釋一則〉, 武漢大學簡帛研究中心, 2011-12-10

73) "홀로 아는 것은 사람이 미워하는 바이다."

74) 廖名春, 「≪上博五·君子爲禮≫篇校釋箚記」, 簡帛研究, 2006.

진검陳劍 3, 9; 4; 7+8;[75]
진위陳偉 3, 9A, 4, 9B[76]
료명춘廖明春 3, 9; 4[77]
주파周波 3, 9A, 4, 9B[78]
이송유李松儒 3+(9A)+4+9C+9B+9D[79]

≪君子爲禮≫의 제 4, 9 간은 '독지獨智'·'독귀獨貴'와 '독부獨富'의 폐단과 또한 이러한 폐단을 어떻게 하면 극복할 수 있는지에 대하여 언급하고 있다.

≪莊子·人間世≫ "回聞衛君, 其年壯, 其行獨."[80] 구절에 대하여 곽상郭象은 "不與民同欲也."[81]라 하고, 육덕명陸德明 ≪경전석문經典釋文≫은 최선崔譔의 말을 인용하여 "自專也"[82]라 하였다. ≪荀子·臣道≫ "故明主好同, 而闇主好獨."[83]에 대해 양경楊倞은 "獨謂自任其智."[84]라 하였다. '독지獨智'는 혼자 스스로 지식을 향유하고, 농단壟斷하며, 타인들과 함께 나누지 않는 것을 말한다. '독귀獨貴'는 지위를 혼자만이 누리고 권력을 농단하는 것이다. '독부獨富'는 혼자 재물과 부귀를 누리며 농단하는 것이다. 「獨智」·「獨貴」·「獨富」는 모두 탐욕스러워 다른 사람을 돌보거나 소중히 여기지 않는 것으로, 사람들이 싫어하는 바(人所惡)를 말한다.[85]

제 3, 4, 9 간의 편련에 대해서는 제 9간에서 설명하기로 한다.

75) 陳劍, 〈談談≪上博(五)≫的竹簡分篇·拼合與編聯問題〉, 2006-02-19
76) 陳偉, 〈≪君子爲禮≫9號簡的綴合問題〉, 武漢大學簡帛硏究中心, 2006-03-06
77) 廖名春, 〈≪上博五·君子爲禮≫篇校釋箚記〉, 簡帛硏究, 2006.
78) 周波, 〈上博五補釋二則〉, 武漢大學簡帛硏究中心, 2006-04-05.
79) 李松儒, 〈上博五≪君子爲禮≫考釋一則〉, 復旦大學出土文獻與古文字硏究中心, 2011-12-10
80) "안회가 말하였다. "제가 듣건대 위나라 임금은 나이가 젊은데다가 행동은 독단적이라고 합니다."
81) "백성들과 함께 하고자 하지 않는다."
82) "자기 마음대로 결정하여 처리한다."
83) "그러므로 밝은 군주는 함께 하기를 좋아하고, 어두운 군주는 혼자하기를 좋아한다."
84) "獨은 그 지혜를 자임하는 것이다."
85) 廖名春, 〈≪上博五·君子爲禮≫篇校釋箚記〉, 簡帛硏究, 2006.

第 5 篇

好凡色毋悳毋佻毋㑿毋誺毋

第 5 簡

好. 凡色毋悥(憂)·毋佻[1]·毋復(怍)·毋謠(謠)·毋[①2]

【해석】

좋게 해야 한다. 무릇 얼굴빛은 근심이 없게 하고, 방정맞지 말아야 하며, 부끄러움이 없게 하고, 노래를 부르지 말아야 하며, ~하지 말아야 한다.

【上博楚簡原注】

죽간의 길이는 17.5cm로 상단은 편평扁平하게 다듬어진 완전한 형태이고, 하단은 파손되어 있다. 현존하는 문자는 모두 12자이다.

① '凡色毋悥·毋佻·毋復·毋謠·毋'

「佻(방정맞을 조, tiāo)」에 대해서는 ≪이아爾雅·석언釋言≫에서 「'조佻'는 '偷(훔칠 투 tōu)'이다」라 하였다.

「作」자는 마땅히 「怍(부끄러워할 작, zuò)」으로 읽어야 한다.

≪禮記·曲禮上≫에서 「將卽席, 容毋怍.」86)이라 하고, ≪郭店楚簡·成之聞之≫는 「形於中, 發於色」(제 24간)87)라 한 것으로 보아, 「凡色毋悥·毋佻·毋復」88)의 의미 또한 이와 같은 이치이다.

「謠」(謠, 노래 요, yáo)자는 ≪郭店楚簡·性自命出≫의 제24간에도 보인다. ≪郭店楚簡≫에서 「聞歌謠則舀如也, 斯奮」89)이라 한 것으로 보아, 「毋謠」를 또한 「毋歌謠」라고 할 수 있음을 알 수 있다. 혹은 「謠」자를 용모를 삼가 조심하고 진중하게 해야 한다는 「搖(흔들릴 요, yáo)」로 읽을 수 있다. 하지만 본 편 제8간에서는90) 「敹」자를 「요搖」자로 읽을 수 있으므로, 본 죽간에서는 「요謠」의 의미로 해석할 수 있다.

---

86) "장차 자리에 앉으려거든 용모가 부끄럽지 않게 한다."
87) "마음속에서 진심으로 행하고 즐거운 안색을 나타났다."
88) "무릇 얼굴빛은 근심이 없게 하고, 교활함이 없게 하며, 부끄러움이 없게 한다."
89) "노래를 들으면 기쁨이 넘쳐난다."
90) 「敹」자는 제 8간이 아니라 제 7간에 보인다.

【譯註】

1. '佻'

''자를 정리본은 '佻(방정맞을 조, tiāo)'자로 예정하였다. ≪說文解字≫는 '(佻)'자에 대하여 "愉也. 从人, 兆聲."[91]이라 하였다. '兆'자를 초간에서는 ''·''로 쓰기도 한다.[92] ''자는 '𠔉'로 예정할 수 있다.

2. '䛕(愮)'

''자를 정리본은 '䛕'로 예정하고 '謠(노래 요, yáo)'로 읽었다. 제 7간의 ''자를 '敿'로 예정하고 있는데, 이 자의 왼쪽 상단 부분이 '爪'가 아니라 '肉(月)'이다. ≪說文解字≫는 '䍃'자에 대하여 "질그릇의 의미. 의미부 '缶'와 소리부 '肉'로 이루어진 자이다."[93]라 하였다. 따라서 ''자와 ''자는 각각 '謠'와 '敿'로 예정할 수 있다.

'謠'자를 정리본 '가요歌謠'의 '謠(노래 요, yáo)'자로 읽는데 전체적인 문맥 내용상 '愮(두려워할 요, yáo)'로 읽어야하는 것이 아닌가 한다. '愮'는 '두려워하다'의 뜻이다.

안색顔色에 관한 내용이 ≪예기禮記≫나 ≪대대예기大戴禮記≫에 자주 보인다. ≪禮記≫ 중 ≪곡례曲禮≫는 "남의 상喪을 대할 때는 반드시 슬퍼하는 빛이 있어야 하며, 상여의 줄을 잡고는 웃지 않으며, 음악을 대해서는 탄식하지 않는다. 갑옷과 투구 차림을 하였을 때는 범할 수 없는 위엄이 있어야 한다. 그러므로 군자는 경계하고 삼가 사람들에게 얼굴빛을 잃지 않는다."[94]라 하고, ≪表記≫는 "공자가 말하였다. 군자는 남에게 바른 동작을 잃지 않고, 남에게 안색顔色을 잃지 않고 남에게 말을 실수하지 않는다. 그런 고로 군자의 모습은 두려운 듯하고 안색은 조심스럽게 하고 말은 믿음이 있어야 한다."[95]라 하고, ≪玉藻≫는 "밖에서 보행하는 모습은 여유있는 모습이어야 하며, 종묘 안에서 걸을 때에는 공손하고 정중해야 하며, 조정에서는 엄숙하게 보행하여야 한다. 군자의 평소의 모습은 한아閑雅해야 하고, 자기가 존경하는 사람을 만났을 때는 언행을 삼가고 방종하지 말아야 한다. 또 군자의 걸음은 무게가 있어야 하고 손놀림은 공손해야 하며, 눈의 모양은 단정하고 입의 모양은 조용해야 하며, 소리를 낼 때는 고요하게 하며 머리 모양은 덕이 있는 기상이 있어야 한다. 얼굴 빛 모양은 장엄하며 앉아 있을 때는 시尸와 같고

91) ≪說文解字≫: "愉也. 从人, 兆聲."('게으르다'의 의미. 의미부 '人'과 소리부 '兆'로 이루어진 자이다.)
92) ≪楚系簡帛文字編≫, 327 쪽.
93) ≪說文解字≫: "瓦器也. 从缶, 肉聲."
94) ≪曲禮≫: "臨喪則必有哀色, 執紼不笑, 臨樂不嘆; 介冑, 則有不可犯之色. 故君子戒愼, 不失色於人."
95) ≪表記≫: "子曰: 「君子不失足於人, 不失色於人, 不失口於人, 是故君子貌足畏也, 色足憚也, 言足信也."

한가히 있을 때와 말을 할 때에는 용모를 온화하게 가진다."96)라 하였다. 또한 ≪대대예기大戴禮記·문왕관인文王官人≫은 "사람의 본질이 호연浩然하고 결백하면 한결같고 태연하며, 거짓된 표정은 어지럽고 혼란스러워 번거로워진다. 그래서 비록 내면적으로 태연하게 하고자 하나 표정이 이를 따르지 않아 부자연스럽고, 표정을 바꾸고자 하나 다른 사람에게 들키고 만다. 이것을 표정을 살피는 관색觀色이라 하는 것이다."97)라 하였다.

96) ≪玉藻≫: "凡行容惕惕, 廟中齊齊, 朝庭濟濟翔翔. 君子之容舒遲, 見所尊者齊遬. 足容重, 手容恭, 目容端, 口容止, 聲容靜, 頭容直, 氣容肅, 立容德, 色容莊, 坐如尸."

97) ≪大戴禮記·文王官人≫: "質色皓然固以安, 僞色縵然亂以煩; 雖欲故之, 中色不聽也, 雖變可知; 此之謂觀色也."

第 6 簡

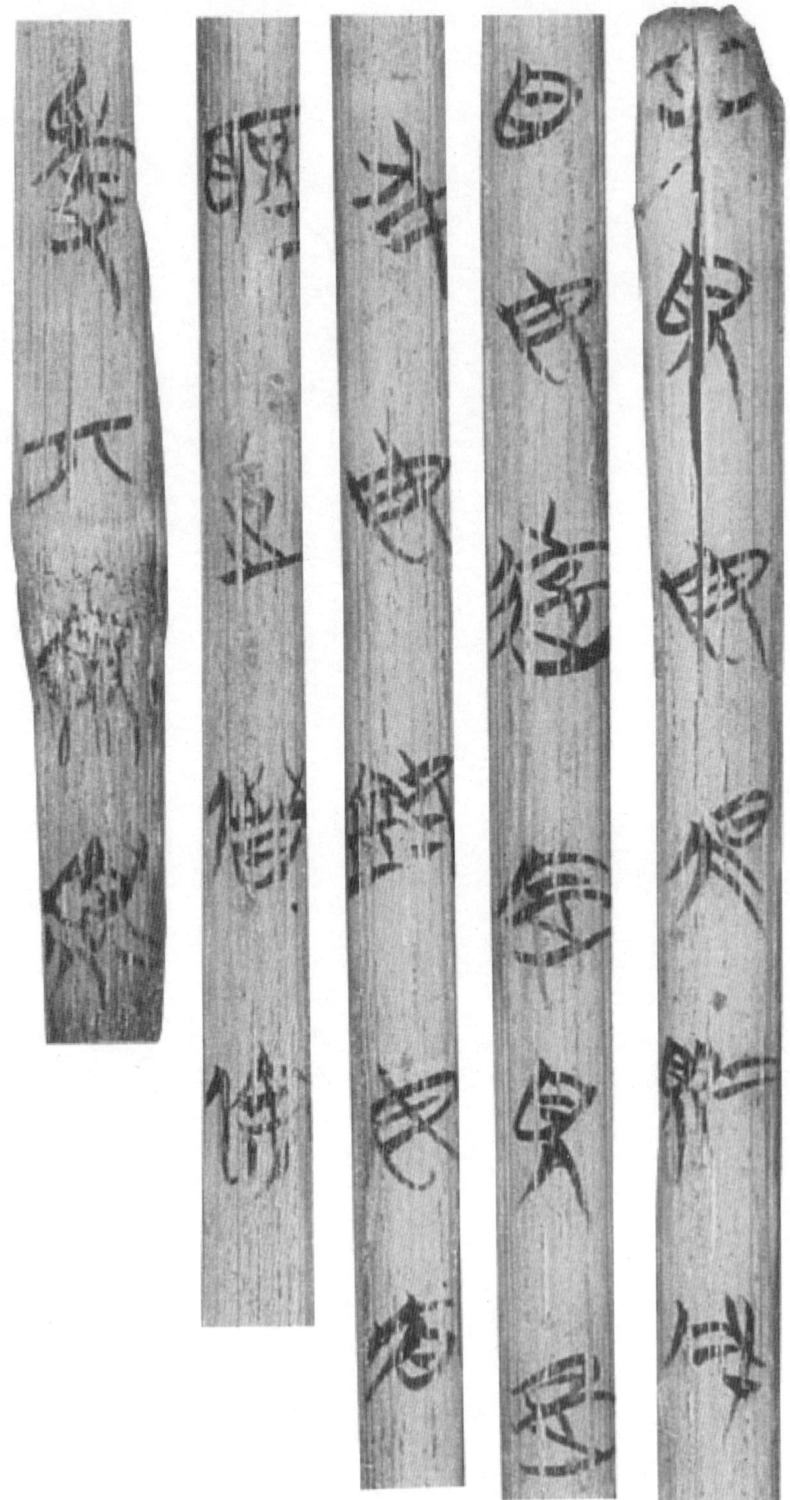

正見毋昊鬼凡目毋遊定見是求毋欽毋去聖之僭㑃爯其衆寡

第 6 簡

正[1]見[2]毋昊(側)䁈(視)[3]. 凡目毋遊①, 定視是求. 毋欽毋去[4], 聖(聽)之晉侌, 㝷(稱)其眾𡨄(寡)

【해석】

똑바로 바라보며 곁눈질하지 말아야 한다. 무릇 눈은 이곳저곳을 두리번거리지 않고, 보고자 하는 것에 시선을 고정하여야 한다. 하품을 해서는 안 되며 입을 크게 벌려서도 안 된다. 말을 할 때의 빠름과 느림은 청중 인원수의 다소에 따라 상대적으로 맞게 해야 한다.

【上博楚簡原注】

죽간의 길이는 37.2cm로 상단은 파손되었으며, 하단은 편평扁平하게 다듬어진 완전한 형태이다. 현존하는 문자는 모두 25자이다.

① 正見毋昊䁈. 凡目毋遊

「무측시毋側視」와 「목무유目毋遊」는 모두 용모를 맑고 밝게 하는데 반드시 갖추어야 할 수양법修養法 중의 하나이다. ≪예기禮記·옥조玉藻≫의 「목용단目容端」98)에 대하여 정현鄭玄은 "곁눈으로 슬쩍 보는 것이 아니다."99)라 하였고, ≪禮記·內則≫에서는 또한 "계단을 오르고 내리거나 방에 들어가고 나갈 때에는 몸을 굽히고 펴는 것을 법도에 맞게 해야 한다. 감히 트림이나 재채기, 헛기침, 하품 및 기지개를 켜지 않으며, 한쪽 다리에만 의지하여 몸을 기울게 서거나 비스듬히 곁눈질로 보거나 하지 않으며, 코 풀거나 가래침을 뱉지 아니 한다."100)라 하고 ≪曲禮上≫은 "毋淫視"101)라 하였는데 이에 대하여 정현鄭玄은 "음시淫視는 곁눈으로 보는 것이다."102)라 하고, 공영달孔穎達은 "음淫은 흘려서 이동하는 것이다. 눈은 마땅히 곧바로 보아야 하며, 흐르듯 움직이거나 간사하게 곁눈질해서는 안 된다."103)라 하였다.

≪孟子·이루상離婁上≫에서는 "맹자가 말하였다. "사람에게 있는 것 가운데 눈동자보다 선량

98) "눈의 몸맵시를 단정하게 하다."
99) 「不睇視也.」
100) 升降·出入·揖遊, 不敢噦噫·嚏咳·欠伸·跛倚·睇視.」
101) 「淫視, 睇眄也.」
102) "음시淫視는 곁눈으로 슬쩍 보는 것이다."
103) 「淫, 謂流移也. 目當直瞻視, 不得流動邪眄也.」

한 것이 없으니, 눈동자는 그 악을 가리지 못한다. 마음이 바르면 눈동자가 맑고, 마음이 바르지 못하면 눈동자가 흐리다. 그 말을 들으며 그 눈동자를 본다면 사람들이 어찌 속일 수 있겠는가?"[104] 라 하였고, ≪左傳·成公六年≫에서는 또한 "눈동자가 안정되어 있지 않고, 걸음걸이가 빠르며, 자신의 자리에서 좌불안석하니, 아마도 오래 가지 못할 것이다."[105]라 하였는데, 이러한 이치를 설명하였다.

제5간「凡色毋憂」에서부터 제7간「足毋墜, 毋高」까지는 사람의 용모容禮와 관련이 있는 내용이다.

≪예기禮記·관의冠義≫에서는 "무릇 사람이 되는 까닭은 예의를 지키는 것이니 예의의 시작은 태도를 바르게 하며, 얼굴빛을 가지런히 하며, 말주변이 화순하게 함에 있으니 태도가 바르며, 얼굴빛이 가지런하며, 말주변이 화순한 이후에 예의가 갖추어진다."[106]라 하였고, ≪예기禮記·옥조玉藻≫에서 "군자의 용모는 여유가 있고 침착하니, 존경하는 바의 사람을 보면 용모를 가지런히 단속하니라. 발의 몸맵시는 무겁게 하며, 손의 몸맵시는 공손하게 하며, 눈의 몸맵시는 곧게 하며, 기상의 몸맵시는 엄숙하게 하며, 서 있는 몸맵시는 덕성스럽게 하며, 얼굴빛의 몸맵시는 씩씩하게 하니라."[107]고 하였다. 또한 ≪예기禮記·곡례상曲禮上≫에서 "엿 듣지 말며, 소리쳐 호응하지 말며, 곁눈질을 하지 말며, 게으름을 피우지 말며, 돌아다님에 거만하지 말며, 섬에 기울어지게 하지 말며, 앉음에 두 발을 앞으로 벌려서 쭉 뻗지 말며, 잠은 엎드려 잠자지 말아야 한다."[108]이라 말한 것을 모두 참고할 수 있다.

【譯註】

1. '免(俛)視'

본 죽간의 첫 번째 자 ''자를 정리본은 '正'자로 예정하고 있다. 그러나 문자의 형태로 보아 '正'자와는 약간 달라 보인다. 진사붕陳斯鵬은 〈讀≪上博竹書(五)≫小記〉에서 이 자를 '挽(娩, 해산할 만, miǎn,wǎn)'자로 예정하고 '머리를 숙이다'의 '면俛'으로 읽고 있다. ≪郭店楚簡·六德≫

104) 「孟子曰, 『存乎人者, 莫良於眸子. 眸子不能掩其惡. 胸中正, 則眸子瞭焉, 胸中不正, 則眸子眊焉. 聽其言也, 觀其眸子, 人焉廋哉!』」

105) 「視流而行速, 不安其位, 宜不能久.」

106) 「凡人之所以爲人者, 禮義也. 禮義之始, 在於正容體, 齊顔色, 順辭令. 容體正, 顔色齊, 辭令順, 而後禮義備.」

107) 「君子之容舒遲, 見所尊者齊遬. 足容重, 手容恭, 目容端, 口容止, 聲容靜, 頭容直, 氣容肅, 立容德, 色容莊, 坐如屍, 燕居告溫溫.」

108) 「毋側聽, 毋噭應, 毋淫視, 毋怠荒. 遊毋倨, 立毋跛, 坐毋箕, 寢毋伏.」

(第28簡)의 '?'자와 상당히 유사하다. 등임생滕壬生 ≪초계간백문자편楚系簡帛文字編≫에서는 '?'자를 '면娩'로 예정하고 이체자로 '?'·'?'이나 '?' 등을 수록하고 있다.[109] ≪郭店楚簡·緇衣≫제24간은 '?(字)'자를 유쇠劉釗는 '만娩'자의 이체자로 보고, '免'으로 읽었다.[110] ≪上博楚簡·纣衣≫는 '?(免)'으로 쓰고, ≪禮記·緇衣≫는 '遁(달아날 둔{돈}, dùn)'자로 쓴다. ≪說文解字≫에는 '免'자가 보이지 않지만, 금문金文은 '免'자를 '?'으로 쓰고,[111] ≪郭店楚簡·性自命出≫은 이 자와 유사한 형태로 '?'으로 쓴다.[112] 초간 중에 '?(字)'자와 유사한 자로는 '?'(≪成之聞之≫23간)·'?'(≪容成氏≫14간)·'?'(≪六德≫) 등이 있다.[113] 모두 '免'의 이체자가 아닌가 한다. '면免'자에서 '만娩'·'挽(아이를 낳을 면)'자가 파생되었다. ≪說文解字≫는 '?(挽)자에 대하여 "아이를 낳아 모태에서 분리된다는 의미'. '子'와 '免'으로 이루어진 회의자이다"[114]라 하고, 주준성朱駿聲 ≪설문통훈정성說文通訓定聲≫은 "'挽'자는 또는 '娩'으로 쓴다. ≪산요纂要≫는 '제齊나라 사람들은 분만하는 것을 娩이라 한다'."[115]라 하였다. 본 구절에서는 '俛'의 의미로 쓰인다.

≪玉篇·人部≫에서 「'俛'은 '고개를 낮추는 것'이다.」[116]라고 하였다. ≪후한서後漢書·유현전劉玄傳≫에서는 「更始羞怍, 俛首刮席不敢視.」[117]라 하였고, ≪신서新書·속원屬遠≫에서는 「俛視中國, 遠望四夷, 莫不如志矣.」[118]라 하였다. 「면시俛視」는 고개를 숙이고 보는 것을 뜻한다.

「무면시毋俛視」 구절은 「무측제毋側睇」의 구절과 대구를 이루며, 군자의 시선과 용모는 고개를 숙이거나 기울지 않고 「정시定視」해야 한다는 뜻이다.

혹은 이 자를 「眄(곁눈질 할 면, miǎn,miàn)」자로 읽기도 한다. ≪說文解字≫에서는 "眄은 한쪽 눈으로만 보는 것이다. 바르지 않게 본다는 의미의 주周나라 말이 있다. 의미부 '目과 소리부 '丏'으로 이루어진 글자이다."[119]라 하였다. '昃(側)晛(睓)'의 의미는 역시 '곁눈질하여 보다'

109) ≪楚系簡帛文字編≫, 1225 쪽.
110) 劉釗, ≪郭店楚簡校釋≫, 60 쪽.
111) ≪金文編≫, 574 쪽.
112) ≪楚系簡帛文字編(增訂本)≫, 786 쪽.
113) ≪楚系簡帛文字編(增訂本)≫, 1225 쪽.
114) ≪說文解字≫: "生子免身也. 从子, 从免."
115) 朱駿聲≪說文通訓定聲≫: "挽, 字亦作娩. ≪纂要≫ 云: '齊人謂生子曰娩.'"
116) ≪玉篇·人部≫: 「俛, 低頭也.」 俛, 低頭也.
117) "경시更始는 수줍어하며, 머리를 숙이고 자리를 더듬을 뿐 감히 바라보지 못하였다."
118) "중국을 굽어보시고 먼 사방의 오랑캐들을 바라보심에 뜻대로 되지 않음이 없으실 것입니다."
119) 「眄, 目偏合也. 一曰: 衺視也, 秦語. 從目·丏聲.」

의 뜻이기 때문에 「俛(고개숙일 면, miǎn,fǔ)」으로 읽는 것이 옳은 듯하다(부록 참고).[120]

'[image]'자를 정리본은 '見'자로 예정하고 있으나, '視(볼 시, shì)'자로 예정해야 옳다. 초간에서 '見'자는 일반적으로 '[image]'으로 쓰나,[121] '視'자는 '[image]'로 쓴다.[122]

3. '昃(側)䀏(眱)'

'[image]'자를 정리본은 '䀏'로 예정하고 '시視'로 읽고 있다. 그러나 사실상 이 자는 의미부 '見'과 소리부 '𡰥(仁)'으로 이루어진 자이다. 하유조何有祖는 〈上博五≪君子爲禮≫試讀〉에서 '眱(말없이 물끄러미 바라볼 이, dì,tí,yí)'로 읽고 있다.[123] ≪玉篇≫에서는 「'제眱'자는 '얕보다'의 의미이다.」[124]이라 하였고, ≪說文解字≫자의 「제睇」자에 대하여 ≪說文解字注≫는 "'眱'자는 '睇(흘끗 볼 제, dì,tí)'자와 같은 자이다"[125]라 하였다. ≪禮記·內則≫의 "不敢睇視"의 구절에 대하여 정현鄭玄은 "'제睇'는 '경시하다'의 의미이다."[126]라 하였다. ≪周易·明夷≫의 「明夷, 夷於左股」[127]에 대하여 육덕명陸德明 ≪경전석문經典釋文≫은 "'夷'자를 자하는 '睇(흘끗 볼 제, dì,tí)'자로 쓰고, 정현鄭玄과 육적陸績 또한 같은 자로 쓴다. 곁눈질 하는 것을 '睇'라 한다라 하였다."[128]라 하였다. 따라서 '이夷'자는 '제睇'자와 서로 통함을 알 수 있다. 아래는 주법고周法高 상고음上古音이다.

睇 der 脂部(董同龢 dʰied)
夷 rier 脂部(董同龢 djed)

'昃(仄)'자는 '측側'의 의미와 같고, '昃(側)䀏(眱)'는 몸을 똑바로 하지 않고 측면으로 하여 곁눈질하는 것을 말한다.

120) 陳斯鵬, 〈讀≪上博竹書(五)≫小記〉, 武漢大學簡帛硏究中心, 2006.
121) ≪楚系簡帛文字編≫, 789 쪽.
122) ≪楚系簡帛文字編≫, 791 쪽. ≪郭店楚墓竹簡·老子甲≫ 제 2간의 '[image]'자에 대하여 裘錫圭는 "'視'자 아랫부분에 「人」자가 세워져 있다. 簡文에서의 「見」자를 「[image]」으로 쓰는 것과는 다르다"라 하였다. ≪郭店楚墓竹簡≫, 114 쪽, 주 6, 참고.
123) 何有祖, 〈上博五≪君子爲禮≫試讀〉, 武漢大學簡帛硏究中心, 2006-02-19.
124) ≪玉篇≫: "眱, 目小視也." 眱, 目小視也.
125) ≪說文解字注≫: "按眱亦睇字也."('眱'자와 '睇'자는 같은 자이다.)
126) "睇, 傾視也."
127) "우리 꿩이 왼쪽 다리를 다치다." ≪고형의 주역(周易古經今注)≫, 염상섭 옮김, 예문서원, 314 쪽.
128) ≪經典釋文≫: "夷, 子夏作睇, 鄭·陸同, 云: 旁視曰睇."

4. '*毋欽毋去*'

"무흠무거*毋欽毋去*"의 구절에 대하여 정리본은 설명을 하지 않고 있다.

계욱승季旭昇은 〈上博五芻議(下)〉에서 「*毋欽*(공경할 흠, qīn)」과 「*毋去*」를 「*毋欠*(하품 흠, qiàn)」과 「*毋呿*(입 벌릴 거, qū)」로 읽고 '하품을 해서는 안 되며 입을 크게 벌려서도 안 된다'는 뜻으로 해석하였고, 「무음*毋吟*」과 「무거*毋呿*」은 '탄식하지 말고 큰 소리를 내어 웃지도 말아야 한다'는 의미로 해석하였다. 계욱승季旭昇은 또한 「聖」자를 '聲(소리 성, shēng)'으로 읽고, 「僭」자는 '疾(병 질, jí)'로 읽고, 「傪」자는 「徐(천천할 서, xú)」자로 읽으며, 「聲之疾徐, 稱其眾寡」는 전체적으로 '이야기를 할 때의 성음의 빠름과 느림은 청중 인원수의 다소에 따라 상대적으로 맞게 해야한다'는 뜻이라 하였다.[129] 참고할 만하다(부록 참고).

129) 季旭昇, 〈上博五芻議(下)〉, 武漢大學簡帛研究中心, 2006. "'定視', 視線穩定, '*毋欽毋去*', 似可讀爲, '*毋欠毋呿*', 不要打呵欠, 也不要沒事把嘴吧張得大大的. 或'*毋吟毋噱*', 不要歎氣, 也不要大笑". '聲之疾徐', 稱其衆寡, 意思是, 講話聲音的快慢, 要和聽衆人數的多少相稱."

第 7 篇

韓而秀脊毋癹毋扃身毋躲毋倩行毋㞓毋敹足毋豙毋高其才

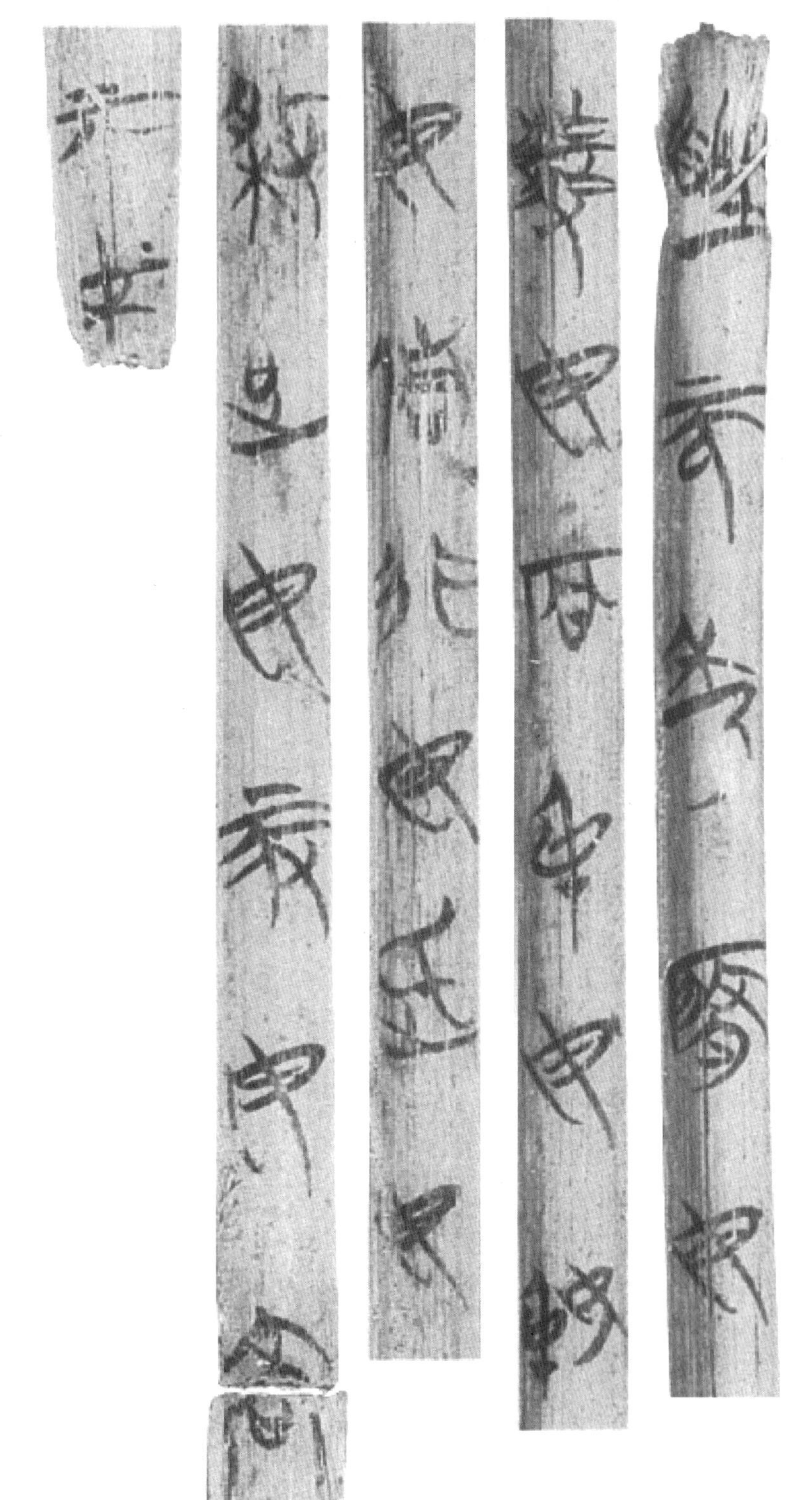

第 7 簡

䁖[1]而秀. 脣毋癹(廢)·毋同(痌)[2], 身毋躿(偃)·毋倩(靜), 行毋㒸(眂)[3]·毋敓(搖)[4], 足毋家(墜)[5]·毋高. 其才

【해석】

목이 빼어나다. 근육이 무너지게 하지 말며 아프게 하지 말아야 한다. 몸은 쓰러지게 하지 말며, 멈추게 해서는 안 된다. 행동할 때는 산만하게 주위를 둘러보거나 몸을 흔들어서는 안 된다. 행진할 때 걸음걸이는 낮게도 높게도 하지 말아야 하며 중후해야 한다. 그가 ……에 있다.

【上博楚簡原注】

죽간의 길이는 15cm로 상·하단 모두 파손되었다. 현존하는 문자는 모두 9자이다.

① '脣毋癹·毋同, 身毋躿·毋倩, 行毋㒸·毋敓, 足毋家·毋高'

「脣(종아리 계)」자는 ≪갈릉간葛陵簡·乙四≫ 제61간 「以其脣伓(背)疾」130)에서도 볼 수 있다. 「脣」자는 「肯綮(긍경, 사물의 가장 중요한 곳)」라는 뜻의 「綮(발 고운 비단 계, qìng,qǐ)」로 읽어야 한다. ≪集韻≫에서는 "'綮'는 힘줄과 살이 얽혀있는 곳이다."131)라고 하고, ≪山海經·海內北經≫의 「(蛇巫之山)蟜, 其爲人, 虎文, 脛有脣.」132) 구절에 대하여 곽박郭璞은 "다리에 장딴지 살이 있음을 말한다."133)라 하였다. 「脛脣」는 장딴지의 속칭이며, 근육이 결합되는 곳이다. 또한 ≪海外北經≫에서 「無脣之國在長股東, 爲人無脣.」134)이란 구절에 대하여 곽박郭璞은 "혹은 '계綮' 자로 쓴다."135)라 하였다.

「癹」은 즉 「發」자와 같은 자이며, 「廢(폐할 폐, fèi)」로 읽는다.

「同」은 「痌」으로 읽거나 「痛(아플 통, tòng)」으로 읽을 수 있다.

---

130) "그래서 어깨와 등이 병이 나다."
131) 「綮, 肋肉結處也.」
132) "'교蟜'라는 인종은 그 모습이 호랑이 무늬가 있으며, 종아리에 강한 근육이 달려 있다."
133) 「言腳有膊腸也.」
134) "무계국이 장고의 동쪽에 있다. 이곳의 사람은 종아리가 없다.
135) 「或作綮.」

「廢」와 「痛」은 모두 「胥」가 동작을 하는데 영향을 미친다.

「躽」은 자부 「身」과 「安」을 쓴다. 「安」은 간문에서 대부분 「언焉」의 용법으로 쓰이기 때문에 「躽」자는 「偃(쓰러질 언, yǎn)」로 읽을 수 있다. 몸은 마땅히 바르고 곧아야 하므로 「毋偃毋靜」이라 한 것이다.

「㔳」는 「眂(보는 모양 저, dī)」로 읽는 것이 아닌가한다. ≪說文解字≫에서는 "'저眂'는 보는 모양이다."[136]라 하였다.

「敹」자는 「搖(흔들릴 요, yáo)」로 읽는다. 행동과 용모는 단정하고 장중해야하며, 산만하게 주위를 둘러보거나 몸을 흔들어서는 안 된다는 뜻이다. ≪예기禮記·옥조玉藻≫에서는 "무릇 걸음걸이는 여유롭게 걸어야 하나 사당에서는 공손하고 정중해야 한다."[137]라고 하였다.

「豕」는 「추墜」이라고 읽는다. 「墜」는 낮은 것(低)을 말하며, 「高」와 상대되는 말이다. '毋低毋高'는 행진할 때 걸음걸이가 적절히 중후해야 함을 가리킨다. ≪禮記·曲禮下≫에서는 "걸어감에 발을 들지 아니 하고, 수레바퀴처럼 발꿈치를 끌며 가니라."[138]이라 하였고, 또한 ≪玉藻≫에서는 "급하게 빨리 걸음에는 곧 빨리빨리 하고자 하나 손과 발의 자세는 변함이 없게 한다. 제자리에서 돌아감에는 발을 들지 않고, 옷자락이 흐르듯이 해야 한다."[139]라 하였다. 이는 모두 행동과 용모를 지칭하는 말이다. ≪國語·周語下≫에서 "군자는 시선으로 사지四肢의 동작을 안정시키고, 발은 시선을 따라 걸으니, 이 때문에 그의 용모를 살펴보면 그의 마음을 알게 됩니다. 시선은 적절한 데에 두고 발은 눈길 둔 곳을 밟아야 하는데, 지금 진여공晉厲公은 시선은 먼 곳을 바라보고 발을 높이 들어 걸었습니다. 눈은 몸이 동작하는 데에 두지 않고 발은 눈길 둔 곳을 밟지 않으니, 그의 마음에는 필시 다른 뜻이 있는 것입니다. 눈과 사지가 서로 따르지 않으니, 어찌 오래 갈 수 있겠습니까?"[140]라 하였다. 선양공單襄公은 진여공晉厲公의 「視遠步高」함과 행동과 용모가 바르지 않은 것을 보고 진晉나라 장군이 난을 일으킬 것을 예언하였다.

136) 「眂, 視貌.」
137) 「凡行容惕惕, 廟中齊齊.」
138) 「行不擧足, 車輪曳踵.」
139) 「疾趨則欲發, 而手足毋移. 圈豚行, 不擧足, 齊如流.」
140) 「夫君子目以定體, 足以從之, 是以觀其容而知其心矣. 目以處義, 足以步目, 今晉侯視遠而足高, 目不在體, 而足不步目, 其心必異矣. 目體不相從, 何以能久?」

【譯註】

1. '頸而秀, 肾(肩)毋変(廢)'

''자에 대하여 정리본은 언급하지 않고 있으나, 의미부 '頁'과 소리부 '巠'으로 이루어진 '頸'자가 아닌가 한다.[141] ≪包山楚簡≫은 '頸'자를 ''으로 쓴다.[142]

'肾'자를 정리본은 '종아리' 혹은 '장딴지'의 의미로 해석하고 있으나, 사람의 용모와 직접적 관련이 있는 '肩(어깨 견, jiān)'으로 읽어야 하는 것이 아닌가 한다. "肾毋変"은 "肩無廢"로 읽고 '어깨를 쳐지게 하지 않다'의 뜻이 아닌가 한다.[143] 한漢 가의賈誼의 ≪新書·容經≫에서는 "약간 구부려 윗사람의 무릎을 보고 앉는 것을 공손히 앉은 자세라고 한다."[144]라 하였다.

본 죽간은 어깨(肩)·몸(身)·행실(行)·걸음걸이(足) 등의 방면에서 士君子가 가져야할 단장端莊함과 의용儀容에 대해서 서술하고 있다. ≪新書·容經≫에서는 9세가 되어 소학에 입학한 후 가져할 할 「예용禮容」에 대하여 언급하고 있는데, 예를 들어 「행용行容」에 대해서는 "몸을 약간 구부린 자세로 팔을 흔들지 않으며, 어깨는 위아래로 오르락내리락하지 않으며, 몸이 마치 앞으로 나아가지 않는 듯 여유 있게 맡겨둔다."[145]이라 하였고, 「추용趨容」에 대해서는 "몸을 앞으로 약간 구부린 자세로 훨훨 나는 듯해야 한다."[146]라고 하였다. 이에 대하여 청清 왕중汪中은 ≪가의賈誼 〈신서新書〉序≫에서 "≪용경容經≫ 이하는 모두 이미 일실된 고대 예절에 관한 내용이다."[147]라 하였다.[148]

2. '毋戸(傾)'

진화림秦樺林은 〈楚簡≪君子爲禮≫劄記一則〉에서 ''자를 정리본은 '同'자로 예정하고 '痌(마음 아파할 통, tōng,tóng)'으로 읽고 있다. 그러나 행동거지 중 '肩(어깨)'을 어떻게 할 것인가에 관한 내용이기 때문에 '痌'으로 해석은 전후 문맥이 맞지 않는다. 이 자에 대하여 의견이

---

141) 何有祖, 〈上博五≪君子爲禮≫試讀〉, 武漢大學簡帛硏究中心, 2006-02-19.

142) ≪楚系簡帛文字編≫, 798 쪽.

143) 季旭昇, 〈上博五芻議(下)〉, 武漢大學簡帛硏究中心, 2006-02-18. "肾常即肩字, '肩無廢', 謂'肩膀不要向下垮."

144) 「廢首低肘, 曰'卑坐'.」

145) 「行以微磬之容, 臂不搖掉, 肩不上下, 身似不則, 從容而任.」

146) 「肩狀若流, 足如射箭.」

147) 「≪容經≫以下則皆古禮逸篇與其義.」

148) 秦樺林, 〈楚簡≪君子爲禮≫劄記一則〉, 武漢大學簡帛硏究中心, 2006.

분분하다.

계욱승季旭昇은 〈上博五芻議(下)〉에서 '𢍏'자로 예정하고 '어깨를 움츠리다'의 뜻인 '踡(구부릴 권, quán)'으로 읽고,[149] 소건주蘇建洲는 〈≪上博(五)≫柬釋(二)〉에서 '[古文字]'자를 '⿸厂同'자로 예정하고 '擎(들 경, qíng)'으로 읽고 '위로 들다(上擧)'로 쓰인다 하였다.[150] 우신방牛新房은 〈讀上博(五)札記〉에서 蘇建洲와 같이 '⿸厂同'자로 예정하나 '聳(솟을 용, sǒng)'으로 읽고,[151] 진검陳劍은 '傾(기울 경, qīng)'자로 읽는다 하였다.[152] 유쇠劉釗는 〈≪上博五·君子爲禮≫釋字一則〉에서 '[古文字]'자를 '詹(이를 첨, zhān)'으로 예정하고, '擧(들다)'의 뜻인 '檐(처마 첨, yán)'으로 읽어야한다 하였다.[153] 유쇠劉釗는 또한 ≪郭店楚簡·忠信之道≫의 제 3간 '[古文字]'자 역시 '詹'자라 하였다. 그러나 '[古文字]'자와 '[古文字]'자와는 그 형태가 다르다. 후자는 '尙'자의 변형이 아닌가한다.[154]

현재로선 확실히 알 수 없으나, 문자의 자형으로 보아 소리부가 '同'인 '⿸厂同'으로 예정할 수 있고, 어깨에 관한 내용이기 때문에 잠시 '삐딱하게 하지 말라'나 '추켜세우다'의 뜻인 '傾(기울 경, qīng)'이나 혹은 '擎(들 경, qíng)'으로 읽을 수 있다. ≪新書·容經≫에서는 「行容」에 대하여 "어깨는 위아래로 오르락내리락하지 않으며, 몸이 마치 앞으로 나아가지 않는 듯 여유 있게 맡겨 둔다."[155]라 하였는데, 이는 「견무폐肩毋廢」는 어깨를 아래로 늘어뜨리지 않아야 함을 가리키며, 「무경毋傾」이나 혹은 「무경毋擎」은 '삐딱하게 하지 말며', '어깨를 들어 마치 움츠리는 듯이 하지 말라'는 의미와 같다. 이는 곧 '어깨를 가지런히 해야 한다'는 「평견平肩」이나 「견불상하肩不上下」의 의미와 같다.

3. '行毋𢓊(眡)·毋𢼸(搖)'

'[古文字]'자는 의미부 '止'와 소리부 氐'로 이루어진 자이다. 본 죽간에서는 '眡(보는 모양 저, dī)'의

149) 季旭昇, 〈上博五芻議(下)〉, 武漢大學簡帛硏究中心, 2006.

150) 蘇建洲,「≪上博(五)≫柬釋(二)」, 武漢大學簡帛硏究中心, 2006.

151) 牛新房, 〈讀上博(五)札記〉, 2006-09-17.

152) 蘇建洲, 〈≪上博(五)≫柬釋(二)〉, 재인용.

153) 劉釗, 〈≪上博五·君子爲禮≫釋字一則〉, 武漢大學簡帛硏究中心, 2007.

154) 劉釗, ≪郭店楚墓校釋≫, 164 쪽. ≪楚系簡帛文字編≫, 85 쪽. ≪郭店楚簡·忠信之道≫의 제 3-4간은 "大舊而不俞(渝), 忠之至也. 匋而者尙, 信之至也."(오랜 시간이 지나도 영원히 변하지 않는 것이 忠의 지극함이다. 태고로부터 오랜 동안 일반적인 상태를 유지하는 것이 信의 극치이다.)로 쓴다. 李零≪郭店楚簡校讀記≫는 '匋(陶)'자는 "기르고 양육한다"의 뜻이고, '者尙'은 '睹常'으로 읽고 "양육하여 항상 존재하도록 하다"의 뜻이라 하였다. 李零, ≪郭店楚簡校讀記≫, 100 쪽. "有長養化育之義".

155) 「臂不搖掉, 肩不上下, 身似不則, 從容而任.」

의미로 쓰인다. ≪說文解字≫는 '𥄎(저眡)'자는 '視(視)'자의 고문이라 하였다.[156]

'[]'자는 '敎'자로 예정할 수 있다. 제 5간의 '誎'자의 소리부와 '[]'자의 소리부는 같다.

4. '足毋支(蹁)·毋高(蹻)'

'[]'자를 정리본은 '豕'로 예정하고 '墜(떨어질 추, zhuì)'로 읽고 있으나, 일반적으로 초간에서는 '豕'자는 '[]'(≪望山楚簡≫)로 쓴다.[157] 이 자는 ≪郭店楚簡·老子甲≫의 제 1간 '[]'자와 비슷하다.[158] ≪郭店楚墓竹簡≫ 정리본은 '卞'으로 예정하고 있고, 유쇠劉釗는 '支'으로 예정하였다.[159] ≪說文解字≫는 '[](편鞭)'자의 古文을 '[](㝵)'으로 쓴다. '支'자는 '[](㝵)'자의 일부를 생략한 형태다. '편鞭'자와 '辯(말 잘할 변, biàn)'자는 독음이 유사하다. ≪望山楚簡≫은 역시 ≪郭店楚墓竹簡≫과 같은 형태인 '[]'으로 쓰고,[160] '[]'자와도 유사한 형태이다. 따라서 이 자는 '支'자로 예정할 수 있고 '偏(치우칠 편, piān)'이나 '蹁(비틀거릴 편, pián)'으로 읽을 수 있다. 본 구절에서는 걸음(足)에 관한 내용이기 때문에 '支'자는 '편蹁'으로 '高'자는 '蹻(발돋움할 교, juē,jué,jiǎo,qiāo)'로 읽을 수 있다.

≪說文解字≫는 '[](편蹁)'자에 대하여 "걸음걸이가 일정치 않은 모양. 의미부 '足'과 소리부 '扁'으로 이루어진 형성자."라 하고, '[](교蹻)'자에 대하여 "발돋음하여 걷는 모양. 의미부 '足'과 소리부 '喬'로 이루어진 자."라 하였다.[161]

---

156) ≪說文解字≫: "시視, 瞻也. 从見·示. [](眂), 古文視. 眡, 亦古文視."('視'는 '쳐다보다'의 의미이다. 見과 示로 이루어진 회의자이다. '視'자의 고문을 '[](眂)'이나 '眡'로 쓴다.)

157) ≪楚系簡帛文字編≫, 87 쪽.

158) ≪郭店楚簡·老子甲≫: "𢇍(絶)智(知)弃卞(辯), 民利百伓(倍)."(지모를 단절하고 교묘한 말 재주를 버리면 백성의 이익은 백배로 늘어난다.)

159) ≪郭店楚簡校釋≫, 1 쪽.

160) ≪楚系簡帛文字篇≫, 247쪽 참고.

161) ≪說文解字≫: "蹁, 足不正也. 从足, 扁聲" "蹻, 擧足行高也. 从足, 喬聲"

第 8 簡

廷則欲齊=其才堂則

第 8 簡

廷[1]則欲齊=(齊齊), 其才(在)堂則[①]

【해석】

조정에서는 장엄하고 엄숙해야하며, 관아에서는

【上博楚簡原注】

죽간의 길이는 32cm로 상·하단 모두 파손되었다. 현존하는 문자는 모두 9자이며, 그 중 한 자는 중문重文이다.

① '廷則欲齊=, 其才堂則'

「제제齊齊」는 엄숙한 모양이다. ≪곽점초간郭店楚簡·성자명출性自命出≫제66간에 「夫柬柬之信, 賓客之禮必有夫齊齊之容, 祭祀之禮必有夫齊齊之敬.」[162]이라 하였으며, ≪예기禮記·옥조玉藻≫에 「凡行容惕惕, 廟中齊齊. 朝廷濟濟翔翔.」[163]이라 하였다. 본 죽간 「廷則容齊齊」 구절 중 「廷」자 앞에 어떤 자가 누락되었는지 알 수가 없지만, ≪옥조玉藻≫의 「朝廷濟濟翔翔」라는 문장은 「조朝」자를 보충할 수 있는 가장 좋은 예라 할 수 있다.

【譯註】

1. '䢝(廷)'

'[illegible]'자를 정리본은 '정廷'으로 예정하고 있으나 윗부분에 의미부 '宀'이 있다. 따라서 이 자는 '䢝'으로 예정하고 '정廷'으로 읽을 수 있다.[164]

162) "무릇 말을 할 때에는 정성이 담긴 마음으로 하여야 하며, 빈객을 맞이할 때는 단정한 용모로 맞이하며, 제사를 지낼 때는 엄숙하고 공경한 자세로 임해야 한다."

163) "무릇 걸음걸이의 모양은 급히 서두르는 모양이니라. 종묘 안에서는 공경하여 삼가고, 조정에서는 장엄하고 성대하며 자유로우니라."

164) 何有祖, 「上博五≪君子爲禮≫試讀」, 武漢大學簡帛硏究中心, 2006.

第9篇

韋蜀智人所亞也蜀貴人所亞也蜀䡞人所亞也貴而能壞□斯人欲其𠘽□□貴□

第 9 簡

韋(回), 蜀(獨)智(知)人所亞(惡)也, 蜀(獨)貴人所亞(惡)也, 蜀(獨)𩕊(富)人所亞(惡)也. 貴而能壤(讓)①, □斯人, 欲其𠫤[1]□□貴□

【해석】

안회이다. 홀로 지식을 누리는 것은 사람들이 싫어하는 바이고, 홀로 귀함을 누리는 것은 사람들이 싫어하는 바이다. 홀로 부유함을 누리는 것은 사람들이 싫어하는 바이다. 귀하나 사양할 줄 알면 그 사람은 □하고자 하며, 그 사람이 오랫동안 ~하고자 하며, 그 사람이 부하면서…….

【上博楚簡原注】

죽간의 길이는 47.8cm로 상단은 편평扁平하게 다듬어진 완전한 형태이고, 하단은 파손되어 있다. 문자는 모두 29자이다.

① '貴而能壤'

≪郭店楚簡·成之聞之≫ 제17, 18간에서는 「福而貧賤, 則民欲其富之大也; 貴而能讓, 則民欲其貴之上也.」[165]라 하였다. 본 편 제1간을 바탕으로 추측해볼 때, 본 간 「韋, 蜀智人所亞也」의 앞에 「夫子曰」 세 글자가 있다고 볼 수 있다.

【譯註】

1. '𠫤(長)'

「[簡文]」자를 정리본은 「𠫤」으로 예정하고 있으나, 하유조何有祖는 〈上博五≪君子爲禮≫試讀〉에서 「[簡文]」자를 '장長'자로 예정하고, 「欲其𠫤□□貴□」 구절을 「欲其長貴□富而」로 읽고 있다.[166] 문자의 흔적이나 문장의 내용으로 보아 '長'자일 가능성이 높다. '長'자를 ≪上博楚簡≫ 중 ≪容成氏≫는 '[字形]'(제8간)으로, ≪性情論≫은 '[字形]'으로 쓴다.[167]

---

165) "부유하나 빈천한 자에게 분배해 주면 백성들은 그 부유함이 더욱 부유해지기를 바라고, 귀하나 양보할 줄 알면 백성이 그 귀함을 높여주고자 한다." 劉釗 ≪郭店楚簡校釋≫은 '貧賤' 중의 '貧'자를 '분배하다'의 '分'의 의미로 해석하였다. 141 쪽 참고.

166) 何有祖, 〈上博五≪君子爲禮≫試讀〉, 武漢大學簡帛研究中心, 2006.

2. '9A→제4→9C→9B→9D'

제 9간은 네 개의 죽간을 짝 맞추기 하였고, 또한 파손된 부분이 있기 때문에 전체 구절에 대한 이해가 쉽지 않다. 진위陳偉와 주파周波 등은 제 9간은 두 개의 죽간을 짝 맞추기 한 것으로 보고 있으나, 이송유李松儒는 네 개를 짝 맞추기 한 것으로 보고 있다.

료명춘廖名春은 〈≪上博五·君子爲禮≫篇校釋劄記〉에서 ≪君子爲禮≫의 편련을 '3→9→4'로 보고 "夫子智而□信斯人欲其" 구절은 "獨知人所惡也"[168]라는 말과 의미상 관련이 있다하였다.[169] 제 3, 4, 9간의 편련에 대한 주장은 대략 아래와 같이 정리할 수 있다.

진검陳劍 3, 9; 4; 7+8;[170]

顏淵侍於夫子. 夫子曰: 【3】"回, 獨智人所惡也, 獨貴人所惡也, 獨富人所惡也. 貴而能讓□, 斯人欲其□貴也; 富而☑"【9】淵起, 逾(避?)席曰: "敢問何謂也?" 夫子: "智而□信, 斯人欲其"【4】

료명춘廖明春 3, 9; 4[171]

顏淵侍於夫子. 夫子曰: 【3】"回, 獨智, 人所惡也. 獨貴, 人所惡也. 獨富, 人所惡也. 貴而能讓[賢], 斯人欲其[愈]貴也. 富而[能分貧, 斯人欲其【9】愈富也. 智而能有信, 斯人欲其愈智也." 顏]淵起, 逾席曰: "敢問何謂也? 夫子! 智而[有]信, 斯人欲其【4】[愈智也. 貴而能讓賢, 斯人欲其愈貴也. 富而能分貧, 斯人欲其愈富也]?"

진위陳偉 3, 9A, 4, 9B[172]

顏淵侍于夫子. 夫子曰: 【3】"回, 獨智人所惡也, 獨貴人所惡也, 獨富人所惡【9A】[也." 顏]淵起, 去席曰: "敢問何謂也? 夫智而□信, 斯人欲其【4】[□智]也. 貴而能讓□, 斯人欲其長貴也; 富而【9B】……"

주파周波 3, 9A, 4, 9B[173]

顏淵侍于夫子. 夫子曰:【3】"回, 獨智, 人所惡也; 獨貴, 人所惡也; 獨富, 人所亞(惡)【9A】[也."

167) ≪楚系簡帛文字編≫, 824 쪽.
168) "홀로 아는 것은 사람이 미워하는 바이다."
169) 廖名春, 〈≪上博五·君子爲禮≫篇校釋劄記〉, 簡帛研究, 2006.
170) 陳劍, 〈談談≪上博(五)≫的竹簡分篇·拼合與編聯問題〉, 2006-02-19
171) 廖名春, 〈≪上博五·君子爲禮≫篇校釋劄記〉, 簡帛研究, 2006.
172) 陳偉, 〈≪君子爲禮≫9號簡的綴合問題〉, 武漢大學簡帛研究中心, 2006-03-06
173) 周波, 〈上博五補釋二則〉, 武漢大學簡帛研究中心, 2006-04-05.

顔淵起, 去席曰: "敢問何謂也？" 夫子[曰]: "智而□信, 斯人欲其【4】[□智]也; 貴而能讓, 斯人欲其長(？)貴也; 富而【9B】……"

유송유李松儒 3+(9A)+4+9C+9B+9D[174]

夫子曰: 【3】"回, 獨智, 人所惡也; 獨貴, 人所惡也; 獨富, 人所惡【9A】[175]也." 顔淵起, 去席曰: "敢問何謂也？" 夫子: "智而比信, 斯人欲其【4】□智【9C】也. 貴而[羽/能](一)讓【9B】, 斯人欲其長貴也; 富而【9D】

≪君子爲禮≫의 제4, 9 간은 '독지獨智'·'독귀獨貴'와 '독부獨富'의 폐단과 또한 이러한 폐단을 어떻게 하면 극복할 수 있는지에 대하여 언급하고 있다. 문장의 내용과 문자의 형태를 참고하면 제 9간은 네 개의 죽간을 짝 맞추기 한 것으로 보인다. 제 3간은 '獨智'·'獨貴'와 '獨富' 등의 내용과 관련이 없기 때문에 본문은 제 3간의 제 1, 2간과 이어지는 내용으로 보기로 한다.

【9A】의 마지막 자는 문맥과 문자의 형태로 보아 '亞'자가 확실한 것 같다. 그런데 【9B】와 이어지는 부분의 파손된 죽간의 형태가 비록 비슷하나 문자의 흔적이 보이지 않기 때문에 반드시 이어지는 것으로 볼 수 없다. 일반적으로 【9】와 【4】가 연결되는 죽간으로 보고 본다. 그 중 陳劍과 廖明春은 【9】 다음에 바로 【4】가 연결되는 것으로 보고 있으나, 진위陳偉와 주파周波는 【9A】와 【9B】 사이에 【4】가 연결되는 것으로 보았다. 【9A】에서 일반 백성들이 싫어하는 '獨知'·'獨貴'와 '獨富' 등 세 가지에 대하여 언급하자, 【4】에서는 안연은 구체적인 내용이 무엇이며 이를 해결하기 위해서는 어떠한 노력이 필요한지에 대하여 계속해서 듣고자 하자, 【4】간의 뒤 부분에서 공자는 지혜가 있으나 믿음이 있어야 더욱 지혜롭게 될 수 있음을 언급하고 있다. 따라서 【4】와 연결되는 내용은 '지智'자와 관련이 있다. 제 9간의 '양攘(讓)'자와 다음 부러진 죽간을 짝 맞추기를 한 부분은 문자 ''와 문맥의 내용으로 보아 '□智' 두 자일 가능성이 높다. 또한 '智'자 앞 파손된 자는 문맥으로 보아 '長'자인 것으로 보인다. 따라서 주파周波의 주장처럼 【4】 다음에 【9C】가 이어지는 내용으로 볼 수 있다.

제 9간 중 '(長)'자 다음에 ''자는 남아있는 흔적으로 보아 '(貴)'자와 같은 자인 것으로 보인다. 그 다음 자는 보이지 않으나 문자와 문자 사이의 간격으로 보아 한 글자가 있어야 하는데 문맥 내용으로 보아 '也'자가 아닌가 한다. 그 다음 자 ''자와 ''는 '富而' 두 자가 확실하다.

---

174) 李松儒, 〈上博五≪君子爲禮≫考釋一則〉, 復旦大學出土文獻與古文字硏究中心, 2011-12-10

175) 李松儒, 〈上博五≪君子爲禮≫考釋一則〉은 '【9A】'를 표시하지 않고 있다.

따라서 제 9간을 전체적으로 정리하면 아래와 같다.

> 韋(回), 蜀(獨)智(知)人所亞(惡)也, 蜀(獨)貴人所亞(惡)也, 蜀(獨)富(富)人所亞(惡)【9A】
> 也. 貴而罷(一)壤(讓),【9B】
> □智【9C】
> 斯人, 欲其長貴□(也); 富而【9D】[176)]

≪君子爲禮≫편 죽간의 짝맞추기와 편련編聯은 진검陳劍·진위陳偉 등의 연구를 통해 이미 큰 진전을 보이고 있다. 그 중에서 진검陳劍은 제9간을 제1~3간의 뒤편에 두었으며, 제4간 또한 제9간 뒤에 두어야 한다고 여겼다. 진위陳偉는 제9간을 A와 B 두 부분으로 나누었고, 9A+4+9B로 배열하고, 제1~3간의 다음에 놓여야 한다고 주장하였다. 周波는 〈上博五補釋二則〉에서 陳偉가 제기한 편련編聯에 관하여 기본적으로 찬성하나 "智而□信, 斯人欲其"의 구절을 안연이 한 말이 아니라 공자가 한 말로 보았다.

「獨智, 人所惡也; 獨貴, 人所惡也; 獨富, 人所惡也」의 내용은 고전적에 보인다. ≪大戴禮記·衛將軍文子≫에서 "공자가 담대멸명의 행동을 논하여 이르기를, 홀로 부귀를 누리는 것을 군자는 부끄러워한다. 이 사람은 이러한 점을 성취하였다."[177)]라 하였고, 왕빙진王聘珍은 ≪해고解詁≫에서 "독선자는 백성과 함께 하지 않는다."[178)]라 했다. ≪주역周易≫ 〈소축小畜〉 '九五'에서 「有孚攣如, 富以其鄰.」[179)]이라 하고, ≪상전象傳≫은 "믿음을 가지고 이어 묶고, 독단하지 않으면 풍요롭다."[180)]라 하였다. 이는 즉 「獨智」·「獨富」·「獨貴」가 모두 자신 홀로 지智·부富·귀貴를 향유하며, 백성과 더불어 한가지로 하지 않는다는 것(不與民同)을 말한다.

정리본은 「貴而能讓」 등의 구절을 ≪郭店楚簡·成之聞之≫(제16~19간)와 비교하고 있다. ≪郭店楚簡·成之聞之≫의 내용은 아래와 같다.

> 古(故)君子不貴庶(庶)勿(物), 而貴與【16】民又(有)同也. 智而比卽, 則民谷(欲)其智(知)之述

176) 정리본의 「欲其⺄□□貴□」 구절을 蘇建洲은 〈初讀≪上博五≫淺說〉에서 「欲其□貴□富而」로 읽고 있다.

177) 「孔子論澹台滅明之行雲: 『獨貴獨富, 君子恥之, 夫也中之矣.』」 高明, ≪大戴禮記今註今譯≫, 臺灣商務印書館, 1981, 228쪽.

178) 「獨者, 不與民同也.」

179) "믿음을 지니되, 마치 〔한 쪽〕팔뚝이 꺾여 부러졌을 때 「다른 쪽 팔뚝으로 서로 의지」하듯이 하니, 그 이웃을 도와서, 부유하게 함이로다."

180) 「'有孚攣如', 不獨富也.」 김상섭, ≪주역-역전편(周易易傳)≫, 지호출판사, 2013,

也. 福而貧賤, 則民谷(欲)其【17】福之大也. 貴而罷(一)纕, 則民谷(欲)其貴之上也. 反此道也, 民必因此厚也【18】以復之, 可不新(愼)虐(乎)?

그러므로 군자는 중물衆物들을 중히 여기지 않고, 민중과 함께 생각하고 행동하며 같은 목표를 향해 노력하는 것을 중히 여긴다. 훌륭한 정책이 지혜로우면서 믿음이 있으면, 민중들은 그 총명한 운영이 원활하게 완성되기를 원할 것이다. 부귀하나 빈천한 사람에게 그 부를 분배해 주면 민중들은 그가 더욱 부유해지기를 원한다. 존귀하나 항상 겸양할 줄 알면 민중들은 그 존귀함이 더욱 늘어나기 원할 것이다. 만일 이 道를 반대로 행하지 않는다면, 민중들은 반드시 심히 반대를 하여 저항을 할 것이니 신중하지 않을 수 있겠는가?

두 문장이 내용상 상당히 유사하다. 특히 ≪成之聞之≫의 "貴而罷纕" 구절을 " "으로 쓰는데, ≪君子爲禮≫는 " "의 구절과 기본상 같다. ≪곽점초간郭店楚簡≫은 "貴而罷(一)纕"으로 읽고 ≪상박초간上博楚簡≫ 정리본은 "貴而能壤(讓)"으로 읽었다. '纕'과 '壤'자는 소리부가 모두 '襄'이기 때문에 서로 통한다. ≪상박초간上博楚簡≫ 정리본이 '能'으로 예정한 ' '자를 ≪郭店楚簡≫은 ' '으로 쓴다. 자형으로 보아 같은 자가 아닌가 한다. '罷'자는 초간에서 '一'이나 '억抑'자의 가차자로 쓰인다. ≪곽점초간郭店楚簡·오행五行≫(제 16간)에서는 "要(淑)人君子, 其義(儀)罷(一)也. 能爲罷(一), 肰(然)句(後)能爲君子, 慼(愼)其蜀(獨)也."[181]라 하였고, 楚文字에서 ' (罷)'자는 '一'나 '抑'자의 가차하여 사용된다. ≪郭店楚簡·成之聞之≫는 "貴而罷(一)纕, 則民谷(欲)其貴之上也."[182](제18 간)라 하였는데, 이중의 「罷」자는 「熊」자와 같은 자이다. ≪자휘字彙≫에서는 "熊, 同態."[183]이라 하고, ≪광운廣韻≫은 '態'자에 대하여 그 음이 '노늑절奴勒切'이라 하고 ≪集韻≫에서는 '익덕절匿德切'이라 하였다. 즉 이 자는 발음이 두 개다. ≪上博楚簡·季康子問於孔子≫(제1간) "罷不智民敄之安才"[184] 중의 '罷'자는 '抑(누를 억, yì)'의 의미인 '전절轉折'관계를 표시하는 접속사로 쓰인다. ≪國語·晉語九≫에서는 "美則美矣. 抑臣又有懼也"[185]라 하였다. 따라서 ≪君子爲禮≫의 본 ' '자는 '罷'자로 예정하고 '一'의 의미로 쓰인 것으로 보인다.

'夫子智'의 구절을 진위陳偉 〈≪君子爲禮≫9號簡的綴合問題〉에서는 공간으로 보아 '子'자 없

181) "≪詩經·曹風·鳲鳩≫는 「현명한 군자, 그 儀態는 始終一貫 한결같네」라고 했다. 능히 始終一貫해야 군자가 될 수 있다. 군자는 시종일관 오직 덕에 집중한다."

182) "존귀하나 겸양할 줄 알면 민중들은 그 존귀함이 더욱 늘어나기를 원할 것이다."

183) "'熊'자는 '態'자와 같다."

184) "그러나 백성에게 해야 할 일이 어떤 것인가를 모르겠네요?"

185) "아름답기는 아름답지만, 그러나 신하를 두렵게 느끼게 한다."

어야 하며 '夫'자를 발어사發語詞로 쓰인다 하였고, 이 구절들을 공자가 한 내용으로 보았다. 그러나 홈(계구契口) 자리를 고려한다 해도 자간의 공간이 다른 자간의 공간보다 넓고, '夫'자와 '智'자 사이에 분명히 ' '와 같은 형태가 보이고, 이 자는 '子'자일 가능성이 매우 높다. 진검陳劍 등은 '子'자가 있는 것으로 보고, 「淵起, 逾(避)席曰: '敢問何謂也?' 夫子: '智而□信, 斯人欲其……」로 읽었다. 고전적에서 「敢問何謂也」라고 제자들이 물으면, 공자가 이어서 대답하는 문장 구조가 자주 보인다. ≪대대예기大戴禮記·주언主言≫에서는 "증자가 말했다. '감히 묻건대 이 말은 무슨 뜻입니까?' 공자께서 말씀하셨다. '옛날에 현명한 군주는 천하의 현명하고 재능 있는 인재의 이름을 알아야 했다…….'"186)라 하고, ≪禮記·仲尼燕居≫에서는 "자공이 자리를 넘어 앞으로 나아가 대답하여 말하기를 감히 묻건대 어떻게 하나이까? 孔子가 말씀하시기를 공경하되 예절에 맞지 아니함을 일컬어 촌스럽다고 하고……"187)라 하였다. ≪君子爲禮≫의 다른 부분에서 孔子가 대답을 한 곳은 모두 「夫子曰」로 쓴다. 제1간에서 공자는 안연의 말에 대답을 하면서 「夫子曰」을 ' '로 쓴다. 혹은 제 4간 ' ' 부분 역시 ' '로 쓰는 것이 아닌가 한다. 제 4간과 9간을 전체적으로 정리하면 아래와 같다.

韋(回), 蜀(獨)智(知)人所亞(惡)也, 蜀(獨)貴人所亞(惡)也, 蜀(獨)䝰(富)人所亞(惡)〼【9A】〼囦(淵)记(起), 逾笞(席)曰: 「敢䎽(問)可(何)胃(謂)也?」 夫子曰: 智(知)而□(必)信, 斯人欲其【4】□(長)智【9C】也. 貴而罷(一)壤(讓)【9B】, 斯人欲其長貴□(也); 富而【9D】

186) 「曾子曰: '敢問何謂也?' 孔子曰: '昔者明主以盡之天下良士之名……'」 高明, ≪大戴禮記今註今譯≫, 臺灣商務印書館, 1981, 17쪽.

187) 「子貢越席而對曰: '敢問何如?' 子曰: '敬而不中禮, 謂之野……'」

第10簡

昔者仲𡱁箴徒三人第徒五人芫賫之徒

第 10 簡

昔者仲屖(尼)箴[1]徒三人, 竆(弟)徒五人, 芫贅[2]之徒①

【해석】

옛날에 중니에게 아버지와 같이 섬기는 사람이 세 사람이 있었고, 형처럼 여기는 사람이 다섯 사람 있었으며, 친구로서 함께 즐기는 사람

【上博楚簡原注】

죽간의 길이는 22.6cm로 상·하단 모두 파손되었다. 현존하는 문자는 모두 15자이다.

① 昔者仲屖箴徒三人, 竆徒五人, 芫贅之徒

「仲屖」는 「중니仲尼」이다. 「屖」자는 본 죽간에서 본래 「[illegible]」로 쓰나, 이 자는 자부 「辵」를 쓰기도 한다. 「屖」자와 「遲」에 대한 의미 설명은 ≪상박초간(二)·종정從政(甲)≫제13간 「不必才近屖樂」 구절을 참고할 수 있다.

≪孔子家語·변정辯政≫에서는 "〔자천이 또〕말하였다. "저에게는 단부 고을에 아버지와 같이 섬기는 사람이 세 사람이 있고, 형처럼 섬기는 사람이 다섯 사람 있었으며 친구로 좋게 사귀는 사람이 열한 사람 있었습니다." 孔子가 말했다. "아비처럼 섬기는 자가 세 사람이 있었다면 효도를 가르칠 수 있었을 것이며, 형처럼 섬기는 자가 다섯 사람이 있었다면 공경하는 것을 가르칠 수 있었을 것이며, 친구로 좋게 사귀는 사람이 열한 사람 있었으면 얼마든지 착한 일을 할 수 있었을 것이다."188)라 하였고, ≪한시외전韓詩外傳≫에서는 "대답하였다. "제가 아버지처럼 모시는 분이 세 명, 형처럼 받드는 분이 다섯 명, 친구로 대하는 자가 열두 명, 스승으로 모시는 분이 한 명 있습니다." 이에 공자는 이렇게 말하였다. "아버지처럼 모시는 분이 세 명, 형처럼 받드는 분이 다섯 명이면 효제孝悌를 가르칠 수 있고, 친구로 대하는 자가 열두 명이라면 임금의 총명을 가리는 일을 없앨 수 있으며, 스승으로 모시는 분이 한 명이라면 정치에 실책이 없고 행동에 실패가 없을 것이다." 189)라 하였다. 이러한 내용은 본 죽간을 이해할 수 있는 좋은 실례

188) 「曰: 『不齊所父事者三人, 所兄事者五人, 所友事者十一人. 』孔子曰: 『父事三人, 可以教孝矣; 兄事五人, 可以教悌矣; 友事十一人, 可以舉善矣.』」

189) 「對曰: 『所父事者三人, 所兄事者五人, 所友者十有二人, 所師者一人.』 孔子曰: 『所父事者三人, 〔足以教孝矣,〕 所

이다.

【譯註】

1. '10→≪弟子問≫18

제 10간의 죽간을 ≪弟子問≫의 제 18간의 내용과 연결되는 것으로 보기도 한다.[190] ≪弟子問≫의 제 18간은 "者, 皆可以為者(諸)侯㥯(相)歖(矣). 東西南北. 不䡞□【弟18】"[191]와 같다. ≪弟子問≫ 제 18간의 '䡞(䡞)'자는 소리부인 '奇'의 자적은 확실하게 보인다. 전후 문맥으로 보아 '綺(비단 기, qǐ)'의 통가자로 쓰이는 것이 아닌가 한다.

2. '緘(箴)'

''자를 정리본은 '䈬'자로 예정하고 어떻게 읽을 수 있는지 설명을 하지 않고 있다. 초간楚簡에서 '緘(봉할 함, jiān)'자를 ≪包山楚簡≫은 ''으로 쓰고 ≪신채갈릉초묘新蔡葛陵楚墓≫는 ''으로 쓴다.[192] ''자 역시 '緘'자의 이체자가 아닌가한다. 혹은 이 자는 의미부 '糸'와 '箴'의 생략형이 소리부인 자이다. 하유조何有祖는 〈上博五零釋二則〉에서 '간諫하다'의 의미인 '箴(경계 잠, zhēn)'으로 읽었다.[193]

3. '緘(箴)徒三人, 㣇(悌)徒五人'

≪공자가어孔子家語≫와 ≪한시의전韓詩外傳≫에서 언급한 섬기는 사람과 본 죽간에 언급한 섬기는 사람을 상호 비교하면 아래와 같다.

> '䈬徒三人'-'父事者三人'
> '㣇徒五人'-'兄事者五人'
> '芫贊之徒'-'友事者十一人(十二人)'

위는 공자 문하의 제자들을 본받을 수 있는 부자, 형제, 친구로 분류한 것이다.

兄事者五人, 足以教弟矣; 所友者十有二人, 足以袪壅蔽矣; 所師者一人, 足以慮無失策, 舉無敗功矣…….』」

190) 陳劍, 〈談談≪上博(五)≫的竹簡分篇·拼合與編聯問題〉, 2006-02-19.

191) "……는 모두 제후와 재상이 될 수 있다. 동서남북으로 ……하지 않다."

192) ≪楚系簡帛文字編≫, 1095 쪽.

193) 何有祖, 〈上博五零釋二則〉, 武漢大學簡帛研究中心, 2006

「緘徒三人」은 「父事三人」과 서로 대응이 된다. ≪晏子春秋·外篇重而異者≫의 「景公問後世孰將踐有齊者晏子對以田氏」[194] 문장에서 "아버지는 자상하면서 교육에 힘쓰고 자식은 효성스러우면서 부모님께 간언을 해야 되고, 형은 사랑을 베풀면서 아껴줌이 있고 아우는 공경을 다하면서도 순종할 줄을 안다."[195]라 하였고, ≪左傳·昭公二十六年≫의 「子孝而箴」[196]라는 문구에 대해 두예杜預는 "잠箴은 간언하는 것이다."[197]라 하였다. 본 '[illegible]'자 역시 「箴」으로 읽는 것이 아닌가 한다.

부모를 섬기는 방법으로 ≪대대예기大戴禮記≫에서는 부모에게 효도하는 방법으로 「양養(부양)」·「경敬(공손)」과 「간諫(간언)」 등 세 항목에 대하여 언급하였다. 즉 ≪大戴禮記·曾子本孝≫에서는 "군자의 효는 정도正道로써 부모에 대한 간쟁諫諍을 표현하는 것이다."[198]·"부모에 대한 군자의 효도는 미세하게 간언하고 이에 지치거나 수고롭게 생각하지 않는다. 부모가 이를 받아들이시면 부모를 섬김에 태만하지 않아야 하며, 즐겁고 기뻐하며 더욱 마음 속 충성忠誠을 힘써 다해야 한다. 재앙과 변고가 모두 발생하지 않게 하는 것을 가히 '효'라고 말할 수 있다."[199]라 하고, ≪大戴禮記·曾子事父母≫에서는 "단거리가 증자에게 물었다. 부모를 섬기는 데에 방법이 있습니까? 증자가 말했다. "있다. 愛와 敬이다. 부모의 행동이 만약 도리에 합하면 따르고, 도리에 합하지 않으면 간언하는 것이다. 간언한 말이 부모님으로부터 채택되지 않으면, 부모의 뜻에 따르되 마치 자신이 생각해낸 것과 같이 한다. 부모의 잘못을 따르되 간언하지 않으면 효가 아니요, 간언하여도 효과가 없다고 따르지 않는 것도 효가 아니다."[200]라 하였다. 따라서 '父事者'중에는 「경敬」 이외에도 「간諫」이 중요한 항목이다.

'弟徒五人'은 '兄事者五人' 구절과 대응된다. ≪孔子家語≫와 ≪韓詩外傳≫의 「可以教悌」를 참고하여 「弟」자는 「悌(공경할 제, tì)」로 읽을 수 있다.

'芫贅之徒'는 '友事者十一人'과 대응되는 구절로 「芫」자는 「玩(익숙할 완, wán)」으로 읽을 수 있다. ≪주역周易·계사상系辭上≫의 「所樂而玩者」[201]에 대하여 육덕명陸德明은 "자세히

194) "경공이 후세에 누가 이 제나라를 갖게 될 것인가를 묻자, 안자는 전씨가 갖게 될 것이라고 대답함."
195) 「父慈而教, 子孝而箴, 兄愛而友, 弟敬而順.」
196) "자식은 효도하며 간언을 해야 한다."
197) 「箴, 諫也.」
198) 「君子之孝也, 以正致諫.」
199) 「君子之孝也……微諫不倦, 聽從而不怠, 懽欣忠信, 咎故不生, 可謂孝矣.」
200) 「單居離問於曾子曰: 『事父母有道乎?』 曾子曰: 『有. 愛而敬. 父母之行, 若中道而則從, 若不中道則諫, 諫而不用, 行之如由己. 從而不諫, 非孝也; 諫而不從, 亦非孝也.』」
201) "[군자가 평시에] 즐기면서 반복적으로 음미하는 것."

밝혀 익숙해지다”202)라 하고, ≪초사楚辭·애시명哀時命≫「誰可與玩此遺芳」203) 구절에 대하여 왕일王逸은 “완玩은 익히는 것이다.”204)」라 하였다. ≪열자列子·황제黃帝≫의「玩其文也久矣」205)에 대해서 은경순殷敬順은 “완玩은 익히는 것이다.”206)라 하였다. 이는 사제지간에 학문을 서로 연구하고 감상하는 것을 말한다.

4. ‘贅(嬉)’

‘’자는 의미부 ‘貝’와 소리부 ‘埶’로 이루어진 형성자로 ‘贅’로 예정할 있다. ‘釐(다스릴 리{이}, lí)’자자의 이체자가 아닌가 한다.「리釐」자는 고전적에서「僖(기쁠 희, xī)」자로 쓰기도 한다. ≪좌전左傳·장공8년莊公八年≫의「有寵於僖公」207) 구절을 ≪사기史記·제태공세가齊太公世家≫에서는 ‘僖’자를 ‘리釐’자로 쓴다. ≪대대예기大戴禮記·고지誥志≫에서는「惟民是嬉」208)고 하였고 왕빙진王聘珍은「‘嬉’는 ‘즐긴다’는 뜻도 있다.”209)라 하였다. ‘玩嬉之徒’는 아마도 孔子에게서 배우는 제자를 가리키는 것이 아닌가 한다. 사도師徒간에는 스승이 될 수도 있고 벗이 될 수 있는 것이다.210)

202)「玩, 研玩也.」
203) “누가와 함께 이 향기를 완상할 수 있으리오.”
204)「玩, 習也.」
205) “오랫동안 옛글을 다루어 왔다.”
206)「玩, 習也.」
207) “희공에게 사랑을 받다.”
208) “오직 백성만이 안일(安逸)을 추구한다.”
209)「嬉, 亦樂也.」
210) 何有祖, 〈上博五零釋二則〉, 武漢大學簡帛硏究中心, 2006.

第11篇

非子人子羽聞於子贛曰仲屖與虐子產箸臤子贛曰夫子絧十室之邑亦樂絧萬室之邦亦樂然則

第 11 簡

非[1]子人. 子羽䎽(問)於子贛(貢)曰: 「仲屖(尼)與虗(吾)子產管(孰)[2]臤(賢)①?」 子贛(貢)曰: 「夫子紿(治)十室之邑亦樂②, 紿(治)(萬)室之邦亦樂③, 肰(然)則[3]

【해석】

자인子人이 아니다. 자우子羽가 자공子貢에게 물었다. "공자와 우리의 자산子產과 더불어 누가 현명하다고 보는가?" 자공이 말하였다. "공자께서는 열 집 되는 작은 마을을 다스리는 것 또한 즐겁게 여기고, 만 집의 나라를 다스리는 것 또한 즐겁다고 하셨다. 그러하므로

【上博楚簡原注】

죽간의 길이는 51.8cm로 상단은 편평扁平하게 다듬어진 완전한 형태이고, 하단은 파손되어 있다. 현존하는 문자는 모두 39자이다.

① '子羽'

담대멸명澹臺滅明은 공자의 제자로 자字는 자우子羽이다. ≪공자가어孔子家語·자로초견子路初見≫에서는 "담대자우는 군자다운 얼굴을 가졌으나 행실은 그 얼굴과 같지 않으며, 재아는 우아한 언변이 있으나 지혜는 그 언변과 같지 않았다."211)라 하였고, ≪한비자韓非子·현학顯學≫에서 "공자가 말하였다. 용모를 가지고 사람을 취했더니 자우로 실수하고 말솜씨를 가지고 사람을 취했더니 재여로 실수하였다."212)라 하였다.

② '仲屖與虗子產管臤'

공손교公孫僑의 자字는 자산子產이다. 정鄭 목공穆公의 손자이자 춘추春秋시대 정국鄭國의 훌륭한 재상의 한 사람으로서, 일찍이 정鄭 간공簡公과 정鄭 정공定公 두 왕조에 걸쳐 22년 동안 정권을 장악하였다. 뛰어난 정치와 외교적 능력으로 진晉나라와 초楚나라 등 양 대국과 공방전을 벌였다.

211) 「澹台子羽有君子之容, 而行不勝其貌; 宰我有文雅之辭, 而智不充其辯.」

212) 「孔子曰: 『以容取人乎, 失之子羽; 以言取人乎, 失之宰予.』」

「仲尼與吾子孰賢」과 같은 유사한 구절 형식은 문헌에 자주 보인다. 예를 들어 ≪論語·先進≫에서 "자공이 공자에게 물었다. "전손사顓孫師(자장)와 복상蔔商(자하) 가운데 누가 더 낫습니까?"[213]라 하였고, ≪孟子·公孫丑上≫에서 "혹자가 증서曾西에게 묻기를, '그대가 자로와 더불어 누가 더 어진가?'라고 하니, ……'그렇다면 그대는 관중管仲과 더불어 누가 더 어진가?'"[214]라 하였고, ≪國語·周語上≫에서는 "왕이 물었다. 노魯나라 대부 중에 누가 현명합니까?"[215]이라 하였으며, ≪晏子春秋·內篇問下≫에서는 "평공이 다시 물었다. "그러면 장공과 지금의 임금은 누가 더 현명합니까?"[216]이라 하였다.

③ 夫子紿十室之邑亦樂

「十室之邑」의 「십실十室」은 「만실萬室」과 상대되는 말로써, 그 지역의 범위가 작은 것을 말한다. ≪論語·公冶長≫에서 "단지 열 집밖에 안 되는 마을에도, 반드시 나와 같이 충성스럽고 신실한 사람이 있겠지만 나처럼 학문을 좋아하는 것을 따라올 이가 없을 것이다."[217]라 하였으며, ≪대대예기大戴禮記·증자제언曾子制言≫에서 "이전에 대우大禹가 밭을 가는 농부 다섯 무리가 식軾(수레 앞부분의 손잡이용 횡목)에 기대어 예를 행하는 것을 보았다. 인가 열 가구가 있는 작은 마을을 지나자 수레에서 내려 경례를 하였다. 아마도 덕을 지닌 사람이 이 안에 있기 때문이리라."[218]라 하였다.

④ 紿堇室之邦亦樂

「만실지방萬室之邦」은 「만 가구가 있는 나라(만호지방萬戶之邦)」라는 말과 같다. 문헌에서는 「만실지국萬室之國」은 「만실지읍萬室之邑」이라 한다. ≪孟子·告子下≫에서 "맹자가 말하였다. 자네의 도는 맥의 도이다. 만 집의 나라에 한 사람이 질그릇을 만들면 되겠는가?"[219]라 하였으며, ≪상군서商君書·병수兵守≫에서 "사방으로 적을 마주하고 싸우는 국가가 만호의 국가를 방비하는 수만의 군사를 두지 못한다면 위험합니다."라 하였다.[220]

---

213) 「子貢問: 『師與商也, 孰賢?』」
214) 「或問乎曾西曰, 吾子與子路孰賢, ……然則吾子與管仲孰賢.」
215) 「王問: 『魯大夫孰賢?』」
216) 「公又問曰: 請問莊公與今君孰賢?」
217) 「子曰: 十室之邑, 必有忠信如丘者焉, 不如丘之好學也.」
218) 「者禹見耕者五耦而式, 過十室之邑則下, 爲秉德之士存焉.」
219) 「孟子曰: 子之道貉道也, 萬室之國, 一人陶則可乎?」

【譯註】

1. ‘行[子]人’

본 간의 첫 번째 글자는 정리본은 「非」자로 예정하고 있으나, 진검陳劍(2006-2-19)은 이 자를 「行」자로 예정하고, 또한 「行子人」 중 「子」자는 연문衍文이라 하였다.[221] 외교업무를 관장하는 관직명이고, 「행인行人」은 관직명이고, 춘추春秋 말기에 정鄭나라에 있었던 「자우子羽」는 정나라의 대부 공손휘公孫揮이며, 정鄭나라 대부 공손교公孫僑 자산子産과 동 시대에 함께 활약한 인물이다. 「行」자의 형태는 제7간의 「(行)」자와 매우 유사하다. 자산子産과 자우子羽는 모두 전鄭나라 대부이기 때문에 「吾子産(우리의 자산)」라고 칭한 것이다. ≪論語·憲問≫에서는 “공자께서 말씀하셨다. 외교 사령을 작성할 때는 비심이 기초하고, 세숙이 검토하고, 행인行人 자우가 수식하고, 동리의 자산이 윤색했다.”[222]라 하고, ≪論語 雍也≫는 “자유가 무성읍 수장이 되었을 때 공자께서 너는 여기서 인재를 얻었느냐?라고 물으셨다. 이에 자유가 말하였다. 담대멸명이라는 사람이 있는데 길을 갈 때 지름기로 다니지 않고 공적인 일이 아니면 제 방에 온 적이 없습니다.”[223]라 하였다.

하유조何有祖는 〈上博五試讀三則〉(2006-03-09)에서 죽간의 「人」 아래 ‘’와 같이 짧은 횡획은 「자인子人」이 사람이라는 전문명사를 표시하는 부호이고, 자인子人은 노魯나라를 방문하였던 정鄭나라 사람이라 하였다. 하유조何有祖는 본 구절을 “行, 子人·子羽問於子貢”으로 읽었다. 그러나 「人」자 아래 검은 점은 부호를 표시하는 것인지 아니면 죽간이 부식된 흔적인지 확실하지 않다. 또한 두 인물이 동시에 자공에게 묻는다는 설정이 쉽게 이해가 되지 않는다.

문장의 구조상 진검陳劍의 주장이 옳은 듯하다. 자산子産(BC565？—BC 522年)은 자우子羽(BC 549?-BC484?)[224]와 자공子貢(端木賜, BC 520年 - BC 456年)보다 이른 시기의 사람이다. 자우子羽는 자공子貢(贛)에게 같은 정국鄭國 대부였던 자산子産과 공자孔子를 비교하여 설명해 주기를 바라고 있다.

---

220) ≪商君書·兵守≫: 「四戰之國, 不能以萬室之邑, 舍巨萬之軍者, 其國危.」(사방으로 적을 마주하고 싸우는 국가가 만호의 국가를 방비하는 수만의 군사를 두지 못한다면 위험하다.)

221) 何有祖, 「上博五試讀三則」, 武漢大學簡帛硏究中心, 2006.

222) ≪論語·憲問≫: “子曰, 爲命, 裨諶草創之, 世叔討論之, 行人子羽修飾之, 東里子産潤色之.”

223) ≪論語 雍也≫: “子游爲武城宰. 子曰, 女得人焉耳乎? 曰, 有澹臺滅明者, 行不由徑, 非公事, 未嘗至於偃之室也.”

224) 澹臺滅明의 나이에 대하여 ≪史記≫는 “澹臺滅明, 武城人, 字子羽. 少孔子三十九歲.”라 하였고, ≪孔子家語≫는 “澹臺滅明, 武城人, 字子羽. 少孔子四十九歲.”라 하였다.

2. ‘𥫔(孰)’

‘□’자는 의미부 ‘亯’과 소리부 ‘竹’으로 이루어진 ‘𥫔(두터울 독)’자로 ‘篤(도타울 독, dǔ)’과 같은 자이다. ≪說文解字≫는 “두텁다의 의미. 의미부 ‘亯’과 소리부 竹으로 이루어진 형성자이다. 篤자의 음과 같다.”[225]라 하고, 단옥재段玉裁는 “‘𥫔’자와 ‘篤’자는 고금자이다. ‘𥫔’자와 부수가 ‘二’인 ‘竺’자와 음과 의미가 같다. 현재는 ‘篤’자로 쓰고, ‘𥫔’자와 ‘竺’자를 쓰지 않는다.”[226]라 하였다. ≪집운集韻≫은 또한 “‘竺’자를 혹은 ‘𥫔’으로 쓴다. 일반적으로 ‘篤’으로 쓴다.”[227]라 하였다. ‘독篤’자는 ‘숙孰’의 가차자로 쓰인다.

3. ‘11→15→13→16→14→12→弟22’

陳劍(2006-02-19)은 제 11간은 ‘15+13+16+14, 12; [弟子問 22]’와 연결되는 내용으로 보았다. 모두 공자와 ‘누가 더 현자賢者인가’에 대한 물음이다.

225) ≪說文解字≫: “𥫔, 厚也. 从亯, 竹聲. 讀若篤.”
226) ≪說文解字注≫: “𥫔·篤亦古今字. 𥫔與二部竺音義皆同, 今字篤行而𥫔·竺廢矣.″
227) ≪集韻≫: “竺, 或作𥫔, 通作篤.″)

第12篇

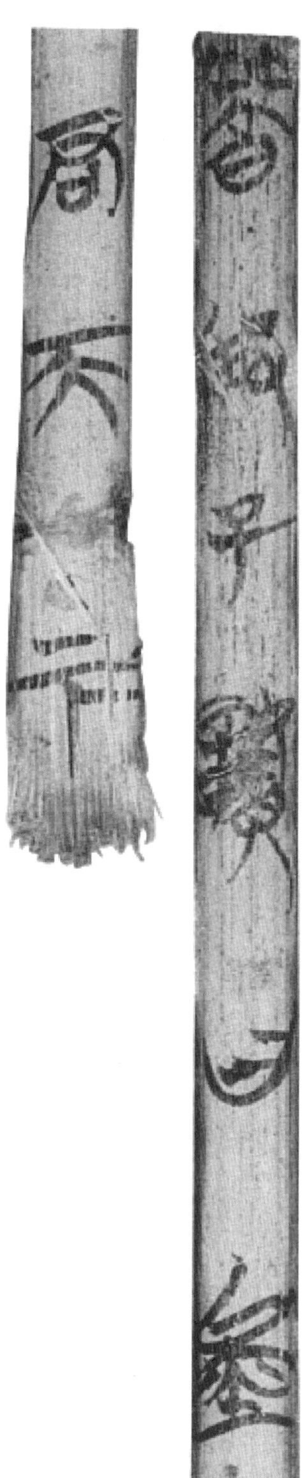

筥圀子贑曰垒君天下

第 12 簡

篙(孰)臤(賢)?」 子贛(貢)曰: 「奎(舜)[1]君天下[①2]

【해석】

누가 어진가?" 자공이 말하였다. "순임금은 천하

【上博楚簡原注】

죽간의 길이는 12.3cm로 상단은 편평扁平하게 다듬어진 완전한 형태이고, 하단은 파손되어 있다. 현존하는 문자는 모두 7자이다.

① 奎君天下

「奎」는 「舜(순임금 순, shùn)」이다. 이 자형은 ≪곽점초간郭店楚簡·궁달이시窮達以時≫ "순舜임금은 역산鬲山에서 경작하고, 황하 유역에서 질그릇을 만들었다."(제 2간)[228] 구절 중 '순舜'자와 같다.

【譯註】

1. '舜'

'순舜'자를 ≪郭店楚簡·窮達以時≫는 '奎'으로, ≪上博楚簡·子羔≫는 '奎'으로 쓴다.[229]

2. '14→12'

제 14간의 마지막 부분은 「奎(舜)」과 공자와 비교하는 내용이기 때문에 본 죽간과 연결되는 내용이다.

228) 「舜耕於鬲山, 陶拍於河浦.」 ≪郭店楚墓竹簡≫은 "舜䎘於鬲(歷)山, 匋(陶)笞(拍)【2】於河固"로 쓴다. ≪史記·五帝本紀≫에서는 ""舜耕歷山, 魚雷澤, 陶河濱, 作什器於壽丘, 就時於負夏."(순임금은 역산에서 밭을 일구고, 뇌택雷澤에서 고기를 잡고, 황하黃河 유역에서 도기를 만들고, 수구壽丘에서 몇 가지의 수예품을 만들었고, 잠시 부하負夏에서 장사를 한 적이 있다.)"라 하였다.

229) ≪楚系簡帛文字編≫, 529 쪽.

진검陳劍(2006-02-19)은 제 12간을 ≪君子爲禮≫의 제일 마지막 죽간으로 보고, 이 죽간은 또한 ≪제자문弟子問≫의 제 22간과 이어지는 내용이라 하였다. ≪弟子問≫ 제 22간의 내용은 아래와 같다.

子餌(聞)之曰:「賜, 不䖒(吾)智(知)也. □(夙)興夜牀(寐), 以求餌(聞)

공자께서 듣고서는 이렇게 말씀하셨다.「사賜(자공)야, 내가 아는 것이 아니구나. 일찍 일어나고 늦게 잠들고, 이로써 듣기를 구하고

第13簡

非以爲弖名夫

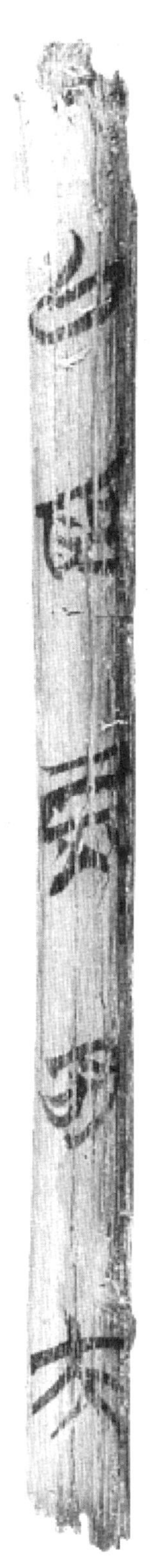

第 13 簡

非以爲异(己)名, 夫

【해석】

자신의 공으로 여기지 않다.

【上博楚簡原注】

죽간의 길이는 7.5cm로 상·하단 모두 파손되었다. 현존하는 문자는 모두 6자이다.

【譯註】

1. '炅(己)'

정리본은 「爲」자 다음의 자를 「异」로 예정하고 있으나, 하유조何有祖(2006-02-19)는 아랫부분이 「丌」가 아니라 「火」라 하였다.[230]

≪國語·周語下≫ "用巧變以崇天災, 勤百姓以爲己名, 其殃大矣"[231] 구절 중의 '명名'은 '공功'의 의미이다. '爲己名'은 '자신의 공으로 삼다'의 뜻이다.

---

230) 何有祖, 〈上博五≪君子爲禮≫試讀〉, 武漢大學簡帛硏究中心, 2006.

231) "교묘한 변화로 천재를 가중시키고 백성들을 고생시켜 자신의 공명을 떨치려 하니 그 재난은 참으로 막대한 것이다."

第14簡

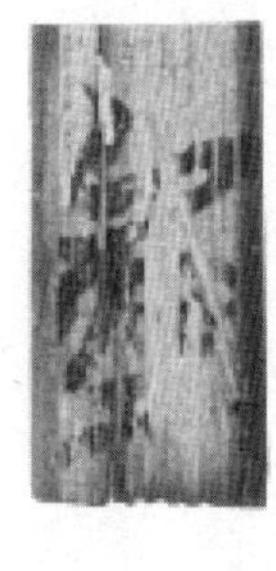

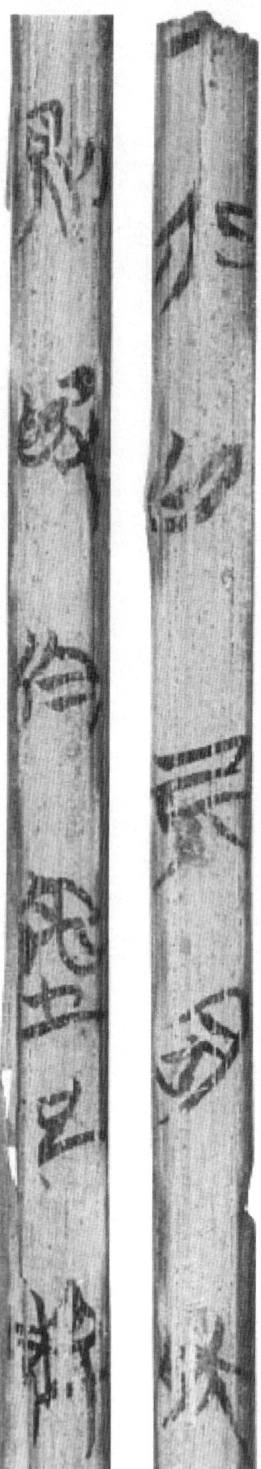

□非以异名然 則臤於堊 也契坴

第 14 簡

□非以昇(己)名, 肰(然)則臤(賢)於墬(禹)也, 契, 夎(舜)[①]

【해석】

또한 자신의 공功으로 하지 않았다. 그런고로 우禹임금보다 어질며, 설契과 우舜임금

【上博楚簡原注】

죽간의 길이는 17cm로 상단은 파손되었으며, 하단은 편평扁平하게 다듬어진 완전한 형태이다. 현존하는 문자는 모두 12자이다.

① 肰則臤於墬也, 契, 夎

「墬」자는 의미부 「土」를 쓰는데, 「禹(하우씨 우, yǔ)」자와 같은 자이다. 이 글자는 ≪郭店楚簡≫에도 보인다.

「契」자는 아마도 「契(맺을 설, xiè)」자가 아닌가한다. ≪說文解字·大部≫에서는 「'契'자는 '큰 약속'의 뜻이다. 의미부 大와 소리부 㓞로 이루어진 자이다. ≪周易≫은 '후대 성인은 이를 바꾸어 문자로 썼다'라 하였다.」[232)]라 하였으며, 단옥재段玉裁는 "경전에서 혹은 '契'를 가차하여 '栔'자로 쓴다."[233)]라 하였다. 「栔」자에 대하여 ≪說文解字≫에서는 "새긴다."라 하였고, 단옥재段玉裁는 「새기는 것이 나무를 사용함이 많으니 고로 자부 木을 썼다. 음성 반절은 '약계若計'切이다.」[234)]라 하였다. 고전적에서는 주로 「契」·「鍥(새길 계, jié,qì,qiè)」나 혹은 「挈」로 쓴다.

이 자는 ≪上海博物館藏戰國楚竹書(二)·子羔≫의 제10~12간에서 쓰는 「契」자와 형태가 다르다. 본 죽간의 「契」는 商人의 시조인 「契」를 가리킨다. 사서의 기록에 의하면 요堯·설契와 직稷은 모두 제곡帝嚳의 자손이며, ≪史記·五帝本紀≫에서는 요堯는 일찍이 "팔원(伯奮·仲堪·叔獻·季仲·伯虎·仲熊·叔豹과 季貍 등 才子 팔인)을 등용하여 사방에 오교(五教)를 널리 펴도록 하다."[235)]라 하였고, ≪색은索隱≫은 이에 대해 "설契은 사도司徒가 되어 오교五教를 펴뜨

---

232) ≪說文解字≫: 「契, 大約也, 從大, 㓞聲. ≪易≫「後代聖人易之以書契.」

233) 「經傳或叚契爲栔.」

234) ≪說文解字≫: "刻也." ≪說文解字注≫: "刻之用於木多, 故從木. 若計切."

235) 「擧八元, 使布五教於四方.」

리니 설契은 팔원八元의 법도가 되었다."[236]라 하였다. 순舜임금이 설契을 천거한 내용은 ≪史記·殷本紀≫에서 볼 수 있으며, 설契은 현자賢者이었기 때문에 순舜의 천거를 받았다. 죽간 중에 설契과 순舜을 나란히 언급하고 있는 것은 위 문장이 「현賢」을 주제로 하는 것과 관련이 있을 것이다. 그러나 이들의 관계에 대해서는 죽간이 파손되어 안타깝게도 상세한 내용을 알 수 없다.

【譯註】

1. '亦'

하유조何有祖는 〈上博五≪君子爲禮≫試讀〉(2006-02-19)에서 제14간을 「□亦以己名, 然則賢於禹也, 與舜……」로 읽고 있다. 정리본에서 「非」자로 예정한 '[illegible]'자를 「亦」자로 예정하였다.[237] 하유조何有祖의 주장이 옳다.

만약에 '[illegible]'자를 「설契」자로 예정한다면 「우禹」와 「순舜」 사이에 「설契」자가 언급되어지는 것은 논리상 맞지 않다.

2. '與舜'

하유조何有祖는 〈上博五≪君子爲禮≫試讀〉(2006-02-19)에서 '[illegible]'자는 또한 정리본이 「契」자로 예정한 '[illegible]'자를 「與(줄 여, yǔ,yú,yù)」자로 보았다. 이 자는 「설契」자와 달리 제 15간의 「[illegible](與)」자와 같은 형태이다. 따라서 「與舜……」으로 읽어야 옳다(부록 참고).

236) 「契爲司徒, 司徒敷五敎, 則契在八元之數.」

237) 何有祖, 〈上博五≪君子爲禮≫試讀〉, 武漢大學簡帛研究中心, 2006.

第15簡

豈(?)與垂筥臤子贛曰垂紉天下之川

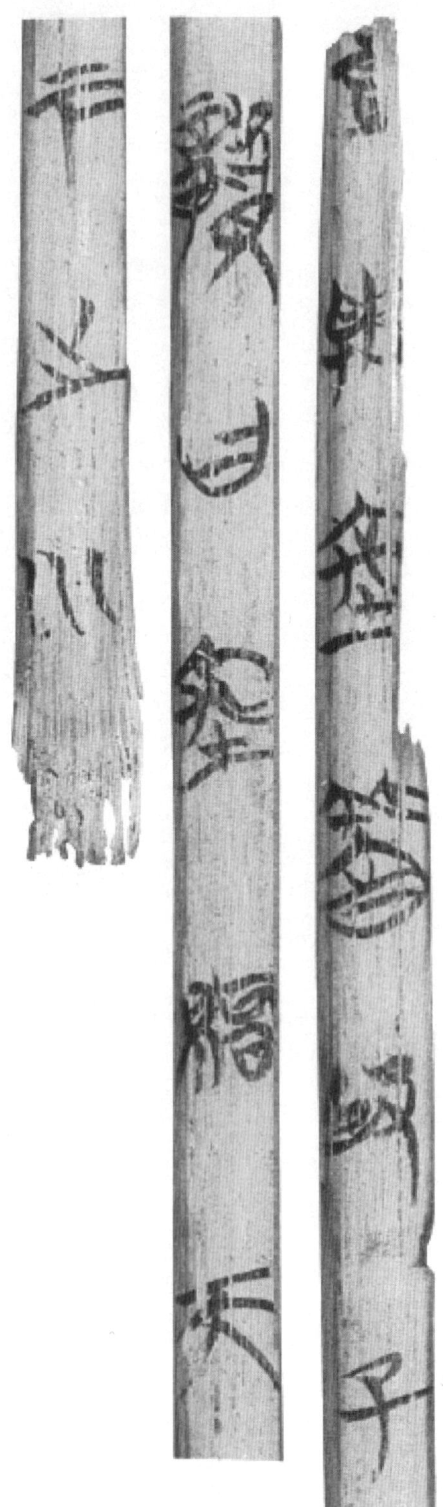

第 15 簡

𧯨(?)與墨(禹)䈞(孰)臤(賢)?」子贛(貢)曰:「墨(禹)紿(治)天下之川▨

【해석】

𧯨은 우禹임금과 비교하여 누가 더욱 현명한가?" 자공子貢이 말하였다. "우禹임금의 천하의 하천을 다스렸다.

【上博楚簡原注】

죽간의 길이는 20.3m로 상·하단 모두 파손되었다. 현존하는 문자는 모두 14자이다.

① 墨紿天下之川

우禹임금의 치수를 기록한 역사 전적典籍으로는 ≪상서尙書≫·≪시경詩經≫·≪사기史記≫ 등에 보인다. 앞에서 이미 우禹임금에 관한 가장 이른 시기의 문헌 서주西周 ≪빈공수豳公盨≫의 문장을 살펴보았다. ≪곽점초간郭店楚簡·당우지로唐虞之道≫제10간에도 "우禹는 물을 다스리는 직무를 맡았고, 익益은 불을 다스리는 직무를 맡았고, 후직後稷은 토지를 다스리는 직무를 맡았었다. 이는 모두 백성들의 생존의 필요를 만족시키기 위한 것이었다."[238]라 하였다.

【譯註】

1. '11→15→13→16→14→12→弟22'

진검陳劍은 죽간의 편련을 제11, 15+13+16+14, 12; [弟22]로 보았다.[239] 죽간문의 내용은 다음과 같다.

> 行子人子羽問於子貢曰: "仲尼與吾子產孰賢?"子貢曰: "夫子治十室之邑亦樂, 治萬室之邦亦樂, 然則▨【11】▨壴(喜一矣)." "與禹孰賢?"子貢曰: "禹治天下之川, 【15】□以爲己名. 夫【13】子治詩書, 【16】亦以己名, 然則賢於禹也." "與舜【14】孰賢?"子貢曰: "舜君天下, ▨【12】

238) 「禹治水, 益治火, 後稷治土, 足民養.」

239) 陳劍, 〈談談≪上博(五)≫的竹簡分篇·拼合與編聯問題〉, 2006-02-19

☐子聞之, 曰: "賜不吾知也. 夙興夜寐, 以求聞【弟子問22】

행인行人 자우子羽가 자공子貢에게 물었다. "공자께서 우리 정鄭나라 자산子產과 더불어 누가 현명하다고 보는가?" 자공子貢이 말하였다. "공자孔子께서는 열 집 되는 작은 마을을 다스리는 것이 즐겁고, 만 집의 나라를 다스리는 것 또한 즐겁다고 하셨다. 그러하므로 【11】豈은 우禹임금과 더불어 누가 더욱 현명한가?" 자공子貢이 말하였다. "우禹임금은 천하의 하천을 다스렸다.【15】 자신의 공功으로 여기지 않다.【13】 공자께서 시詩와 서書를 편집하고(정비하고) 【16】또한 자신의 공功으로 하지 않았다. 그렇다면 우禹임금보다 어질며, 순舜임금과【14】누가 어진가?" 자공이 말하였다. "순임금은 천하【12】공자께서 듣고서는 이렇게 말씀하셨다. 사賜(자공)야, 내가 아는 것이 아니구나. 일찍 일어나고 늦게 잠들고, 이로써 듣기를 구하고【弟22】」

第16簡

子羔時箸

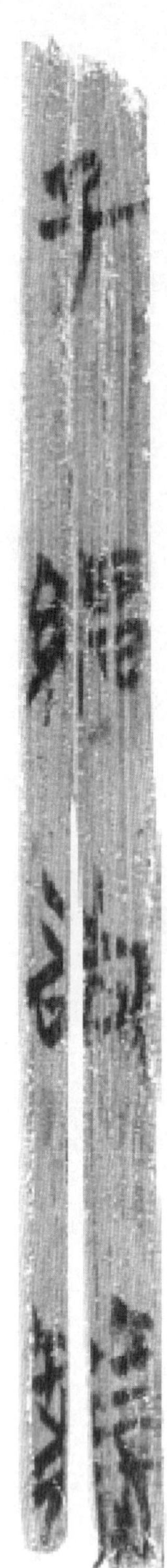

第 16 簡

子紿(治)時(詩)箸(書)①

【해석】

공자께서 시詩와 서書를 편집하고(정비하고)

【上博楚簡原注】

죽간의 길이는 6m로 상·하단 모두 파손되었다. 현존하는 문자는 모두 4자이다.

① 子紿(治)時(詩)箸(書)

「子治詩書」는 공자가 위衛나라로부터 노魯나라로 돌아와 시서詩書를 집필하고 춘추春秋를 편찬한 것을 말한다. ≪莊子·天運≫의 "孔子가 노자에게 말하였다. "저는 '시詩·서書·예禮·악樂·역易·춘추春秋의 여섯 가지 경서를 스스로 오랜 동안 공부하여 그 뜻을 익히 알고 있다고 생각하고 있습니다."240)라 하였다. 하지만 죽간의 문자가 거의 파손되어 4자밖에 없기 때문에 이에 대한 더 이상의 내용을 알 수가 없다.

【譯註】

1. '≪君子爲禮≫의 내용'

서소화徐少華는 〈論竹書≪君子爲禮≫的思想內涵與特徵〉에서 ≪君子爲禮≫편은 대체적으로 세 가지 내용으로 나눌 수 있다 하였다.241)

제1장은 제1,2,3,4간과 제9간을 포함한 다섯 죽간으로, 공자가 제자 안연顔淵에게 예禮·인仁·의義 에 관한 유가儒家 덕목을 언급한 내용이다.

제2장은 제5,6,7,8간 등 네 개의 죽간으로, 군자의 '용예容禮'에 대한 절차와 규범에 대하여 언급하였다.

제3장은 제10,11,12,13,14,15,16간을 포함한 일곱 간簡으로, 이 중에 제15+13+16+14간은

240)「孔子謂老聃曰:『丘治詩書禮樂易春秋六經, 自以爲久矣, 孰知其故矣.』」

241) 徐少華,「論竹書≪君子爲禮≫的思想內涵與特征」, 哲學中國사이트, 2007.

하나의 내용으로 편련할 수 있다. 여기에는 주로 자우子羽가 공자孔子문하 제자인 자공子貢에게 공자孔子를 자산子産·우禹·순舜과 비교하여 누가 더 현명한지를 논한 내용이다.

≪君子爲禮≫ 主要參考文獻

廖名春, 〈≪上博五·君子爲禮≫篇校釋劄記〉, 山東大學簡帛研究, 2006-03-06.

徐少華, 〈論竹書≪君子爲禮≫的思想內涵與特徵〉, 哲學中國網, 2007.

周波, 〈上博五札記(三則)〉, 武漢大學簡帛研究中心, 2006-02-26.

周波, 〈上博五補釋二則)〉, 武漢大學簡帛研究中心, 2006-04-05.

陳劍, 〈談談≪上博(五)≫的竹簡分篇·拼合與編聯問題〉, 2006-02-19

季旭昇, 〈上博五芻議(下)〉, 武漢大學簡帛研究中心, 2006-02-18.

陳偉, 〈≪君子爲禮≫9號簡的綴合問題〉, 武漢大學簡帛研究中心, 2006-03-06

禤健聰, 〈上博楚簡(五)零札(二)〉, 武漢大學簡帛研究中心, 2006-02-26

李松儒, 〈上博五≪君子爲禮≫考釋一則〉, 復旦大學出土文獻與古文字研究中心, 2011-12-10

劉洪濤, 〈談上海博物館藏戰國竹書≪君子爲禮≫的拼合問題〉, 武漢大學簡帛研究中心, 2006.

何有祖, 〈上博五≪君子爲禮≫試讀〉, 武漢大學簡帛研究中心, 2006-02-19.

陳斯鵬, 〈讀≪上博竹書(五)≫小記〉, 武漢大學簡帛研究中心, 2006.

秦樺林, 〈楚簡≪君子爲禮≫劄記一則〉, 武漢大學簡帛研究中心, 2006.

蘇建洲, 〈≪上博(五)≫柬釋(二)〉, 武漢大學簡帛研究中心, 2006-02-28.

牛新房, 〈讀上博(五)札記〉, 武漢大學簡帛研究中心, 2006-09-17.

劉釗, 〈≪上博五·君子爲禮≫釋字一則〉, 武漢大學簡帛研究中心, 2007.

9

弟子問

장광유張光裕 정리整理

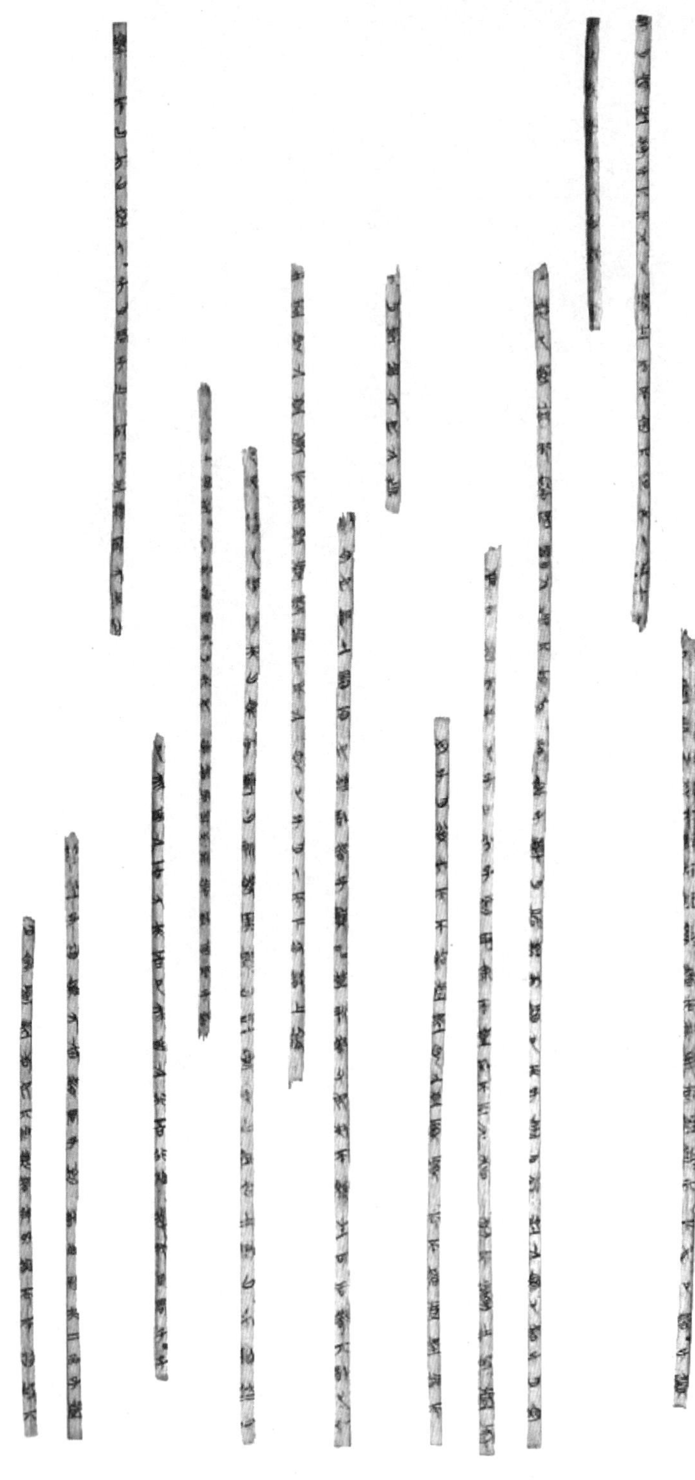

제15간←제1간

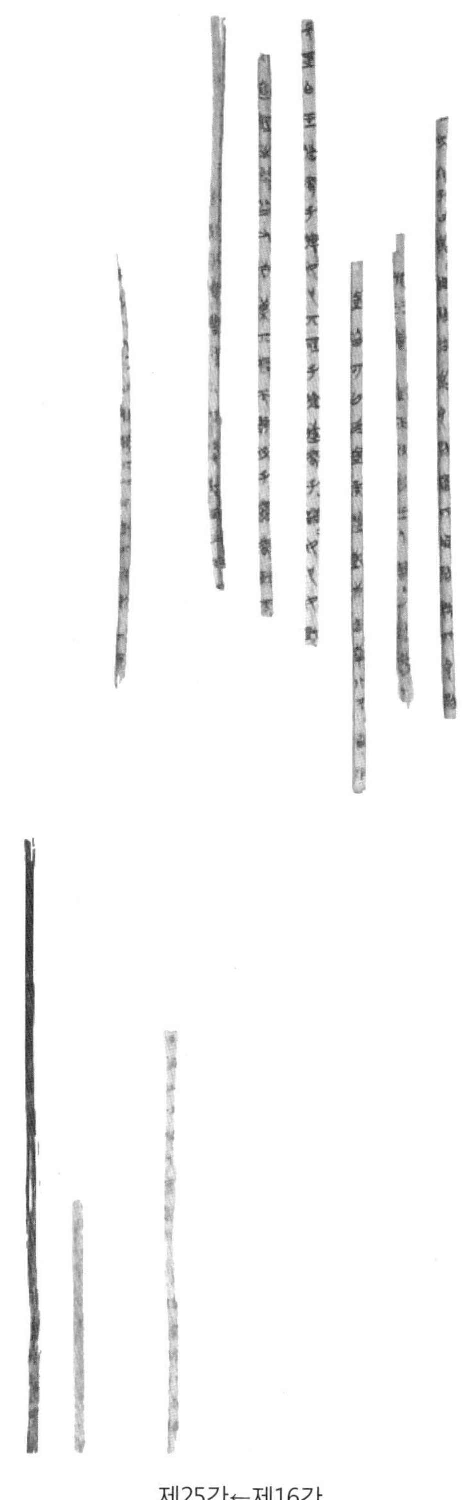

제25간←제16간

【說明】(장광유張光裕)

≪제자문弟子問≫은 모두 25간이다. 죽간이 많이 손상되고 온전하지 않아 죽간의 순서를 배열(編連)하기가 쉽지 않다. 대부분 공문孔門 제자들이 공자와 문답을 나누는 형식과 관련이 있다. 공자와 재아宰我나 안회顔回, 안연顔淵과 자유子由, 자우子羽와 자공子貢의 대화 등 다양하다.

내용 중에는, 「春秋不恆至, 耇老不復壯」[1]이라며 제자들에게 촌음을 아껴야 한다고 가르치고, 「貧賤而不約者, 吾見之矣; 富貴而不驕者, 吾聞而 [未之見也] 」[2]라는 문장은 ≪예기禮記·방기坊記≫[3]와 ≪論語·學而≫[4]편을 참조할 수 있고, 안빈낙도와 부유했을 때의 처신에 대한 공자의 태도를 엿볼 수 있다.

본편 제 8간은 「子贛曰」 중 「[illegible](曰)」자의 자형이 다른 죽간의 자형과 서로 다르다. 그러나 본편의 여러 다른 죽간과 대조하여 보았을 때, 그 자형과 풍격 등이 매우 비슷하다. 홈(계구契口) 위치 역시 또한 서로 비슷하다. 「曰」자가 동일한 편명에서 두 가지 형태로 쓰이는 경우가 있는데, 예를 들어, ≪상박초간·상방지도相邦之道≫ 등이 있다. 따라서 제 8간 역시 본 편으로 보기로 하였다.

죽간에서는 또한 「食肉如飯土, 飲酒如淆, 信乎？」[5]라 하여, 고기를 먹는 것과 술을 무절제하게 먹고 마시는 행위를 빗대어 소중하게 여길 줄 모를 행위를 지적하면서, 이러한 사실은 사실상 쉽게 믿기 어려운 일이라는 내용이다. 그래서 자공은 "부모만큼 친한 존재가 없는데도, 부모가

---

1) "시간은 영원하지 않으며, 늙으면 다시 젊어지지 않는다."

2) "빈천하면서도 구차하지 않은 자를 나는 보았으나, 부귀하면서도 교만하지 않은 자를 나는 듣지 못했다[보지는 못했다]."

3) ≪禮記·坊記≫: "子云: 小人貧斯約, 富斯驕, 約斯盜, 驕斯亂. 禮者, 因人之情而爲之節文, 以爲民坊者也. 故聖人之制富貴也, 使民富不足以驕, 貧不至於約, 貴不慊於上, 故亂益亡."(공자께서 말씀하셨다. 소인이 빈곤해지면 구차해져 스스로 타락하고, 부유해지면 오만해진다. 스스로 타락하면 나쁜 짓을 하며 법을 어기고, 오만하면 난을 범한다. 예禮는 사람들의 일반적인 마음을 따라 문식을 절제하도록 하여, 이로써 사람들의 규범으로 삼는다. 그러므로 성인이 부귀의 제도를 제정하여 사람들로 하여금 부귀하지만 교만하지 않도록 하고, 빈곤하지만 구차함에 이르지 않게 하였다. 이렇게 하면 존귀하게 되어 윗사람들에게 불만을 가지지 않게 되므로 난을 일으키는 일 역시 갈수록 없어졌다.)

4) ≪論語·學而≫: "子貢曰：貧而無諂, 富而無驕, 何也? 子曰：可也；未若貧而樂, 富而好禮者也.(자공이 말했다. "빈궁하지만 오히려 아첨하지 않으며, 부유하더라도 오히려 교만하지 않으면 어떻습니까?" 공자께서 말씀하셨다. "괜찮다. 그러나 비록 빈궁하지만 도를 즐기고, 부유하지만 오히려 겸허하여 예를 좋아하는 것만 같지 못하다.)

5) "(부모님 상을 당했는데) 고기 먹는 것을 밥 먹듯 하고 술을 탁주 마시는 듯 흥청망청하는 이런 일이 있을 수 있겠는가?"(제8간)

돌아가시고 나서 이를 애도하는 마음이 생겨나지 않는다면 이는 말이 되는가? 이를 믿을 수 있는 사실인가!"[6] 라 하였다. 이러한 정면으로 대답하지 않고 반문의 형식을 사용하고 있는데, 이는 곰곰이 새겨볼 만하다.

본편 부간附簡은 윗부분 반절이 파손되었다. 처음 정리할 때는 다른 ≪弟子問≫의 죽간과 함께 배치하였으나 홈(계구契口)의 위치가 불분명하기 때문에 부간으로 처리하였다. 내용 역시 매우 중요하며 연구가치가 높다. 때문에 이 죽간을 마지막 부분에 추가하기로 한다. 이 죽간의 귀속 문제는 훗날 다시 논의하기로 한다. 부간附簡「考(巧)言窒色, 未可謂仁也」의 내용은 ≪論語·學而≫의「巧言令色, 鮮矣仁」[7]의 내용과 유사하다.「窒」자는「善(착할 선, shàn)」으로 해석하여야 한다.「窒色」은 즉「선색善色」으로「영색令色」의 의미와 비슷하다. 여러 초楚나라 청동기 자료를 통하여「窒」자가 '善'의 의미로 쓰인다는 것을 증명할 수 있다. 이는 초나라 방언의 특수 현상 중의 하나로 주의할 만한 가치가 있다.

편련을 할 때, ≪弟子問≫ 중 제11간에「宰我問君子」라는 구절을 참고하여「군자君子」를 언급한 제 12, 13, 14간을 모두 그 뒤에 배열하였다. 죽간 문장 중「愼始與終」[8]·「言行相近」[9]·「無所不足, 無所有餘」[10] 등은 모두 군자의 행위와 관련이 있다고 볼 수 있다. 이러한 내용은 고전적 문헌에서 서술한「군자君子」의 기준과 비슷하다.

≪君子爲禮≫에도 또한「君子」를 언급하고 있다. 그런데 왜 이들의 죽간을 본 편의「君子」와 관련된 죽간과 함께 편련하지 않았느냐고 물을 수 있다. 하지만 이미 앞에서 언급하였듯이 죽간의 형태를 세밀하게 비교 대조해 보면,「인仁」과「야也」자 등이 ≪君子爲禮≫와 서로 각각 다르다. 따라서 각각 분리하여 귀속시켰다.

---

6)「莫新(親)乎父母, 死不顧生, 可言乎其信也.」
7) "교묘하게 꾸며대는 말과 위선적인 얼굴을 하는 사람은 인덕仁德이 많을 리가 없다."
8) "처음 시작하는 것을 신중히 하고 끝까지 해야 한다."
9) "언행이 서로 가까워야 한다."
10) "군자는 부족한 것이 없고, 또한 분수에 넘치도록 소유하고자 하지도 않는다."

第 1 簡

而敷敓佃虐其所前陵季=僑而弗受前陵季=其天民也虐■子贛

第 1 簡

而歖(動), 敚仳虐(乎)其所, 前(延)陵季=(季子)僑而弗受①. 前(延)陵季=(季子), 其天民也虐(乎)②?」子贛(貢)

【해석】

……움직였다. ……연능계자延陵季子는 옮겨가 살고 받지 않았다. 연능계자延陵季子는 천민天民인가?」 자공子贛은

【上博楚簡原注】

죽간은 길이가 30cm이고, 상하단 모두가 파손되었다. 문자는 26자이고 그 중 합문이 두 자이다.

① '前陵季=僑而弗受'

「前(延)陵季子」 중의 「전前」자는 「延(끌 연, yán)」자와 음이 같아 통가자로 쓰인다. 연능계자延陵季子가 곧 계찰季札이다. 춘추 말기 오吳나라의 공자公子였다. 연릉延陵(오늘날 강소성江蘇省 무진武進)에 봉해졌기 때문에 이렇게 불리운다. ≪예기禮記·단궁하檀弓下≫에서는 "연능계자延陵季子가 제齊나라에 갔다. ……공자께서 말씀하셨다. 연능계자延陵季子는 오吳나라에서 가장 예를 아는 사람이다."[11]라 하였다. 연능계자延陵季子는 옛 현인 중의 한 사람이다.(≪곡량전穀梁傳·양공29년襄公二十九年≫ 참고[12].)

---

11) 「延陵季子適齊……孔子曰: 延陵季子, 吳之習於禮者也.」

12) "吳其稱子, 何也? 善使延陵季子, 故進之也. 身賢, 賢也; 使賢, 亦賢也. 延陵季子之賢, 尊君也. 其名, 成尊於上也."(經文이 吳王을 '子'라 했는데 그 이유는 무엇인가?("吳子使札來聘"에 대한 설명이다.) 왜냐하면 국왕이 延陵季子와 같이 현명한 자를 추천하여 파견했다는 것을 칭찬하기 위하여 오왕吳王을 높여 부르기 위한 것이다. 성덕聖德을 갖춘 자 또한 현명한 사람이지만, 현명한 사람을 쓸 줄 아는 것 또한 현명한 사람이다. 延陵季子의 현덕賢德은 그가 왕군王君을 존중했다는 점이다. 그래서 경문經文이 그의 이름 '찰札'을 직접 언급하고 그가 오왕吳王을 존경했음을 나타낸 것이다.)
≪春秋公羊傳·襄公二十九年≫: "於是使專諸刺僚. 而致國乎季子, 季子不受, 曰, 爾弑吾君, 吾受爾國, 是吾與爾爲簒也, 爾殺吾兄, 吾又殺爾, 是父子兄弟相殺, 終身無已也. 去之延陵. 終身不入吳國. 故君子以其不受爲義, 以其不殺爲仁, 賢季子. 則吳何以有君有大夫. 以季子爲臣, 則宜有君者也."(합려가 이에 전제專諸로 하여금 요僚를 찔러 죽이게 했으며 나라를 계자季子에게 바쳤다. 계자가 받지 아니하고 말하였다. '당신이 우리 군주를 시해했으니 내가 이 나라를 받는다면 이는 내가 당신과 함께 나라를 찬탈한 것과 같다. 당신이 나의 형을 살해하고 내가 또 당신을 살해하면 이는 아버지와 아들이나 형제들이 서로 죽이고 죽이는 일이 언제 끝날

【譯註】

1. '歖(讓)雙(札)俑(用)虐(乎)其雁'

정리본은 두 번째 '[illegible]'자와 세 번째 '[illegible]'자를 각각 '歖(動)'과 '敚'로 예정하였다. 진검陳劍(2006-02-19)은 제 1간이 제 2간 후에 이어지는 내용으로 보고, 전체적으로 "子曰: 延陵季子, 其天民也乎? 生而不因其浴(俗), 吳人生七□(年?)【2】而動(
?)散(?)俑(?)乎其雁(膺), 延陵季子僑(嬌)而弗受. 延陵季子, 其天民也乎? 子貢☒"으로 읽고 있다. 그러나 범상희范常喜(2006—5—21)는 "子曰: 前(延)陵季子, 其天民也虐(乎)? 生而不因(因)其浴(俗), 吳人生十(十七)□忎(年)【2】而壞(讓)雙(札), 俑虐(乎)其雁, 前(延)陵季=(季子)僑而弗受. 前(延)陵季=(季子), 其天民也乎? 子贛(貢)【1】"으로 읽었다.

'[illegible]'자는 ≪上博楚簡(二)·容成氏≫ 제 22간 "歖(撞)鼓, 垔(禹)必速出"13) 구절 중의 '[illegible](歖)'자와 유사하다. 이 자는 의미부 '攴'과 소리부 '童'으로 이루어진 자로 '讓(사양할 양, ràng)'과 음이 통한다.

≪上博楚簡(四)·曹沫之陣≫ 제42-43간에서는 '散果(裏)' 중 '散'자를 '[illegible](𢼸)'과 '[illegible](雙)'으로 쓴다. 본 죽간 '[illegible]'자는 '[illegible](雙)'의 자형과 유사하다. 범상희范常喜는 이 자를 연능계자延陵季子의 이름인 '찰札'의 통가자로 보았다. 현재의 연구 자료로는 자세히 알 수 없어 좀 더 연구가 필요하겠으나, 문장의 내용으로 보아 '찰札'로 읽는 것이 설득력이 있다.

'[illegible]'자는 남아있는 문자의 형태로 보아 의미부가 '人'이고 소리부가 '甬'인 '용俑'자 아닌가 한다. 본 구절에서는 '用'의 의미로 쓰인 것으로 보인다.

'[illegible]'자를 정리본은 '所'자로 예정하고 있으나, 남아있는 문자의 형태로 보아 '안雁'자가 옳다. '雁'자는 초죽서에서 일반적으로 '[illegible]'·'[illegible]'·'[illegible]'로 쓴다.14)

따라서 정리본이 석문한 "而歖(動), 敚佢虐(乎)其所" 구절을 "而歖(讓)雙(札)俑(用)虐(乎)其雁"으로 읽을 수 있다. 고대에는 '안雁'은 대부大夫들이 면회를 할 때 사용하는 지예품贄禮品 중의 하나로 사용하였다.

옛날 풍속에 나라로부터 부름을 받거나(징소徵召)·혼례의 예물(혼빙婚聘), 임금님을 알현謁見

줄 모를 것이다.' 말을 마치고 계자는 연릉으로 떠나가 종신토록 오나라에 돌아오지 않았다. 그러므로 군자는 그 의를 위하여 나라를 받지 않고, 인을 위하여 살해하지 않았던 것이다. 그래서 계자가 현덕한 군자라고 여긴 것이다. 그렇다면 오나라에 어찌 군주가 있고 대부가 있겠는가? 만약에 계자를 大臣으로 여긴다면 오나라에는 당연히 군주가 있는 것이 아니겠는가.)

13) "북이 울리면 우 임금은 신속히 나와 맞이하였다."

14) ≪楚系簡帛文字編≫, 368 쪽 참고.

할 때 예물을 사용하였다. ≪周禮·春官·大宗伯≫에서는 "경卿은 새끼 양羔을 가지고, 대부大夫는 기러기(안雁)를 가지고 간다."[15]라 하였다.

2. '脠(延)陵季=(季子)僑而弗受'

'[illegible]'자를 정리본은 '前'자로 예정하고 '연延'의 통가자로 해석하였다. 이 자는 의미부 '月'과 소리부 '延(延)'으로 이루어진 '脠'자로 '延'자와 통한다.[16]

'僑(임시거처 교, qiáo)'자는 '천거遷居하다'의 뜻이다. ≪韓非子·亡徵≫에서는 "羈旅僑士, 重帑在外, 上閒謀計, 下與民事者, 可亡也"[17]라고 하였는데, 이 구절 중 '僑'는 임시적으로 거처하는 것을 말한다. 계찰季札에 대한 기록으로, ≪公羊傳·襄公二十九年≫에서는 "계자季子는 연능延陵으로 간 후 다시는 오나라에 들어오지 않았다"[18]라 하였고, ≪吳越春秋≫에서는 "오吳나라 사람들이 기필코 계찰季札을 왕으로 삼고자 하였으나, 季札은 이를 받아들이지 않고 들에서 농사를 지으며 살았다. 그러자 오나라 사람들이 그를 왕으로 삼지 않았다"[19]라 하였다.

오왕吳王 수몽壽夢에게는 제번諸樊(?-BC548)·여제余祭·여매夷(餘)昧와 계찰季扎 등 네 명의 아들이 있었는데, 아들 중 季扎이 가장 현명하자 왕이 되게 하고자 했으나, 季札이 극구 사양하자 諸樊(오자吳子 알遏)이 왕이 되었다. 부친의 '형종제급兄終弟及'하라는 유언에 따라 諸樊은 왕위를 余祭에게, 余祭는 夷昧(약 BC 580-BC527, 오도왕吳度王)에게, 夷昧는 동생인 季札에게 왕위를 물려주려하였으나 延陵으로 은신하자 季札의 배다른 형 주우州于(자요子僚, 吳王 僚)가 왕이 되었다.[20]

"而讓札用乎其雁" 구절은 '오나라 백성들이 季札에게 왕이 되게 하고자 하여 예禮를 갖추고 그를 초빙하였다'는 뜻이다.

---

15) ≪周禮·春官·大宗伯≫:「卿執羔, 大夫執雁.」

16) 徐華强, 〈新蔡簡及從'延'之字辨析〉, 簡帛사이트, 2006—5—3. 小虫, 〈說≪上博五·弟子問≫"延陵季子"的"延"字≫, 簡帛사이트,2006—5—22

17) "나라 안에 머물러 있는 다른 나라의 인재들이 가족이나 재산은 나라 밖에 두고, 위로는 국정의 비밀 전략에 참여하고 아래로는 백성들의 일에 간여한다면 그 나라는 망할 것이다."

18) ≪公羊傳·襄公二十九年≫: "季子去之延陵, 終身不入吳國."

19) ≪吳越春秋≫: "吳人固立季札, 季札不受, 而耕於野, 吳人舍之."

20) '요僚'를 ≪公羊傳≫은 '장서長庶' 즉 오왕吳王 수몽壽夢의 첩이 낳은 장자長子로 季札의 배다른 형이라 하고, ≪史記·吳世家≫는 "王餘昧之子"(왕 여매의 아들)이라 하였다.

② '其天民也虐'

「천민天民」에 대하여. ≪장자莊子 · 경상초庚桑楚≫에서는 「사람이 스스로 수양할 수 있어야 상덕常德을 배양할 수 있다. 상덕常德이 있으면 사람들이 와서 의탁하고, 자연도 역시 그를 돕는다. 사람들이 와서 의탁하는 것을 일컬어 천민天民이라고 하고, 자연이 돕는 것을 일컬어 천자天子라고 한다.」[21]라 하고, ≪孟子 · 萬章下≫ 에서는 맹자가 이윤伊尹의 말을 인용하여 「하늘이 이러한 백성들을 낳은 것은, 먼저 알고 먼저 깨닫는 자가 뒤에 알고 뒤에 깨닫는 자를 계도하도록 하기 위해서이다. 나는 이러한 사람들(天民) 중의 선각자이다. 나는 요순의 도로써 이러한 사람들을 계도할 것이다.」[22]라 하였다. ≪예기禮記 · 왕제王制≫에서는 「어려서 부모를 잃은 자를 '고孤'라고 하고, 노년에 아이가 없는 자를 '독獨'이라 한다. 노년에 처가 없는 자를 '矜(불쌍히 여길 긍, jīn,qín,quān)'이라고 하고, 노년에 남편이 없는 자를 '寡(적을 과, guǎ)'라고 한다. 이 넷은 천민天民 중에서 가장 불쌍하고 위로를 받을 수 없는 사람들이다. 마땅히 식량을 지원해야 한다.」[23]라 하였다.

21) ≪莊子 · 庚桑楚≫: "人有脩者, 乃今有恒; 有恒者, 人舍之, 天助之. 人之所舍, 謂之天民; 天之所助, 謂之天子."
22) ≪孟子 · 萬章下≫: "天之生斯民也, 使先知覺後知, 使先覺覺後覺. 予, 天民之先覺者也, 予將以此道覺此民也."
23) ≪禮記 · 王制≫: "少而無父者謂之孤, 老而無子者謂之獨, 老而無妻者謂之矜, 老而無夫者謂之寡. 此四者, 天民之窮而無告者也, 皆有常餼."

第 2 篇

子曰前陵季子其天民也唇生而不因其浴昃人生十□

第 2 簡

子曰:「前(延)陵季子, 其天民也虖(乎)? 生而不因(因)其浴(俗)①, 吳人生十□

【해석】

공자께서 말씀하셨다.「연능계자延陵季子는 천민天民인가? 태어난 곳에서 그 풍속을 따르지 않고, 오吳나라 사람은 태어나면 10…….

【上博楚簡原註】

이 죽간은 길이가 23.6cm이다. 상단 부분은 평평하고 하단부분은 훼손되었다. 문자는 21자이다.

① '生而不因其浴'

「因」자는「因(인할 인, yīn)」으로 읽는다. 초죽간에서 자주 보이는 자이다.

「浴」자는「俗(풍속 속, sú)」자로 읽는 것이 아닌가 한다.

【譯註】

''자는 일반적인 '七' 혹은 '十'자와 자형이 다르다. 따라서 범상희范常喜(2006-05-21)는 합문合文 '十七'로 예정하였다. 范常喜는 또한 같은 문장에서 본 죽간의 마지막 ''자를 '仁'의 이체자인 '𢗋(忎)'자로 예정하고 '年'으로 읽고 있으나, ≪上博楚簡≫에서는 '仁'자를 ''(≪子羔≫10)·''(≪紂衣≫6)으로 쓰는데,[24] 이들의 자형과는 다르다. 문자의 형태로는 확신할 수 없으나 문맥을 고려하여 잠시 '忎(年)'의 의미로 해석하기로 한다.

제 2간과 제 1간은 일반적으로 서로 연결되는 죽간으로 본다. 전체적인 의미는 크게 두 가지로 나누어진다.

1) '단발문신斷髮文身'·'축발문신祝髮文身'의 풍속.[25]

24) ≪楚系簡帛文字編≫, 740 쪽.

25) '祝髮文身'은 '머리를 짧게 자르고 몸에 문신을 하는 것'으로 중국 중원 지역 이외의 풍속을 가리킨다. ≪穀梁傳·哀公十三年≫: "吳, 夷狄之國也, 祝髮文身."

2) ‘부사자계父死子繼(생生)’·‘형사제계兄死弟繼(급及)의 제위帝位

첫 번째, ‘斷髮文身’·‘祝髮文身’의 오나라 풍속과 관련된 내용으로 이해하는 경우는 제 1간의 네 번째 ‘’자를 의미부가 ‘人’과 소리부 ‘民’인 ‘伲’자로 예정하고 문신이라는 의미의 ‘文’으로 읽는다. 전체적으로 “延陵季子, 其天民也乎？ 生而不因其俗, 吳人生七□(年?)【2】而□□伲(文)乎其雁(膺), 延陵季子僑(矯)而弗受. 延陵季子, 其天民也乎？”으로 읽는다.

이 주장에 따르면 전체적으로 ‘연능계자延陵季子는 천민天民이라 할 수 있는가? 계자는 그곳(오나라)에서 태어났으나, 그 지방의 습속을 따르지 않았다. 오나라 백성들은 태어난 지 칠년이 지나면 그 몸(膺, 가슴 응, yīng))에 교룡蛟龍과 같은 문신을 하지만 계자季子는 이를 바로잡고자 하여 받아들이지 않았다. 그렇다면 연릉계자는 천민인가?’로 해석할 수 있다.

그러나 ‘’자를 ‘伲’자로 예정하고 문신의 의미로 보나, 문자의 형태로 보아 오른쪽 편방이 ‘民’자와는 형태가 다르기 때문에 이 주장을 취하지 않기로 한다.

두 번째는 ‘父死子繼-生’·‘兄死弟繼-及’의 제위帝位와 관련된 내용이다. ≪公羊傳·莊公三十二年≫에서는 “공자 아我(장공의 둘째 동생 숙아叔牙)가 나(장공莊公)에게 말하기를 ‘魯나라는 한번은 자식에게 권하고(生), 한번은 아우에게 전한다(及)는 것을 당신께서는 이미 알고 계십니다. 당신의 동생인 경보(慶父, 장공의 첫째 동생) 또한 있지 않습니까’라 했다. 季子(장공의 셋째 동생)가 말하였다. ‘대저 누가 감히 그렇게 한다는 말입니까? 이는 대저 큰 혼란이 생기게 될 것이다! 누가 감히!’라 했다. 얼마 후에 공자 아牙가 장공을 시해할 병기를 갖추었다.’”[26]라 하였는데, 하휴何休는 “父死子繼曰生, 兄死弟繼曰及”[27]라 하였다. 이 의미로 해석한다면 ‘俗’은 ‘兄死弟繼’라는 ‘及’에 대한 규정을 가리키고, 전체적으로 “延陵季子, 其天民也乎？ 生而不因其俗, 吳人生十七□𢗺(年)【2】而讓札用乎其雁, 延陵季子僑而弗受. 延陵季子, 其天民也乎？”로 읽을 수 있다. 즉 ‘延陵季子는 어찌 天民이겠는가? 子繼父位(生)하고 諸樊이 주장하는 兄死弟繼(及)하는 습속을 따르지 않았고, 오吳나라 백성들이 다시 17년 후 子繼父位(生)하게 하고자 季札에게 왕위를 계승하는 예를 갖추어 초빙하였지만, 延陵季子는 다른 곳으로 거처를 옮기고 이를 받지 않았다. 그렇다면 延陵季子는 일반 평민인가요?’의 의미로 해석할 수 있다.

고전적에 계자季子의 제위帝位에 관해 내용이 자주 보인다. 계자季子는 주위 사람들이 군왕君

26) ≪公羊傳·莊公三十二年≫: “牙謂我曰, 魯一生一及, 君已知之矣. 慶父也存. 季子曰, 夫何敢, 是將爲亂乎, 夫何敢. 俄而牙弑械成. 季子和藥而飮之.”

27) “부사자계父死子繼를 생生이라 하고, 형사제계兄死弟繼를 급及이라 한다.”

王이 되기를 간절히 권유하였으나 인위仁義의 입장에서 거부하였기 때문에 역사적으로 현명한 군자로 인식되었고, 일반 백성 즉 '天民'과는 다른 특수한 인물이다. '天民'은 또한 현자賢者라는 의미로 쓰인다. 따라서 공자의 제자들이 延陵季子의 이러한 특별한 신분을 고려하여 어떻게 인식해야 하는지 의문을 가질 수 있는 것은 자연스런 일이다. 따라서 본문은 '生'을 '父死子繼'의 의미로 이해하기로 한다.

第 3 簡

毋又柔孕毋又首猷植

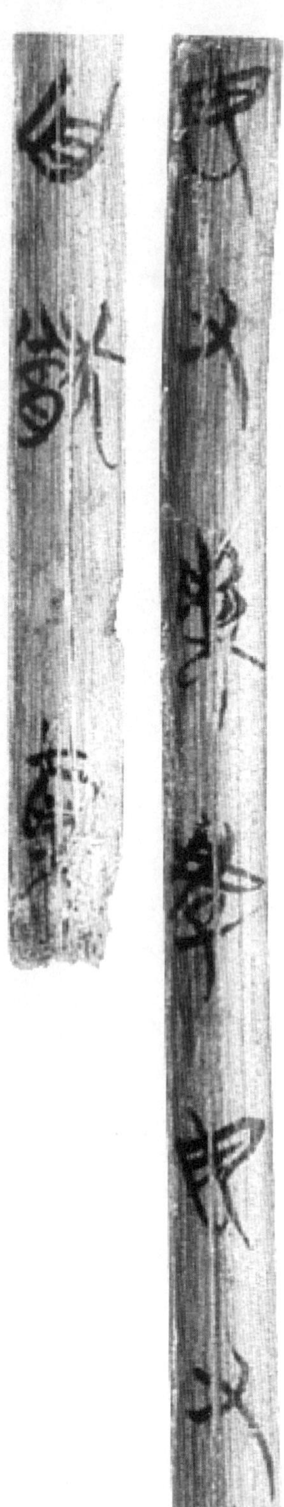

第 3 簡

毋又(有)柔孝(教), 毋又(有)首猷, 植

【해석】

너무 온화하게 가르치지 말고, 좋은 계략만을 추구하지 마라. 植(심을 식, zhí)……

【上博楚簡原註】

이 죽간의 길이는 12cm이다. 상단은 평평하고 하단은 파손되었다. 문자는 9자가 있다.

【譯註】

1. 제 3간의 내용

제 3간에 대한 내용과 편련에 대한 이해가 쉽지 않다.

'너무 온화하게 가르치지 말라'는 것은 제자를 혹은 자식을 가르칠 때 엄격하게 하라는 뜻이고 배우는 것 역시 대충 대충하지 말고 성실한 자세로 배우고, '좋은 계략을 탐구하지 마라'는 뜻은 성실한 자세로 매사에 정직한 마음으로 임해야지 요행수를 바라고 쉽게 하려 하지 말하는 뜻이 아닌가한다.

제 3간은 제 4간과 연결되는 내용이 아닌가한다. 제 4간에서 공자가 군주들이 자신의 사상을 알아주지 못한다하자, 자유子游는 군주가 알아주고 나라를 다스리도록 한다면 먼저 나라를 위하여 어떤 일을 해야 합니까라고 묻는 내용이다. 이 대답으로 제 3간은 백성을 교육을 시킬 때 대충 성의 없이 가르치지 말고 엄격하게 교육을 실시해야 할 것이며, 요행을 부리지 말고 매사에 정직하게 임하여야 한다는 공자의 가르침이 아닌가한다.

2. '植(直)'

제 3간의 마지막 '(植)'자는 '정직'이라는 뜻인 '직直'자가 아닌가 한다. 혹은 제 20간에 "植其槈"라는 구절이 있기 때문에 혹은 이와 관련이 있는 내용일 수도 있겠으나 확실히 알 수 없다. 본문 전후 문맥 내용을 고려하여 '바른 행위'라는 뜻인 '直'으로 읽기로 한다. ≪논어論語·옹야雍也≫에서 공자는 "사람이 살아가는 것은 정직(直)하게 마련이다. 정직함 없이 살아가는 것은 요행히 모면하고 있는 것이다."[28]라 하였다.

28) ≪論語·雍也≫: "人之生也直, 罔之生也幸而免."(06.19)

第4簡

□風也鄙節而偯聖曹之喪其必此唐韋子憖曰烏莫我智也夫子遊曰又陞之胃也唐子曰[illegible]

第 4 簡

□風也, 𨡀(亂)節而悷(哀)聖(聲). 曹之喪, 其必此虐(乎)[①]? 」韋(回)子嘆(嘆)曰: 「烏(於)! 莫我智(知)也夫[②].」 子遊(游)曰: 「又(有)墜(施)之胃(謂)也虐(乎)? 」子曰: 「

【해석】

□風은 난잡한 리듬과 슬픈 소리인데, 이는 조曹나라가 군주의 상을 당했기 때문이지 않겠는가?」 안회顔回가 탄식하며 말하였다. 「아! 나를 알아주는 이 없구나.」 자유子游가 말하였다. 「시행해야 하는 것이 무엇인가요?」 공자께서 말씀하셨다.

【上博楚簡原註】

본 죽간의 길이는 45.2cm이다. 상단은 훼손되었고 하단은 평평하다. 문자는 36자이다.

① '𨡀節而悷聖. 曹之喪, 其必此虐'

≪禮記·樂記≫에서는 「예전에 사연師涓이 복수濮水에서 음악을 들었는데 은주殷紂 시기의 망국亡國의 음악이었다. 그 당시 정치가 어지러워 사람들은 다 떠났다. 국가의 관념이 없고 다만 개인의 사욕만 돌볼 뿐이었으며 제지할 수도 없었다.」[29)]라 하였다. 「亂節而哀聲」 역시 이를 가리키는 것 아니겠는가?

【譯註】

1. '□(之)'

첫 번째 ''자는 남아있는 문자의 형태로 보아 '之'자가 아닌가한다. '墜(施)'자 다음에 '之'자를 ''로 쓴다.

2. '曹之喪'

''자는 의미부 '吅'와 소리부 '芒'로 이루어진 형성자이거나[30)] 혹은 '喪'자를 간략하게 쓴

---

29) ≪禮記·樂記≫: "桑間·濮上之音, 亡國之音也, 其政散, 其民流, 誣上行私而不可止也."

30) ≪楚系簡帛文字編≫, 64 쪽.

형태가 아닌가 한다.31) 초간에서 '喪'자를 ''·''으로 쓴다.32)

'曹之喪'은 ≪春秋·僖公十六年≫의 "16년 봄 주력周歷 정월 무신 삭朔, 송나라에 운석 5개가 떨어졌다. 이 달에 6마리의 익조가 뒤로 날아 송나라의 도성을 지나갔다. 3월 임신, 공자 계우季友가 졸했다. 여름 병신, 증계희가 졸했다. 가을 7월 갑자, 공손 자가 졸했다."33)라는 구절에 대하여, ≪左傳·僖公十六年≫은 "16년 봄, 운석이 송나라의 하늘 위에서 5개나 떨어졌다. 이는 운성隕星이었다. 또 6마리의 익조가 송나라 도성 위를 뒤로 날아갔다. 이는 질풍疾風때문이었다. 이때 왕실의 내사 숙흥이 송나라를 방문하고 있었다. 송 양공이 숙흥하게 이 일을 물었다. '이는 무슨 징조요? 길흉이 어찌되는 것이오?' '금년에는 노나라에 큰 상이 여러 번 있고, 내년에는 제나라에 큰 난이 일어날 것입니다. 군주는 장차 제후들의 지지를 얻겠지만 오래가지는 못할 것입니다.' 숙흥이 물러나와 다른 사람에게 말했다. '송공은 잘못 질문을 한 것이오. 운석이 떨어지고 익새가 뒤로 난 것은 단순한 음양현상일 뿐 사람들의 길흉과는 관계가 없는 것이오. 길흉은 본래 사람으로 말미암은 것이오, 내가 마지못해 응답한 것은 감히 송공을 거스를 수 없었기 때문이오.'"34)라 하였는데, 본 구절은 이 사건과 관련이 있는 것이 아닌가한다. 즉 '상喪'은 '공자 계우季友가 졸했다. 여름 병신, 증계희가 졸했다. 가을 7월 갑자, 공손 자가 졸했다.'의 사건과 관련이 있는 것으로 보인다.

정리본은 '韋(回)'자를 '子懃(嘆)曰'과 연결되는 문장으로 보고 있으나, 전체적인 문맥으로 보아 '韋(回)'는 앞 문장에 속하는 것으로 보인다. '韋(回)'는 안회를 가리킨다(부록참고).

② '莫我智也夫'

「莫我知也夫」와 같은 말이 ≪논어論語·헌문憲問≫에서도 보인다. 「공자께서 말씀하셨다. "나를 알아주는 사람이 없구나!" 자공이 말했다. "어찌 선생님을 알아주는 사람이 없겠습니까?" 공자께서 말씀하셨다. "하늘을 원망하지 않고 사람을 탓하지 않으며, 일상적인 지식을 조금 배우

31) 范常喜, 〈對于楚簡中'喪'字的一點補充〉, 簡帛사이트, 2006-3-27

32) ≪楚系簡帛文字編≫, 126 쪽.

33) ≪春秋穀梁傳·僖公十六年≫: "十六年春王正月戊申朔, 隕石于宋五. 是月, 六鷁退飛, 過宋都. 三月壬申, 公子季友卒. 夏四月丙申, 鄫季姬卒. 秋七月甲子, 公孫茲卒."

34) ≪左傳·僖公十六年≫: "春, 隕石于宋五, 隕星也. 六鷁退飛過宋都, 風也. 周內史叔興聘于宋. 宋襄公問焉, 曰: '是何祥也. 吉凶焉在.' 對曰: '今茲, 魯多大喪, 明年齊有亂, 君將得諸侯而不終.' 退而告人曰: '君失問, 是陰陽之事, 非吉凶所生也. 吉凶由人, 吾不敢逆君故也."

되 오히려 매우 높은 도리에 나는 투철하다.35) 나를 알아주는 것은 단지 하늘뿐일 것이라!"」36)라 하였다.

【譯註】

본 죽간 마지막 '[illegible]'자에 대하여 정리본은 아무런 언급이 없다. 계욱승季旭昇은 〈上博五芻議(下)〉(2006-02-18)에서 이 자는 소리부가 '安'으로 '安' 혹은 '焉(어찌 언, yān)'으로 읽을 수 있다하였다.37) 그러나 진검陳劍(2006-02-21)은 자유子游의 이름인 '언偃'으로 읽고 있다. 전후 문맥으로 보아 진검의 주장이 옳은 것 같다.

「有施之謂也乎?」의 내용은 만약에 군주가 스승 공자를 알아주고 나라를 다스릴 수 있는 기회가 주어진다면 백성을 위하여 우선 어떤 정책을 실시해야 하는가에 대한 자유子游의 물음이 아닌가 한다.

---

35) '下學而上達'에 대하여 황간皇侃의 ≪의소義疏≫에서는 "하학은 사람의 일을 배우는 것이고, 상달은 천명에 통달하는 것이다. 내가 비록 사람의 일을 배웠지만 사람의 일에는 나쁜 일이 있기도 하고 좋은 일이 있기도 하기 때문에 다른 사람을 원망하지 않는다. 천명에 통달하면 천명에는 궁함이 있기도 하고 통함이 있기도 하기 때문에 나는 하늘을 원망하지 않는다(下學, 學人事, 上達, 達天命. 我既學人事, 人事有否有泰, 故不尤人. 上達天命, 天命有窮有通, 故我不怨天也.)"라 하였다.

36) ≪論語·憲問≫: "子曰: 『莫我知也夫』! 子貢曰: 『何爲其莫知子也?』子曰: 『不怨天, 不尤人, 下學而上達. 知我者, 其天乎?』"

37) 季旭昇, 〈上博五芻議(下)〉, 季旭昇, 〈上博五芻議(下)〉, 簡帛사이트, 2006-02-16.

第 5 篇

者可迬而告也子曰少子枩取余言春秋不亙至耇老不逡壯臤者伋

第 5 簡

者, 可逩(奉)而告也.」子曰:「少(小)子, 峚(來), 取余言, 春秋不亙(恆)至①, 耇老不逿(復)壯②, 臤(賢)者彶(及)

【해석】

……는 정중하게 섬기고 고해야 한다.」공자께서 말씀하셨다.「제자들이여, 자! 너희에게 들려주겠다. 시간은 영원하지 않고, 늙은이는 다시 건장해질 수 없다. 현명한 자는 시기에 적절하게

【上博楚簡原註】

본 죽간은 길이가 35cm이다. 상단은 훼손되었고 하단은 평평하다. 현존하는 글자는 27자이다.

① 春秋不亙至

「춘추春秋」는 세월의 의미와 같다.「春」자의 자형이 특이한데, ≪郭店楚簡·六德≫ 제 25간, ≪語叢一≫ 제 40간, ≪語叢三≫ 제 20간의「春秋」의 자형과 비교해 볼 수 있다. ≪시경詩經·노송魯頌·비궁閟宮≫에서는「사 계절 모두 게으르지 않아 제사에 어김이 없고.」[38]라 하였는데「春秋不恆至」는 아마도 젊은이들에게 시간을 절약할 것으로 장려하는 것인 것으로 보인다.

【譯註】

1. '逩(略)'

''자를 정리본은 '迲'자로 예정하고 '奉(받들 봉, fèng)'으로 읽었다. 이 자는 ≪곽점초간·치의緇衣≫제 37-39간 "子曰: 君子言又(有)勿(物), 行又(有)【37】逩(格), 此以生不可敓(奪)志, 死不可敓(奪)名. 古(故)君子多𦖞(聞), 齊而獸(守)之; 多志, 齊而【38】新(親之; 精智(知), 逩(略)而行之."[39] 중의 '𧻓(逩)'자와 형태가 같다. '𧻓(逩)'자는 '辵'과 소리부 '丯'으로 이루어진 형성자이다. 현행본 ≪禮記·緇衣≫은 각각 '格(바로잡을 격, gé,gē)'자와 '略(다스릴 약, lüè)'자로 쓰는데,

---

38) ≪詩經·魯頌·閟宮≫: "春秋匪解, 享祀不忒."

39) "공자가 말하였다. 말은 징험徵驗이 있어야 하고, 행동은 법칙이 있어야 한다. 이렇게 생활하면 뜻을 빼앗을 수 없고, 죽어도 이름을 빼앗지 못하게 된다. 고로 군자는 많이 듣고 이를 바르게 해서 지켜 나가며, 많이 인식하고 바르게 해서 가깝게 하며, 깊이 이해하고 간략히 해서 행하여야 한다."

음이 통한다. '格'은 '옛날 법칙'을 의미한다. ≪상박초간上博楚簡≫은 '[illegible](陛)'으로 쓴다. 초간 중 ≪천책天策≫은 '戟(창 극, jǐ)'자를 '戈'와 소리부 '丰'인 '[illegible]'으로 쓰고, ≪상박초간·치의紂衣≫는 의미부 '戈'와 소리부가 '各'인 '戟'으로 쓴다.[40] '陛'자 역시 '丰'가 소리부이다. ≪說文解字≫에서는 '丯(丰)(풀이 자라 산란할 개)'자에 대하여 "'풀이 흩어지다'의미. 풀이 여기저기 흩어져 자라는 형상이다. 음은 '介'자와 같다"[41]라 하고, ≪說文解字注≫는 "이른바 나무 '芥(겨자 개, jiè,gài)'자는 모두 '丰'자의 가차자로 쓰인다. '芥'자가 쓰이게 되고 '丰'자는 쓰이지 않게 되었다."[42]라 하였다. 본 구절에서는 '요약하다'의 뜻인 '略(다스릴 략, lüè)'의 의미로 쓰이는 것이 아닌가 한다.[43] 아래는 주법고周法高의 상고음이다.

丰 kriar 蔡部
略 liak 鐸部
格 kak 鐸部

② '耇老不復壯'

「구로耇老」에 대하여 ≪爾雅·釋詁≫에서는 「황발黃髮, 예치齯齒, 태배鮐背, 구로耇老는 모두 장수의 의미이다.」[44]라 하였다. ≪說文解字·老部≫에서는 '耇(노인 얼굴에 기미 낄 구, gǒu)'자에 대하여 「노인의 얼굴빛이 마치 언 배와 같이 피부가 거칠다. 생략된 '老'자가 의미부이며, '句'가 소리부이다.)」[45]라 하였고, 단옥재段玉裁 ≪說文解字注≫에서는 ≪석고釋詁≫ 등을 이용하여 설명하였다. 「≪석고釋詁≫는 『구로耇老는 장수하다(수壽)의 뜻이다.』라 하였고, 모전毛傳에서는 ≪小雅≫을 설명하면서 『구耇는 장수하다(壽)의 뜻이다.』라 하고, 손염孫炎은 『구耇는 얼굴이 마치 언 배의 색깔이며 마치 백태가 있는 것 같다는 것이다. 노인의 장수함의 증표이다.』라 하였다. ≪의예儀禮≫의 주注에서는 『구耇는 언 배의 모양이다.』라 하였고, ≪方言≫에서는 『동제東齊에서는 미眉라 하고, 연대燕代의 북쪽 교외에서는 이梨라고 한다. 진진秦晉의 교외와 진연陳兗의 회會에서는 구태耇鮐라 한다.』라 하였다.」[46] 문헌에 나오는 「황구黃耇」는 모두 장

40) ≪楚系簡帛文字編(增訂本)≫, 1051 쪽.
41) ≪說文解字≫: "丰, 艸蔡也. 象艸生之散亂也. 讀若介."
42) ≪說文解字注≫: "凡言艸芥皆丰之假借也. 芥行而丰廢矣."
43) 陳斯鵬, 〈讀上博竹(五))小記〉, bsm.org.en, 2006-4-1.
44) ≪爾雅·釋詁≫: "黃髮·齯齒·鮐背·耇老, 壽也."
45) ≪說文解字≫: "老人面凍黎若垢, 从老省, 句聲."
46) ≪說文解字注≫: 「≪釋詁≫曰: 『耇老, 壽也.』≪小雅≫毛傳曰: 『耇, 壽也.』孫炎曰: 『耇, 面凍黎色如浮垢, 老人

수의 상징이다. 예를 들어 ≪의례儀禮·사관례士冠禮≫에서 관례를 행하고 관을 쓸 때 축사를 하기를, 「세 번째 관을 쓸 때, 빈賓들은 말한다. 『이 아름다운 날에 ……네가 오래도록 장수하고 하늘이 내린 복을 누리기를 축복한다.』」[47]라 하였고, 정현鄭玄은 「황黃은 노랗게 샌 노인의 머리카락(황발黃髮)을 말한다. 구耉는 언 배이다. 모두 장수의 징표이다.」[48]라 하였다. ≪詩經·商頌·烈祖≫에서 「간절히 기도하네. 신들께서 오셔서 향음하시고 내가 머리카락 노랗게 샐 때까지 장수하도록 해주길 바라네.」[49]라 하고, ≪대아大雅·행위行葦≫에서 「큰 잔에 술을 따라 노인께 술을 올리며 장수하시기를 기도하네.」[50]라 하고, ≪小雅·남산유대南山有臺≫에서 「즐거운 군자, 장수하지 않을 도리가 어찌 있겠는가!」[51]라 하였다. 「수구壽耉」로 단어를 써서 ≪상서尚書·소고召誥≫에서는 「오늘날 젊은 당신이 왕위를 계승하였으니,[52] 노인을 버리지 마시게.」[53]라 하였다. 「耉老不復壯」 구절은 청춘은 매우 귀하므로 모든 사람들은 아껴야 써야 한다는 것을 강조하여 말하는 것이다.

「구耉」자의 자형을 자세히 살펴보면 「耆(늙은이 기, qí)」자와도 비슷하다. 「기노耆老」 역시 여러 문헌에서 보인다. ≪禮記·曲禮上≫에서 「사람이 태어나 10세가 되면 幼라고 하며 공부를 시작한다. ……60세는 기耆라고 한다. 체력이 점점 쇠약해져 일을 하기에는 좋지 않지만 경험에 기대 다른 사람들을 지시할 수 있다. 70세는 노老라고 한다. 노령으로 퇴직할 나이가 되었다. 하던 일의 책임을 후대 사람에게 넘겨야 한다. 80세, 90세가 되면 시력, 청력, 마음이 모두 쇠약해진다. 그러므로 모耄라고 부른다. ……100세가 되면 기期라고 부르는데 생의 극에 달한 것이며 다른 사람이 공양해야한다.」[54] 라 하였고, 또 ≪檀弓上≫에서 「노魯 애공哀公의 뇌誄를 공자는 이렇게 적었다. 하늘은 이 기로耆老를 남겨두지 않으셨네. 이제는 내가 나라를 다스리는 것을 도울 사람이 없구나. 아아. 슬프도다. 공니孔尼여.」[55]라 하였다.

壽徵也.』≪儀禮≫注曰: 『耉, 凍黎也.』≪方言≫曰: 『東齊曰眉, 燕代之北郊曰梨, 秦晉之郊, 陳兗之會曰耉鮐.』

47) ≪儀禮·士冠禮≫: "三加, 曰: 以歲之正, 以月之令……黃耉無疆, 受天之慶."

48) "黃, 黃髮也; 耉, 凍黎也, 皆壽徵也."

49) ≪詩經·商頌·烈祖≫: "綏我眉壽, 黃耉無疆."

50) ≪大雅·行葦≫: "酌以大斗, 以祈黃耉."

51) ≪小雅·南山有臺≫: "樂只君子, 遐不黃耉！"

52) '令'자는 '今'의 오기이다. 王雲五主編, 屈萬里註譯, ≪尚書今註今譯≫, 臺北臺灣商務印書館, 1977, 119쪽.

53) ≪尚書·召誥≫: "令沖子嗣, 則無遺壽耉."

54) ≪禮記·曲禮上≫: "人生十年曰幼, 學. ……六十曰耆, 指使. 七十曰老, 而傳. 八十·九十曰耄……百年曰期·頤."

55) ≪檀弓上≫: "魯哀公誄孔丘曰: 天不遺耆老, 莫相予位焉, 嗚呼哀哉！ 尼父."

【譯註】

1. ‘春秋’

‘’자와 ‘’자를 정리본은 ‘춘추春秋’로 예정하였다. 정리본이 밝혔듯이 초간의 일반적인 ‘春秋’의 자형과는 다르다. ≪곽점초간郭店楚簡·육덕六德≫ 제 25간, ≪어총일語叢一≫ 제 40간, ≪어총삼語叢三≫ 제 20간에서는 각각 ‘’·‘’·‘’으로 쓴다.[56] 이체자가 아닌가 한다.

56) ≪楚系簡帛文字編≫, 68 쪽, 673 쪽 참고.

第 6 篇

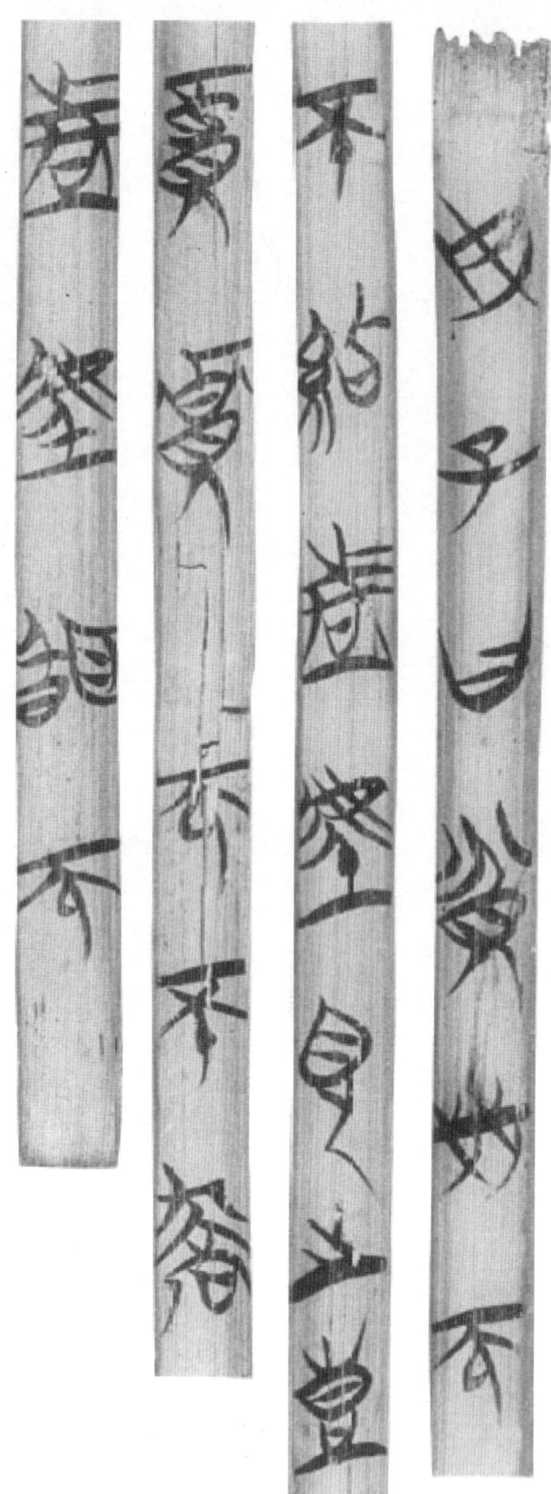

安子曰貧戔而不約者虗見之壴賱貴而不喬者虗𦓤而

第 6 簡

安(焉).」子曰:「貧戔(賤)而不約者, 虗(吾)見之壴(矣), 貼(富)貴而不喬(驕)者, 虗(吾)䎽(聞)而[未之見也①.]」

【해석】

공자께서 말씀하셨다.「빈천하면서도 구차하지 않은 자를 나는 보았으나, 부귀하면서도 교만하지 않은 자는 나는 들어보기는 했으나 [보지는 못했다]」

【上博楚簡原註】

본 죽간의 길이는 28.2cm이다. 상단은 잔실되었고 하단은 평평하다. 문자는 22자이다.

① '貧戔而不約者, 虗見之壴, 貼貴而不喬者, 虗䎽而[未之見也]'

≪한시외전韓詩外傳≫ 권4에서「고대의 현명한 군주는 예를 세밀히 살펴 천하의 사람들로 하여금 은혜를 입도록 하였다. 그리하여 그의 은택이 천지에 널리 퍼졌다. 거동 하나하나가 적당하지 않은 것이 없었다. 군자는 사람들이 공손하게 대하지만 두려워하지는 않는다. 공경하며 신중하게 대하지만 무서워하지는 않는다. 빈궁할 때에는 비굴하지 않으며, 부귀할 때에는 교만하지 않는다. 일의 변화에 대해서 대응하며 난처해하지 않는다. 예를 세밀히 살폈기 때문이다.」[57]라 하였고, ≪대대예기大戴禮記·문왕관인文王官人≫에서「부귀한 사람은 그가 예로써 사람을 대하는지를 살펴보아야 하고, 빈궁한 사람은 그가 덕행과 절개를 지녔는지를 살펴보아야 한다.」[58]라 하였다. 또한 ≪중산왕석호中山王譽壺≫에서는「오늘날 위대하나 제멋대로이지 않고 부귀하면서 자만하지 않고 모이면서 시끄럽지 않다.」[59]라 하였다. ≪곽점초간郭店楚簡·노자갑老子甲≫ 제38간에서는「부귀하면서 오만한 것은 스스로 허물을 남기게 된다. 공을 이룬 뒤에 물러나는 것이 하늘의 도이다.」[60]라 하였고, ≪장자莊子·도척盜跖≫에서는「권세가 마치 왕과 같지만

57) ≪韓詩外傳≫(卷4): "昔者先王審禮以惠天下, 故德及天地, 動無不當, 夫君子恭而不難, 敬而不鞏, 貧窮而不約, 富貴而不驕, 應變而不窮, 審之禮也."

58) ≪大戴禮記·文王官人≫: "富貴者, 觀其禮施也; 貧窮者, 觀其有德守也."

59) ≪中山王譽壺≫: "今爾毋大而肆, 毋富而驕毋眾而囂."

60) ≪郭店楚簡·老子甲≫(第38簡): "貴富[而]驕, 自遺咎也, 功遂身退, 天之道也."

존귀함으로써 다른 사람에게 자만하지 않는다. 천하에 내로라할 만큼 부유하지만 재물로써 다른 사람에게 자랑하지 않는다.」[61]라 하였다. 모두 「富貴而不驕」의 도리 및 「예禮」·「덕德」과의 관계에 대한 내용이다.

≪예기禮記·방기坊記≫에서는 「공자께서 말씀하셨다. 소인이 빈곤해지면 구차해져 스스로 타락하고, 부유해지면 오만해진다. 스스로 타락하면 나쁜 짓을 하며 법을 어기고, 오만하면 난을 범한다. 예禮는 사람들의 일반적인 마음을 따라 문식을 절제하도록 하여, 이로써 사람들의 규범으로 삼는다. 그러므로 성인이 부귀의 제도를 제정하여 사람들로 하여금 부귀하지만 교만하지 않도록 하고, 빈곤하지만 구차함에 이르지 않게 하였다. 이렇게 하면 존귀하게 되어 윗사람들에게 불만을 가지지 않게 되므로 난을 일으키는 일 역시 갈수록 없어졌다.」[62]라 하였고, ≪論語·學而≫에서 「자공이 말했다. "빈궁하지만 오히려 아첨하지 않으며, 부유하더라도 오히려 교만하지 않으면 어떻습니까?" 공자께서 말씀하셨다. "괜찮다. 그러나 비록 빈궁하지만 도를 즐기고, 부유하지만 오히려 겸허하여 예를 좋아하는 것만 같지 못하다."」[63]라 하였다. 여기에서는 부자夫子의 안빈安貧 및 부귀에 처하는 태도를 더욱 자세하게 설명하였다.

본 간의 「吾聞而」의 아래 부분은 잔손되어 있는데, 본편 제 8간[64]의 「士吾之見矣, 事而弗受者, 吾聞而未之見也」[65]의 의미를 근거하여 「未之見也」를 보충하여 넣을 수 있다.

61) ≪莊子·盜跖≫: "勢爲天子, 而不以貴驕人; 富有天下, 而不以財戲人."

62) ≪禮記·坊記≫: "子云: 小人貧斯約, 富斯驕; 約斯盜, 驕斯亂. 禮者, 因人之情而爲之節文, 以爲民坊者也. 故聖人之制富貴也, 使民富不足以驕, 貧不至於約, 貴不慊於上, 故亂益亡."

63) ≪論語·學而≫: "子貢曰: 『貧而無諂, 富而無驕, 何如?』 子曰: 『可也, 未若貧而樂, 富而好禮者也.』"

64) 「士吾之見矣, 事而弗受者, 吾聞而未之見也」는 8간이 아닌 9간의 내용이다. 정리자의 착오인 듯하다.

65) "……선비는 내가 보았다. 모시면서 받지 않는 자는 내가 들었으나 보지는 못하였다."

第 7 篇

□日虗䜌父母之喪

第 7 簡

……□曰:「虐(吾)䎽(聞)父母之喪

【해석】

……□가 말하였다.「내가 듣기로 부모님 상을 당했을 때

【上博楚簡原註】

본 죽간의 길이는 9.5cm이다. 하단은 모두 잔실되었다. 문자 7자이다.

【譯註】

파손된 첫 번째 자 뒤의 흑색 점은 문장 부호가 아닌가 한다.

第 8 簡

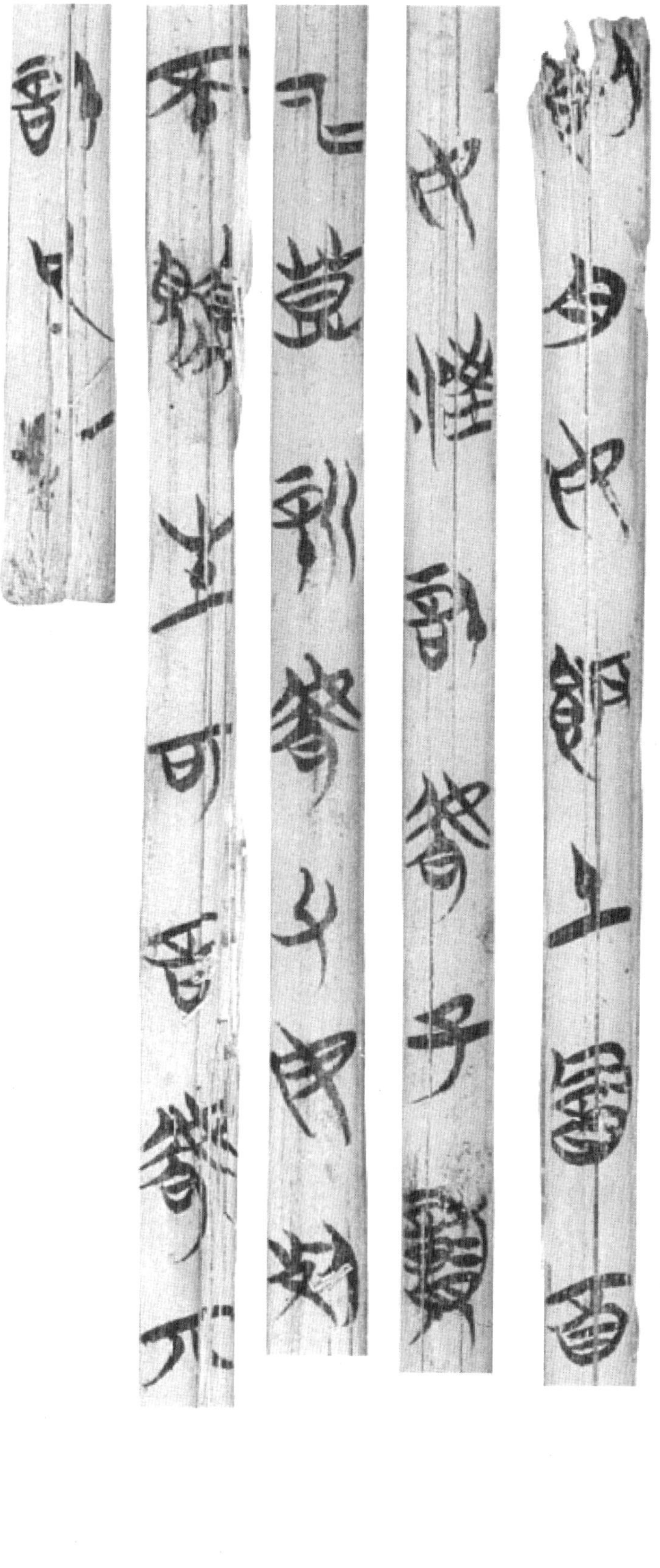

飤肉女飯土禽酉女涇信唇子贛⺄莫新唇父母死不䙳生可言唇其信也□

第 8 簡

飤(食)肉女(如)飯土, 酓(飲)酉(酒)女(如)浧(淆), 信虗(乎)①?」贛(貢)[illegible](曰)②:「莫新(親)虗(乎)父母, 死不䚕(顧)生, 可言虗(乎)其信也, □

【해석】

고기 먹는 것을 흙 먹듯이 하고, 술 마시는 것을 탁수마시 듯 한다면 믿을 수 있겠는가?」 자공이 말하였다.「부모만큼 친한 존재도 없는데도 돌아가시고 나서 슬픈 마음이 생겨나지 않는다면, 이는 말이 되는가? 믿을 수 있겠는가?

【上博楚簡原註】

본 죽간의 길이는 36.1cm이다. 상단은 잔실되었고 하단은 평평하다. 문자는 28자가 있다.

① '肉女飯土, 酓酉女浧, 信虗'

「浧」자는 소리부가「爻」이며,「淆(뒤섞일 효 xiáo)」로 읽는 것이 아닌가 한다. ≪광운廣韻·효운肴韻≫에서는「'효淆'는 뒤섞인 혼탁한 물을 말한다」66)라 하였다.「土」와「淆」두 자는「酒」자와「肉」자의 상대적 개념으로 쓰인다. 지금은 이러한 표현법이 보이지 않는다.「肉」을「土를 보 듯하고,「酒」를「淆」보듯 한다면, 이는 흥청망청 먹고 마시고 아낄 줄 모르는 행위이다. 그래서「信乎(믿을 수 있겠는가)」라 물은 것이다. 자공의「부모만큼 친한 존재도 없는데 돌아가시고 나면 생각나지 않는다면, 말이 되겠는가? 그 믿을 수 있겠는가.」67)라고 한 대답 또한 음미해 볼만하다.

【譯註】

'[illegible]'자는 의미부 '水'·'土'와 소리부 '爻'로 이루어진 '浧'자로, '澆(물 댈 요, jiāo)'자의 이체자가 아닌가 한다. '澆'와 '淆'자는 음이 통한다.

---

66) ≪廣韻·肴韻≫: "淆, 混淆濁水."

67) "莫親乎父母, 死不顧生, 可言乎其信也."

② 子贛

「曰」자의 형태는 다른 죽간과 다르다. 같은 편 중에서 「曰」자의 형태는 두 종류가 있다. ≪상박초간(四)·상방지도相邦之道≫의 제 2, 4간에서 보인다.

【譯註】

1. '曰'

≪상박초간(四)·상방지도相邦之道≫의 제 2, 4간에서는 각각 ''와 ''로 쓴다. ≪說文解字≫에서는 '𠙵(曰)'자에 대하여 "'말하다'의 의미. 의미부 口와 소리부 乙로 이루어진 형성자이다. 또한 입김이 나오는 형상이다"[68]라 하였다. ≪설문해자≫에서 '의미부 口와 소리부 乙로 이루어진 자'라 한 자는 ''이고, '또한 입김이 나오는 형상'이라 한 자는 '𠙵'자인 것으로 보인다. 전자는 형성자이고 후자는 상형자이다.

68) ≪說文解字≫: "曰, 从口, 乙聲. 亦象口氣出也."

第 9 簡

士虗見之壴事而弗受者虗𨽍而未之見也子曰人而下臨猷上臨也

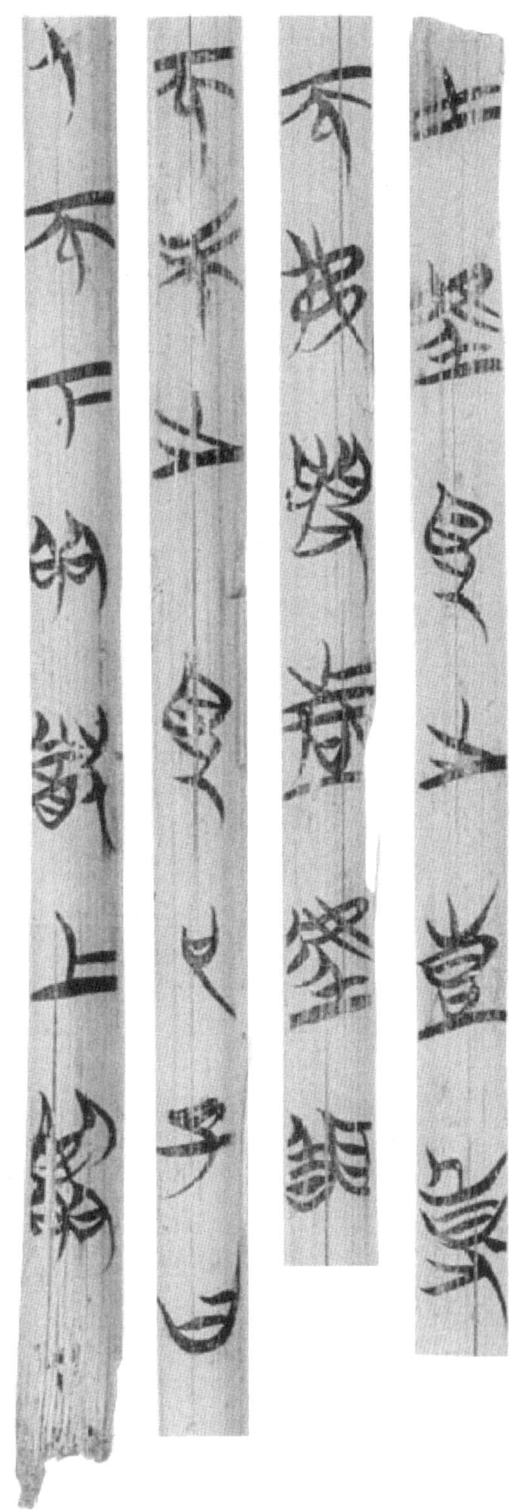

第 9 簡

士, 虗(吾)見之壴(矣), 事而弗受者, 虗(吾)䎽(聞)而未之見也①.」子曰:「人而下臨, 猷(猶)上臨也.

【해석】

……선비는 내가 보았다. 섬기면서 받지 않는 자는 내가 들었으나 보지는 못하였다.」공자께서 말씀하셨다.「사람을 대함에 아랫사람을 대하는 것을 윗사람을 대하듯 해야 한다.

【上博楚簡原註】

본 죽간은 길이가 31.6cm이다. 상단 하단 모두 훼손되었다. 27자가 남아 있다.

① '事而弗受者, 虗䎽而未之見也'

≪관자管子 · 대광大匡≫에서「관중이[69] 군주를 받들어 섬김에 있어 두 마음이 있지 않다. 죽을 것을 안다고 해도 결코 받아들이지 않을 것이다.」[70]라 하고, 또 ≪관자管子 · 패형霸形≫에서도「그러므로 초나라의 현사들은 모두 귀한 보물과 비단을 들고 제나라에 가서 활동하였다. 환공의 측근 신하들은 초나라의 보물과 비단을 받지 않은 자가 없었다.」[71]라 하였다. 이로써「事而弗受」는 쉬운 일이 아니라는 것을 알 수 있다.

【譯註】

'虗(吾)䎽(聞)而未之見也'의 문장 형식은 제 6간과 같다. 따라서 제 6간과 9간은 서로 연결되는 내용이 아닌가 한다.

---

69) '이오夷吾'는 중국 춘추 시대 제나라의 재상이었던 관중管仲의 이름.
70) ≪管子 · 大匡≫: "夷吾之事君無二心, 雖知死, 必不受也."
71) ≪管子 · 霸形≫: "於是楚國之賢士皆抱其重寶幣帛以事齊, 桓公之左右, 無不受重寶幣帛者."

第10篇

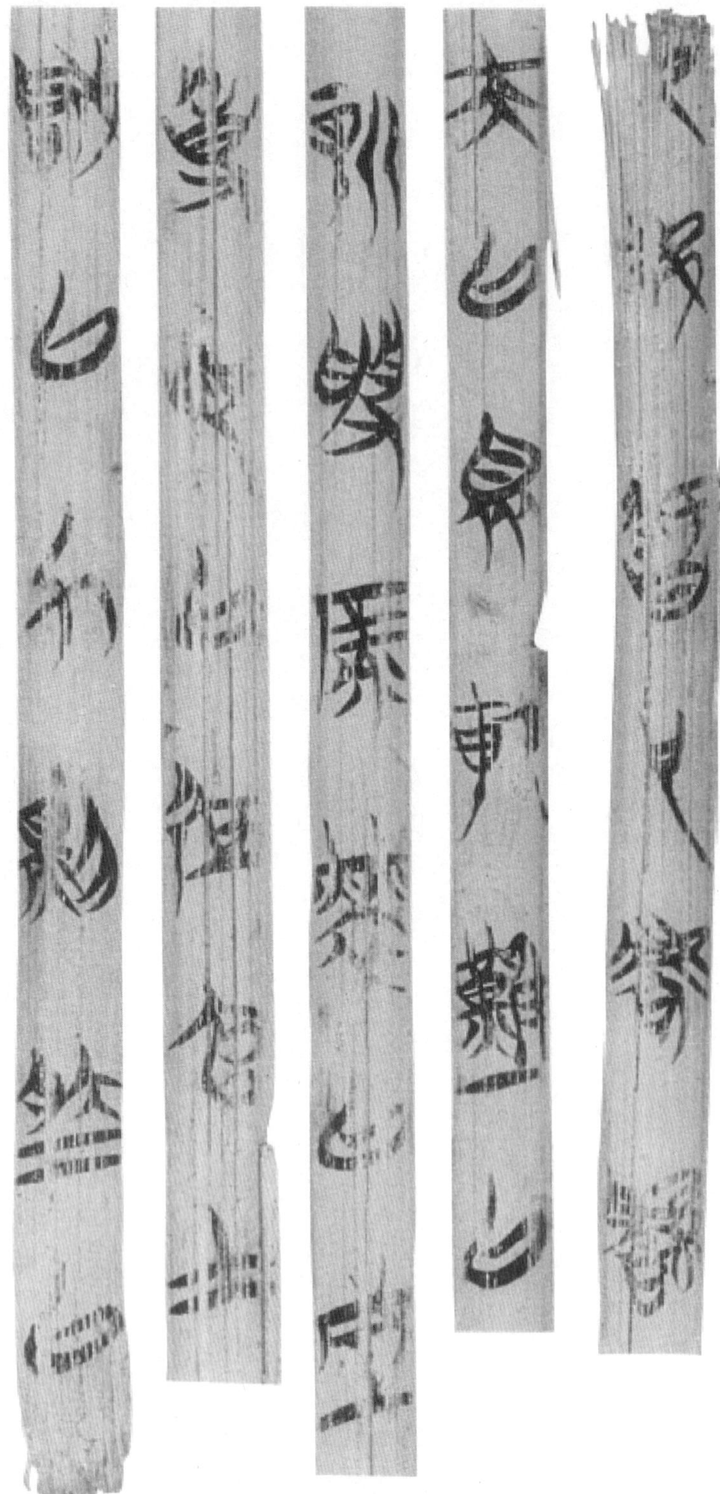

女弗智也虗䌛夫以眾軛壟以新受備褺以城事見以𢓊官士餓以力則然二以

第 10 簡

女(汝)弗智(知)也虐(乎), 繇, 夫以衆軋(犯)墾(難), 以新(親)受備(服), 褮(勞)以城(成)事①, 見以□(擅?)官, 士皒(鈎)以力則然②, 以

【해석】

너는 알지 못하는 것 같다. 오! 백성으로써 어려움을 극복하고, 친함으로써 백성을 복종하게 하고, 일을 함으로써 일을 이루도록 하고, 들어나는 것으로써 관직을 행사하고, 선비가 힘써 일을 처리하면 그렇게 되는 것이다. 그래서

【上博楚簡原註】

본 죽간의 길이는 38.4cm이다. 상단은 잔실되었고 하단은 평평하다. 문자는 29자이다.

① '繇, 夫以衆軋墾, 以新受備, 褮以城事'

「繇」자는 즉 「繇(역사 요, yáo,yóu,zhòu)」자이다. 서주西周 금문에서 보인다. ≪이아爾雅·석고釋詁≫에서 「'요繇'는 '어於'의 의미와 같다.」라 하고, 곽박郭璞은 「'繇'는 허사虛辭이다.」라 하였다.[72] 고문헌 중에서 「猷(꾀할 유, yóu)」 또는 「廸」와 통용된다. 일반적으로 문구에서 놓이나 중간부분에서도 쓰이기도 한다. 어기 또는 탄사로 많이 쓰인다.

이 자는 또는 「由(말미암을 유, yóu)」와 통한다. 예를 들면, ≪곽점초간郭店楚簡·육덕六德≫ 제 7간에서 「만약 이 도를 따르지 않으면, 요제堯帝가 구한다 해도 얻지 못할 것이다.」[73]라 하였고, ≪주역周易·태괘兌卦·단전彖傳≫에서는 「화락한 태도로 사람들을 인도하면 사람들은 고생도 마다하지 않는다. 화락한 태도로 사람들로 하여금 어려움을 무릅쓰도록 하면, 사람들은 죽음도 무릅쓴다.)」[74]라 하였다. ≪오월춘추吳越春秋·부차내전夫差內傳≫에서 「그러므로 재물을 다루고 이익을 분배할 때에는 인자한 사람을 쓴다. 화와 근심을 당하고 재난을 만났을 때에는 용감한 사람을 쓴다. 지혜를 사용하여 나라의 일을 도모할 때에는 어질고 재능이 있는 사람을

72) ≪爾雅·釋詁≫: "繇, 於." 郭璞: "繇, 辭."
73) ≪郭店楚簡·六德≫: "不繇其衍(道), 唯(雖)堯求之弗得也."
74) ≪周易·兌卦·彖傳≫: "說以先民, 民忘其勞; 說以犯難, 民忘其死."

쓴다. 천하를 바로잡고 제후를 평정할 때에는 슬기롭고 현명한 사람을 쓴다.」75)라 하였다.

「城事」는 「성사成事」로 읽는다. ≪논어論語·팔일八佾≫에서 「노나라 애공이 재아에게 토신인 사社를 제사드릴 때 쓰는 나무는 무슨 나무를 써야 하는지 물었다. ……공자께서 이 말을 듣고 (재아를 책망하시면서) 말씀하셨다. "이미 저질러진 일이라 다시 바로잡을 수 없으며, 끝난 일은 간언할 수 없으며, 이미 지나간 일은 다시 추궁할 수도 없구나."」76)라 하였고, ≪禮記·哀公問≫에서 「일이 성사된 후에 다시 문채와 수식을 더해야 한다. 그럼으로써 급을 나눈다.」77)라 하였다.

【譯註】

1. '繇(由)'

'(繇)'자를 정리본은 허사虛辭의 용법으로 이해하고 있으나, 전체 내용으로 보아 공자의 제자인 子路의 이름인 중유仲由의 '由'를 나타내는 것이 아닌가 한다.

2. '彔(祿)'

''자를 정리본은 '비備'자로 예정하고 '복服'으로 읽고 있으나, 하유조何有祖(2006-02-20)는 '彔(祿)'자로 예정하였다. 문자의 형태와 문맥으로 보아 하유조何有祖의 주장이 옳은 것 같다. '녹彔'자를 ≪上博楚簡≫ 중 ≪孔子詩論≫은 ''으로 쓰고 ≪容成氏≫는 ',으로 쓴다.78)

② '見以官, 士皒以力則然'

「」자는 다른 자서字書에 보이지 않는 자이다. 이 자는 초간楚簡의 「强(굳셀 강, qiáng,jiàng,qiǎng)」자의 자형과 비슷하다. 「擅(멋대로 천, shàn)」으로 읽는 것이 아닌가 한다. 「천관擅官」에 대하여, ≪韓詩外傳≫(卷5)에서는 「천자는 3공을 두고, 제후는 한 명의 재상을 두고, 대부는 천관을 두고 사는 맡은 직무를 성실히 수행하여 잘 다스려지지 않는 게 없도록 하는 것이 백성을 잘 다스리는 방법이다.」79)라 하였다.

75) ≪吳越春秋·夫差內傳≫: "故臨財分利則使仁, 涉患犯難則使勇, 用智圖國則使賢, 正天下定諸侯則使聖."

76) ≪論語·八佾≫: "哀公問社於宰我……子聞之曰: 成事不說, 遂事不諫, 既往不咎."

77) ≪禮記·哀公問≫: "有成事, 然後治其雕鏤文章黼黻以嗣." '黼黻'은 임금이 예복으로 입던 하의(下衣)인 곤상(袞裳)에 놓은 도끼와 '亞'자 모양의 자수을 말한다. '嗣'자는 '別'자의 誤字이다. 王夢鷗注譯, ≪禮記今注今譯≫, 北京: 新世界出版社, 2011, 439쪽.

78) ≪楚系簡帛文字編≫, 669 쪽.

「𢦔」자는 '句'와 '戈'로 이루어진 자로, 제 11간 「然句(後)」의 「後」자를 「」로 쓰는 형태와 비교할 수 있다. 「鉤(갈고랑이 구, gōu)」로 읽어야 하는 것이 아닌가 한다.

【譯註】

1. '色(嗇)以侸(擅)官'

진검陳劍(2006.02.21.)은 '사事'자 다음의 ''자를 '色'으로 예정하고 '인색하다'의 '嗇'의 통가자로 보았다. 또한 진검陳劍은 ''자를 '侸'로 예정하고 '屬'자로 읽었다.

그러나 '豆'의 음성은 '擅(멋대로 천 shàn)'과 통하기 때문에 본문은 '侸'로 읽고 '천擅'의 의미로 해석하기로 한다.

2. '戜(治)'

''자는 '𢦔'자로 예정하고 '구鉤'자로 예정하고 있으나, 하유조何有祖(2006-02-20)는 '戜'자로 예정하고 '治(다스릴 치, zhì)'자로 읽었다. 문자의 형태와 문맥으로 보아 하유조何有祖의 주장이 옳은 것 같다.

3. '組(敗)'

''자를 정리본은 '緐'자로 예정하고 부가 설명이 없다. 장진겸張振謙(2006—02—27)은 '組'자로 예정하고 '패敗'자로 읽고 있다. 문자의 자형과 문장 내용으로 보아 참고할 만하다.

정리본은 전체적으로 제 10간의 내용을 나라를 다스리는 자가 응당히 갖추어야 할 덕목으로 보고 있다. 그러나 이렇게 본다면 ''자에 대한 이해가 쉽지 않다. ''자를 '組'자로 예정하고 '敗'자로 읽고 있으면, 전체적으로 집정자가 백성을 다스릴 때 잘못을 하게 되면 결국은 실패로 끝나게 된다는 뜻이다.

79) ≪韓詩外傳≫(卷5): "天子三公, 諸侯一相, 大夫擅(檀)官, 士保職, 莫不治理, 是所以辯治之也." '三公'은 太師·太傅·太保을 가리키고, 擅(檀)官은 전결(專決)할 수 있는 관리를 말한다.

第11篇

□也此之胃㥯■割我昏君子■曰余女能新紂與冬斯善鼓爲君子虐

第 11 簡

□也, 此之胃(謂)悬(仁). 剫(宰)我昏(問)君子, 曰: 「余(予), 女(汝)能訢(愼)紿(始)與冬(終), 斯善歖(矣), 爲君子虐(乎)① ?

【해석】

이다. 이를 일컬어 인仁이라고 한다. 재아가 군자에 대해 물었다. 「재아야! 네가 능히 시작하기를 신중히 하고 끝까지 할 수 있다면, 이는 매우 훌륭한 것이다. 이렇다면 군자가 아니겠는가?

【上博楚簡原註】

본 죽간의 길이는 33cm이다. 상단, 하단 모두 잔실되었다. 문자는 25자가 있다.

① '剫我昏君子, 曰: 余, 女能訢紿與冬, 斯善歖, 爲君子虐'

「剫我」는 곧 「재아宰我」이다. 「余」는 「予(나 여, yú,yǔ)」로 읽는다. 재아宰我는 이름이 여予이고 자가 자아子我로 그의 이름을 직접 부른 것이다.

「신시여종愼始與終」은 신중히 시작하여 정중히 마친다는 것을 말한다. ≪左傳·襄公二十五年≫에서는 「군자의 행동은 반드시 그 끝에까지 생각이 미쳐야하고, 다시 할 수 있을 것에까지 생각이 미쳐야 한다. ≪書≫에서 말하였다. "신중함으로 시작하고 공경함이 끝까지 이어져야 그 끝이 곤궁하지 않는 것이다."」[80]라 하였다. 본 죽간에서는 재아宰我가 君子에 대해 묻자 夫子가 「愼始與終」으로 대답하고 있는 근거가 있는 것이다.

그리고 임금을 섬기는 것 「愼始與終」을 근본으로 해야 하는 것이다. ≪禮記·表記≫에서 「임금을 모실 때, 신중하게 시작하고 마침을 공경스럽게 해야 한다.」[81]라 하였고, ≪신서新序≫의 일문佚文에서는 「공자가 증자에게 말하였다. "군자는 이익 때문에 의를 해쳐서는 안 되니, 욕됨이 어찌 이로부터 생기겠는가? 관원은 벼슬이 높아지면 게을러지고, 병은 약간 나을 때 악화되고, 화는 게을러 질 때 생겨나고 효도는 처자 때문에 흐려진다. 이 네 가지를 잘 살펴서 그 끝을 처음처럼 삼가야 한다."」[82]라 하였다. 또한 ≪곽점초간郭店楚簡·노자갑老子甲≫ 제11간에서

80) ≪左傳·襄公二十五年≫: "君子之行, 思其終也, 思其復也. ≪書≫曰: 愼始而敬終, 終以不困."
81) ≪禮記·表記≫: 「子曰: 事君愼始而敬終."

「일에 임하는 규칙을 끝을 시작처럼 신중하게 하면 실패하지 않는다.」[83]라 하였으며, ≪老子丙≫ 제12간에서 「끝을 처음처럼 신중하면 실패할 일이 없다.」[84]라 하였다. 「신시여종愼始與終」과 「신종약시愼終若始」는 비록 사용한 단어가 다르지만 그 뜻은 결국 같다.

82) ≪新序≫: "孔子謂曾子曰: 君子不以利害義, 則恥辱安從生哉? 官怠于宦成, 病加于少瘉, 禍生于怠惰, 孝衰于妻子, 察此四者, 愼終如始."

83) ≪郭店楚簡·老子甲≫: "臨事之紀, 愼終如始, 此亡敗矣."

84) ≪郭店楚簡·老子丙≫: "愼終若始, 則無敗事矣."

第12篇

也求爲之言又夫言也求爲之行言行相𢘓然句君子■子

第 12 簡

也, 求爲之言, 又(有)夫言也, 求爲之行, 言行相𢔶(近), 肰(然)句(後)君子 ▪[①]. 子

【해석】

[행동은] 말로써 설명되어져야 하며, 말이 있으면 행동이 요구되어야 한다. 말과 행동이 서로 가까워야 비로소 군자이다.

【上博楚簡原註】

본 죽간의 길이는 25.4cm이다. 상단, 하단 모두 잔실되었다. 문자는 22자가 있다.

① ‘又夫言也, 求爲之行, 言行相𢔶, 肰句君子’

말을 하면 즉 행동으로써도 실천해야 할 필요가 있다. 그러므로「言行」은 마땅히「相近(서로 가까워야 함)」이 강조되어야 한다. 그래야 비로소 군자의 도를 갖추었다할 수 있다.「然後君子」의 말은 ≪논어論語·옹야雍也≫의「공자께서 말씀하셨다. “소박함이 화려함보다 많으면 거칠고 촌스러움을 면하기 어렵고, 화려함이 소박함보다 많으면 부허浮虛함을 면하기 어렵다. 화려함과 소박함이 적당히 배합되어야 비로소 군자인 것이다.”」[85]에도 보인다.

【譯註】

첫 번째 ‘也’자 부분은 뒷 “又(有)夫言也” 구절을 참고하여 [有夫行]을 보충할 수 있다.

1. ‘𢔶(近)’

‘(𢔶)’자는 의미부 ‘心’과 소리부 ‘𢓊’으로 이루어진 자이다. ‘𢓊’자는 ‘근近’과 같은 자이다. 언행일치는 마음적 행위에 속하는 것이기 때문에 의미부로 ‘心’을 추가한 것으로 보인다.

85) ≪論語·雍也≫: “子曰: 質勝文則野, 文勝質則史. 文質彬彬, 然後君子.”

第13篇

遼人不曲方以迲人■子曰君子亡所不足無所又㕘劃

第 13 簡

遼(就)人, 不曲方(防)以迲(去)人 ■ ①.」 子曰: 「君子亡所不足, 無所(又)有仐(餘), 〼

【해석】

다른 사람이 성취될 수 있도록 해야지 제재를 하여 다른 사람이 멀어지도록 해서는 안 된다.」 공자께서 말씀하시기를, 「군자는 부족한 것이 없고, 또한 분수에 넘치도록 소유하고자 하지 않는다. 이른바

【上博楚簡原註】

본 죽간의 길이는 23.9cm이다. 상단은 평평하고 하단은 잔실되었다. 20자가 남아있다.

① ‘不曲方以迲人’

「曲方」은 「곡방曲防」으로 읽어야 한다. ≪孟子·告子下≫에서 「다섯 번째 명령하여 말하였다. 제방을 굽게 쌓지 말라. 이웃 나라에서 양식을 구매하는 것을 금지하지 말라. 대부들을 봉해주고 보고하지 않는 일이 없도록 하라.」[86]라고 하였다.

「迲」는 「去(갈 거, qù)」로 읽어야 한다. 「迲人」은 아마 「거인拒人(사람을 거절하다.)」를 말한다.

【譯註】

1. ‘遼(就)’

‘(遼)’자는 의미부 ‘辵’과 소리부 ‘亰(就)’로 이루어진 자로 ‘就’자의 이체자이다. 초간에서 ‘就’자를 ‘’·‘’·‘’로 쓴다.[87] ≪說文解字≫에서는 ‘就’자의 籀文은 ‘(𡬂)’로 쓴다.

2. ‘曲方(防)’

「曲方」은 「曲防」으로 읽을 수 있으며, 본 구절에서는 ‘남을 곡해하고 훼방하하다’의 의미로 쓰이는 것이 아닌가 한다.

86) ≪孟子·告子下≫: “五命曰: 無曲防, 無遏糴, 無有封而不告.”
87) ≪楚系簡帛文字編≫, 520 쪽.

3. '割(蓋)'

제일 마지막 '(□刂)'자는 문자의 형태로 보아 '割(나눌 할, gē)'자가 아닌가 한다. '蓋(덮을 개, gài,gě)'자로 읽을 수 있다. '할割'자를 ≪곽점초간郭店楚簡·어총語叢≫은 ''로 쓴다.[88]

88) ≪楚系簡帛文字編≫, 429 쪽.

第14簡

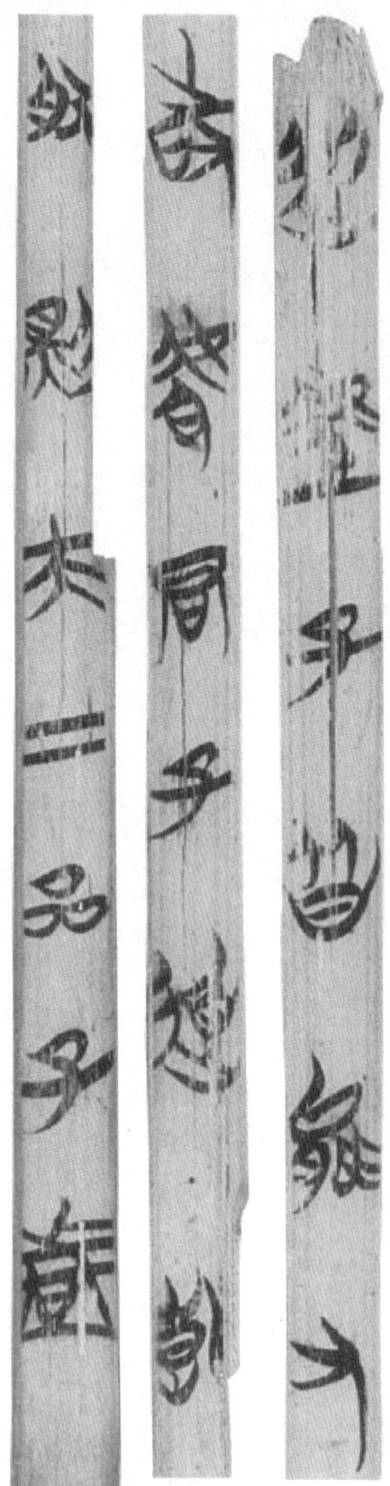

從虗子皆能又時䖒君子道朝肰則夫二晶子者

第 14 簡

從, 虗(吾)子皆能又(有)時(待)虐(乎)? 君子道朝, 肰(然)則夫二晶(三)子者

【해석】

따르고, 나의 제자들은 모두 갖출 수 있겠는가? 군자의 도는 드러나는 것인데, 그런데 너희들은

【上博楚簡原註】

본 죽간의 길이는 23.8cm이다. 상단은 잔실되었고 하단은 평평하다. 문자는 19자가 있다.

① '肰則夫二晶子者'

「이삼자二三子」는 ≪禮記≫·≪論語≫에서 대부분 공자의 제자들을 칭한다. ≪좌전左傳≫에서도 「二三子」가 많이 보이는데, 여기서는 일반적인 제자를 가리키는 범칭泛稱으로 쓰인다. ≪禮記·檀弓≫에서 「공자의 제자들은 공자의 상을 치를 때 모두 머리에 마포를 쓰고 허리에는 마대를 둘렀다.」[89]라 하였고, ≪論語·述而≫에서 「공자께서 말씀하셨다. 『너희들은 내가 숨기는 것이 있다고 생각하느냐? 나는 너희들에게 숨기는 것이 없다. 나는 너희들에게 조금이라도 공개하지 않은 것이 없으니, 이것이 바로 나 공구의 모습이니라.』[90]」라 하였다. 마왕퇴馬王堆에서 출토된 백서帛書에서도 ≪二三子問≫편이 있다. 또 ≪좌전左轉·희공15년僖公十五年≫에서 「진목공秦穆公이 사람을 보내 거절하면서 그들에게 말하였다. "여러분들께서는 왜 이렇게 슬퍼하십니까?"」[91]라 하였다.

【譯註】

1. '從虗(吾)子, 皆能又(有)時(待)虐(乎)'

정리본은 '從, 虗(吾)子皆能又(有)時(待)虐(乎)'로 읽고 있으나, 전후 문맥을 고려하여 '從虗(吾)子, 皆能又(有)時(待)虐(乎)'로 읽을 수 있다. 초간에서는 '오자吾子'는 '나의 스승' 혹은 다른

89) ≪禮記·檀弓≫: "孔子之喪, 二三子皆絰而出."
90) ≪論語·述而≫: "子曰: 『二三子以我爲隱乎? 吾無隱乎爾. 吾無行而不與二三子者, 是丘也.』"
91) ≪左傳·僖公十五年≫: "秦伯使辭焉, 曰: 二三子何其慼也."

사람을 지칭하기도 한다. 본 구절은 공자를 지칭하는 것이 아닌가 한다. 만약에 본 죽간을 제 24간과 연결되는 내용으로 본다면, 혹은 宰予에게 '나를 따르는 자라고 모두 그 능력을 갖출 수 있겠는가?'라고 꾸중하는 말로 이해할 수도 있을 것이다.

2. '君子道朝'

'군자도조君子道朝' 중의 '군자도君子道'는 '소인도小人道'와 대립적인 개념으로 쓰이고, '朝'는 '환히 드러나다'의 '昭(밝을 소{조}, zhāo)'자로 읽을 수 있다.[92] '조朝'자는 ≪곽점초간≫은 '[illegible]'·'[illegible]'로 쓴다.[93]

92) 梁澤生, 〈上博五零釋十二則〉, 簡帛사이트, 2006-03-20
93) ≪楚系簡帛文字編≫, 649 쪽.

第15篇

曰韋桼虐告女其緄襹虐隹多爾而不昏臤其

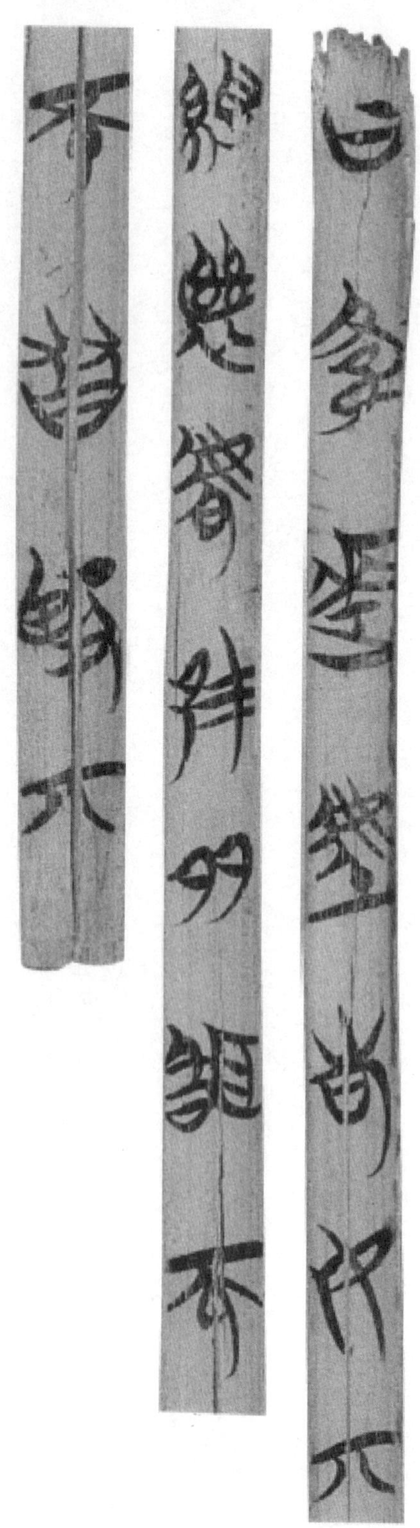

第 15 簡

曰:「韋(回), 逨(來)①, 虗(吾)告女(汝), 其緅(阻)𢇍(絕)虐(乎)? 隹(雖)多䎽(問)而不𦳝(友)臤(賢), 其

【해석】

말했다.「회回야, 이리와라. 내가 너하고 이야기를 나누고 싶구나. 어찌 저지하고 거절한다는 것인가? 비록 견문이 넓으나 현자를 가까이 하지 않으면

【上博楚簡原註】

본 죽간의 길이는 20.5cm이다. 상단은 잔실되었고 하단은 평평하다. 문자는 18자가 있다.

① '韋逨, 虗告女'

「逨」자에서 끊어 읽어야 한다. 본편의 제 5간「子曰: 小子, 來, 取余言」부분을 참고할 수 있다.

【譯註】

'其緅𢇍虐'는 혹은 '기조절호豈阻絕乎'로 읽을 수 있다. 혹은 ≪장자莊子·양왕讓王≫ "공자가 안연顏淵에 말했다. 회야回야! 이리 오너라. 가정이 가난하고 비천한데 어찌 벼슬자리에 나서지 않는가?"94)라는 내용과 관련이 있는 것이 아닌가 한다.

94) ≪莊子·讓王≫:: "子謂顏淵曰: 回. 來. 家貧居卑, 胡不仕乎?"

第16簡

□安冬子曰㝵䎽則沽㝵見則𧕿多䎽則𧢱多見則

第 16 簡

□安(焉)冬(終).」子曰: 「㝡(寡)䎽(聞)則沽(孤), 㝡見則[illegible](肆). 多䎽則𧠍(惑), 多見則①

【해석】

어떻게 하면 마칠 수 있겠습니까?」 공자께서 말씀하셨다. 「들은 것이 적으면 독단적이고, 본 것이 적으면 방자해지게 된다. 많이 듣고 미혹되는 것이 있으면 남겨 두고, 많이 보며

【上博楚簡原註】

본 죽간의 길이는 23.8cm이고, 상단과 하단이 잔실되었다. 문자는 19자가 있다.

① '㝡䎽則沽, 㝡見則[illegible]. 多䎽則𧠍, 多見則'

「沽」는 「孤(외로울 고, gū)」로 읽는다. ≪禮記·學記≫의 「홀로 공부하고 함께 의논할 친구가 없으면, 고독하고 식견과 견문이 좁아진다.」[95]와 같은 의미이다. 「다문多聞」, 「다견多見」은 ≪論語·爲政≫편에 보인다. 「자장이 관직을 구하여 봉록을 얻는 방법을 배우고자 했다. 이에 공자께서 말씀하셨다. "많이 듣고 의심 가는 데가 있으면 남겨두고, 그 나머지 충분히 자신 있는 부분은 신중하게 말을 하면, 착오를 줄일 수 있다. 많이 보고 의심 가는 부분은 마찬가지로 남겨두고, 그 나머지 자신 있는 부분은 조심스럽게 실행한다면, 후회하는 일을 줄일 수 있을 것이다. 말의 오류가 적고, 행동의 후회할 일이 적으면, 관직과 봉록은 바로 그 안에 있게 되는 법이지."」[96]라 하였고, ≪述而≫편에서도 「공자께서 말씀하셨다. "대개 자신도 알지 못하면서 허황하게 만들어 내는 사람이 있는데, 나는 그런 잘못은 없다. 많이 들어서 그 가운데 좋은 것을 선택하여 받아들이며, 많이 보아서 모두 마음속에 기억해둔다. 이렇게 아는 것은 단지 '나면서부터 아는 것'의 버금가는 것일 뿐이다."」[97]라 하였다.

본 죽간의 「다문즉혹多聞則惑」은 「다문궐의多聞闕疑(의심 가는 데가 있으면 남겨둔다.)」의 의미와 비슷하다.

---

95) ≪禮記·學記≫: "獨學而無友, 則孤陋而寡聞."

96) ≪論語·爲政≫: "子張學干祿. 子曰: 『多聞闕疑, 愼言其餘, 則寡尤. 多見闕殆, 愼行其餘, 則寡悔. 言寡尤, 行寡悔, 祿在其中矣.』"

97) ≪述而≫: "子曰: 『蓋有不知而作之者, 我無是也. 多聞擇其善者而從之, 多見而識之. 知之次也.』"

【譯註】

첫 구절 '安(焉)冬(終)'의 내용으로 보아, 공자가 제 11간에서 宰我에게 '仁'이란 '愼始與終'이라는 내용과 관련이 있는 것이 아닌가 한다.

1. '沽(固)'

'沽'자를 정리본은 '고孤'로 읽고 있으나, 혹은 '아집'·'고집'이라는 의미의 '固(굳을 고, gù)'로 해석할 수 있다.

2. '[illegible](肆)'

금문에서는 '肆(방자할 사, sì)'자를 '[illegible]'로 쓴다.[98] '[illegible]'자는 '希(털 긴 짐승 이)'자를 중첩해서 쓴 형태로 ≪說文解字≫의 '𨽸(돼지 시, sì)'자의 이체자가 아닌가 한다. ≪설문해자주說文解字注≫는 "𨽸자를 古文≪尙書≫에서는 '肆'자로 쓴다."[99]라 하였다. '[illegible](𨽸)'자의 고문을 ≪설문해자≫에서는 '[illegible](𧰲)'로 쓰며, 금문은 '[illegible]'·'[illegible]'·'[illegible]'·'[illegible]'·'[illegible]'로 쓴다.[100]

98) ≪金文編≫, 665 쪽.

99) ≪說文解字注≫는 "(𨽸)古文尙書皆作肆."라 하였다.

100) ≪金文編≫, 669 쪽.

第17篇

弗王善𢾺夫安能王人䌛■子逃書□

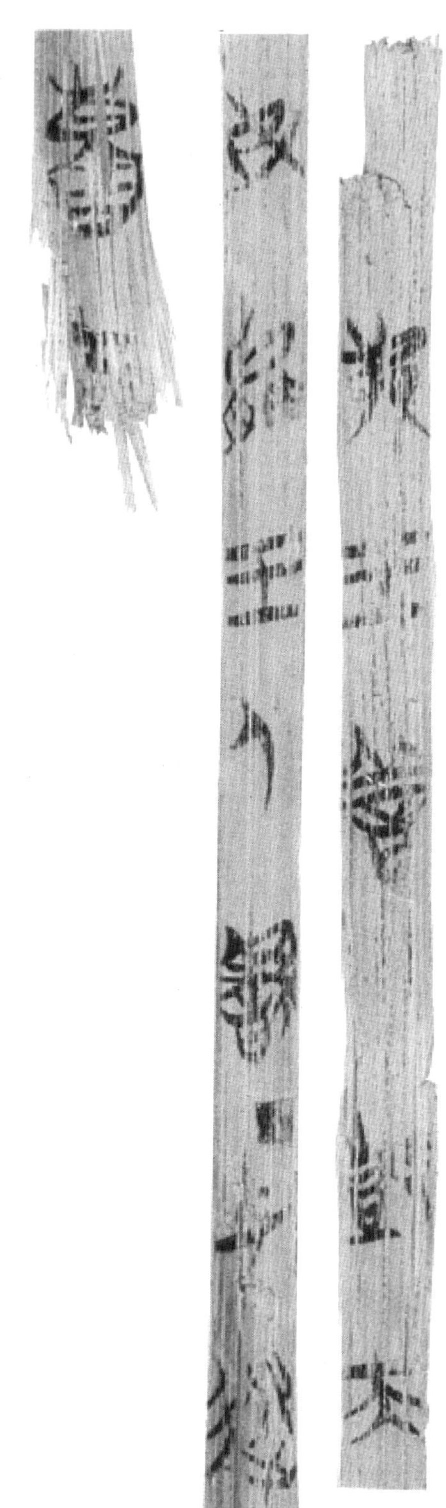

第 17 簡

弗王, 善㪚(矣), 夫安(焉)能王人繇▪①. 子䢌(過)害(曺)□

【해석】

천하의 왕이 아닌 것은 사실인데, 어찌 능히 백성의 왕이 될 수 있겠는가? 공자가 曺□를 지나

【上博楚簡原註】

본 죽간의 길이는 18.5cm이다. 상단과 하단 모두 잔실되었다. 문자는 13자가 있다.

① '善㪚, 夫安能王人繇'

「왕인王人」이라는 단어는 ≪육도六韜·상현上賢≫에서 보인다. 「문왕이 태공에게 물었다. "백성의 임금으로서 누구를 위로 모시고 누구를 아래로 하며, 무엇을 취하고 무엇을 버리며, 어떤 것을 금하고 어떤 것을 그치도록 해야 합니까?" 태공이 대답하였다. "어진 이를 위로 모시고 불초한 이를 아래로 하며, 성실함과 믿음을 취하고 거짓됨을 버리며, 난폭하고 어지러움을 금하며 사치를 그쳐야 합니다. 그러므로 왕 되는 이에게는 여섯의 적과 일곱 가지 해로움이 있습니다."」[101] 라 하는데, 이중 '王人'의 의미는 ≪史記·周本紀≫에서는 「백성의 왕이 되는 자는 반드시 이익을 잘 이끌어 내어 상하에 널리 퍼지도록 하는 자입니다.」[102]와는 약간 다르다.

【譯註】

"弗王, 善㪚(矣), 夫安(焉)能王人繇" 구절은 "弗王, 善㪚(矣)夫, 安(焉)能王人, 繇(由)"로 읽을 수 있다.[103] 즉 '요繇'는 '자유子由'를 가리킨다.

101) ≪六韜·上賢≫: "文王問太公曰: 『王人者, 何上何下, 何取何去, 何禁何止 ?』太公曰: 『上賢, 下不肖. 取誠信, 去詐僞. 禁暴亂, 止奢侈. 故王人者有六賊七害.』"

102) ≪史記·周本紀≫: "夫王人者, 將導利而布之上下者也."

103) 牛新房, 〈讀上博五≪弟子問≫劄記一則〉, 2006-03-04.

第18簡

者皆可以爲者侯㮸歖東西南北不踦□

第 18 簡

者, 皆可以爲者(諸)侯㮰(相)歖(矣). 東西南北①, 不畸□

【해석】

……는 모두 제후와 재상이 될 수 있다. 동서남북으로 ……하지 않다.

【上博楚簡原註】

본 죽간의 길이는 20.8cm이고, 상단과 하단 모두 잔실되었다. 문자는 15자가 있다.

① '東西南北'

「동서남북東西南北」은 문헌에서 자주 보이는데 지리 방위 등 거리 개념을 나타낼 때 쓰인다. ≪예기禮記·단궁하檀弓上≫에서 「오늘날 나는 동서남북 도처를 다니는 사람이니, 표지를 남기지 않을 수 없다.」[104]라 하였고, ≪회남자淮南子·태족훈泰族訓≫에서 「공자는 왕도를 행하고자 하여 동서남북으로 바쁘게 다니면서 17명의 왕에게 유세를 하였으나 뜻이 맞는 사람이 없었다.」[105]라 하였다. ≪관자管子·도지度地≫에서 「환공이 말하였다. "물을 막아 통제하여서 동서남북으로, 높은 곳으로 향해 흐르게 할 수 있습니까?"」[106]라 하였고, ≪莊子·大宗師≫에서는 「子來曰: 父母於子, 東西南北, 唯命之徒. (子來가 말하였다. "자식은 동서남북 어디에서든 부모님의 말씀에 따라야 한다."」[107]라 하였다.

이외에도 방위 순서를 「西東南北」로 표시하기도 한다. 예를 들면, ≪孟子·公孫丑上≫에서 「힘으로써 사람들을 복종시키면 마음으로 복종하는 것이 아니다. 다만 그가 힘이 부족하기 때문에 복종하는 것이다. 덕으로써 사람들을 복종하게 하면 사람들이 마음으로 성심껏 기쁘게 복종한다. 이는 마치 70여 명의 제자가 공자에게 복종한 것과 같다. 시경에서 이르기를 "서에서 동에서 남에서 북에서 마음을 다해 성심껏 복종하지 않음이 없다."라 하였다. 바로 이 의미이다.」[108]

104) ≪禮記·檀弓上≫: "今丘也, 東西南北之人也, 不可以弗識也."
105) ≪淮南子·泰族訓≫: "孔子欲行王道, 東西南北, 七十說而無所偶."
106) ≪管子·度地≫: "桓公曰: 『水可扼而使東西南北及高乎?』"
107) ≪莊子·大宗師≫: "子來曰: 父母於子, 東西南北, 唯命之徒."
108) ≪孟子·公孫丑上≫: "以力服人者, 非心服也, 力不贍也; 以德服人者, 中心悅而誠服也, 如七十子之服孔子也.

라 하였다.

【譯註】

본 죽간을 ≪君子爲禮≫의 제 10간의 내용과 연결되는 것으로 보기도 한다.[109] ≪君子爲禮≫의 제 10간은 내용은 "昔者仲屖(尼)緘(箴)徒三人, 第(悌)徒五人, 芫(玩)䞇(嬉)之徒【10】"[110]이다. 참고할 만하다.

1. '奇(綺)'

''자는 소리부인 '奇'의 자적은 확실하게 보인다. 전후 문맥으로 보아 '기綺'의 통가자로 쓰이는 것이 아닌가 한다.

≪詩≫云:『自西·自東·自南·自北, 無思不服.』此之謂也."

109) 陳劍, 〈談談≪上博(五)≫的竹簡分篇·拼合與編聯問題〉, 2006-02-19.

110) "옛날에 중니에게 아버지와 같이 간언할 수 있는 사람이 세 사람이 있었고, 형처럼 섬기는 사람이 다섯 사람 있었으며, 친구로서 함께 즐기는 사람【10】"

第19簡

長巨白玉倠虐子膪=女也其聖子迨逹虐子■盬=女也女戠

第 19 簡

長, 巨(蘧)白(伯)玉侳(止)虐(乎)? 子臺=(惇惇)女(如)也, 其聖(聽)子迻(路)𨑥(往)虐(乎)? 子噩=(愕愕)女(如)也, 女(如)戠(誅)

【해석】

나이가 많은데, 거백옥蘧伯玉이 저지하였는가? 공자의 돈독함이 이와 같은데, 자로가 가는 것을 들어 주겠는가? 공자가 놀라는 것이 이와 같고, 책망하는 것 같이……

【上博楚簡原註】

본 죽간의 길이는 24.6cm이다. 상단은 평평하고 하단은 잔실되었다. 문자는 24자가 있다. 그 중 합문이 2자이다.

① '巨白玉侳虐? 子臺=女也'

「臺」은 「惇(도타울 돈, dūn)」 혹은 「敦(도타울 돈, dūn,duì)」의 의미이다. ≪이아爾雅·석고釋詁≫에서 「돈惇, 단亶, 호祜, 독篤……는 두텁다(후厚)의 뜻이다.」[111]라 하였고, ≪예기禮記·내칙內則≫에서는 「효제의 도리를 돈독하게 행하며, 널리 배워 지덕知德을 높이되 남을 가르치지는 않으며, 겸양하는 마음을 항상 지녀 밖으로 드러내지 말아야 한다」[112]라 하였다. ≪예기禮記·곡례상曲禮上≫에서는 「견문이 넓고 기억력이 강하면서도 겸양하고 선행을 돈독하게 하되 실천하기를 게을리 하지 않으면 군자라고 할 수 있다.」[113]라 하였고, ≪예기禮記·경해經解≫에서는 「온유돈후하고 어리석지 않다면, 시에 대해 깊게 이해한 것이다.」[114]라 하였다.

【譯註】

정리본의 설명에 따르면 본 죽간의 전체적인 내용을 확실히 알 수가 없다.

본 죽간의 내용은 "長, 巨(蘧)白(伯)玉侳(侍)虐(乎)子=(子, 子)臺=(惇惇)女(如)也其聖(聽). 子迻

111) ≪爾雅·釋詁≫: "惇, 亶, 祜, 篤……厚也."
112) ≪禮記·內則≫: "惇行孝悌, 博學不教, 內而不出."
113) ≪禮記·曲禮上≫: "博聞強識而讓, 敦善行而不怠, 爲之君子."
114) ≪禮記·經解≫: "溫柔敦厚而不愚, 則深於詩者也."

(路)逹(往)虐(乎)子=(子, 子)噩=(諤諤)女(如)也, 女(如)戠(誅)"로 읽는 것이 아닌가 한다. 거백옥蘧伯玉은 공자보다 나이가 많아 공자가 그와 함께 이야기할 때는 예를 갖추어 돈독하게 어떤 소리를 듣는 듯 청취하고, 자로는 성격이 거칠기 때문에 자로를 가르칠 때는 마치 꾸중을 하듯 스스럼없이 말을 하는 뜻인 것이 아닌가한다.

'臆'자 앞 '子'자 아래 중문 부호가 없으나, '噩'자 앞 '子'자 아래 중문 부호가 있는 것으로 보아 중문 부호가 누락된 것으로 보인다.[115]

115) 唐洪志, 〈上博簡(五)孔子文獻校理〉, 華南師範大學碩士論文, 2007-06-07

第20簡

□囷駭至老丘又[illegible]植其槈而詞安子虘㾑軒而

第 20 簡

□困(淵)駿(馭), 至老丘①, 又(有)𦬁植其槈而訶(歌)安(焉), 子虗(乘)啓(乎)軒而②

【해석】

안연이 말을 몰아 老丘에 도착했다. 𦬁가 있어 槈(호미 누, nòu)를 땅 위에 세워두고 노래를 한다. 공자는 수레를 타고

【上博楚簡原註】

본 죽간의 길이는 21.9cm이고 상단, 하단이 모두 잔실되었다. 18자가 있다.

① '困駿至老丘'

「困(淵)駿(馭)」 내용은 아래 문장으로 볼 때, 안연顔淵이 공자를 위해 마차를 몰았음을 알 수 있다. 이러한 내용은 본 죽간에서 처음 보인다.

「노구老丘」는 지명이다. ≪左轉·定公十五年≫에서는 「정鄭나라 한달罕達이 노구老丘에서 송군宋軍을 패배시켰다.」116)라 하였으며, ≪春秋大事表≫의 開封府 조항에서는 「진유현陳留縣으로부터 동북쪽으로 40리에 노구老邱 성이 있는데, 송宋 노구老邱의 땅이었다. 정공定公 15년에 정鄭나라가 노구老邱에서 송군宋軍을 패배시켰다고 하는데, 바로 이곳이다.」117)라 하였다.

② '又𦬁植其槈而訶安, 子逹啓軒而'

「𦬁」자는 무슨 자인지 알 수 없다. 혹은 「一人」의 의미가 아닐까 한다.

「植(심을 식, zhí)」자에 대하여 ·≪說文解字·木部≫에서는 「문(밖에서 닫을 때)에서 자물쇠로 잠그는 데 쓰던 곧은 나무이다)118)」라고 하였고, 단옥재段玉裁는 ≪회남자淮南子≫의 고유高誘의 주를 인용하여 「직植은 곧은 나무이다」119)라 하였다.

116) ≪左轉·定公十五年≫: "鄭罕達敗宋師于老丘."

117) ≪春秋大事表≫ : "陳留縣東北四十里有老邱城, 爲宋老邱地, 定十五年鄭敗宋師于老邱, 即此."

118) ·≪說文解字·木部≫: "戶植也."

119) ≪說文解字注≫: "植, 當爲直立之木."

「槈(호미 누, nòu)」는 농기구이다. ·《說文解字·木部》에서 이르기를, "김매는 기구이다."120) 라 하였고, 단옥재段玉裁는 「욕부蓐部에서 설명하였다. '薅'자는 밭의 풀을 뽑는다는 뜻이다. '槈'는 김매는 기구이다.」121)라 하였다.

「訶」는 「歌(노래 가, gē)」이다. 금문에서 자주 보인다. 「植其槈而訶」는 槈를 땅 위에 세워두고 노래를 한다는 것을 말한다. 죽간의 문장만으로는 뜻이 불명확하다. 《論語·微子》에는 초나라의 광인 접여接輿가 노래를 부르며 공자 앞을 지나가자 공자가 수레에서 내려 그와 이야기를 나누고자 하였으나 접여는 이를 피해 달아났다고 기재하고 있으며, 장저長沮, 걸익桀溺이 함께 밭을 가는데 공자가 그곳을 지나다가 자로에게 명하여 나루터를 묻게 했다는 내용이 있다. 이 두 내용이 본 죽간문과 관련이 있지 않을까한다. 따라서 참고하기로 한다.

【譯註】

1. '戎(農)'

'[image]'자는 '융戎'의 이체자가 아닌가 한다. '戎'자는 초죽서는 '[image]'·'[image]'으로 쓴다.122) '융戎'자는 '농農'자와 음이 통한다.

2. '䖂(撫)'

'[image]'자를 정리본은 '䖂'자로 예정하고 '乘(탈 승, chéng,shèng)'으로 읽고 있으나, 이 자에 대하여 학자마다 의견이 다르다. 계욱승季旭昇(2006-2-16)은 소리부를 '虍'로 보고 '據(의거할 거, jù,jū)'로 읽고, 후내봉侯乃鋒(2006-3-20)은 아랫부분은 '舞'이고 소리부이며, '虍' 역시 소리부로 '撫(어루만질 무, fǔ)'로 읽는다하였다. 《禮記·曲禮上》에서는 "나라의 군주가 수레 앞의 가로댄 나무를 어루만지며 머리를 숙여 예를 표하면 大夫는 수레에서 내려 예를 표시하고 대부가 가로댄 나무를 만지며 머리 숙여 예를 행하면 士는 수레에서 내려 예를 표시해야한다."123)라 하여 '무식撫軾'의 예를 설명하였다. 따라서 본문도 '무撫'로 읽기로 한다(부록 참고).

---

120) ·《說文解字·木部》: "薅器也."
121) 《說文解字注》: "蓐部曰, 薅, 披去田艸也. 槈者, 所以披去之器也."
122) 《楚系簡帛文字編》, 1051 쪽.
123) 《禮記·曲禮上》: "國君撫式, 大夫下之. 大夫撫式, 士下之."

第21簡

虗末見邦而信禮末見善事人而悳禮含之殜匸

第 21 簡

虗(吾)未見邦而信繼(絕), 未見善事人而悳(憂)繼(絕)①. 含(今)之殜(世)□

【해석】

나는 나라의 우방友邦간에 서로 믿음이 끊기는 것을 보지 못했고, 다른 사람을 잘 섬기면서 (상호간의 신뢰가) 단절될까 우려하는 모습을 보지 못했다. 오늘 날의 세상은

【上博楚簡原註】

본 죽간의 길이는 22.2cm이고 상단은 평평하고 하단은 잔실되었다. 18자가 남아있다.

① '未見善事人而悳繼'

「未見善事人而憂絶」 구절과 관련된 내용을 ≪郭店楚簡·語叢二≫ 제 45간에서는 「未有善事人而不返者.」[124]로 쓴다. 진심으로 섬기는데 어찌 걱정이 생기겠는가? 「우절憂絕(걱정이 끊기다.)」과 「불반不返(보답을 받다.)」는 서로 같은 의미이다.

【譯註】

1. '未見邦而信繼(絕)'

'邦'자를 '謗(헐뜯을 방, bàng)'으로 읽고, '繼'자는 '者(놈 자, zhě)'자의 이체자로 보는 경우도 있으나,[125] ' '자는 형태로 보아 '繼'자가 확실하고, 우방 간에 상호 신뢰가 필요함을 설명하고 있기 때문에 '邦'자를 굳이 '방謗'으로 읽을 필요가 없을 것 같다.

124) "善으로 사람을 대하여 보답을 받지 못하는 사람은 없다."
125) 唐洪志(2007-06-07), 45 쪽.

第22篇

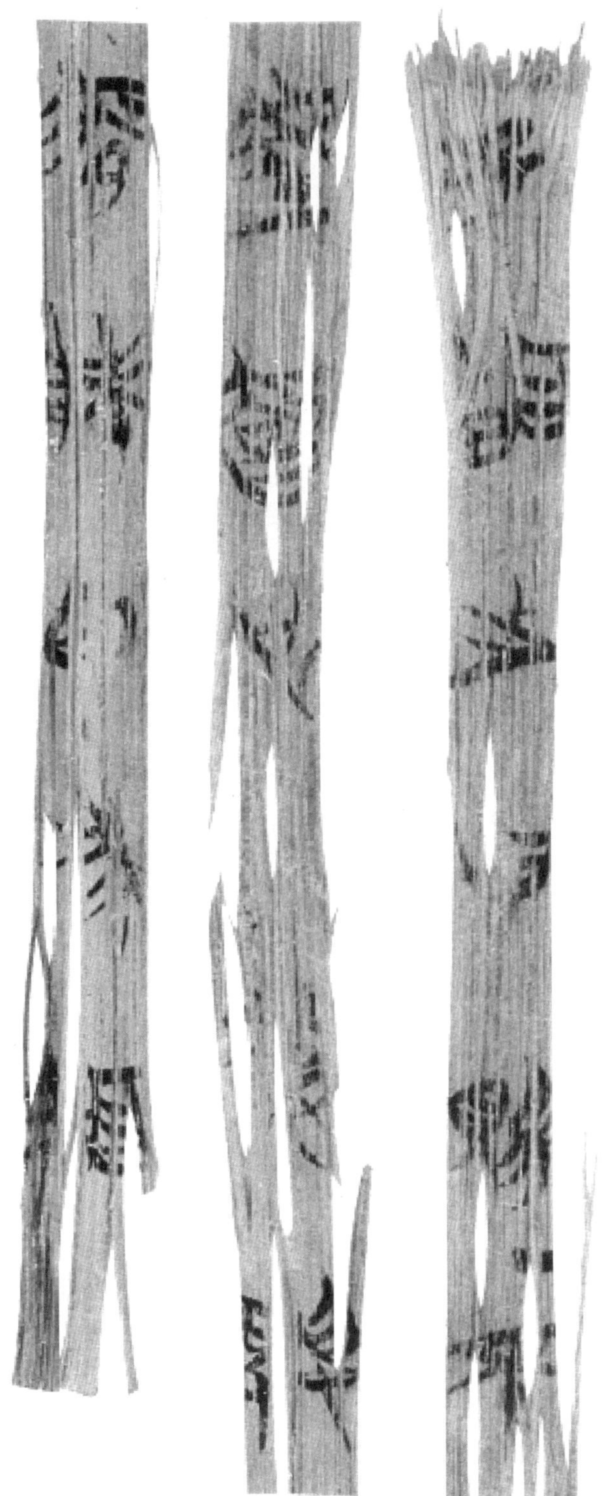

子斝之曰賜·不虐智也□興夜𥝩以求斝

第 22 簡

子𦖞(聞)之曰: 「賜, 不虐(吾)智(知)也. □(夙)興夜𡦜(寐)①, 以求𦖞(聞)

【해석】

공자께서 듣고서는 이렇게 말씀하셨다. 「사賜(자공)야, 내가 아는 것이 아니구나. 일찍 일어나고 늦게 잠들고, 이로써 듣기를 구하고

【上博楚簡原註】

본 죽간의 길이는 20.8cm이다. 상단은 잔실되었고 하단은 평평하다. 15자가 현재 남아있다.

① '賜, 不虐智也. □興夜𡦜'

「賜(줄 사, cì)」는 단목사端木賜이다. 자는 子貢이며 衛나라 사람이다. 공자보다 30세 어리다. 「□興夜𡦜」의 앞 글자는 잔실되었지만 이어지는 말과 문의로 보았을 때 분명 「숙흥야매夙興夜寐」의 의미이다. 일찍 일어나고 늦게 잔다는 것으로 밤낮으로 열심히 하며 게으름피우지 않는다는 뜻이다. ≪季庚(康)子問於孔子≫에서는 「婁𦥯夜寣」라 하였고, ≪시경詩經·위풍衛風·맹氓≫에서는 「3년 동안 며느리 살이하며 집안일을 하다 보니 무엇을 피곤이라 하는지 모르겠네. 일찍 일어나고 늦게 자니 무엇을 새벽이라 하는지 모르겠네.」[126]라 하였다. ≪대대예기大戴禮記·위장군문자衛將軍文字≫에서는 「문자가 말하였다. "그대가 언급한 바에 의해 그 행실을 묻습니다. 자공이 대답하며 말하였다. "일찍 일어나고 늦게 잠들고 시편을 송독하고 예법을 숭상합니다. 같은 실수를 범하지 않고 말을 할 때 인용함이 구차하지 않습니다. 이것이 바로 안연의 행동입니다."」[127]라 하였다.

---

126) ≪詩·衛風·氓≫: "三歲爲婦, 靡室勞矣. 夙興夜寐, 靡有朝矣."

127) ≪大戴禮記·衛將軍文字≫: "文子曰: 『吾子之所及, 請問其行也. 』子貢對曰: 『夙興夜寐, 諷誦崇禮, 行不貳過, 稱言不苟, 是顔淵之行也."

第23簡

□□之又▪子曰剌䂮其下不斬其枳飤其實

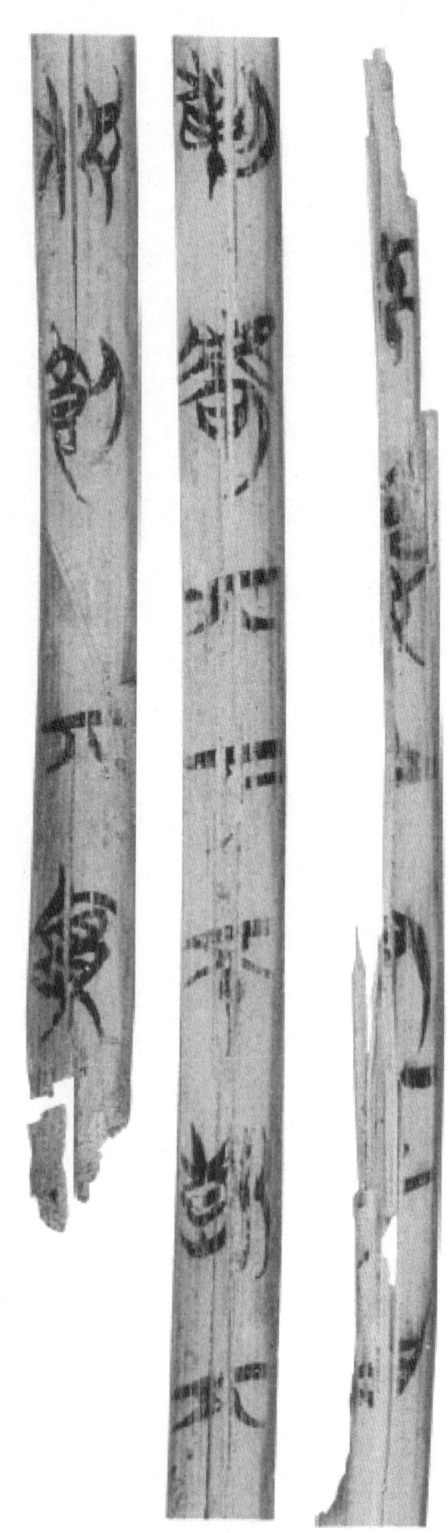

第 23 簡

□□之又(有).」子曰: 「剌(列)虗(乎)其下, 不斳(折)其枳(枝)①, 飤其實

【해석】

가 있다.」 공자께서 말씀하셨다. 「그 아래에 놓고 그 가지를 꺾지 말고 그 과실을 먹고

【上博楚簡原註】

본 죽간의 길이는 21.5cm이다. 상단과 하단이 잔실되었다. 15자가 현재 남아있다.

① '不斳其枳'

「斳」는 아마 「折(꺾을 절, zhé,shé,zhē)」의 의미일 것이다. 「枳(탱자나무 지, zhǐ)」는 「枝(가지 지, zhī,qí)」의 이체자이다. ≪곽점초간郭店楚簡·존덕의尊德義≫ 제 26간에서는 「四枳(肢)倦墮落惰」[128]라 하여, 「肢(사지 지, zhī)」자의 가차자를 「지枳」자로 쓴다. 마왕퇴백서馬王堆帛書 ≪오십이병방五十二病方≫에서는 「魃, 禹步三, 取桃東枳(枝).」[129]라 하였다.

128) "四肢가 권태해지고 나른해지다." 이 내용은 ≪尊德義≫가 아니라 ≪成之聞之≫의 내용이다.
129) "귀신은 禹의 걸음걸이로 세 발짝 뛰어 동쪽 복숭아가지를 꺽었다."

第24篇

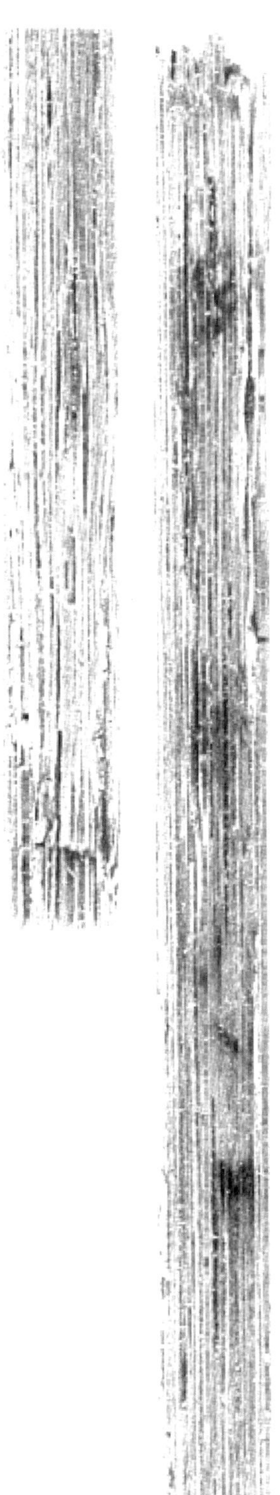

女安能也。

第 24 簡

女(汝)安(焉)能也 ▪.

【해석】

네가 어찌 능하겠는가.

【上博楚簡原註】

본 죽간의 길이는 12.5cm이다. 상단은 잔실되었고, 4자가 있다.

附簡

曰考言窒色未可胃⿱身心也□者其言⿱火多而不可

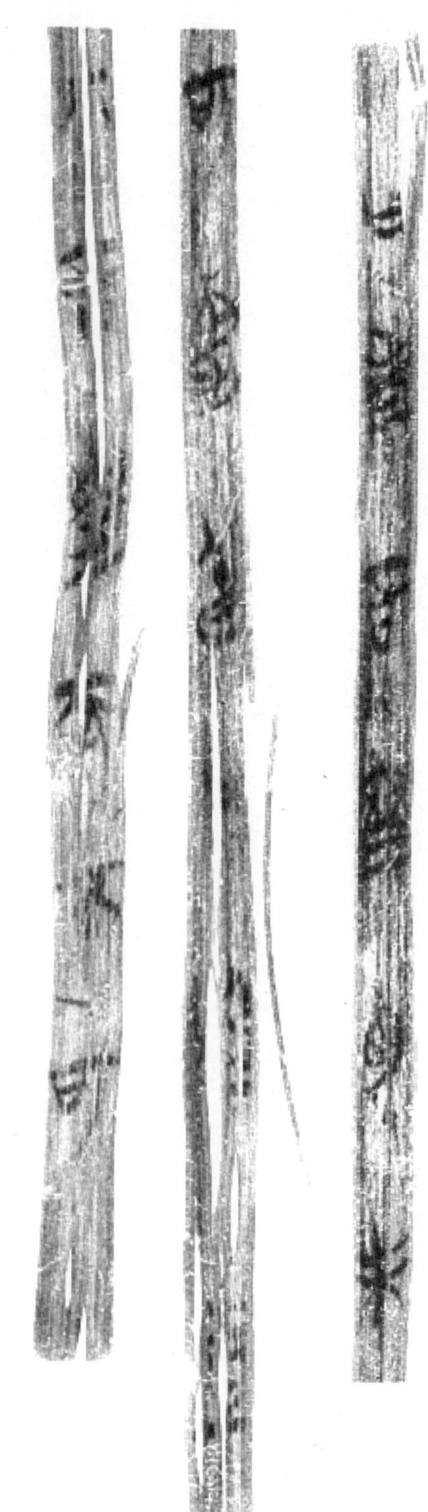

附簡

曰:「考(巧)言窒(令？)色, 未可胃(謂)憃(仁)也①. □者其言, 䜌而不可

【해석】

말하기를,「듣기 좋은 말과 얼굴빛을 좋게 꾸민 것은 仁이라고 할 수 없다. □은 䜌라로 말하나 ……할 수 없다.」

【上博楚簡原註】

본 죽간의 길이는 23cm이다. 상단은 잔실되었고 하단은 평평하다. 현재 17자가 남아있다.

① 考言窒色, 未可胃憃也

「고考」와「巧(공교할 교, qiǎo)」는 동음 통가자이다. ≪상서尚書·금등金滕≫「나는 어질고 너그러우며 효도한다. 또한 재능과 기예가 많다.」[130] 구절 중의 '考'자를 ≪사기史記·노세가魯世家≫에서는「巧」자로 쓴다.「考言」은 즉「巧言」이다.

≪일주서逸周書·관인官人≫에서는「말을 과장되고 허황되게 하며 감언이설하고 아첨하는 것은 없는 것을 있는 것처럼 꾸미는 짓이다. 이를 일컬어 고언考言이라고 한다.」[131]이라 하여,「교언巧言」과「고언考言」을 같은 의미로 보고 있다. 아마도 초록하는 자가「교巧」와「고考」가 음이 같다는 것을 알고 있었던 것 같거나 혹은「考言」으로 쓴 것은 아마 당시에 다른 판본이 있었을 가능성도 있다. 簡文에서「巧」자를「考」로 쓴 것으로 보아도 이를 증명할 수 있다.

≪한비자韓非子·궤사詭使≫에서「교묘한 말로 비위를 맞추고 간사한 짓을 하여 세상을 속이고 흔들어 보려는 자들이 군주의 존대를 받아 누차 중용되었다.」[132]라 하였고, ≪상박초간(一)·성정론性情論≫ 제38간에서는「말수가 좋아 말하기 좋아하나 졸박하고 성실한 마음 자세가 없다면 방종해진다.」[133]라 하였다. 이중「考言利詞」의 구절 중 잘 보이지 않는 자들은 ≪한비자韓非子≫의「교언이사巧言利辭」구절에 참고하여 보충할 수 있다.

---

130) ≪尚書·金滕≫: "予仁若考, 能多材多藝."
131) ≪逸周書·官人≫: "華廢而誣, 巧言令色, 皆以無爲有者也. 此之謂考言."
132) ≪韓非子·詭使≫: "巧言利辭, 行姦軌以倖偷世者數御."
133) ≪上海博物館藏戰國楚竹書(一)·性情論≫(제38간): "考言利詞(詞)者, 不又(有)夫詘詘之心則流."

「巧言窐色, 未可謂仁也」 구절은 ≪論語·學而≫의 「巧言令色, 鮮矣仁」의 의미와 같다. 「窐」 자는 의미부가 '宀'과 두 개의 '至'로 이루어진 자는 고문자에 보이지 않는다. 초楚나라 기물 중 ≪초왕금우정楚王酓忎鼎≫에서는 「正月吉日, 窐鑄喬鼎之蓋, 以供歲棠.」으로,[134] ≪楚王酓忎盤≫의 명문銘文은 「正月吉日, 窐鑄少盤, 以供歲棠.」[135]으로 쓴다.

≪곽점초간郭店楚簡·치의緇衣≫ 제 26, 27간에서는 「≪呂刑≫에서 이르기를, "선으로 다스리지 않고, 형벌을 만들어 백성을 다스리고, 오직 오학의 형벌만을 행했다".」[136]라고 하였고, ≪상박초간上海楚書·치의紂衣≫ 제14간에서는 「≪呂型(刑)≫員(云): 𣪠(苗)民非甬(用)霝, 制以型(刑), 隹(惟)乍(作)五虐(虐)之型(刑). (≪여형呂刑≫은 "묘민苗民의 군주는 선함으로 백성을 다스리지 않고, 형벌을 만들어 백성을 다스리고, 오직 오학의 형벌만을 법이라고 했다.」[137]라 하였다.

「非甬(用)臸」과 「非甬(用)霝」 구절을 현행본(今本) ≪치의緇衣≫는 「苗民匪用命」으로 쓴다. 따라서 「용진用臸」·「용영用霝」과 「용명用命」은 서로 사용하는 문자는 달라도 그 의미는 서로 일치함을 알 수 있다.

「영霝」자는 금문金文에서 일반적으로 「令(영 령{영}, lìng,lǐng)」으로 읽으며, 「선善」의 의미로 쓰인다. 예를 들어, ≪추궤追簋≫에서 「用祈眉壽永命, 畯臣天子, 霝冬(終).」[138]라 하였고, ≪소극정小克鼎≫에서는 「眉壽永命, 霝冬(終).」[139]이라 하였다. 「霝冬(終)」은 즉 「영종令終」이며, 「선종善終」의 뜻이다.

≪시경詩經·대아大雅·기취既醉≫에서 「성대한 광명의 덕에는 복록과 명예라는 선한 결과가 반드시 있다.」라[140] 하였는데, 정현鄭玄은 「'영令'은 '선善'이다. 하늘이 너를 광명의 도로써 돕고 또 고명한 명예를 오래도록 갖도록 한다. 이로써 결과를 좋게 하고 그것이 오래가도록 한다.」[141]

---

134) "正月 吉日에 다리가 긴 鼎을 잘 만들어 歲祭를 모실 때 사용한다." 劉彬徽, ≪楚系青銅器銘文研究≫, 湖北教育出版社, 357 쪽.

135) "正月 吉日에 작은 쟁반을 잘 만들어 歲祭를 모실 때 사용한다."

136) ≪郭店楚簡·緇衣≫ (제 26, 27간): "≪呂刑≫員(云): 非甬(用)臸, 折(制)以型(刑)隹(惟)乍(作)五瘧(虐)之型(刑)."

137) ≪上海博物館藏戰國楚竹書·紂衣≫(제14간): "≪呂型(刑)≫員(云): 𣪠(苗)民非甬(用)霝, 制以型(刑), 隹(惟)乍(作)五虐(虐)之型(刑)." 마승원 주편, 진패분 정리주석, 최남규 역주, ≪상해박물관장전국초죽서-치의≫, 서울: 소명출판, 2012년, 180쪽.

138) ≪追簋≫: "用祈眉壽永命, 畯臣天子, 霝冬(終)."(이로써 장수와 평안을 기원하고 또한 오랫동안 천자의 신하가 되기를 원하며 훌륭한 명성이 오랫동안 지속되기를 기원한다.) 최남규, ≪중국 고대 금문의 이해(Ⅱ)≫, 450 쪽.

139) ≪小克鼎≫: "眉壽永命, 霝冬(終)."(이로써 장수와 평안을 기원하고 훌륭한 명성이 오랫동안 지속되기를 기원한다.)

140) ≪詩·大雅·既醉≫: "昭明有融, 高朗令終."

141) 鄭玄: "令, 善也. 天既助女以光明之道, 又使之長有高明之譽, 而以善名終, 是其長也."

라 하였다. ≪이아爾雅·석고釋詁≫에서 「‘令’은 ‘善’의 뜻이다.」라 하였고, ≪시집전詩集傳≫에서도 「‘令終’은 즉 ‘善終’의 뜻이다.」라 하였다.[142)]

「霝」은 「靈(신령 령{영}, líng)」으로 읽을 수 있으며, 또한 「善」의 의미로 해석할 수 있다. ≪爾雅·釋詁≫에서는 「‘靈’은 ‘善’의 뜻이다.」[143)]라 하였다. 「用命」 중의 「命」은 「令」으로 읽을 수 있고, 「用命」은 즉 「用令」으로 「用善」의 뜻이다. 따라서 「用臸」은 「用霝」이며 「用命」과 같다는 것을 쉽게 알 수 있다. 즉 「臸」은 「善」의 의미로 쓰인다.

「臸(이를 진, jìn,rì,zhī,zhì)」자에 대하여 ·≪說文解字·至部≫는 「‘도착하다’의 의미. 두 개의 ‘至’로 이루어진 자이다.」[144)]라 하였다. ≪說文繫傳·日部≫에서는 「晉」자에 대하여 ‘臸’이 소리부이며, 「‘나아가다’의 뜻이다. 해가 뜨면 만물이 (밖으로) 나온다.」[145)]라 하였다.

죽간 「考言窒色」 구절 중의 「窒」자 역시 의미부가 「진臸」이다. 하지만 「도到」이나 「진進」의 의미로 해석하면 문장이 약간 매끄럽지 못하다.

≪論語·學而≫의 「巧言令色, 鮮矣仁.」[146)] 구절과 관련된 내용을 각 ≪치의緇衣≫의 판본은 「용진用臸」·「용영用霝」이나 「영명用命」 등으로 쓰는 것으로 보아, 「窒色」은 「영색令色」으로 읽어야 하며, 「令色」은 「선색善色」이라는 것을 알 수 있다. ≪초왕금우정楚王酓忎鼎≫과 ≪盤≫의 銘文 중 「窒鑄」 구절은 「영수令鑄」로 마땅히 읽을 수 있으며 「선수善鑄」의 뜻이다.

「영색令色」은 준칙으로 삼을 수 없다는 뜻이다. ≪禮記·表記≫에서 「공자가 말씀하시기를, 군자는 얼굴을 꾸며 사람에게 친근하게 굴지 않는다. 마음으로는 친하지 않은데 바깥으로는 친하게 굴면 이는 소인으로 말하자면 구멍을 뚫는 도둑이다.」[147)]라 하였다. 이에 만약 「교언巧言」을 하면 더욱 군자라고 할 수 없는 것이다. 「교언巧言」은 「난덕亂德(덕을 어지럽게)」 할 수 있다. ≪論語·위영공衛靈公≫에서 「감언이설은 도덕을 손상시키기에 충분하고 작은 일을 참지 못하면 큰일을 그르칠 수 있다.」[148)]라 하였고, ≪일주서逸周書·관인官人≫에서는 「말을 교묘하게 꾸미고 아부를 잘하는 것은 곧 없는 것을 있는 것처럼 하는 것이다.」[149)]라 하였다. 그러므로 ≪일주서

142) ≪爾雅·釋詁≫: “令, 善也.” ≪詩集傳≫: “令終, 善終也.”
143) ≪爾雅·釋詁≫: “靈, 善也.”
144) ·≪說文解字·至部≫: “到也, 从二至.”
145) ≪說文繫傳·日部≫: “進也, 日出而萬物進.”
146) ≪論語·學而≫: “巧言令色, 鮮矣仁.”(교언영색하는 자 중 인한 자는 드물다.)
147) ≪禮記·表記≫: “子曰: 君子不以色親人, 情疏而貌親, 在小人則穿窬之盜也與!”
148) ≪論語·衛靈公≫: “巧言亂德, 小不忍則亂大謀.”
149) ≪逸周書·官人≫: “巧言令色, 皆以無爲有者也.”

逸周書·무기武紀≫에서는「외교 방문을 할 때 교묘한 말과 꾸민 얼굴로 한다면 일은 성립되지 못할 것이다. 전쟁을 할 때 교묘한 말과 꾸민 얼굴로 한다면 전쟁에서 승리하지 못할 것이다.」150) 라 하였다. 그러하기에 ≪論語·공야장公冶長≫에서는「감언이설과 위선적인 용모, 그리고 지나치게 겸손한 태도를 좌구명이 부끄러워했는데, 나 역시 그것을 부끄럽게 생각한다.」151)라 하였고, ≪대대예기大戴禮記·증자입사曾子立事≫에서도 역시「교묘한 말과 아부를 하는 자와 행위를 돈독하게 하지 않지 않는 자는 인한 자가 드물다.」152)라고 하였다.「難於仁」·「鮮矣仁」하거나「未可謂仁」하는 것은 모두「巧言令色」이기 때문이다. 만약「교언영색巧言令色」에 유혹되지 않고자 한다면,「철혜哲惠」의 덕을 반드시 갖추어야 한다. ≪상서尚書·고요모皐陶謨≫에서는「현명하고도 인애하다면 왜 환도를 걱정하겠는가? 왜 묘족을 귀양 보내겠는가? 왜 말도 잘하고 얼굴색을 좋게 꾸미는 사람을 두려워하겠는가?」153)라 하였다.

【譯註】

부간附簡을 정리본은 "□者其言, [illegible]而不可"으로 끊어 읽고 있으나, 문맥으로 보아 "□者其言[illegible]而不可"으로 읽는 옳은 것 같다. 그러나 구절 중 첫 번째 자와 다섯 번째 자는 확실히 알 수 없어 전체적인 의미를 알 수 없다. 혹은 '[illegible]'자는 '발發'자의 이체자가 아닌가한다. ≪포산초간包山楚簡≫은 '發'자를 '[illegible]'·'[illegible]'·'[illegible]'로 쓴다.154) 본 죽간은 혹은 ≪논어論語·이인里仁≫에서 공자가 말한 "古者言之不出, 恥躬之不逮也."155) 구절과 관련이 있는 내용이 아닌가한다. 그렇다면 본 구절은 "固者其言發而不可園" 구절로 읽을 수 있다. 즉 '옛날에는 말을 발설만 하고 그것이 실천에 따르지 못하다면 (부끄럽게 생각하였다).'라는 의미로 이해할 수 있다. 그러나 지금으로써는 자료가 부족하여 확신할 수가 없다.

150) ≪逸周書·武紀≫: "幣帛之間有巧言令色, 事不成; 車甲之間有巧言令色, 事不捷."
151) ≪論語·公冶長≫: "巧言令色, 足恭, 左丘明恥之, 丘亦恥之."
152) ≪大戴禮記·曾子立事≫: "巧言令色, 能小行而篤, 難於仁矣."
153) ≪尚書·皐陶謨≫: "能哲而惠, 何憂乎驩兜? 何遷乎有苗? 何畏乎巧言令色孔壬?"
154) ≪楚系簡帛文字編≫, 1073 쪽.
155) "공자는 말하였다. '옛날에는 말을 앞세우지 않았으니 그것은 실천이 따르지 않는 것을 부끄러워하여서였다.'"

≪弟子問≫ 主要參考文獻

陳劍, 〈談談≪上博(五)≫的竹簡分篇·拼合與編聯問題〉, 2006-02-19

陳劍, 〈上博(五)零劄兩則〉, bsm.org.en, 2006-2-21

范常喜, 〈≪弟子問≫·≪季庚子問於孔子≫劄記〉, 簡帛사이트, 2006-8-2

范常喜, 〈≪上博五·弟子問≫1·2號簡殘字補說〉, 簡帛사이트, 2006-5-21

范常喜, 〈對于楚簡中'喪'字的一點補充〉, 簡帛사이트, 2006-3-27

徐華强, 〈新蔡簡及從'延'之字辨析〉, 簡帛사이트, 2006-5-3

小虫, 〈說≪上博五·弟子問≫"延陵季子"的"延"字≫, 簡帛사이트, 2006-5-22

黃人二, 〈上博藏簡(五)≪君子爲禮≫與≪弟子問≫試釋, 中國國家博物館館刊, 2011年第6期(總第95期),

季旭昇, 〈上博五芻議(下)〉, 簡帛사이트, 2006-02-16.

隙斯鵬, 〈讀上博竹(五))小記), bsm.org.en, 2006-4-l.

何有祖, 〈上博五≪弟子問≫試讀三則〉, 武漢大學簡帛研究中心, 2006-02-20.

張振謙, 〈上博五≪弟子問≫劄記二則〉, 簡帛사이트, 2006-02-27

梁澤生, 〈上博五零釋十二則〉, 簡帛사이트, 2006-03-20

牛新房, 〈讀上博五≪弟子問≫劄記一則〉, 簡帛사이트, 2006-03-04

唐洪志, 〈上博簡(五)孔子文獻校理〉, 華南師範大學碩士論文, 2007-06-07

侯乃鋒, 〈上博簡(五)幾個固定詞語和句式補說〉, 簡帛사이트, 2006-3-20

王雲五 主編, 屈萬里註譯, ≪尚書今註今譯≫, 臺北臺灣商務印書館, 1977.

| 역주자 소개 |

최남규崔南圭
대만동해대학 박사(지도교수 周法高, 중국고대언어학, 1994)
중국남경대학 박사(지도교수 莫礪鋒, 중국고대시학, 2000)
중국예술대학 박사(지도교수 黃惇, 중국 서예학, 2005)
현 전북대학교 중어중문학과 교수

주요저서
戰國시대 楚簡과 서예(서예문인화, 2008), 중국고대 金文의 이해 I (서울신아사, 2009)
중국고대 金文의 이해 II(서울신아사, 2010)
상해박물관장전국초죽서 · 공자시론, 치의, 성정론(소명출판, 2012)
중국 戰國시기 楚나라 문자의 이해(학고방, 2012)
중국 고문자연구(학고방, 2015), 곽점초묘죽간(학고방, 2016)

상해박물관장전국초죽서
공자어록문편孔子語錄文篇㊥

초판 인쇄 2019년 2월 16일
초판 발행 2019년 2월 23일

주　　편 | 마승원馬承源
역　　주 | 최남규崔南圭
펴 낸 이 | 하운근
펴 낸 곳 | 學古房

주　　소 | 경기도 고양시 덕양구 통일로 140 삼송테크노밸리 A동 B224
전　　화 | (02)353-9908 편집부(02)356-9903
팩　　스 | (02)6959-8234
홈페이지 | http://hakgobang.co.kr/
전자우편 | hakgobang@naver.com, hakgobang@chol.com
등록번호 | 제311-1994-000001호

ISBN 978-89-6071-869-2 94700
978-89-6071-867-8 (세트)

값 : 38,000원

이 도서의 국립중앙도서관 출판예정도서목록(CIP)은 서지정보유통지원시스템 홈페이지(http://seoji.nl.go.kr)와 국가자료공동목록시스템(http://www.nl.go.kr/kolisnet)에서 이용하실 수 있습니다.(CIP제어번호: CIP2019006748)